Renate Daimler

DIANA & SISI

Renate Daimler

DIANA & SISI

Zwei Frauen – ein Schicksal

Redaktion
Erwin Kisser

Herausgegeben von
Kurt Langbein
und Christian Skalnik

Deuticke

Abbildungsnachweis:
Keystone: Bildseite 14 (u.)
Keystone, Tim Rooke: Bildseite 14 (r. o.)
Keystone, Charles Sykes: Bildseite 13 (l. o.)
Keystone, Richard Young: Bildseite 14 (l. o.)
Münchner Stadtmuseum, Graphiksammlung: Bildseite 3 (o.)
Österreichische Nationalbibliothek, Bildarchiv und Portraitsammlung:
Bildseiten 4, 7, 8 (o. und u.), 11, 12 (o. und u.), 15, 16 (l. o., r. o. und u.)
»PA« News: Bildseiten 1, 2, 5 (o. und u.), 6 (l. o. und u.)
»PA« News, Ron Bell: Bildseite 6 (r. o.)
»PA« News, Martin Keene: Bildseiten 9 (o.), 10
»PA« News, Neil Munns: Bildseite 9 (u.)
»PA« News, John Stillwell: Bildseite 13 (r. o. und u.)
Sammlung Rebasso, Wien: Bildseite 3 (u.)

2. Auflage, 1998

Umschlaggestaltung: Robert Hollinger
Umschlagbilder: Kaiserin Elisabeth von Österreich, Kopie von E. Riegele, 1923, nach dem Gemälde von Franz Xaver Winterhalter, 1864, Verlag Christian Brandstätter, Wien
Prinzessin Diana, Patrick Demarchelier, Viennareport, Camera Press
Herstellung: Josef Embacher
Druck: Wiener Verlag, Himberg
Printed in Austria

ISBN 3-216-30380-2

Inhalt

Idee
Erwin Kisser

Mitgestaltung des Konzepts
Erwin Kisser und Kurt Langbein

Mitarbeit

Lektorat und Textberatung
Monika Goodenough-Hofmann

Psychologische Beratung
Julia Onken, dipl. Psychologin und Psychotherapeutin,
Doris Landauer, Psychologin und systemische Beraterin

Familientherapeutisches Coaching
Sigrid Winter, dipl. Beraterin, Psychotherapeutin und Familientherapeutin

Rollenspieler der königlichen Familie
Maria Abel, Franz Eybl, Tilly Egger, Michèle Grogger, Wolfgang Grogger, Angelika Hall, Susanne Hochstetter, Elisabeth Hofmann, Johannes Hofmann, Sunhild Kaltenegger, Gabriele Klausz, Doris Landauer, Peter Lachnit, Christl Lieben, Elke Lieben, Klaus Schulte, Ilse Sokal, Christiane Werzowa, Hedi Wöhrer

Astrologische Beratung
Christl Lieben

Ärztliche Beratung für das Kapitel »Die Krankheit Schlankheit«
Daniela Russ

Textberatung
Janice Goodenough, Shoba Hamann, Susanne Hochstetter,
Elke Oberortner, Christine Reisinger

Fotorecherche
Yvonne Masopust, Friederike Rumschöttel

Bibliographie
Christine Reisinger

Korrektorat
Johann Lehner, Irmtraud Weishaupt

Vorwort

Diana, Prinzessin von Wales, und Sisi, Kaiserin von Österreich und Königin von Ungarn, zwei Frauen, deren Schicksal uns bewegt, weil wir uns in ihnen wiederfinden können.

Zwei junge Mädchen träumen den Traum vom Märchenprinzen und scheitern an der Wirklichkeit. Sie heiraten Männer, die sie viel zuwenig kennen, die nicht zu ihnen passen, und leben in Familien, in denen es keinen Platz für sie gibt. Beide scheitern in ihren Beziehungen, kämpfen um ihre Kinder, machen sich auf die Suche nach ihrer Identität und erlangen durch ihre Schönheit, die sie mühsam erringen, Macht. Beide durchbrechen die menschenfeindlichen Regeln des Hofes, an dem sie leben, und werden gerade dadurch zu den letzten Märchenprinzessinnen ihrer Zeit. Am Ende ihres Jahrhunderts sind sie Symbol für das einzige, was man an der Monarchie noch lieben kann. Durch ihren gewaltsamen Tod werden die am meisten beachteten Frauen ihrer Zeit endgültig zum Mythos.

In der Geschichte, die hier erzählt wird, gibt es keine Opfer und keine Täter. Diana und Sisi und alle Menschen, deren Schicksal mit dem ihren verwoben ist, haben nach bestem Wissen und Gewissen gehandelt. Es ist wichtig zu verstehen, daß auch jene, deren Leben hier nur am Rande gestreift wird, in ihren eigenen Beschränkungen und Zwängen ihr Bestes getan haben, daß jeder für sein eigenes Handeln verantwortlich bleibt. Der rote Faden, der sich durch dieses Buch zieht, ist dennoch die Tragödie dieser unverstandenen Frauen, die in einer Welt, in der nur Männer wichtig sind, um ihren Wert kämpfen.

Diana ist mit sechsunddreißig Jahren ums Leben gekommen, Sisi mit sechzig. Aber innerlich war sie schon lange tot, und der Stich in ihr Herz war eine Erlösung für diese Frau.

Wer seinen Platz im Leben nicht findet, läuft Gefahr, unbewußt in den Tod zu flüchten. Wir wünschen uns, daß die Frauen und Männer, die dieses Buch lesen, dazu angeregt werden, ihre eigene Geschichte zu hinterfragen.

Wien, im Mai 1998

Die Autorin
Die Herausgeber

1
Sterben für die Ewigkeit

Diana

Ahnte Diana, daß sie sterben wird? War es dieses Wissen, das sie in den letzten Wochen atemlos dazu trieb, ihrem Glück nachzujagen? Wußte sie schon, noch ehe die Banalität des Alltags sie eingeholt hatte, daß auch dieses Glück auf tönernen Füßen stand?
Der Mann, den das Schicksal auserwählte, mit ihr zu sterben, hätte sie im Leben wahrscheinlich nicht glücklich gemacht. Er wollte sie heiraten, wird der Cousin von Dodi al-Fayed, als alles vorbei war, behaupten. In guten und in schlechten Zeiten, »bis daß der Tod euch scheidet«, wollten die sehnsüchtige Prinzessin und der verwöhnte Kaufhausprinz zusammenbleiben. Und so war es dann auch.
Doch bis zu diesem Tag, dem 31. August 1997, haben sie noch ein paar Wochen Zeit.
Diana füllt ihre Tage mit dem, was ihr in den letzten Jahren immer wichtiger geworden ist: humanitärem Einsatz und politischem Engagement für die Menschen, die keine Lobby besitzen. Wir sehen sie im Juli in New York, das Bild geht um die ganze Welt: die blonde, sonnengebräunte Prinzessin von Wales, groß und schön mit ihren 1,77 m und den hohen Absätzen. Neben ihr die kleine, gebrechliche, kaum anderthalb Meter große Mutter Teresa, der Engel der Armen und Verdammten. Sie halten einander an der Hand, und Diana verspricht, noch in diesem Jahr nach Kalkutta zu reisen. In ein paar Wochen werden sie beide tot sein, und der Nachruf für die Nonne wird wenig Raum einnehmen, weil die Welt fast ausschließlich der englischen Prinzessin gedenkt.
Diana feiert ihren letzten Geburtstag, als sie aus Amerika zurückkommt, und auch an diesem 1. Juli widmet sie sich der Wohltätigkeit und nimmt an einem Gala-Diner der berühmten Tate Gallery teil. Noch einmal läßt sie uns im

eleganten Abendkleid an ihrer Schönheit teilhaben, die sie sich so hart erarbeitet hat. Wir wissen inzwischen, daß sie ihre schlanke Figur einer schweren Eßstörung verdankt, daß sie sich stundenlang im Fitneßstudio quält und die Friseure und Visagisten täglich bei ihr ein- und ausgehen, damit sie ein Idol sein kann. Dennoch wird sie von Millionen Frauen beneidet.

Am 11. Juli stellt sie die Weichen, die sie in den Tod führen werden. Mohamed al-Fayed, Geschäftsmann und Besitzer des Londoner Kaufhauses Harrods, lädt die Ex-Frau des britischen Thronfolgers mit ihren Söhnen auf seine Jacht ein. Für den Muslim ist es ein Triumph, daß sie vor den Augen der Weltöffentlichkeit auf seiner »Jonikal« das Mittelmeer durchkreuzt. Die Engländer lieben den Ägypter nicht und haben ihm bisher die Staatsbürgerschaft verweigert. Diana provoziert noch ein letztes Mal die königliche Familie und vergnügt sich mit ihren Söhnen selbstbewußt und vornehmlich im Badeanzug vor der Küste Südfrankreichs. Wir sehen ihre Fotos zum Frühstück in der Morgenzeitung, sie fährt mit einem Jet-Ski, schwimmt, läßt sich mit einem Wasserschlauch abspritzen und bummelt mit William und Harry durch die Hafenorte. Der Schnappschuß, wie sie sich gutgelaunt an einem Seil von der Jacht ins Meer schwingt, ist einer Zeitung rund 70.000 DM wert.

Am 20. Juli wird die begeisterte Mutter zum letzten Mal ihre Söhne küssen und ein Versprechen abgeben, das sie nicht halten kann. »Wir sehen uns nach den Ferien wieder«, sagt sie zum Abschied und umarmt ihre Kinder liebevoll. Die Menschen im Northwick-Krankenhaus, das die Prinzessin am nächsten Tag besucht, werden sich ein Leben lang an ihren letzten Auftritt erinnern. Sie nimmt noch einmal ein vierjähriges Kind auf den Arm, das an Krebs erkrankt ist und durch die Chemotherapie seine Haare verloren hat.

Wieder einen Tag später begegnet Diana dem Tod und erfährt, wie vergänglich das Leben ist, wie rasch wir abberufen werden, ob wir bereit sind oder nicht: Gianni Versace, der ermordet wurde, wird in Mailand begraben, ihr Freund aus der Modewelt, dem sie sich nahe fühlte. Auch er war eine außergewöhnliche Persönlichkeit, auch er ein Außenseiter. In einem klassisch geschnittenen schwarzen Kleid, als einzigen Schmuck eine einreihige Perlenkette, betet sie in der Kirchenbank und stützt Elton John.

Elton John, der ihr ein letztes Mal nahe ist und wenig später bei ihrem Begräbnis mit seinem Lied »Good By Englands Rose« die ganze Welt zum Weinen bringen wird.

Zwei Wochen nach Dianas Geburtstag, sie ist sechsunddreißig Jahre alt, kommt die Liebe in ihr Leben.

Emad Mohamed al-Fayed, genannt Dodi, wird 1956 in Alexandria in Ägypten geboren und verbringt eine ähnliche Kindheit wie seine schöne Geliebte: Er ist reich und sehr einsam. Seine Eltern lassen sich, so wie Dianas Eltern, scheiden, als er noch ein Kind ist, sein Leben ist geprägt von Luxus und der Suche nach Geborgenheit.
Er sucht sie bei schönen Frauen: Brooke Shields, Britt Eklund, Darryl Hannah, Kelly Fisher und wie sie alle heißen, konnten seine Sehnsucht nicht stillen, jetzt ist es Diana. Eine Prinzessin und die meistfotografierte Frau der Welt. Eine Steigerung gibt es nicht mehr. Diesmal muß Dodi sein Glück finden, diesmal meint es der Playboy, der neben Frauen Flugzeuge, Boote und Häuser sammelt, wirklich ernst. Er wird seine Liebe nicht beweisen müssen. Der Tod wartet schon im schnellen Auto auf ihn, wie er schon auf viele gewartet hat, die lieber tot als später alt sein wollten: Prinz Ali Khan, Porfirio Rubirosa und andere.
Doch noch gibt es die Illusion vom immerwährenden Glück, an dem Diana und Dodi Millionen Menschen auf der ganzen Welt teilhaben lassen. Wir kennen jeden ihrer Schritte, wir waren mit den Teleobjektiven und Fernsehkameras dabei. Auf der Jacht Jonikal, wo wir sie beim Küssen beobachten durften, auf dem Weg zum Flugzeug, im Auto verfolgten wir atemlos ihre Spur. Die Geschwindigkeit, mit der sie von einem Platz zum anderen eilten, ließ ihnen wahrscheinlich keine Zeit, innezuhalten und ihre Gefühle zu überprüfen: »Für ein Liebespaar waren Diana und Dodi (vielleicht beunruhigend) viel unterwegs. Heute hier, morgen da, sie eilten von Küste zu Küste, Insel zu Strand, Stadt zu Land, gönnten sich kaum jemals Ruhe – sie jagten von einem Ort zum anderen und versteckten sich nicht so sehr vor der Presse als vielleicht eher vor den Fragen, die sie sich selbst hätten stellen müssen. … Besinnungslos hasteten sie weiter, immer weiter. War je Zeit für einen Blick nach innen?« beschreibt Biograph Donald Spoto die Rastlosigkeit, die Diana mit Sisi, der Kaiserin von Österreich, gemeinsam hatte.
Zwei Menschen, die schon seit ihrer Kindheit hungrig nach Liebe und Zuwendung sind, eine Prinzessin und ein Playboy, schön und einsam und tief in ihrem Inneren wahrscheinlich nicht überzeugt von ihrem Wert, tun sich zusammen. Sie wollen einander geben, was sie selbst nicht besitzen: Liebe und Sicherheit. Später, bei ihrem Begräbnis, wird Charles, der Earl of Spencer, über seine Schwester sagen: »Trotz ihres Ranges, trotz allen Glanzes und Beifalls blieb Diana ihr ganzes Leben lang eine innerlich unsichere Person, fast kindlich in ihrem Bedürfnis, für andere Gutes zu tun, um sich dadurch von

einem tief verwurzelten Gefühl der Wertlosigkeit zu befreien, für das ihre Eßstörung nur ein Symptom war.«

Dodi al-Fayed wünschte sich nichts mehr, als ernstgenommen zu werden, und stieg ins Filmgeschäft ein. Doch in der Meinung der Öffentlichkeit blieb er der verwöhnte Sohn eines reichen Vaters, der seinem Kind immer neues Spielzeug kauft. Für seine Freunde war er ein warmherziger, rücksichtsvoller Mann, für die »Washington Post« »ein Hollywood-Dilettant, der lebte, um seinen Namen in den Klatschkolumnen zu lesen«. Sein Wunsch ging in Erfüllung. Durch seinen Tod an Dianas Seite kennt jeder seinen Namen, verbindet sich sein Gesicht für immer mit dem der Prinzessin von Wales.

Der 30. August war ein Samstag, der letzte Sommertag im Leben von Diana und Dodi. Sie saßen beim Frühstück auf dem Oberdeck der »Jonikal«, es gab Kaffee, Croissants, Marmelade und Obst. Gegen Mittag verstaute der Butler das Gepäck der beiden im Beiboot, am Ufer wartete schon der Chauffeur. Von der gewundenen, engen Straße, die zum Flughafen von Olbia führt, warfen die beiden noch einen Blick auf die herrliche zerklüftete Küste Sardiniens. Die letzten Urlaubsfotos der verliebten Prinzessin werden nach Presseberichten später um 750.000 DM verkauft.

Die »Gulfstream IV«, lackiert in den grün-goldenen Firmenfarben von Harrods, wartet schon auf dem Flugfeld, und von jetzt an sind wir dabei. Wir sehen die Bilder nach dem Tod Dianas viele Male wieder. Mit zerzaustem Haar, in eine braune Hose und ein dazupassendes Jackett gekleidet, die Augen hinter einer Sonnenbrille versteckt, steigt sie mit Dodi rasch in die Maschine, die sie nach Paris fliegen wird.

Wir können jede Minute, die ihr noch bleibt, mitverfolgen, die Paparazzi und Kameraleute produzieren – ohne es zu wissen – schon Material für ihren Nachruf. Diana verbringt ihre Zeit wie an den meisten Tagen, seit sie zum begehrtesten Objekt der Begierde für die Weltpresse geworden ist. Sie wird gejagt:

15.20

Der Privatjet der al-Fayeds landet am Flughagen Le Bourget nördlich von Paris. Es ist Samstag nachmittag, zwei Dutzend Fotografen sind bereits zur Stelle. Kaum wird die Flugzeugtür geöffnet, klicken schon die Auslöser der Kameras. Dodi ist verärgert und fordert eine Polizeieskorte ins Stadtzentrum an. Als ob er ahnte, daß ihm nur noch wenig Zeit zum Leben bleibt, treibt er die Sicherheitsbeamten zur Eile an: »Wir müssen so schnell wie möglich hier weg.«

15.50
Das Paar erreicht das Haus, das Edward, der Herzog von Windsor, der für seine Frau Wallis Simpson auf den englischen Thron verzichtet hatte, nach dem Krieg bewohnte. Dodis Vater hat es gekauft, sein Sohn führt die neue Liebe stolz durch die Räume, in denen sie vielleicht eines Tages leben könnten.
16.35
Die Sicherheitskameras im Ritz zeichnen die Ankunft von Diana und Dodi auf. Zur gleichen Zeit versammeln sich vor dem Hotel und am Hintereingang Gruppen von Fotografen.
Das Paar wird in die »Kaisersuite« geleitet, die pro Nacht 15.000 DM kostet, es sei denn, das Hotel gehört dem eigenen Vater.
Dodi telefoniert mit seinem Cousin Hassan Yassin und erzählt ihm, daß er die Prinzessin von Wales heiraten will. Es mag sein Wunsch gewesen sein. Diana meinte noch kurze Zeit vorher zu einem Journalisten: »Ich habe nicht so lange gebraucht, um aus einer schlechten Ehe herauszukommen, damit ich gleich wieder eine eingehe.«
Während die Prinzessin von Wales ihr Schönheitsprogramm absolviert und sich im hauseigenen Salon frisieren läßt, verbringt al-Fayed seine Zeit bei einem Juwelier, der eine Korrektur an dem »Jawort-Ring« vorgenommen hat, den er seiner Geliebten schenken will: »Was immer Dodi auch geplant haben mag – er hatte keine Zeit mehr, es in die Tat umzusetzen«, schreiben die beiden Autoren Sancton und Scott MacLeod in »Der Tod einer Prinzessin«. »Der Ring wurde später in seiner ungeöffneten Schatulle in Dodis Wohnung gefunden.«
19.00
Wieder hält es das Liebespaar nicht lange an einem Ort. Sie verlassen das Ritz durch den Hintereingang und fahren in die Wohnung al-Fayeds in der Rue Arsène-Houssaye, ganz nahe beim Triumphbogen. Vor der Tür warten schon wieder die Paparazzi und »heulen in ihrem Jagdfieber laut auf«, als das Objekt ihrer Begierde auftaucht. Später wird man in der Wohnung schön verpackte Geburtstagsgeschenke für Dianas Sohn Harry finden.
20.45
Ein Tisch im berühmten Bistro »Chez Benoît« in der Rue Saint-Martin ist für die beiden bestellt. Doch als sie aus dem Fenster ihres Appartements blicken, harrt ihrer noch immer eine Fotografenmeute, und sie beschließen, im besser geschützten Ritz zu essen.

21.50
Vor dem Hotel haben sich Schaulustige, Fans und Paparazzi versammelt: »Die Menge war so dicht gedrängt, daß Dodi und die Prinzessin anfangs nicht die Wagentüren öffnen konnten«, beschreiben Sancton und Scott MacLeod die Ankunft des Liebespaares.
Wieder zeichnen die Sicherheitskameras jede Bewegung der beiden auf. Diana, sportlich, in weißen Hosen und einem schwarzen Blazer, sprintet mit Dodi in das hauseigene Lokal »Espadon«. Die Fotografen haben ihre Bilder im Kasten, Handys klingeln, die besten Schnappschüsse werden den Redaktionen in der ganzen Welt angekündigt, Honorare vereinbart.
Im Speisesaal verstummen schlagartig alle Gespräche. Jeder erkennt das Paar, das in den letzten Wochen mit seiner Affäre täglich die Klatschspalten füllte. »Diana bestellte sich als Vorspeise Rührei mit Pilzen und Spargel und als Hauptgericht Seezunge mit Gemüse der Saison«, werden wir in »Der Tod der Prinzessin« über ihre letzte Mahlzeit informiert. Doch die neugierigen Blicke verderben ihr den Appetit. Sie flüchtet mit Dodi sofort wieder und beschließt, mit ihm allein in ihrer Suite zu speisen.
0.15
Was jetzt geschieht, wird Diana und Dodi das Leben kosten. Die innere Unruhe, die die beiden teilen, treibt sie aus dem bequemen Luxushotel noch einmal in die Nacht hinaus. Sie werden im Appartement al-Fayeds, wo sie übernachten wollten, nie mehr ankommen.
Diana hat keinen eigenen Leibwächter, der sie davor bewahrt, in das Fahrzeug eines Betrunkenen zu steigen. So wie Sisi, hat auch sie die lästige Dauerbewachung abgeschafft und in Paris den Schutz der SPHP (»Service de Protection des Hautes Personalités«) abgelehnt. Und so wie die Kaiserin bezahlt auch sie ihre Freiheit mit dem Leben.
Es ist der 31. August, ein neuer Tag hat gerade angefangen, in wenigen Minuten wird ein Ereignis die Welt erschüttern und eine Massentrauer auslösen, wie sie noch nie dagewesen ist.
0.24
Diana, Prinzessin von Wales, liegt im Sterben. Der Ort, an dem sie ihr Leben läßt, wird später zur Wallfahrtsstätte werden. Für immer wird der Place de l'Alma in Paris mit ihrem Namen verbunden bleiben.
Ihr Körper ist eingeklemmt in einem Autowrack. Henry Paul, der Fahrer des Hotel Ritz, hat in einem Tunnel die Kontrolle über seinen Wagen verloren. Die Hinterräder des Mercedes brechen aus, hilflos schleudern die Insassen

mit hoher Geschwindigkeit einem Stahlbetonpfeiler entgegen. Ein Augenzeuge, der den Aufprall hörte und in die Unterführung lief, berichtet später den Ermittlungsbeamten: »Als ich am Unfallort angelangt war, sah ich vier oder fünf Männer um das Wrack des Mercedes herumwieseln, die mit Profi-Ausrüstungen Fotos machten ... Es war offenkundig, daß die vier Wageninsassen verletzt waren. Man sah Blut, ihre Körper lagen kreuz und quer im Inneren des Mercedes. Doch diese Männer fotografierten nur das Auto und die Verletzten von jedem Blickwinkel aus. Als ich dies bemerkte, schrie ich: Ist das alles, was ihr tun könnt, anstatt Hilfe herbeizurufen?« Ein anderer Zeuge berichtet, die Paparazzi hätten sich »wie Haie an rohem Fleisch« verhalten. Kein Wunder, der Tod der Prinzessin von Wales ist ein gutes Geschäft. Dennoch hat bisher niemand gewagt, die Fotos der sterbenden Diana abzudrucken, obwohl sie einer Zeitung um 350.000 DM angeboten wurden.
Die Beteiligten an dem Drama landen entweder in einer Gefängniszelle – wie mehrere Paparazzi – oder vor den Mikrofonen der Reporter. Ein junger Arzt, der Diana – ohne zu wissen, wer sie ist – noch an der Unfallstelle versorgt hat, wird von Talk-Show zu Talk-Show gereicht. Später wirft man ihm vor, er hätte jedes Mal eine andere Version erzählt. Einmal waren ihre letzten Worte angeblich: »Ich habe solche Schmerzen« und »O Gott, ich halte es nicht aus!« Ein andermal soll er erklärt haben: »Sie war halb bei Bewußtsein, murmelte, aber sagte nie etwas Deutliches.«
Später werden Wochen und Monate mit Spekulationen vergehen, die vielen ungeklärten Fragen tragen zum Mythos bei, der sich bis heute um den Unfall der Prinzessin rankt. War es Mord, hat der britische Geheimdienst den Tod »arrangiert«? Oder war es einfach nur der Fehler eines Betrunkenen, der unter Drogen stand? Wo ist das zweite Auto, ein Fiat UNO, der von mehreren Zeugen gesehen wurde, geblieben? Könnte Diana noch leben, wenn die Paparazzi sofort Hilfe geholt hätten?

2.05

Diana wird in den Operationssaal gerollt. Die Ärzte diagnostizieren, daß »sie unter sehr starken Blutungen im Brustkasten litt, unmittelbar gefolgt von einem Herzstillstand«.

4.00

Es ist vorbei. Die Suche nach dem Glück ist beendet, der Friede kommt auf eine Weise, wie ihn Diana, im Gegensatz zu Sisi, wahrscheinlich nicht ersehnt hat. Sie wollte noch soviel, sie hat noch alles erhofft und glaubte daran, daß dieses Unglück, das bei ihrer Geburt angefangen hatte, wieder gutzumachen sei.

Sisi

Sisi hat auf ihn gewartet, sich nach ihm gesehnt, und als er endlich kam, war es fast so wie in ihrer Phantasie: Der Tod sollte sie mitnehmen ins Meer, in diese Ruhe, die das Land ihr nie gegeben hat: »Das Meer ist mein Beichtvater, den ich täglich aufsuchen muß«, sagte sie. »Es macht mich wieder jung, weil es alles Fremde von mir nimmt und mir seine Gedanken gibt. Es kann selbst nicht sterben und deswegen verjüngt es alles um sich. Von ihm kommt meine ganze Weisheit her.«

Es war nicht das Meer, aber immerhin ein See, an dem sie starb. Als die Feile des Mörders die Kaiserin ins Herz traf, war sie noch an Land und traf unbewußt die Entscheidung, den tödlichen Stich nicht zu bemerken, bis sie dort angelangt war, wo sie hingehörte: auf ein Schiff. Denn dort war ihre Heimat: »Ich bin wie ein Sturmvogel«, sagte sie. »Ich lasse alle Segeltücher abnehmen, um den Anblick der zornigen Wellen nicht zu entbehren; und jedesmal, wenn eine über Deck schlägt, möchte ich aufjauchzen.«

Elisabeth, Kaiserin von Österreich, Königin von Ungarn und an diesem Tag Gräfin von Hohenembs, einer ihrer vielen Titel, unter denen sie am liebsten inkognito reiste, hatte es Luigi Lucheni leicht gemacht. Sie reiste, wie immer in den letzten Jahren, ohne Bewachung und hatte die Schweizer Polizisten, die sie am Genfer See beschützen wollten, ungeduldig weggeschickt.

Es war ein schöner, wolkenloser Septembermorgen, als der Anarchist seinen Plan in die Tat umsetzte. Er hätte genausogern den Herzog von Orleans erdolcht, aber was soll's. Der Franzose war schon abgereist, und Herrscherbrut bleibt Herrscherbrut: »Ein Lucheni tötet eine Kaiserin, aber niemals eine Wäscherin«, prahlte er. Die legendäre Habsburgerin kam ihm gerade recht.

Es war eine Haßliebe, die Sisi mit dem Tod verband. Er war ihr Feind und Freund zugleich, ein treuer Begleiter, der früh in ihr Leben gekommen war und blieb.

Sie ist noch ein Kind, da stirbt David, ihr geliebter Spielgefährte, an Lungenentzündung. »Ach wär', mit dir gestorben, im Himmel ich wie du«, schreibt sie verzweifelt in ihr Tagebuch und spürt zum ersten Mal die Sehnsucht nach diesem endgültigen Frieden, den sie im Leben sucht und erst nach einer langen Reise im Tod endlich findet.

Sisi ist noch nicht erwachsen, da muß sie zum zweiten Mal Abschied nehmen. Der Mann, den sie liebt – nein, nicht liebt, denn wird sie je wissen, was das

ist? –, für den sie schwärmt, den sie kaum kennt und auf den sie, hinter Büschen versteckt, wartet, wird ihr entzogen. Zuerst von ihren Eltern weggeschickt, weil sich die Schwärmerei der kleinen Herzogin für den unstandesgemäßen Offizier nicht schickt, dann, weil er plötzlich stirbt.
Der Tag, an dem sie zum zweiten Mal in ihrem Leben nach dem Tod ruft, kommt nur wenige Jahre später. Sophie, ihr erstes Kind, stirbt qualvoll unter ihren Augen. Elisabeth ist erst zwanzig Jahre alt.
Nur zwei Jahre später beherbergt die Kaiserin in Schloß Laxenburg, in dem sie unglücklich ihre Flitterwochen verbracht hatte, wieder den Tod. Sie sieht Soldaten jämmerlich verbluten, sie hört sie nach ihren Müttern schreien. Sie kann nichts tun, als ihr Sterben, das seinen Anfang in den politischen Fehlentscheidungen ihres Mannes nahm, in ihrem Behelfslazarett zu organisieren. Die Schlacht von Solferino und später die Schlacht von Königgrätz zeigen ihr, daß der Tod einen großen Appetit hat und nicht fragt, ob man bereit ist, mit ihm zu gehen.
Es scheint so einfach zu sein zu sterben, und viele, die ihr wichtig waren, müssen fort: Cousin Ludwig, der König von Bayern, im Starnberger See ertrunken, Kaiser Maximilian von Mexiko, der Bruder von Franz Joseph, erschossen, ihre Schwester Sophie, in Paris bei einer Wohltätigkeitsveranstaltung verbrannt, ihre Schwester Helene, erkrankt und vor ihr gegangen, ihr bester Freund Gyula Andrássy, nach langem Leiden erlöst.
Ihre eigene Todessehnsucht bleibt lange ungehört: Sie begleitet ihren Mann nach Italien und setzt sich der Gefahr von Attentaten aus, sie galoppiert in England und Irland hinter der Meute über Stock und Stein und versucht redlich, sich den Hals zu brechen. Doch wenn sie vom Pferd stürzt, steht sie meist unverletzt wieder auf. Sie quält ihren Körper, bis er rebelliert und ihr nicht mehr gehorcht, aber sterben kann sie nicht.
Die Vorbereitung auf den Tod beginnt für die Kaiserin von Österreich und Königin von Ungarn am 31. Januar 1889, Elisabeth ist zweiundfünfzig Jahre alt. Der Schmerz, der sie an diesem Tag mit »tausendfacher Bitterkeit« trifft, wird sie nie mehr verlassen. Kronprinz Rudolf ist tot. Ihr einsamer Sohn, so unglücklich wie sie selbst, an seiner eigenen Kugel gestorben. Seine Mutter ruft viele Male seinen Namen und fleht ihn an, aus dem Jenseits mir ihr zu sprechen. Vergeblich. Schuldbeladen und voller Kummer wird sie von nun an durch Europa irren und warten, bis ihr Freund, der Tod, sie findet.
»Es ist eigentümlich«, schreibt die Hofdame Irma Sztáray über Sisis letztes Jahr, »daß die Kaiserin, nachdem sie mich tagelang nicht gesehen, bei unserer

Begegnung sozusagen den Faden des Gesprächs bei dem Worte wieder aufnimmt, bei dem es abgebrochen wurde. Ich schließe daraus, daß sie in ihrer Einsamkeit so ganz ihrem Innenleben angehört, daß sie alles, was sich auf die Außenwelt bezieht, ausschaltet.« Es ist eine Welt verlorener Träume, in der Sisi lebt und die sie nur manchmal verläßt, um in der Anonymität fremder Städte ins pulsierende Leben einzutauchen. Sie mischt sich auf den großen Boulevards unerkannt unter die Menge, sie streift stundenlang durch die Docks von London und Manchester, sie liebt die Häfen von Antwerpen, Rotterdam, Marseille und Genua und fühlt sich in den Arbeiter- und Armenvierteln von Barcelona, Neapel, Smyrna, Kairo und Algier wohl: »Ich fühle mich außerordentlich heimisch in Kairo«, sagt sie. »Selbst im größten Gewühle der Lastenträger und der Esel fühle ich mich weniger beengt als auf einem Hofball ...«

Doch immer häufiger will Sisi einfach nur allein sein. Die Menschen sind ihr eine Last. Wenn der Kaiser ihr hinterherfährt, damit er seine Frau, die sich ihm längst entfremdet hat, wenigstens manchmal sieht, bemühen sie sich um Harmonie, die für die verstummte Reisende kräfteraubend ist: »Der Todesgedanke reinigt wie ein Gärtner, der das Unkraut jätet, wenn er in seinem Garten ist«, sagt sie. »Aber dieser Gärtner will immer allein sein, und ärgert sich, wenn Neugierige in seinen Garten schauen. Deswegen halte ich den Schirm und den Fächer vor meinem Gesicht, damit er ungestört arbeiten kann.«

Als Luigi Lucheni der Kaiserin von Österreich den Gefallen tat, sie umzubringen, war es zur rechten Zeit. Sie hatte ihr letztes Mahl genossen, das, was ihr lieb war, die schönen Berge und den See, zum letzten Mal gesehen. Was wollte sie mehr, als endlich ihren Frieden finden:

Der Genfer See liegt ihr zu Füßen, sie hat Obst mitgenommen, Trauben und Pfirsiche, und spürt einen der seltenen Augenblicke von Glück. Die Zahnradbahn hat Sisi auf den Rocher-de-Nay gebracht, wehmütig denkt sie an die stundenlangen Märsche, in denen sie so manchen Gipfel erobert hat. Jetzt macht sie zaghafte Rundgänge auf geharkten Parkwegen, weil ihre Beine nicht mehr mitmachen wollen. Geschwächt vom Hungern, erschöpft von der jahrelangen Ausbeutung ihres Körpers, ist die sechzigjährige Kaiserin ein Schatten ihrer selbst und sagt wehmütig: »Wie anders war ich damals.« Es ist alles so lange her, die Jugend, in der sie schön war, die Zeit, in der sie auf das Glück gewartet hat, das nie kam. Jetzt ist sie müde und versteckt sich hinter ihrem Fächer, der zum Bestandteil ihrer Erscheinung geworden ist.

Am 9. September, es ist der Tag vor ihrem Tod, nimmt Elisabeth zum letzten Mal mit seltenem Vergnügen an einer luxuriösen Mahlzeit teil:
Es ist ein warmer Herbsttag, der ihrem kranken Körper wohl tut und ihr Hoffnung macht, daß sie bald wieder ihre geliebten Seereisen aufnehmen kann. Von der Villa Rothschild in Genf weht die habsburgische Flagge und wird eingezogen, als der hohe Gast unerkannt bleiben möchte. Sisi wandert durch die kostbaren Gewächshäuser, in denen die seltensten Orchideen duften, sie tafelt auf altem Meißner Porzellan, im Hintergrund spielt ein unsichtbares Orchester dezente Tischmusik. So wie bei Diana enthielt das mehrgängige Diner auch Fisch (»Truite du lac du Bourget«). Später wird sie die Menükarte dem Kaiser und ihrer Schwester schicken und vermerken, daß sie noch nie ein so gutes Eis gegessen habe. Sie trinkt Champagner, das hat sie schon lange nicht mehr getan, und im Gespräch mit Baronin Rothschild fällt der Satz: »Je voudrais que mon âme s'en volasse vers le ciel par une toute petite ouverture du coeur« – Ich wünschte, meine Seele flöge zum Himmel durch eine kleine Öffnung des Herzens.
Der Himmel, den sie anrief, hat sie erhört und einen italienischen Anarchisten dazu ausersehen, ihr diesen Wunsch zu erfüllen. Er sticht ihr ein »winzig kleines Loch«, das nicht größer als eine Münze ist, in ihr Herz und lacht und singt vor Freude, als er festgenommen wird.
Der kurze Weg in den Tod, am Ufer der Genfer Seepromenade, symbolisiert ihr Leben: Sie ist die Kaiserin eines großen Reiches und spaziert allein und unbewacht vom Hotel Beau-Rivage, in dem sie abgestiegen ist, zur Schiffsanlegestelle. Am Vormittag hat sie sich zum letzten Mal in einem Geschäft, in dem sie eingekauft hat, in ein Gästebuch eingetragen. Auch hier wird noch einmal sichtbar, was für Sisi wichtig ist: »Schreiben Sie nur Erzébet Királnyé« (Königin Elisabeth), sagt sie zu ihrer Hofdame, »das versteht er ohnehin nicht, und bis es ihm jemand erklärt, bin ich schon über alle Berge«. Als es dem Musikalienhändler, bei dem sie für ihre Tochter Marie Valerie als Geschenk einen Musikapparat erstanden hat, jemand erklären kann, ist sie schon tot. Sie wollte nie Kaiserin von Österreich sein – das Land, das sie wirklich liebte und dessen Königin sie war, hieß Ungarn.
Jetzt schlendert sie am Quai du Montblanc dem Ufer entlang, zwei Schritte vor ihr Irma Sztáray, die zur Eile mahnt. Es ist gleich 13.40, der fahrplanmäßige Dampfer nach Caux, wohin sie einen Ausflug machen will, wird nicht warten. In der Ferne ertönt schon die Schiffsglocke.
Für Elisabeth ist es an diesem 10. September 1898 eine Totenglocke, denn im

selben Moment tritt aus dem Schatten der Bäume, die die Promenade säumen, ein Mann und bewegt sich auf seltsame Weise, als ob er verfolgt würde, auf sein Opfer zu. Er springt vor, stolpert scheinbar und stößt mit der Faust gegen die Brust der Kaiserin, die lautlos zurücksinkt. Der Aufschrei der Hofdame ruft die Menschen herbei, doch Sisi steht wieder auf, ein Droschkenkutscher bürstet ihr den Staub aus dem Kleid, und aufrecht schreitet sie weiter, als wäre nichts geschehen. Es ist der See, der sie anzieht. Sie ist am Wasser aufgewachsen, es ist, als ob sie erzwingen möchte, daß ihr Leben auf dem Wasser endet. Erst als das Schiff ablegt, wird sie ohnmächtig und liegt totenblaß in den Armen der erschrockenen Hofdame. Die Feile ist acht und einen halben Zentimeter tief in ihren Körper eingedrungen und hat ihr Herz verletzt. Die Kaiserin verblutet leise nach innen. Noch einmal kommt Elisabeth zu sich. Ihr Blick schweift über das Schiff. Dann suchen ihre Augen den Himmel und bleiben an der Spitze der Berge hängen. »Was ist denn jetzt mit mir geschehen«, fragt sie mit lauter, klarer Stimme. Es waren ihre letzten Worte.

Sisi ist tot und kann nicht mehr rebellieren, als man ihren letzten Willen nicht erfüllt und sie in der dunklen Wiener Kapuzinergruft bestattet. Sie hatte sich gewünscht, in Korfu, am Meer, ihre letzte Ruhestätte zu finden: »Hier werde ich über mir nur die Sterne haben, und die Zypressen werden genügend seufzen um mich, mehr als die Menschen je tun möchten: in ihren Klagen werde ich ewiger leben als im Gedächtnis meiner Untertanen.«

2

Es wäre besser, ein Sohn zu sein

Diana

Es war am frühen Abend des 1. Juli 1961, als im Parkhaus von Sandringham, im Estate Norfolk, das Schicksal von Diana Frances Spencer entschieden wurde. Der Augenblick, in dem sie zur Welt kam, würde mitbestimmend dafür sein, daß ihr Leben ein einziger Kampf um Anerkennung und Liebe wurde, ein Kampf, den sie erst gewann, als sie tot war und Millionen auf der ganzen Welt bei ihrem Begräbnis weinten.

Frances sah das kleine Mädchen an, das ihr in den Arm gelegt wurde, und die Erinnerung an den Jungen kam zurück. Sie war so glücklich gewesen, als er zu Welt kam. Nach Jahren der Demütigung, in denen Johnnie ihr vorgeworfen hatte, daß sie nur Mädchen gebar, hatte sie es geschafft: Der neue Earl Spencer war da, Sarah und Jane hatten einen Bruder bekommen, das Stigma der Versagerin war endlich von ihr genommen! Und dann starb ihr erster Sohn, den sie John nennen wollten, schon kurz nach der Geburt: »Ich habe ihn nie gesehen. Ich habe ihn nie im Arm gehalten«, wird sie später traurig erzählen. »Er wog siebeneinhalb Pfund und hatte eine Lungenanomalie, was bedeutete, daß er nicht überleben konnte.« Er lebte nur zehn Stunden, und Frances wurde wieder zu den Fachärzten in der Londoner Harley Street geschickt, damit sie herausfinden sollten, was mit ihr nicht in Ordnung war.

Lady Spencer kannte die Prozedur. Johnnie hatte – unter dem Druck der Familie – schon einmal darauf bestanden, daß sie all diese demütigenden Untersuchungen über sich ergehen ließ, damit man feststellen sollte, warum sie »nur« Mädchen gebären konnte. »Es kommt ein Augenblick, wo der Unterschied zwischen einem Jungen und einem Mädchen für einen Adeligen von Bedeutung ist«, erklärt Biographin Lady Colin Campbell: »Und Johnnie und Frances Althorp hatten diesen Punkt erreicht. So erwünscht Mädchen für einen Gefühlsmenschen wie den Viscount waren, so brauchten doch die

meisten Angehörigen des Hochadels wenigsten einen Sohn, besser noch zwei.«
Und jetzt, achtzehn Monate später, hielt Frances im Schlafzimmer im ersten Stock des Hauses dieses Baby im Arm, für das sie nicht einmal einen Namen ausgesucht hatten. Die verzweifelte Hoffnung, daß es diesmal klappen würde, daß der tote Sohn durch den nächsten ersetzt werden könnte, war so stark, daß die Ankunft der kleinen Diana, wie man sie später nennen würde, ein Schock und eine tiefe Enttäuschung war. »Dieser starke Druck, unbedingt einen Erben produzieren zu müssen«, meint die Psychotherapeutin Julia Onken, »brachte Frances schon während der Schwangerschaft in einen enormen Streß. Diana hat schon im Mutterleib wenig positive Energie bekommen. Die Angst der Mutter und dann die Enttäuschung, als das Baby endlich da war und das Geschlecht nicht stimmte, waren für die spätere Prinzessin von Wales ein einschneidendes Erlebnis.«
Lord Spencer fing an zu trinken und seine Frau zu schlagen, er konnte die neue Niederlage nicht überwinden. »Das war eine schreckliche Zeit für meine Eltern und vermutlich der tiefere Grund für ihre spätere Scheidung, denn ich glaube, sie sind nie darüber hinweggekommen«, erzählte Dianas Bruder Charles, der drei Jahre später zur Welt kam, den Biographen. Doch bis dahin mußte Frances wieder mit ihrem Mann schlafen, den sie nicht mehr liebte, mußte jeden Monat neu zittern und hoffen, daß sie schwanger war, und zu Gott flehen, er möge ihr endlich einen Sohn schenken. Sie war achtundzwanzig Jahre alt, als diese Last von ihr genommen wurde, und sagte erleichtert: »Jetzt habe ich endlich meine Pflicht erfüllt.«
Im Gegensatz zu Diana, die »nur« in St. Mary's Church in Sandringham getauft wurde und der laut Campbell »aufgrund ihres untergeordneten Ranges wenig Beachtung geschenkt wurde«, ließ man ihren Bruder Charles mit viel Pomp in Westminster Abbey taufen. Seine Patin war die Königin.
Die Ankunft des Erben wurde gebührend gefeiert, und der zukünftige Earl Spencer nahm von nun an in der Familie den wichtigsten Platz ein. Er war der Held, er war der, dem es geglückt war, die Güter der Familie zu retten. Denn die Erbregeln der britischen Aristokratie sehen vor, daß ohne männliche Nachkommen die nächsten Anverwandten mit einem Sohn erben – ohne Ausnahme: Wer es nicht schafft, einen männlichen Nachfolger zu präsentieren, lebt in der nächsten Generation als arme Verwandtschaft der neuen Grafen, auf die der Titel übergeht – und mit ihm nicht nur der Rang, sondern auch der Besitz. Althorp House, seit 1508 das Zuhause der Grafen Spencer,

mit seinen 6000 Hektar Grund und seinen Kunstschätzen mußte erhalten bleiben, und so war die erste unbewußte Botschaft, die Diana bei ihrer Geburt vermittelt wurde: »Du bist nicht richtig, wie du bist, du hättest ein Sohn werden sollen.« Sie litt darunter und gestand viele Jahre später ihrem Biographen Andrew Morton: »Ich erinnere mich noch daran, wie ich mit vierzehn gedacht habe, daß ich in nichts gut wäre, weil ich ein hoffnungsloser Fall wäre. Mein Bruder hat immer seine Prüfungen in der Schule bestanden, und ich bin durchgefallen. Ich konnte nicht verstehen, warum ich vielleicht allen lästig war, und später ist mir aufgegangen, daß das zu dem ganzen Problem mit dem Sohn gehörte. Beide Eltern waren ganz verrückt danach gewesen, einen Sohn und Erben zu haben, und dann kommt eine dritte Tochter.« Ein Stigma, das Diana in der adeligen Gesellschaft, in die sie hineingeboren wurde, nur durch eine erstklassige Heirat, die ihre Stellung verbesserte, wieder gutmachen konnte.
Ein kleines Mädchen erfährt, noch ehe es laufen lernt, eine tiefe Verletzung. Einen Schmerz, den Diana mit Millionen Frauen auf dieser Welt teilt. Die Psychologen nennen es »die Sohnbotschaft«, wenn Kinder in ihrem Geschlecht nicht erwünscht sind. Für die spätere Prinzessin von Wales bedeutet es einen lebenslangen Kampf um ihren Wert, sie wird von nun an ständig auf der Suche nach Liebe und Anerkennung sein.

Sisi

Ludovika, Herzogin in Bayern, war schon wieder schwanger, von Max, den sie nicht liebte. Er kam nach Hause, tat ohne Begeisterung seine Pflicht und widmete sich dann wieder seinen Vergnügungen, zu denen die Gesellschaft seiner Frau nicht gehörte. Ihre einzige Aufgabe, möglichst viele Kinder in die Welt zu setzen, übernahm sie resigniert, aber ohne zu murren. Die schlimmste Schande, keinen Erben zu produzieren, war ihr erspart geblieben, sie konnte stolz auf den wohlgeratenen Erstgeborenen blicken, dem sie den Namen Ludwig gaben. Der kleine Wilhelm, der Zweitgeborene, war leider schon mit einem Jahr gestorben, und als Helene kam, war Ludovika wahrscheinlich einfach froh, daß sie gesund war, denn der Schmerz über das verlorene Kind saß tief. Und jetzt, am Weihnachtsabend des Jahres 1837, liegt sie wieder in den Wehen.
Es ist ein Sonntag, es fängt schon an zu dämmern und in den Häusern werden

die ersten Kerzen angezündet. Draußen ist es klirrend kalt, wer kann, bleibt am wärmenden Feuer sitzen und freut sich über ein Glas Punsch und Weihnachtskekse.
Im Palais Max in der Münchner Ludwigstraße merkt man nichts von der Ruhe, die sich über die Hauptstadt senkt. Hier findet eine öffentliche Veranstaltung statt, denn Ludovika braucht Zeugen, wenn sie niederkommt, so will es das Hofzeremoniell. Kein bürgerliches »Kuckucksei« soll der adeligen Gesellschaft unterschoben werden können.
Endlich ist es soweit, nach stundenlangen Qualen wird ein Mädchen geboren. Das weiße Boudoir der erschöpften Herzogin füllt sich mit Damen und Herren der feinen Gesellschaft, die die Geburt von Elisabeth Amalie Eugenie bezeugen. Das Kind wird von der Hebamme hochgehoben, Bewunderung, Beifall, und niemand sagt den Satz: »Nur ein Mädchen«. Gedacht wird er fast sicher, denn es gibt erst einen Erben, die sichere Reserve fehlt dem Herzog in Bayern, der früh verstorbene Sohn ist noch nicht ersetzt. So wie in Dianas Familie stirbt ein »kostbarer« Erbe, jedes Mädchen, das ihm folgt, muß eine Enttäuschung sein. »Die Mütter bilden mit den Töchtern eine Schicksalsgemeinschaft, sie sitzen im selben Boot, haben auch das falsche Geschlecht und können den Mädchen nicht helfen«, beschreibt Julia Onken den Kreislauf der Entwertung, der letztendlich unter der Mithilfe der Frauen von den Männern immer wieder neu inszeniert wird.
Mit Töchtern hat man außerdem nur Scherereien. Man ist darauf angewiesen, sie gut zu verheiraten, und wenn sie nicht hübsch sind oder kein Geld haben, bleiben sie zu Hause, liegen den Eltern auf der Tasche und versauern als alte Jungfern.
In die Geschichtsbücher geht Sisi als Glückskind ein. Nicht nur daß sie an einem Sonntag geboren wird, hat sie auch schon einen Zahn im Mund, ähnlich wie es bei Napoleon der Fall gewesen sein soll. Die Höflinge beeilen sich, das außergewöhnliche Ereignis als sicheres Zeichen für ein besonders begünstigtes Leben zu deuten. Aber ein Zahn allein reicht nicht zum Glück.
Sisi wird, so wie Diana, in eine Welt hineingeboren, in der ihr Wert und ihr Wohlergehen von der Wahl des Mannes abhängig ist: »Als die kleine Elisabeth endlich in der kostbar ausgestatteten Wiege lag und alle Besucher den Raum verlassen hatten, betrachtete die Mutter nachdenklich die kleine Tochter. Sie wünschte ihr von ganzem Herzen alles Glück dieser Welt auf ihrem Lebensweg, denn ihr eigenes Schicksal war keineswegs beneidenswert«, schreibt die Historikerin Sigrid-Maria Grössing.

Die kleine Herzogin in Bayern ist gerade erst vier Wochen alt, da entschwindet ihr Vater wieder und geht auf Reisen. Ihn hält es nie lange bei seiner ungeliebten Frau, diesmal zieht es ihn in den Orient, wo er ein paar Monate bleibt. Es ist der Anfang einer langen Reihe von Abwesenheiten und Enttäuschungen für das Mädchen, das seinen Vater abgöttisch liebt und immer wieder neu im Stich gelassen wird. In Kairo kauft er auf einem Sklavenmarkt vier kleine Negerknaben, die er mit in seine Heimat bringt. Ganz München wohnt der feierlichen Taufe der Mohren des Herzogs bei. Max genießt den Skandal und die Aufmerksamkeit, die ihm zuteil wird, die neue Tochter ist ohnehin noch zu klein, als daß es sich lohnte, sich mit ihr zu beschäftigen. Als Sisi alt genug ist, um die Gefährtin ihres Vaters zu werden, übernimmt sie – im Kampf um seine Liebe – unbewußt die Rolle eines Sohns. Sie klettert auf Bäume, reitet wild und tobt mit den Nachbarjungen herum, anstatt sittsam – wie es der Zeit entspricht – über ihrem Stickrahmen zu sitzen.

3

Die Ehe ist ein Seufzen und Klagen

Dianas Eltern

Am Anfang war alles noch wie im Bilderbuch: »Dem Viscount und der Viscountess Althorp lag die Welt zu Füßen. Sie waren jung und attraktiv, wohlhabend, von Rang und wohlgelitten. Er war der Erbe eines vornehmen Titels und eines großen Vermögens, siebenunddreißig Jahre alt und sehr begehrenswert. Sie war die Tochter des vierten Lord Fermoy, fünfundzwanzig Jahre alt und bemerkenswert attraktiv. Sie schienen füreinander geschaffen zu sein«, schreibt Biographin Lady Colin Campbell über die gesellschaftlich perfekte Verbindung. Frances war achtzehn, als sie dem attraktiven Johnnie bei ihrem Debütantinnenball begegnete. Es war Liebe auf den ersten Blick, und innerhalb von wenigen Wochen hielt Graf Spencer um ihre Hand an.

Die Tochter des Lords überlegte nicht lange, als einer der begehrtesten Junggesellen der Stadt sie zur Frau nehmen wollte. Sie war, wie fast alle adeligen Mädchen, dazu erzogen worden, so gut wie möglich zu heiraten, um ihren Wert zu steigern. Und so nahm sie im Jahr 1954 den Antrag des Grafen an und machte sich, so wie später ihre Tochter Diana, wenig Gedanken, ob der Auserwählte zu ihr paßte.

Aber es ist nicht einfach, einen Mann zu heiraten, der auf die Schuhe eines Toten wartet und nur dafür lebt, eines Tages sein Erbe zu verwalten. Johnnie hatte, so wie viele Männer seiner Gesellschaftsklasse, keinen Beruf und keine lohnenswerte Aufgabe, auch in diesem Punkt würde Diana bei der Wahl des Partners ihrer Mutter folgen. Auf den Gütern, die später ihm gehören werden, lebte sein Vater, und bis der starb, gab es für seinen Nachfolger nichts zu tun. Frances fand zu spät heraus, was es bedeutete, im Alltag mit einem Ehemann zu leben, der seinen Vergnügungen nachging und wenig andere Interessen zeigte. Sie gaben eine Menge Einladungen und waren sehr gesellig, aber sie wollte mehr vom Leben und war schon bald unzufrieden.

Johnnies Vater schätzte seinen Sohn nicht, der seine Tage mit Jagen, Schießen und Fischen verbrachte, und schloß sich lieber in seiner Bibliothek mit 70.000 Büchern ein, als sich um seinen Erben zu kümmern: »Niemand mochte ihn, weder seine Frau – die er regelmäßig schlug«, schrieb Lady Campbell, »und die bei ihm blieb, weil die Beständigkeit einer adeligen Ehe weniger mit Glück als mit anderen, weltlichen Erwägungen zu tun hat – noch sein Sohn, den er wegen dessen mangelnder Intelligenz verachtete«.
Johnnie war ein unglückliches Kind und wiederholte als Mann die Ehe seiner Eltern. Er kannte nichts anderes, und so verwundert es nicht, daß er in all den Jahren nicht einmal bemerkte, daß seine Frau mit ihm unzufrieden war. Frances versuchte, so lange es ging, ihr Unglück zu vertuschen und zu ertragen. Ihre Mutter, Lady Fermoy, war seit vielen Jahren die Hofdame von »Queen Mum«, der Mutter Königin Elizabeths, sie wußte um die Wertvorstellungen der königlichen Familie. Man blieb zusammen, koste es, was es wolle, eine Scheidung kam in ihren Kreisen nicht in Frage: »Wenn ein Erbe vorhanden ist, die Liebe nicht länger besteht und man nicht mehr miteinander schläft, hat man keinen Grund, sich scheiden zu lassen – selbst wenn beide Ehepartner Geliebte haben –, solange man fortfährt, die gesellschaftliche Position der Familie zu festigen (oder weiterzukommen, falls man unglücklicherweise dem niederen Adel angehören sollte)«, beschreibt Campbell die Verlogenheit der herrschenden Moral.
In den ersten Jahren konnte das Paar seine Verschiedenheit noch mit Erotik überbrücken, aber weil sexuelle Anziehung als Fundament für eine gute Beziehung selten stark genug ist, fand Frances ihren Mann nach ein paar Jahren unerträglich, und eine Cousine sagte über die beiden: »Johnnie war unglaublich langweilig, nett zu seinen Freunden, rührselig und sentimental bei seinen Kindern, aber so fade, daß es weh tat. ... Sie hingegen war genau so, wie eine Frau sein sollte. Elegant, geistreich und ein wunderbarer Gast. Sehr amüsant und gescheit.«
Nachdem Frances die Achtung vor ihrem Mann verloren hatte, der sie demütigte und schlug, wenn er trank, wurde, so Campbell, ihre Ehe für sie immer mehr »zu einem Ödland, das sie mühsam durchqueren mußte«. Doch für eine Frau mit vier Kindern, die an ein Leben in Wohlstand gewöhnt war, gab es nicht viele Möglichkeiten. Sie hatte keinen Beruf, sie konnte nicht einfach gehen und versuchte sich daher, so gut es ging, zu arrangieren. Sie wollte nicht alles verlieren, was sie besaß, und ihre hohe gesellschaftliche Stellung gegen das unsichere Leben einer diffamierten geschiedenen Frau eintauschen.

Familienmuster wiederholen sich immer wieder. Diana wird später genau wie ihre Mutter alles tun, um ihr Unglück nach außen möglichst lange zu verbergen und selbst damit fertig zu werden.

Das Vertuschen einer gescheiterten Beziehung ist in adeligen Kreisen durchaus üblich. Man arrangiert sich und sieht zu, daß der Adelstitel nicht durch einen Skandal befleckt wird und die Besitztümer in der Familie bleiben. Frances hatte nicht vor, die Tradition, in der sie aufgewachsen war, zu brechen. Doch dann kam nach zwölf langen Ehejahren die Liebe in ihr Leben und damit die Unvernunft:

Peter Shand Kydd schien ein Mann zu sein, der alles besaß, was sie bei Johnnie vermißte: Er war gebildet, er war liebevoll, er war charmant, er war unkonventionell, sprühte vor Lebensfreude und hatte als einzigen Makel eine Frau und drei Kinder. Am Anfang war es nur eine Affäre, aber als sich der Geschäftsmann nach einem Jahr für Lady Spencer scheiden lassen wollte, griff sie zu und hoffte auf ein neues Glück. Es wurde ein Desaster. Peters Frau nannte vor Gericht die Geliebte als Scheidungsgrund und ruinierte Frances' Ruf so nachhaltig, daß sie später, in ihrem eigenen Scheidungsverfahren, das Sorgerecht für ihre Kinder verlor.

Es war ein Drama, bei dem die Mutter von Frances eine unrühmliche Rolle spielte und die Weichen für Dianas einsame Kindheit stellte: Lady Fermoy empfand es als Schande, daß gerade ihre Tochter die Regeln mißachtete, die seit Queen Victoria am Hofe galten und denen sie sich als enge Vertraute des Königshauses verpflichtet fühlte. Nicht nur daß sie sich scheiden ließ, der Mann, für den sie ihre gesellschaftliche Stellung aufgab, war zudem nicht einmal adelig. Er war der Erbe eines Tapetenimperiums, der zwischendurch in Australien Schafe gezüchtet hatte, und galt – obwohl er studiert hatte – laut Campbell als »reich und liebenswürdig, aber gewöhnlich«.

Ruth Fermoy mußte wenigstens ihre Enkel vor diesem Abstieg ins Bürgertum retten und sagte im Scheidungsprozeß gegen ihre Tochter aus. Ein Verrat, der zeigt, wie wichtig in adeligen Kreisen Rang und Namen sind. Denn auch wenn in England normalerweise die Kinder bei Trennungen der Frau zugesprochen werden, so wird gern eine Ausnahme gemacht, wenn der Vater adelig ist, denn ein Titel ist kostbarer als Mutterliebe.

Diana wird nach dem Scheitern ihrer Ehe ständig von der Angst begleitet werden, daß auch ihre Söhne dem kalten Kalkül der »Firma«, wie sie die königliche Familie nannte, zum Opfer fallen könnten.

Sisis Eltern

Ludovikas Lebenstraum war schon bei ihrer Hochzeit, am 9. September 1828, zu Ende. Sie liebte den Mann nicht, den ihr Vater, der König von Bayern, für sie bestimmt hatte, und ihrem Bräutigam ging es nicht anders. Für das Volk rund um den Starnberger See war es trotzdem ein Freudenfest, denn immerhin heiratete ihr Lieblingsherzog, der junge Maximilian in Bayern, eine Königstochter. Die Blasmusik spielte, die Damen, in ihren besten Roben, die Herren, elegant und meistens in Uniform, genossen den herrlichen Tag und fanden sich zur Trauung ein: »Das Brautpaar selbst sah aus, als würde es zu seiner eigenen Beerdigung geführt werden, die schöne Braut schien den Tränen nahe, und der Bräutigam schleppte sich geradezu mit Leichenbittermiene in die Kirche«, beschreibt die Historikerin Sigrid-Maria Grössing den Anfang einer langen Ehe, aus der es für Ludovika kein Entrinnen gab.

Ihr Vater, Max I. von Bayern, hatte die Männer seiner Töchter nach politischen Grundsätzen ausgesucht. Es ging um Bündnisse, um Macht und Geld, was sollte dabei die Liebe? Marie ist Königin von Sachsen, Elise hat den zukünftigen König von Preußen geheiratet und Sophie, die viele Jahre später Sisis Schwiegermutter werden wird, den völlig unattraktiven österreichischen Erzherzog Franz Karl, der aber immerhin die Chance hat, seinem kranken Bruder auf den Habsburgerthron zu folgen.

Und was hat sie bekommen? Ludovika fühlt sich betrogen, man hat sie schlecht »verkauft«. Ihr Cousin, der Herzog in Bayern, ist nicht nur unsympathisch, er ist ihrer auch nicht würdig. Der große Unterschied liegt in dem kleinen Wörtchen IN. Ludovika ist eine Herzogin VON Bayern, ihr Mann stammt aus einer unwichtigen Nebenlinie der Wittelsbacher, die erst 1799 den Titel mit der feinen Unterscheidung bekommen hatte, um die vornehmere und ältere Linie nicht zu schmälern. Seine Herzogswürde war so wenig wert, daß er sich weder für eine politische noch für ein militärische oder diplomatische Karriere eignete. Aber Max war ohnehin nicht daran interessiert. Er liebte seine Freunde, seine Zither, Wein, Weib und Gesang und fühlte sich mehr als Zirkusreiter denn als Adeliger.

Ludovika ist wütend, daß ihr Glück schon mit zwanzig zerrinnt, und will mit dem ungeliebten Gatten nichts zu tun haben. Max beschließt dennoch, seine Frau in Besitz zu nehmen, und stürmt in der Hochzeitsnacht in ihr Schlafgemach, um sich sein Recht zu holen. Wie fast alle Frauen ihrer Zeit ist die junge Braut nicht aufgeklärt und sieht sich plötzlich einem unsittlichen Angriff ausgesetzt. Die Historikerin Grössing beschreibt die Szene: »Die Panik, die sie erfaßt hatte, verlieh dem zierlichen Mädchen wahre Bärenkräfte, sie drängte den jungen Mann zurück, versetzte ihm einen kräftigen Stoß, Max taumelte, zufällig stand die Tür eines Schrankes offen, und der Bräutigam fiel mit lautem Krach in den Kasten.« Kein guter Start für die Beziehung. Ludovika dreht den Schlüssel um und ist noch einmal entkommen.

Max hat schon früh, wahrscheinlich in den Armen routinierter Damen, die Freuden des sexuellen Lebens kennengelernt. Für die sensible Herzogin, die sich aus Angst und Ablehnung verkrampft, zeigt er wenig Verständnis, und so gerät die intime Beziehung wohl eher zur Demonstration männlicher Gewalt als zum sinnlichen Vergnügen für die junge Frau.

Wenn ihr Mann in ihrem Bett sein kurzes Vergnügen sucht oder einfach nur seine Pflicht tut, um einen Erben zu zeugen, träumt die bayrische Prinzessin wahrscheinlich von Prinz Miguel von Braganza, dem späteren König von Portugal. Ihn hätte sie gerne genommen, aber ihre Romanze wurde abgebrochen. Wen kümmerte schon ein unglückliches Frauenleben, er paßte nicht in die Heiratspolitik der Wittelsbacher.

Ludovika, die in ihrer Jugend eine Schönheit war, vielleicht sogar noch schöner als ihre Töchter Helene und Elisabeth, wird mit Max, der ihretwegen seine große Liebe, eine Bürgerliche, aufgeben muß, innerhalb kürzester Zeit eine verbitterte, verhärmte Frau. Er erklärt ihr offen, daß er sie nicht liebt und daß er sie nur aus Furcht vor seinem Großvater, Herzog Wilhelm, geheiratet hat.

Dennoch wahren sie, so wie Dianas Eltern, in den ersten Jahren den Schein und laden zu vielgerühmten Bällen, Konzertabenden und Zirkusvorstellungen ein. Später hält sich der Herzog mehr in seinem »Café Chantant« auf, das er nach Pariser Vorbild im rückwärtigen Teil des Palais eingerichtet hat. Das Paar lebt gegeneinander, dann nur noch nebeneinander. Max findet seine Abwechslung anderswo, seine Frau hat keine andere Wahl, als alles hinzunehmen, was ihr geschieht, und mit der Zeit wird sie so gleichgültig, daß es nicht einmal mehr weh tut. Die vielen Geliebten, mit denen der Herzog ungeniert Kinder zeugt, das unstete Leben, das er führt und dem sie nichts abgewinnen kann, berühren sie nur noch wenig. Sie umgibt sich mit ihren zahlreichen Kindern und Hunden und macht sich Sorgen, wen ihre Töchter heiraten könnten. Die Herzogin in Bayern ist eine gebildete Frau, auch wenn sie ungerechterweise nur als »verhärmte Gattin« in die Geschichte eingeht: »Sie verbrachte mitunter ganze Tage beim Lesen oder ließ sich vorlesen«, schreibt

die Biographin Lisa Fischer über sie. »Sie interessierte sich für Geschichte, Geographie und Sternenkunde ... Sie war sehr geistreich, sprach nicht allzuviel, und wenn sie etwas sagte, traf sie gewöhnlich den Nagel auf den Kopf.« Obwohl beide gebildet waren, paßten sie wirklich nicht zusammen, die ernste, konservativ erzogene Königstochter und der spielerische Freigeist! Max war zwar der populärste Wittelsbacher seiner Zeit, aber sein Interesse galt den Bauernmädchen der Umgebung und wohl nie seiner Frau. Er hielt nichts von Etikette, umgab sich lieber mit einem Kreis bürgerlicher Gelehrter und Künstler, seiner berühmten »Artusrunde«, auf die Ludovika mit Verachtung herabsah. Es wurde viel getrunken, gedichtet und gesungen und oft niveauvoll diskutiert, denn der Herzog in Bayern war nicht nur ein gebildeter, sondern auch ein weitgereister Mann, dessen Bibliothek 27.000 Bände umfaßte. Er besuchte sogar an der Universität München Vorlesungen in Geschichte und Naturgeschichte, was damals für einen Aristokraten sehr ungewöhnlich war. Seine wirkliche Leidenschaft aber gehörte dem Dressurreiten. Im Hof seines Münchner Palais war ein Zirkus eingerichtet, mit allem, was dazu gehörte. Da saßen in den Logen und Sperrsitzen die feinen Damen und Herren der Münchner Gesellschaft und bewunderten Max bei seinen Reiterkunststükken, die er voll Stolz vorführte, umgeben von Clowns, Pantomimen und anderen Zirkusleuten.
Max und Ludovika arrangieren sich mit der Zeit. Er bewohnt das Erdgeschoß des herzoglichen Palais in München, wo er seine Freunde zur berühmten Tafelrunde empfängt, sie residiert im ersten Stock in ihrem Salon mit grünen Seidentapeten und weißen Möbeln. Die Räume des Ehepaars sind durch eine Geheimtreppe verbunden, dennoch sorgen beide dafür, daß sich ihre Begegnungen auf ein Mindestmaß beschränken. Sie bleiben füreinander ein Leben lang Fremde, die sich der Pflicht unterziehen, ausreichend für Nachwuchs zu sorgen. So wie bei Frances und Johnnie Spencer ist die Produktion von Erben wichtiger als jedes persönliche Gefühl.
Ihren Enkelkindern wird Ludovika erzählen, daß Max erst nach der goldenen Hochzeit wirklich gut zu ihr war. Dazwischen liegen fünfzig bittere Jahre, in denen die Herzogin ihrer Tochter Sisi unbewußt als wichtigste Botschaft vermittelt: »Die Ehe ist etwas Schreckliches, als Frau wird man nur gedemütigt, und wenn du kannst, entrinne diesem Schicksal.« Ein Glaube, den auch Diana aus der Ehe ihrer Eltern mit in ihr Leben nimmt.

4

Risse im Kinderglück

Diana

Es war ein wunderbarer Ort für eine glückliche Kindheit. Norfolk, in dem das Parkhouse von Sandringham liegt, ist der sonnigste und trockenste Teil des Königreiches. Und zu dem guten Wetter gesellte sich noch die Ehre, auf dem Privatbesitz der englischen Königin aufzuwachsen, auch wenn die königliche Familie ihren Landsitz, Schloß Sandringham, meist nur im Sommer besuchte.

Diana fütterte die Forellen im See, hielt nach Fröschen und Wassermolchen Ausschau und nahm ihren kleinen Bruder Charles auf ihre langen Streifzüge durchs Gelände mit. Im Sommer schwammen die Kinder im beheizten Swimmingpool, picknickten am Strand neben ihrer privaten Badehütte bei Brancaster und spielten in ihrem selbstgebauten Baumhaus. Diana liebte Tiere und durfte sich alles halten, »was in einen kleinen Käfig paßte«. Sie hatte Hamster, Kaninchen, Meerschweinchen, Goldfische und ihre Katze »Marmalade«. Und wenn ein Tier aus ihrer Menagerie starb, organisierte sie mit Begeisterung eine Begräbnisfeier.

Der Tod übte eine seltsame Faszination auf das Kind aus, und oft ging sie mit ihrem Bruder zum Friedhof von Sandringham. Dort saßen sie vor dem mit Flechten bedeckten Grab von John und dachten darüber nach, ob sie leben würden, wenn er nicht gestorben wäre. »Für Dianas kindlichen Verstand war der Grabstein ihres Bruders, mit seiner schlichten Inschrift ›In liebenden Gedanken‹, eine ewige Mahnung, daß sie, wie sie sich später erinnerte, »das Mädchen war, das eigentlich ein Junge hätte sein sollen«, schreibt Andrew Morton in seiner Biographie über die spätere Prinzessin von Wales.

Als ihr kleiner Bruder Charles geboren wurde, hatte sie den Unterschied gespürt. Diana war erst drei Jahre alt, aber sie verstand, daß dieses Baby, auf das ihre Eltern so lange gewartet hatten, sie von ihrem Platz verdrängte. Sie

Diana als Kind mit ihrem Bruder Charles in Norfolk im Sommer 1967

Diana als neunzehnjährige Kindergärtnerin

*Herzogin Ludovika mit ihren Kindern
Ludwig, Helene und der neugeborenen Elisabeth*

*Die elfjährige Sisi mit ihrem Lieblingsbruder Karl Theodor,
genannt Gackel, im Hintergrund der Starnberger See*

Die knapp fünfzehnjährige Elisabeth

war »das körperlich makellose Exemplar«, wie ihr Vater sie bei ihrer Geburt trotz seiner Enttäuschung genannt hatte, aber sie war kein Sohn und diesen Makel konnte sie nicht gutmachen. »Diana trug eine große Wunde in sich, weil sie von ihrem Vater als Mädchen nicht erwünscht war«, meint Julia Onken. »Sie wird als junges Mädchen daher in jedem Mann das Väterliche suchen. Mädchen, die diesen Schmerz erleben, träumen meistens von einem Prinzen, der die innerliche Fähigkeit zum Väterlichen hat. Daß ihr das nur ein älterer Mann, der sie schützt, geben kann, ist klar. Diana wollte sich keinen Prinzen angeln, es ging nicht um Macht und Geld. Sie wollte eine Prinzenfigur aus dem Märchen, einen Mann, der sie beschützt und liebt.«

Aber ihr Unglück, nur ein Mädchen zu sein, war nicht alles, was sie belastete. Eines Tages brach ihre Welt zusammen und fügte ihrer inneren Überzeugung »ich bin nicht richtig, wie ich bin« eine neue Enttäuschung hinzu: »Wenn ich liebe, werde ich allein gelassen.«

»Eine Erinnerung hatte sich ihr unauslöschlich eingeprägt: Diana Spencer saß still auf den untersten Stufen ihres Elternhauses in Norfolk und hielt das schmiedeeiserne Treppengeländer umklammert, während rings um sie her geschäftiges Treiben herrschte. Sie hörte ihren Vater Gepäck im Kofferraum des Autos verstauen, dann Frances, ihre Mutter, über den knirschenden Kies des Vorhofes gehen; sie hörte den gedämpften Knall, mit dem ein Wagenschlag zugeworfen wurde, den Klang eines Automotors, der dann langsam schwächer wurde, als ihre Mutter durch die Tore von Park House hinausfuhr und aus ihrem Leben verschwand«, erzählt Andrew Morton über den Schock im Leben der sechsjährigen Diana, die sich noch Jahre später an jedes Detail erinnert. Sie weiß noch, wie verlassen und einsam sie sich gefühlt hatte, wie schmerzlich das Zerbrechen der Ehe ihrer Eltern für sie war.

In der Nacht lag sie mit ihren vielen Kuscheltieren, die ihre »Familie« waren, im Bett und hörte auf der anderen Seite des Hauses ihren dreijährigen Bruder nach seiner Mutter weinen. Aber Diana war selbst verzweifelt und hatte Angst vor den dunklen Gängen, so daß sie nicht den Mut fand, ihn zu trösten. Bevor Frances für immer gegangen war, hatte es in dem gemütlichen Haus mit seinen zehn Schlafzimmern ständig Streit gegeben, und die Kinder litten unter den Spannungen, die ihre Eltern vor ihnen nicht mehr verbergen konnten. Diana und ihre Schwester Sarah werden später auf die zerrütteten Familienverhältnisse mit Eßstörungen reagieren. Das Muster, nach dem Bulimie entsteht, paßt genau ins Bild der Spencers: Heftige offene Familienkonflikte, Zerwürfnisse, Scheidungen und ein Mangel an Wärme und Vertrauen schaffen

unter anderem die Voraussetzung für die Aggression, die sich gegen den eigenen Körper wendet.
Johnnie Spencer hatte nach einem unerquicklichen Scheidungsverfahren, bei dem seine Schwiegermutter ihn unterstützte, im April 1969 den Kampf um seine Kinder gewonnen. Doch ein Sieg ist nicht genug, denn jetzt lebte er mit ihnen und konnte wenig mit seinem vierjährigen Sohn und seiner fast achtjährigen Tochter – die beiden anderen Mädchen waren schon im Internat – anfangen: »Das Zusammenleben mit ihrem Vater war für die beiden Althorp-Kinder schrecklich. Fort war der Sonnenschein, den die Gegenwart ihrer Mutter ins Haus gebracht hatte. Fortan dominierte der Wunsch des Vaters, die Kontrolle über die Kinder zu haben. Das soll nicht heißen, daß Johnnie es nicht versucht hätte. Das Kindermädchen Mary Clarke erinnert sich, wie er sich zum Tee zu ihnen ins Kinderzimmer im obersten Stockwerk gesellte, der Ort, an dem sie die meiste Zeit verbrachten. Aber die besondere Beziehung, die zwischen ihnen und ihrer Mutter bestand, existierte mit ihrem Vater nicht, und alles war sehr harte Arbeit. Er ging nicht entspannt mit ihnen um, und sie fühlten sich in seiner Gegenwart unbehaglich«, beschreibt Lady Campbell die Stimmung in Dianas Elternhaus.
Johnnie Spencer tat sein Bestes, aber er wußte nicht, wie man Gefühle zeigt. Sein Vater hatte ihm nur Verachtung entgegengebracht, wie sollte er seinen eigenen Kindern eine warmherzige Bezugsperson sein? Der Mann, den Diana später wählen wird, ist im selben Beziehungsmuster aufgewachsen. Auch Prinz Charles mußte lernen, seine Gefühle zu unterdrücken, auch er wurde von Prinz Philip wahrscheinlich mehr verachtet als gefördert.
Niemand konnte den Spencer-Kindern die Mutter ersetzen, und auch mit den bezahlten Betreuerinnen, die ständig wechselten, gab es Schwierigkeiten. Eine mischte zur Strafe Abführmittel unter das Essen der älteren Töchter, eine andere schlug Diana mit einem Holzlöffel auf den Kopf, wenn sie ungezogen war, oder knallte die Köpfe der beiden Kleinen zusammen. »Wenn mein Bruder und ich sie nicht leiden konnten«, wird Diana später erzählen, »haben wir ihnen immer Nadeln in ihren Stuhl gesteckt und ihre Kleider aus dem Fenster geworfen. Wir haben sie immer für eine Bedrohung gehalten, weil sie versucht haben, Mutters Stelle einzunehmen. Sie waren alle ziemlich jung und hübsch. Mein Vater hat sie ausgesucht. Es war furchtbar störend, wenn man eines Tages aus der Schule kam und ein neues Kindermädchen vorfand.«
Graf Spencer und seine Schwiegermutter, Lady Fermoy, die dazu beigetragen hatte, daß ihre Enkel ohne Mutter aufwachsen mußten, waren mit den ver-

störten, rebellischen Kindern völlig überfordert. Sie konnten sie nicht wirklich trösten, und so übersahen sie wenigstens die meisten ihrer Streiche, selbst wenn Sarah ein Pferd in den Salon brachte. »Man sah ihnen an, daß sie dachten: ›Wenn ich alles ignoriere, wird es verschwinden.‹ Sie taten so, als sei alles normal, selbst wenn es nicht so war«, läßt Lady Campbell das Hauspersonal erzählen.

Dianas Vater versuchte auf seine Weise, die Kinder auf das Leben vorzubereiten. Er erzog sie vor allem dazu, gesellschaftliche Regeln einzuhalten: »Mein Vater hat zu Weihnachten und an unseren Geburtstagen streng darauf geachtet, daß wir unsere Dankesbriefe innerhalb von vierundzwanzig Stunden geschrieben haben. Und wenn ich das heute nicht tue, gerate ich in Panik. Wenn ich von einer Dinnerparty zurückkomme, wofür ich mich mit ein paar Zeilen bedanken muß, dann setze ich mich um Mitternacht hin und schreibe gleich und warte nicht bis zum nächsten Morgen ...« Familienregeln vererben sich, und so war Diana stolz darauf, daß ihre Söhne diese Gewohnheit, die an Pedanterie grenzt, von ihr übernommen haben.

Frances lebte in einer Wohnung in London und heiratete einen Monat nach ihrer Scheidung Peter Shand Kydd. Doch der Verlust ihrer Kinder war für sie so furchtbar, daß die Besuche der beiden Kleinen am Wochenende ihren Schmerz immer wieder aufs neue aufwühlten. Kaum hatte ihre Mutter sie am Bahnhof in der Liverpool Street abgeholt und war mit ihnen nach Belgravia, dem Stadtteil, in dem sie lebte, gefahren, fing das Drama an, das bis zum Sonntag währte und Diana und ihrem Bruder Charles, die selbst Nähe und Zuwendung gebraucht hätten, den Abschied noch schwerer machte: »Ich erinnere mich auch noch, wie Mummy furchtbar viel geweint hat, ... und jeden Samstagabend, es war immer das gleiche, begann sie zu weinen. ›Was ist los, Mummy?‹ – ›Ach, ich will nicht, daß ihr morgen weggeht‹, und für eine Neunjährige war das verheerend, wissen Sie«, erzählte Diana Andrew Morton.

In den Ferien war es auch nicht besser: »Zwei Wochen bei Mummy und zwei Wochen bei Daddy, und dann das Trauma, von einem Haus zum anderen zu fahren, und wie jeder einzelne von den Eltern es bei sich mit materiellen Dingen gutzumachen versucht, statt es mit richtigen Körperkontakten zu probieren, wonach wir beide uns gesehnt, aber was keiner von uns je bekommen hat.« In ihrer Hilflosigkeit versuchten Frances und Johnnie den Schmerz ihrer Kinder mit großzügigen Geschenken zu lindern. An Weihnachten durften sie sich aus dem Katalog des größten Spielzeugladens alles aussuchen, was ihr Herz begehrte, und ihre Kinderzimmer quollen über von Dingen, die ihnen die Liebe, nach der sie sich sehnten, nicht ersetzen konnten.

Für Diana war das Hin- und Hergerissensein zwischen ihren Eltern eine Qual. Sie konnte den Riß, der nach der Trennung die Familie in zwei Lager teilte, nicht verkraften. Sie liebte ihre Mutter und bemühte sich, dem Herzen ihres Vaters nahe zu sein. Es war ein ständiger Kampf, in dem sie aufgerieben wurde und der zu den Faktoren gehört, die Bulimie fördern. Kinder, die im »Dreieck« mit ihren Eltern leben und ständig im Loyalitätskonflikt sind, neigen später dazu, übermäßig zu essen, um dann zu erbrechen, oder wie bei der Magersucht, die Nahrung zu verweigern. Die Erinnerung an diese Zeit war so stark, daß die Bilder von damals viele Jahre später für die Prinzessin von Wales noch präsent waren:

Diana sah auf das weiße Kleid und dann auf das grüne. Welches sollte sie tragen? Sie war Brautjungfer bei der Hochzeit ihrer Kusine, und heute war Probe. Sie mochte beide, sie waren wunderschön. Aber das weiße war von ihrem Vater, das grüne von der Mutter. »Ich weiß nicht mehr, welches Kleid ich nun trug, woran ich mich aber noch sehr gut erinnere, ist, daß ich unsäglich darunter litt, zeigen zu müssen, daß ich ein Elternteil doch wohl lieber hatte als das andere.«

Nach außen blieb sie ein fröhliches kleines Mädchen, das mit seinem Dreirad herumsauste, mit Puppen spielte und ihrem Bruder Charles die Mutter ersetzte. Sie half ihm beim Anziehen, sie tröstete ihn und schleppte ihn überall mit. Sie liebte ihren Bruder, obwohl sie wußte, daß er viel wertvoller war als sie. Er war der Erbe, das wichtigste Mitglied des Spencer-Clans. Ihre beiden Schwestern waren klüger und schöner als sie, und so war Diana »die letzte« in der Familie und hatte nur eine Chance: Sie lernte, ihren Kummer nicht zu zeigen, und entwickelte die Begabung, gut für andere zu sorgen und sich dadurch beliebt zu machen. Es ging so weit, daß sie mit Begeisterung die Schuhe ihrer Schwestern putzte, ihre Wäsche wusch und später gegen geringe Bezahlung in Sarahs Wohnung Staub wischte, das Geschirr spülte und Toiletten putzte.

Mit neun Jahren schickte Lord Spencer seine Tochter ins Internat, und wenn er sie besuchte, flehte sie ihn an: »Wenn du mich lieb hättest, würdest du mich nicht hier lassen.« Er hatte sie lieb, so gut er es vermochte, aber Kinder der Oberschicht gehörten ins Internat, daran gab es nichts zu rütteln. Also paßte sich Diana an und gab auch hier ihr Bestes. Geübt, ihre wahren Gefühle zu verbergen, war sie charmant, freundlich, rücksichtsvoll und begierig, allen zu

gefallen. Sie entwickelte schon damals ihre karitative Neigung und gewann im Internat sogar einen Preis für ihre Hilfsbereitschaft.
Die Anzeichen, an denen man ihr Unglück hätte erkennen können, wurden ihrer mangelnden Begabung zugeschrieben oder nicht bemerkt. Sie war so schlecht in der Schule, daß sie keinen Schulabschluß schaffte, weil sie nach Angaben ihrer Schulfreundinnen lieber Liebesromane las, als Prüfungen zu bestehen. Campbell: »Nicht daß sie dumm war. ... Aber sie hatte dieses emotionale Verlangen nach Leidenschaft und Romantik, danach, gesucht und gebraucht zu werden. ... Sie besaß überhaupt keine intellektuelle Neugierde, kein Interesse daran, ihren Verstand zu schärfen oder etwas zu lernen. Alles, was sie wollte, war, gemocht und geliebt zu werden.«
Diana hatte sich, so wie Sisi, aus der Wirklichkeit in ihre Träume geflüchtet und fing damals schon an, zur Selbstbestätigung ihren Körper zu trainieren. Sie schwamm stundenlang und gewann mit ihrer Schulmannschaft sogar Wettbewerbe. Sie spielte Tennis, war eine leidenschaftliche, begabte Tänzerin und übte hart. Es war ein Schlag für sie, als sie so schnell wuchs, daß eine Karriere im Ballett für sie nicht in Frage kam: »Sie ist nicht nur sehr wettbewerbsfreudig, sondern auch extrem entschlossen, nimmt große Schmerzen auf sich und geht so weit wie möglich, um zu bekommen, was sie will«, läßt Colin Campbell eine Bekannte der späteren Prinzessin von Wales erzählen. Als Erwachsene wird sie übermäßig viel Zeit in ihre äußere Erscheinung investieren, was ebenfalls zu den Merkmalen ihrer Eßstörung gehört.
Doch noch ist Diana ein einsames Kind und lebt in Sandringham, dem Ort, an dem sie sich in ihrem Kinderzimmer und in dem großen Park geborgen fühlt. Hier ist sie aufgewachsen, hier kennt sie jede Ritze des Hauses, jeden Stein. Doch dann wird dem Mädchen, das gerade erst vierzehn geworden ist, auch noch diese letzte Sicherheit genommen:
Der Tag, an dem sich ihr Leben schon wieder veränderte, war der 9. Juni 1975. Der siebente Earl Spencer war gestorben und vererbte seinem Sohn nicht nur den Titel, sondern ein großes Vermögen und ein altehrwürdiges Haus, das seit dem 16. Jahrhundert im Besitz der Familie war. Diana hatte keine guten Erinnerungen an Althorp. Es war so riesengroß, und es gab so viele unheimliche Ecken, schlecht erleuchtete Korridore und endlose Galerien mit den Porträts langverstorbener Ahnen: »Es tat furchtbar weh, von Norfolk wegzugehen, weil dort alle lebten, mit denen ich aufgewachsen war. Wir mußten umziehen, weil Großvater gestorben war und das Leben eine ganz große Wende nahm, da meine Stiefmutter Raine die Bühne betrat.«

In Althorp, das so anders war als das kleine, gemütliche Sandringham, fühlte sich Diana nie geborgen. Ihr Vater war jetzt der achte Earl Spencer, Diana eine Lady, aber der neue Luxus brachte ihr kein Glück.
Ein fremdes Haus, eine fremde Frau, auf die die Spencer-Kinder den ganzen Haß auf ihre verpfuschte Kindheit projizierten, obwohl sie an der Trennung der Eltern keinen Anteil hatte. Sie nannten die Neue ihres Vaters »Acid Rain«, saurer Regen, und boykottierten alles, was sie tat: »Ich habe es gründlich satt, immer als böse Stiefmutter hingestellt zu werden. Die Leute wollen in mir nun einmal Draculas Mutter sehen«, beklagte sich die sechsundvierzigjährige ehemalige Lady of Dartmouth über den Empfang in ihrer zweiten Familie, nachdem sie Mann und Kinder für Johnnie verlassen hatte. »Wir mochten sie kein bißchen«, sagte Dianas Bruder Charles. Sarah hingegen beschloß, sie überhaupt zu ignorieren, und sprach in den ersten beiden Jahren kein Wort mit ihr: »Eher würde ich mich in Lenins Mausoleum niederlassen und mich an seinen Leichnam kuscheln, um etwas Wärme zu spüren, als Raine Dartmouth zur Stiefmutter zu haben.« Diana flüchtete sich aus ihrem frustrierenden Leben, in dem es jetzt noch mehr Spannungen gab, in die Liebesromane, die Barbara Cartland, die Mutter Raines, am Wochenende mit nach Althorp brachte. Es war eine Traumwelt, in der sie ihr eigenes Leid vergessen konnte. Sie verzog sich in ihr Zimmer und lebte und litt mit den Heldinnen, die so wie sie unverstanden oder einsam waren und dann von einem Mann errettet wurden. Es war wie im Märchen von Aschenputtel und dem Prinzen.
»In gewisser Weise war sie ein trauriges kleines Mädchen«, sagte eine Nachbarin aus Norfolk, die sich an die Prinzessin von Wales noch gut erinnert. »Kein mürrisches Kind, aber irgendwie verloren und auf jeden Fall zu kurz gekommen. Was Diana so sehr fehlte, war ein echtes Familienleben. Natürlich war sie die Tochter des Erben eines Grafentitels, aber jedes Mädchen mit einer normalen Mutter, einem Vater und einem Zuhause in einer Nebenstraße im Londoner East End war viel reicher als sie.«

Sisi

Es war ein wunderbarer Ort für eine glückliche Kindheit. Kühe weideten am Rand der herrlichen Rosengärten, die bis zum Seeufer reichten, Ponys zertrampelten den Rasen, und durch die Salons tobten die Hunde, wälzten sich auf den Teppichen und legten sich auf die abgewetzten Brokatsessel. Hier war alles ganz anders als im feinen Stadtpalais in München, in der Nähe des Englischen Gartens. Sisi wartete im Frühling sehnsüchtig darauf, daß es warm wurde und die Familie endlich in die Sommerresidenz am Starnberger See übersiedelte.

Schloß Possenhofen mit seinen klobigen grauen Türmen wirkte von außen abweisend und war dafür im Inneren so heimelig und gemütlich, daß später am Habsburgerhof die Mär von der »bayrischen Bettelwirtschaft« ging, weil das Leben jenseits des steifen höfischen Protokolls verlief. Hier herrschte Ludovika, die sich selbst als »ziemlich verbauert« bezeichnete, obwohl sie sehr gebildet war, und sah zu, wie sie als alleinerziehende Mutter von acht Kindern zurechtkam. Max war kaum da, und wenn er kam, boykottierte er ihre Erziehungsversuche, die für adelige Töchter ohnehin bescheiden waren. Sisi liebt das ungebundene Landleben, das Wasser, das auch im Sommer kalt bleibt, und schwimmt und angelt wie ein Junge, denn für Mädchen sind solche Vergnügungen verpönt. Vor allem aber liebt sie ihren Vater: »Wie ein zärtliches Kätzchen, das man aus dem Körbchen holt, um mit ihm zu spielen, behandelt Max seine Lieblingstochter, wenn er von einer seiner ausgedehnten Reisen zurückkommt. Und wie ein Kätzchen, das man in sein Körbchen zurückwirft, wenn man davon genug hat, wird sie wieder allein gelassen, wenn Max in Bayern, von Abenteuerlust gepackt, wieder davonreitet.« Der Vergleich der Schweizer Psychotherapeutin Julia Onken läßt Zweifel aufkommen an der angeblich glücklichen Kindheit der späteren Kaiserin. »Das ist natürlich eine tiefe Verletzung für ein Kind. Es möchte eine kontinuierliche Beziehung und nicht nur dann Aufmerksamkeit, wenn es dem Vater paßt.« Der geliebte Vater, dem Sisi in so vielem ähnlich war, mit dem sie sich wohl und vertraut fühlte, kam und ging, wie es ihm gefiel. Er sah in ihr wohl eher einen Sohn, auf den er stolz sein konnte, als ein Mädchen. Und so wurde Sisi, wie auch Diana, in ihrer weiblichen Identität nicht bestätigt und bemühte sich, so gut es ging, ein Junge zu sein. »Du bist so wild und frei wie ich, und wenn wir nicht Adelige wären, dann wären wir Zirkusleute«, war der unbewußte Auftrag, so Julia Onken, mit dem die kleine bayrische Prinzessin aufwuchs. Die beiden sind Verbündete gegen die aufgebrachten Gouvernanten, die ständig zu verhindern versuchen, daß Sisi auf Bäume klettert, mit Bauernbuben über die Felder jagt, mit den Hunden herumtollt und wild über die Felder galoppiert. Gleichzeitig ist sie Papas kleines, süßes Mädchen, Ersatz für diese ungeliebte Frau, mit der er unfreiwillig sein Leben teilt. »Die kleine Elisabeth

versucht verzweifelt, die Aufmerksamkeit ihres Vaters zu erringen«, meint Julia Onken. »Und kurzfristig gelingt es ihr auch, z. B. mit ihren Reitkunststücken: Schau her, was ich kann, bitte anerkenne mich, hat sie gebettelt. Später wird sie versuchen, mit ihrer Schönheit die Aufmerksamkeit ihres Ehemannes zu erringen. Was ihr letztendlich nicht gelingt. Sie wollte als Mensch geliebt und verstanden und nicht als schöne Frau verehrt werden.«
Sisi ist ständig zwischen ihren Eltern hin- und hergerissen und lebt in einem Loyalitätskonflikt. Sie spürt, daß ihre Eltern einander nicht lieben, auch wenn Max und Ludovika nach außen den Schein wahren und bis an ihr Lebensende zusammenbleiben. Auch sie lebt, so wie Diana, in einem familiären Umfeld, das die Magersucht, an der sie später leiden wird, fördert. Im Gegensatz zur Bulimie, bei der in den Herkunftsfamilien laut gestritten wird, findet man bei Magersüchtigen häufig eine Situation vor, in der eine Bilderbuchfamilie die Fassade wahrt und jeden Konflikt vermeidet.
Das Unglück ihrer Mutter vor Augen, vom Vater in ihrem Frauenkörper nicht akzeptiert, erfährt sie schon als kleines Mädchen, daß Frau-Sein nur Demütigung und Leid bedeutet, und wehrt sich ein ganzes Leben lang gegen ihre weiblichen Formen, indem sie sich durch strenge Fastenkuren knabenhaft schlank hält. Aber es gibt noch ein anderes unbewußtes Motiv, erklärt Julia Onken: »Ich habe keinen Platz in dieser Familie, also verschwinde ich und mache mich ganz dünn. Später wird sie diese innere Haltung durch den Glauben ergänzen: Die einzige Macht, die ich besitze, ist meine Schönheit, durch sie gewinne ich an Wert.«
Als Sisi zwei Jahre alt ist, wird ihr jüngerer Bruder Karl Theodor geboren. Sie liebt ihn innig, er ist ihr wichtigster Spielgefährte, dennoch kann auch ihr nicht entgangen sein, daß »Gackel«, wie ihn alle nennen, wertvoller ist als sie. Als Sohn und Ersatz für den Erben kommt ihm in der Familie eine bessere Stellung zu. Eine erneute Ähnlichkeit mit dem Leben von Diana, die ihren Bruder liebt, aber genauso zurückgesetzt wird wie die spätere Kaiserin.
Aber da gab es noch einen Schmerz im Leben der kleinen Sisi: Sie war zwar Vaters Lieblingstochter, aber doch nicht ganz. »Herzog Max war kein Kostverächter und hielt nicht viel vom Familienleben. Nur an einer Zeiteinteilung hielt er strikt fest: Mittags war er niemals zu sprechen, schon gar nicht für seine Frau und seine acht ehelichen Kinder. Denn da speiste er in seinen Gemächern mit seinen beiden unehelichen Töchtern, die er innig liebte«, schreibt die Historikerin Brigitte Hamann über den Alltag des Herzogs. Während die beiden Mädchen beim Vater ein- und ausgehen dürfen, wie es

ihnen beliebt, müssen die ehelichen Kinder sich anmelden. Sisi kommt zur inneren Überzeugung: »Ich bin nichts wert, sogar meine Halbgeschwister bekommen mehr Zuwendung als ich.«
An der Oberfläche zeigt sich den Biographen ein glückliches Kinderleben: »Ludovika läßt ihre Kinder frei und ungebunden aufwachsen, und sie haben daher eine heiterere und sorglosere Jugend, als man bei dem herrschenden Verhältnisse der Eltern zueinander hätte annehmen sollen. ... Im Winter durchtoben sie das Palais in München, im Sommer die Gärten von Possenhofen, und die unwillkommenen Lehrer und Erzieher haben ihr rechtes Kreuz, weil das Lernen nicht gerade die Lieblingsbeschäftigung, besonders Sisis, ist«, beschreibt Egon Caesar Conte Corti ein Familienleben, in dem sich alle, sogar die Kinder, nach besten Kräften bemühen, den Schein zu wahren. Vielleicht gehört selbst diese nacherzählte Freiheit zu den Mythen, jedenfalls paßt sie nicht ganz zu Ludovikas wichtigsten Erziehungsprinzipien: »Surtout ne pas monter l'imagination« (auf keinen Fall die Phantasie hochkommen lassen) und »il faut que les princesses apprennent à s'ennuyer avec grace« (es ist wichtig, daß die Prinzessinnen lernen, sich mit Grazie zu langweilen). Nur wenn der über alles geliebte Vater alle paar Monate kurzfristig auftaucht, dann wird das Leben für ein paar Stunden oder Tage zum Paradies. Biograph Conte Corti berichtet: »Manchmal erscheint Herzog Max unerwartet, mitten während der Lehrstunden. Nicht um zu prüfen, oh nein, im Gegenteil, er enthebt die Kinder augenblicklich des Lernens und zieht mit ihnen unter wildem Geschrei in den Garten, um Obstbäume zu plündern, oder er bringt ein kleines Orchester mit, und es gibt ein Konzert und eine Tanzerei. Ist er guter Laune, so benützen die Kinder dies, um die väterliche Autorität anzurufen, wenn sie bei der Mutter irgendeinen Wunsch nicht haben durchsetzen können.«
In Sisis Leben gibt es keine wirkliche Geborgenheit. Eine resignierte Mutter, die als Frau längst abgedankt hat, einen unzuverlässigen Vater, der sich wie ein großes Kind gebärdet, keine Verantwortung für seine Familie übernimmt und nie erwachsen wird. Als »Sandwichkind« inmitten einer Schar von Geschwistern aufgewachsen – sie ist die vierte in der Reihe –, findet sie nicht die Beachtung, die sie braucht, und flüchtet sich, so wie Diana, in Phantasien und Träume. Wie es in ihr wirklich aussieht, vertraut die kleine Herzogin nur ihrem Poesiealbum an, das viele Jahre später zum erschütternden Dokument für ihr stummes Unglück wird. Sie schreibt von ihrer Sehnsucht nach dem Tod, ergibt sich ganz der Melancholie und wird dem Bild des glücklichen

Kindes, das Romy Schneider in den berühmten »Sissy«-Filmen zeichnet, überhaupt nicht gerecht.
Es hätte ein schöner Tag für die kleine Herzogin werden sollen. Ihre Konfirmation war im katholischen Bayern ein Freudenfest. Mit lustigen Fahrten über Land, mit Spielen und Theateraufführungen wollten die Eltern Sisi aufheitern. Aber es glückte nicht. David Paumgarten, der jüngere Bruder ihrer Freundin und ihr liebster Spielgefährte, war an einer Lungenentzündung erkrankt und schwebte zwischen Leben und Tod. Als er starb, spürte sie zum ersten Mal diese Sehnsucht nach dem Tod, die sie ihr ganzes Leben lang begleiten sollte, und sie dichtete verzweifelt:

> Du bist so jung gestorben
> Und gingst so rein zur Ruh'.
> Ach wär' mit dir gestorben,
> Im Himmel ich wie du.

Damals war Sisi noch keine fünfzehn Jahre alt. Es dauert nicht lange, bis der Tod wieder zu Gast in ihrem Leben ist:
Sisi steht hinter der Hecke des Schloßgartens und wartet mit klopfendem Herzen auf den jungen Offizier, der täglich hier vorübergeht. Sie kann sich nicht an ihm sattsehen und schwärmt in ihrem Tagebuch von seinen dunkelbraunen Augen und seinem Bildnis, das ihr nicht mehr aus dem Herz gehen will. Doch trotz aller Heimlichkeit entdeckt Ludovika ihre Leidenschaft für den ganz und gar unstandesgemäßen Richard und schiebt vorsichtshalber einen Riegel vor. Er wird aus dem Hofdienst entfernt und weggeschickt. Wenige Monate später kommt er todkrank zurück und stirbt bald darauf. Sisi erfährt es durch Zufall und fühlt sich schuldig, weil er ihretwegen den Hof verlassen mußte. Sie wird schwermütig, sperrt sich tagelang in ihr Zimmer ein und dichtet wieder:

> Die Würfel sind gefallen,
> Ach, Richard ist nicht mehr!
> Die Trauerglocken schallen –
> Oh, habt Erbarmen Herr!
>
> Es steht am kleinen Fenster
> Die blondgelockte Maid.
> Es rührt selbst die Gespenster
> Ihr banges Herzeleid.

Trost findet Sisi, so wie auch Diana, in der Natur und bei ihren vielen Tieren. Auf dem sommerlichen Landsitz in Possenhofen pflegt sie ihr Reh, ein Lamm, putzige Kaninchen und nennt sogar eine Perlhühnerzucht ihr eigen. Hinter der Fassade des »gesunden Bauernmädchens« lebt ein vereinsamtes Kind, das von niemandem wirklich verstanden wird. Später, als sie ihrem griechischen Vorleser Christomanos auf der Insel Korfu immer wieder vom Tod erzählt, schreibt er traurig in sein Tagebuch: »Eigentlich hat sie nie aufgehört das zu sein, was sie war. Von ihrem See hat sie sowohl als ihre Schwestern den Gedanken des Ertrinkens bekommen ...«

Ludovika hat keine Ahnung vom tiefen Unglück ihrer Tochter, außerdem quälen sie andere Sorgen. Obwohl sie gegen ihren Willen unglücklich verheiratet wurde, denkt sie nicht daran, für ihre Töchter dieses System in Frage zu stellen, und überlegt, wie sie möglichst gut zu verheiraten sind. Sisi ist nicht besonders hübsch, es wird schwer sein, einen passenden Mann für sie zu finden. Und es ist wohl mehr dem Interesse des Kaisers zu verdanken, daß die kleine Herzogin nach ihrer Verlobung plötzlich als Schönheit beschrieben wird, die Schilderungen von Historikern sprechen jedenfalls dagegen: »Die Braut war bisher niemandem sonderlich aufgefallen. Sie war ein kaum entwikkeltes, noch längst nicht ausgewachsenes schüchternes Kind mit dunkelblonden langen Zöpfen, überschlanker Gestalt und hellbraunen, etwas melancholisch dreinblickenden Augen. ... Sie sprach bayrischen Dialekt und hatte unter den Bauernkindern der Nachbarschaft gute Freunde«, berichtet Brigitte Hamann nüchtern.

Noch bevor Sisi mit fünfzehn Franz Joseph kennenlernte, versuchte ihre Mutter sie an den Mann zu bringen und schrieb vorsichtig und wenig zuversichtlich nach Sachsen, ob vielleicht der zweite Sohn König Johanns zur Verfügung stünde, schränkte aber gleich ein: »Erstens ist sehr die Frage, ob sie ihm gefiele, und dann wird er wohl auf Vermögen sehen ... hübsch ist sie, weil sie sehr frisch ist, sie hat aber keinen einzigen hübschen Zug.«

Neben Helene, ihrer viel schöneren, gebildeteren Schwester, die als zukünftige Braut des Kaisers von Österreich, Königs von Ungarn und Böhmen, Königs der Lombardei und Venedigs, von Dalmatien, Croatien, Slowenien, Galizien etc., erzogen wird, ist Elisabeth, so wie Diana in ihrer Familie, das wenig beachtete Mauerblümchen.

Der unerreichbare Vater gibt ihr ein Erbe mit, mit dem sie später bei Hof nur Schwierigkeiten haben wird: die Verachtung für den Adel und die Monarchie. Er stellt offen seine demokratischen Überzeugungen zur Schau, und Sisi zeigt ihre Loyalität zu ihm auch in ihren politischen Ansichten. Sie bezeichnet die Monarchie als »vergang'ner Pracht Skelett« und als Eichenbaum, der fallen muß, weil er sich überlebt hat. Nicht zuletzt aufgrund ihrer republikanischen Haltung findet sie in ihrer neuen Familie keinen Platz und wird, gemeinsam mit ihrem Sohn Rudolf, der ihre Ansichten teilt, zur unverstandenen Außenseiterin.

5

Die Mütter der Männer – Macht und Pflicht statt Liebe

Elizabeth

Die kleine Lilibet lief durch einen der langen Korridore des Buckingham-Palastes, als sie dem Lord Chamberlain begegnete. »Guten Morgen, kleine Lady«, sagte der Haushofmeister freundlich. »Ich bin keine kleine Lady, ich bin Prinzessin Elizabeth«, sagte sie herrisch und bestimmt, denn sie war das wichtigste Kind im ganzen Land, und sie wußte es. Als sie erst vier war, gab es schon die erste Biographie über ihr kurzes Leben, ihre Fotos wurden weltweit in den Zeitungen abgedruckt.

In der Familie, in die Elizabeth, die heutige Königin von England, hineingeboren wurde, galten seit Generationen strenge Gesetze. Jedes Mitglied wurde hauptsächlich unter dem Aspekt betrachtet, ob es sich eignete, die Ehre des Königshauses zu repräsentieren. In der Geschichte gab es genug Beispiele, wie Kinder behandelt wurden, wenn sie diesen Kriterien nicht entsprachen, berichtet Donald Spoto: »Mein Erstgeborener ist der größte Esel der Welt. Ich wünschte von Herzen, er weilte nicht mehr unter uns«, urteilte zum Beispiel Königin Karoline, die Gattin König Georgs II. Ende des 18. Jahrhunderts über den damaligen Prinzen von Wales. Wer nicht entsprach, wäre besser tot. Nach diesem Wahlspruch richteten sich ein Jahrhundert später auch König Georg V. und Queen Mary, die Großeltern von Lilibet. Das jüngste der sechs Kinder, Prinz John, war Epileptiker und aus der Sicht der Royals eine Schande für die Familie. Er wurde von den anderen Kindern getrennt und in einem kleinen Haus auf dem Grundstück von Sandringham in Norfolk eingeschlossen, wo sich eine Krankenschwester um ihn kümmerte. Er starb mit vierzehn – ungeliebt und unbemerkt. Am Tag, als er aus der Familie ausgeschlossen wurde, erklärte Queen Mary beim Abendessen: »John fühlt sich nicht wohl und hat sich zurückgezogen, um sich behandeln zu lassen. Es ist ziemlich unwahrscheinlich, daß wir ihn je wiedersehen werden.« Doch auch die anderen Kinder dienten dem Königreich nicht unbedingt zur Zierde, schreibt Queen-Elizabeth-Biograph Nicholas Davies. Schuld daran war angeblich ihre Mutter, die so wenig wie möglich mit ihnen zu tun haben wollte, was allerdings laut Davies den Gepflogenheiten der Zeit entsprach: »Bertie, der Herzog von York und spätere Georg VI., war ein stammelndes nervöses Wrack, George, der Herzog von Kent, war dem Kokain verfallen und homosexuell, Henry, der Herzog von Gloucester, wurde ein Trunkenbold und der Älteste, David, der Prinz von Wales und Thronfolger (der spätere König Edward), lehnte alles ab, was seine Eltern vertraten, die Monarchie eingeschlossen.«

Prinz Bertie, der Zweitälteste und Vater von Königin Elizabeth, hatte eine besonders harte Kindheit: Er verbrachte seine ersten Jahre damit, nach Essen zu schreien, weil seine Amme ihn nicht richtig fütterte, was niemand zu bemerken schien. Biograph Davies: »Er war schüchtern, zurückgezogen, nervös und stotterte entsetzlich, was Anlaß gab zu ungezählten Schikanen durch seinen Vater. Königin Mary fand seine Beine zu krumm, also ordnete sie an, daß er zwei Jahre lang Schienen tragen mußte, um sie zu richten.«

Ein Königskind wird zurechtgebogen. Und als Georg von seiner Frau Elizabeth sein erstes Kind – eine Tochter – bekommt, will er der kleinen Lilibet die Schikanen ersparen, unter denen er so gelitten hat. Er verwöhnt sie so sehr, daß sie keine Grenzen kennenlernt, was für ihren Charakter sicher nicht zuträglich war.

Selbst ihr Großvater, der schroffe König Georg, der nach dem Grundsatz lebte, »Kinder soll man sehen, aber nicht hören«, vergaß bei seiner Enkelin alle Erziehungsprinzipien. Sie durfte auf seinem Schoß sitzen, an seinem Bart zupfen, und manchmal brachte sie ihn dazu, daß er auf allen Vieren kroch und mit ihr »Pferdchen« spielte. Auch Queen Mary, die ihre eigenen Kinder kaum beachtet hatte, war in Lilibet vernarrt, und wenn sie zum Tee lud, sandte sie einen Wagen, der ihre kleine Enkelin in den Buckingham-Palast brachte, damit die Gäste sie bewundern konnten.

Lilibet war dennoch ein einsames, vom normalen Leben abgeschirmtes Kind, das ständig von Erwachsenen umgeben war und nichts anderes kannte als den goldenen Käfig des Königshauses. »Normale Menschen« sah sie nur aus der Ferne, wenn ihr Großvater sie auf dem Balkon des Buckingham-Palastes auf

den Armen hielt, damit sie die Menge jubeln hörte: »Sie rufen dir zu, weißt du«, sagte er.
König Georg V. hoffte, daß Elizabeth eines Tages den Thron besteigen würde, denn sein ältester Sohn David (Edward VIII.) war für ihn ein Tunichtgut, ein Weiberheld, der darauf bestand, eine geschiedene Amerikanerin zu heiraten. Und obwohl ihn das Gestotter und Gestammel seines Zweitgeborenen Bertie (Georg VI.) so ärgerten, daß er seiner oft überdrüssig war, hätte er doch alles getan, um England David (Edward VIII.) mit seinem »hurenhaften Benehmen« zu ersparen.
Königin Mary, von den Eskapaden des Thronfolgers genauso frustiert, rückte geschickt Bertie und seine tüchtige Frau Elizabeth immer mehr ins Rampenlicht und ließ keine Gelegenheit aus, der Öffentlichkeit die »glücklichen Yorks« zu präsentieren. Ihre Schwiegertochter hatte inzwischen ein zweites Mädchen, Margaret-Rose, geboren, das mit ihrer vier Jahre älteren Schwester bald in die Propagandamaschinerie eingespannt wurde. »Privilegierte Beobachter ausgewählter Zeitungen wurden in den Buckingham-Palast und nach Schloß Windsor eingeladen, um den beiden Prinzessinnen beim Spielen oder bei ihren Hausaufgaben zuzusehen. ... Noch außergewöhnlicher war, daß die Dienstmädchen und andere Bedienstete ermutigt wurden, sich ein Taschengeld zu verdienen, indem sie über alle Aspekte des Lebens der Prinzessinnen in populären Zeitschriften und Frauenmagazinen schrieben«, schreibt Nicholas Davies über die Begabung der Royals, ihre Kinder zu Markenartikeln zu machen.
Als Lilibet sieben Jahre alt war, lebte sie bereits nach den wichtigsten Grundsätzen des Königshauses: Disziplin, Ordnung und Pünktlichkeit. Ihre Gouvernante, Marion Crawford, fand diese Zwanghaftigkeit ziemlich bedenklich: »Sie pflegte mehrmals in der Nacht aus dem Bett zu springen, um ihre Schuhe gerade hinzustellen und ihre Kleider ordentlich zu falten«, berichtet sie in Kitty Kelleys Skandalbiographie über die Royals. Sie räumte brav ihre Spielsachen auf und liebte es, ihre bemalten Zinnsoldaten in Reih und Glied aufzustellen, sie ordnete sogar ihre Süßigkeiten nach Farbe und Größe. Liebe gegen Leistung war das Prinzip, mit dem das kleine Mädchen aufwuchs. Miss Crawford fiel in Ungnade, als sie schrieb, daß die Königin keine sehr engagierte Mutter war und sich abgesehen vom Singen und Tanzen wenig um die Erziehung ihrer Töchter kümmerte.
Natürlich konnten Lilibet und Margaret keine normale Schule besuchen und wurden zu Hause unterrichtet. Sie lebten völlig isoliert und sahen andere

Kinder nur, wenn sie spazierengingen. Aber sie durften nicht mit ihnen spielen, das war nicht erwünscht. Sie waren in ihrer sauberen, luxuriösen Welt eingesperrt, trugen schöne Kleider und erfuhren nie, wie die Menschen, denen sie huldvoll zuwinkten, wirklich lebten.

Es war ein Donnerstagabend, der 10. Dezember 1936, der das Leben der zehnjährigen Elizabeth für immer verändern sollte. Sie hörte vor ihrem Haus am Piccadilly Stimmen, die immer wieder den Namen ihres Vaters riefen und jubelten. Sie lief nach unten und fragte einen Dienstboten, was das zu bedeuten habe. Mit der aufregenden Neuigkeit rannte sie die Treppen wieder nach oben und erzählte ihrer kleinen Schwester, daß Onkel David (Edward) abgedankt hätte und ihr Vater nun König sei. »Bedeutet das, du wirst die nächste Königin?« »Ja, eines Tages«, entgegnete Lilibet. »Du Arme«, sagte mitleidig Margaret, die später mit ihren Eskapaden zum schlechten Ruf der Royals beitragen sollte.

Edward, der Prinz von Wales, regierte nur zehn Monate lang. Dann beschloß er, seiner Liebe die Macht zu opfern, und teilte in seiner Abdankungsrede dem englischen Volk mit, daß er ohne die Hilfe und Unterstützung der Frau, die er heiraten wolle, nicht länger herrschen könne. Er hatte den Kampf gegen das Establishment, das ihm nicht erlauben wollte, die geschiedene Wallis Simpson zur Königin zu machen, verloren. »Er war Admiral der Flotte, jetzt ist er der dritte Gespons einer amerikanischen Schlampe«, soll der Premierminister nach dem Thronverzicht gewitzelt haben.

Bertie, der sich von nun an, der Tradition gemäß, Georg VI. nennen würde, war entsetzt über die unverhoffte Bürde und sagte zu Lord Mountbatten: »Das ist das Schlimmste, was mir je passiert ist. Ich bin völlig untauglich, König zu werden. Man hat mich nicht dazu erzogen.«

Elizabeth war ernst und lächelte kein einziges Mal, als sie fast ein halbes Jahr später zusah, wie ihr Vater mit großem Prunk gekrönt wurde. Sie wußte, daß später sie diesen Platz einnehmen würde, und hielt den Atem an, als der Erzbischof von Canterbury die Krone auf das Haupt des neuen Königs von England setzte. Hunderte Angehörige des britischen Hochadels in ihren prächtigen Roben jubelten ihm zu: »Es lebe der König, es lebe der König.« In Wochenschauberichten und Filmen verfolgte die Welt ein Spektakel, das keinen Zweifel daran ließ, daß der englische Thron mit all seinem Pomp und seinen heiligen Rechten so stark war wie eh und je.

Lilibet wurde zur Thronfolgerin. Ihrer endgültigen Vermarktung als »königliche Ware« stand nichts mehr im Weg: Ihr Name zierte feines Porzellan,

Krankenhäuser und Schokolademarken wurden nach ihr benannt, ihr Porträt hing in der Royal Academy, und ihr Foto erschien auf der Titelseite des »Time Magazins«. Und selbst Madame Tussauds Wachsfigurenkabinett zeigte die junge Prinzessin auf ihrem weißen Pony. Von nun an verneigten sich Heerscharen livrierter Butler, Lakaien und Chauffeure vor ihr, und Mägde, Kindermädchen und Ankleidefrauen versanken in einen untertänigen Hofknicks. Sie wurde von niemandem kritisiert, und sie lernte nie, etwas anderes wichtiger zu nehmen als die Monarchie, deren Aushängeschild sie war. Später machte man ihr den Vorwurf, »herrschsüchtig« zu sein, weil sie es ganz normal fand, daß alle nach ihrer Pfeife tanzten. Ihr Alltagsgefährt war eine goldene Pferdekutsche, und wann immer sie sich etwas wünschte, brauchte sie nur den Dienern zu läuten.

Wie hätte Prinz Philip der Versuchung widerstehen können, die begehrteste und reichste Junggesellin der Welt zur Frau zu nehmen? Als die Wege der beiden sich kreuzten, hatte er schon ein Leben hinter sich, das ihm wenig Hoffnung auf eine bequeme Zukunft in Reichtum machte. Er war ein Adeliger ohne Familie und ohne Geld. Das einzige, was er besaß, war sein gutes Aussehen, denn sein Vater hatte ihm »nichts als einen ramponierten Koffer mit zwei mottenzerfressenen Anzügen, einem zerschlissenen Lederrahmen und einem Satz Rasierpinsel mit Elfenbeingriff hinterlassen«, schreibt Kitty Kelley über den späteren Prinzgemahl.

Sein Vater, Prinz Andrew von Griechenland, stammte aus einem deutschen Adelsgeschlecht, das durch verwandtschaftliche Bindungen auf den griechischen Thron gelangt war, seine Mutter war Prinzessin Alice, die Tochter von Fürst Louis von Battenberg, dem englischen Seelord.

Die Familie war inzwischen verarmt, und Philip wurde auf dem Küchentisch eines einfachen Hauses auf der Insel Korfu geboren, in dem es weder Strom noch Wasser gab. Das Paar lebte mit seinen vier Töchtern und dem einzigen Sohn von der Hand in den Mund. Im Jahr 1922, als die Türken in Griechenland einfielen, wurde Andrew des Hochverrats bezichtigt, weil er Befehle nicht befolgt hatte, und mußte mit seiner Familie flüchten. Der kleine Philip war kaum mehr als ein Jahr alt und wurde in einer Orangenkiste an Bord des Schiffs getragen. Im Exil in Frankreich wohnten sie in gemieteten Häusern, trugen abgetragene Kleidung und empfingen Almosen von Verwandten. Die Ehe der Eltern zerbrach, seine Mutter kam in eine Nervenheilanstalt, sein Vater zog zu seiner reichen Geliebten und ließ den Sohn, der erst zehn Jahre alt war, allein. Fortan lebte der griechische Prinz, der nicht viel mehr als einen hohen Titel sein eigen nannte, »wie ein freundlicher Collie, der nie eine eigene Hütte gekannt hat und auf jede Aufmerksamkeit mit eifrigem Schwanzwedeln reagiert«, analysiert Kitty Kelley bissig den verständlichen Wunsch des Heimatlosen nach einem sicheren Hafen. In zehn Jahren brachte Philip vier Schulen hinter sich, finanziert von verschiedenen Verwandten, die sich um das »Findelkind« kümmerten. Einer davon, sein Onkel Lord Mountbatten, ein Urenkel der legendären Queen Victoria und mit dem Königshaus eng verwandt, verfiel auf den Gedanken, daß die Thronfolgerin eine passende Frau für seinen attraktiven Schützling wäre: »Er ermunterte den jungen Mann, der für ihn Sohnersatz war, sich beim König und der Königin einzuschmeicheln und Lilibet, seine Kusine dritten Grades, näher kennenzulernen«, beschreibt Kitty Kelley ein Muster, das sich später bei Charles wiederholen wird: Beide Männer lassen sich in Ehen mit Frauen drängen, die sie nicht wirklich lieben. Als Lilibet den achtzehnjährigen Philip kennenlernt, ist sie erst dreizehn. Sie kommt mit ihrem Vater und ihrer Schwester an Bord der Jacht »Viktoria und Albert« nach Dartmouth, wo der griechische Prinz bei der Königlichen Marine dient. Die Gouvernante der späteren Königin von England schreibt über die Begegnung: »Er sah gut aus, hatte aber lässige Manieren und war anmaßend. Ich glaube, er hat ganz schön angegeben, doch die kleinen Mädchen waren sehr beeindruckt.«

Von diesem Tag an vergaß die Prinzessin ihren »Wikingerprinzen« nie mehr und träumte ihren Traum, der acht Jahre später in einer spektakulären Hochzeit in Westminster Abbey endete.

Doch dazwischen lag der zweite Weltkrieg, denn als die Deutschen 1939 in Polen einmarschierten, erklärte England Hitler den Krieg, und der Buckingham-Palast wurde bombardiert. König Georg und seine Frau dachten gar nicht daran, ihr Volk in dieser schweren Zeit allein zu lassen, blieben in London und brachten die Kinder nach Schloß Windsor in Sicherheit.

Die Thronfolgerin verbrachte den Krieg damit, an Philip zu denken, der unter dem sanften Zwang von Lord Mountbatten mit ihr korrespondierte: »Eine Karte hier, ein Briefchen da wäre sehr nett, mein Junge«, empfahl er seinem Neffen, den er in seiner Zukunftsvision schon als Prinzgemahl sah.

Es verwundert nicht, daß Elizabeth sich in den eleganten Philip verliebte, obwohl sie ihn in all den Jahren nur wenige Male sah. Die meisten Männer, die sie kannte, waren alt, steif, langweilig und arbeiteten für den Buckingham-Palast: »An ihrem sechzehnten Geburtstag gab Prinzessin Elizabeth, jetzt eine junge Frau, eine kindgerechte Teeparty mit Girlanden, Eis und Papierhüten.

Die wenigen Menschen, die teilnahmen, ... sangen ihr ein Geburtstagsständchen, als wäre sie noch immer ein Kind«, beschreibt Nicholas Davies den Alltag der Thronfolgerin, die nichts vom Leben wußte.
Mit achtzehn lebte sie noch immer wie Dornröschen hinter der Dornenhecke, von jeder Möglichkeit abgeschnitten, attraktive Männer kennenzulernen.
Dafür amüsierte sich ihr zukünftiger Ehemann umso besser. Sie hieß Cobina Wright, und Philip fand sie zauberhaft. Die beiden hatten einander in der Harry's Bar in Venedig kennengelernt und verbrachten leidenschaftliche Abende mit romantischen Gondelfahrten auf dem Canale Grande, schreibt Kitty Kelley in ihrer Skandalbiographie: »Philip war so in sie verliebt, daß er die nächsten drei Wochen in Venedig blieb, um sie überall hin zu begleiten. Er dachte nicht mehr an die Hochzeit mit Prinzessin Elizabeth, denn er hatte sein Herz der amerikanischen Schönheit geschenkt.« Auch Alexandra von Jugoslawien, eine Cousine Philips, war von seinen Liebhaberqualitäten überzeugt: »Die Mädchen standen Schlange, um mit ihm ins Bett zu gehen, ... er war ein richtiger Frauentyp«, berichtet Biograph Davies.
Der verarmte Adelige war ohnehin alles andere als der Wunschkandidat König Georgs. Er hielt ihn für einen Playboy, und außerdem war er zur Hälfte deutscher Abstammung, was fast noch schlimmer war. Denn die englische Königsfamilie hatte sich gerade erst von »Sachsen-Coburg-Gotha« in »Windsor« umbenannt, um die ungeliebte deutsche Vergangenheit zu tilgen.
Doch als Philips Liebe zu Cobina zerbrach, tauchte er wieder auf und machte Lilibet den Hof. Es war im Sommer 1945, die Prinzessin war inzwischen neunzehn Jahre alt und noch immer unverdorben, als sie sich heimlich mit ihrem Verehrer traf. Schon bald war sie überzeugt, daß er und kein anderer für sie in Frage kam.
Ihr Vater machte noch einen letzten Versuch, die unpopuläre Verbindung zu verhindern, und zwang sie zu einer dreimonatigen Reise nach Südafrika. Aber der König konnte seine älteste Tochter nicht umstimmen: »Es war Elizabeth, die dieses Verhältnis aufregend fand, von Liebe träumte und wiedergeliebt werden wollte. Philip seinerseits zeigte große Zurückhaltung. Für ihn war es eher ein formelles Werben als eine Leidenschaft und damit ganz anders als seine anderen Liebesaffären«, beschreibt Queen-Biograph Nicholas Davies die ungleiche Beziehung.
An einem sonnigen Tag, es war der 11. August 1946, machte Philip der Thronfolgerin endlich einen Heiratsantrag: »Es war wunderbar, einfach zauberhaft. Ich legte meine Arme um seinen Hals und küßte ihn, während er mich

an sich drückte und in die Luft hob.« Aus der kleinen Lilibet war inzwischen eine attraktive junge Frau geworden. Sie war zierlich, hatte eine gute Figur und hübsche Beine. Sie trug ihre gelockten braunen Haare schulterlang, und wenn sie lächelte, konnte man sie sogar als schön bezeichnen. Doch so wie bei Diana ist ein attraktives Äußeres keine Garantie, dem zukünftigen Ehemann zu gefallen. Seinem Biographen erzählte der Gemahl der Königin: »Bis 1946, als ich nach Balmoral eingeladen wurde, dachte ich nicht an Heirat. Ich nehme an, eins führte zum anderen. Es war sozusagen ausgemachte Sache.« Nicht gerade eine euphorische Erinnerung.

Der griechische Prinz war so unvermögend, daß er seiner Braut keinen standesgemäßen Verlobungsring kaufen konnte, also wandte er sich an seine Mutter Alice, die inzwischen in einem Kloster lebte. Sie schickte ihm, weil sie auch nichts mehr besaß, die Diamanten aus ihrer Lieblingstiara.

Am Vorabend der Hochzeit feierte der Bräutigam mit seinen Freunden Abschied vom Junggesellenleben. Es wurde kräftig gebechert, und der Maler Vasco Lazzolo, schreibt Kelley, der überzeugt war, daß Philip Elizabeth nur aus Eigennutz heiratete, brachte einen Toast aus: »Wegen dem, was du da tust, bist du für mich ein absolutes Stück Scheiße.« Er warf sein Glas in den Kamin und schlurfte aus dem Zimmer. Ein Freund Philips wird später erzählen: »Ihm war verteufelt mulmig. Ich weiß noch, daß er kreidebleich aussah und die ganze Zeit mit seinem Schicksal haderte. Er verspürte fürchterliche Angst.«

König Georg hatte seinem zukünftigen Schwiegersohn eine Menge Vorschriften gemacht. Er mußte seinen griechischen Adelstitel und seine Staatsbürgerschaft ablegen und auf seine Religion verzichten. Er sollte keine schnellen Autos mehr fahren und sich nicht mehr mit anderen Frauen treffen.

Der 22. November 1947 war ein kalter, grauer Morgen, an dem alles schiefging, noch bevor die nervöse Prinzessin ihrem Prinzen das Jawort gab. Zuerst war der Brautstrauß verschwunden, dann brach die Sonnenstrahltiara, ein Geschenk ihrer Großmutter, entzwei, und letztendlich war die zweireihige Perlenkette, die Lilibet tragen wollte, nicht auffindbar.

Der Bräutigam hatte vorerst mehr Glück. Bei seiner Verlobung besaß er sechs Pfund auf der Bank, und sein gesamter Besitz paßte in ein paar Reisetaschen. Nach seiner Hochzeit war er mit fünfundzwanzig Jahren ein reicher Mann mit einem Jahreseinkommen von (damals) 300.000 Dollar, einem eigenen Sekretär, einem königlichen Stallmeister, einem Kammerdiener und einem Chauffeur, der ihn im Rolls-Royce zu den diversen Schlössern fuhr, in denen er wohnen konnte. Wenn er von Schottland schnell nach Windsor wollte, um an einem Polospiel teilzunehmen, wurden ihm ein Marineboot, ein Zerstörer, ein Wagen oder ein Flugzeug der königlichen Familie zur Verfügung gestellt.

Es wurde dennoch eine Ehe, die weit von dem entfernt war, was man gemeinhin unter Liebesglück versteht. Die Flitterwochen waren die einzige Zeit, in der das Paar ein Schlafzimmer teilte. Wenige Monate nach der Hochzeit beklagte sich Philip beim Marquis von Milford Haven bereits, daß seine Frau unentwegt Sex wolle und er sie nicht von seiner Bettkante kriegen könne, weil sie dauernd hinter ihm her sei. Milford Haven war geschockt über die Indiskretion und meinte: »Ein Fechter redet nicht über seinen Fechtpartner«, was ihn aber offenbar nicht daran hinderte, die pikante Geschichte weiterzuerzählen.

Die zukünftige englische Monarchin, verheiratet mit einem Lebemann, den sie kaum kannte und der sie vermutlich nie wirklich liebte, mußte von Anfang an – so wie ihre Schwiegertochter Diana – damit leben, daß ihr Ehemann die Bestätigung, die er als Prinzgemahl nicht bekam, weiter bei schönen Gespielinnen suchte, die er meistens beim Polospielen kennenlernte: »Philip hatte zweifellos Affären mit vielen Frauen der Polospieler. Ich weiß nicht, wie viele es waren, doch es müssen mindestens ein Dutzend gewesen sein. Das war allgemein bekannt. Ich sah ihn oft mit ihnen nach dem Spiel plaudern, meistens bei einem Glas Champagner oder einem Glas Bier«, erzählt ein reicher Förderer des exklusiven Sports.

Der Mann der Königin konnte nicht verkraften, daß er am Hof nie akzeptiert wurde, und sagte schon nach wenigen Ehejahren verbittert: »Ich bin ja nur eine verdammte Amöbe und sonst nichts.« Sein Versuch, aus der Monarchie einen modernen, gut funktionierenden Betrieb zu machen, scheiterte am Widerstand der 400 Palastangestellten, die sich der Tradition verpflichtet fühlten und ihn als lästigen Eindringling empfanden. Es gab nur einen einzigen Moment, in dem er wirklich anerkannt wurde: Als Charles zur Welt kam, war er der Held der Nation. Er hatte die Thronfolge und den Fortbestand der Monarchie gesichert. Im Alltag war seine Meinung nicht erwünscht, und weil man ihm nicht erlaubte, in den Dienst der Marine zurückzukehren, beschränkte er sich darauf, seine Räume im Buckingham-Palast so umzubauen, daß sie, so Biograph Davies, wie das Innere eines Schiffs aussahen: »Die Zimmerleute benutzten wunderschönes afrikanisches Mahagoniholz, ein Geschenk, das er auf einer seiner Reisen in Übersee erhalten hatte. Die Kabine wurde nach seinen exakten Anweisungen angefertigt, und jedes Möbelstück, die Regale, die Schränke und das Licht wurden so gestaltet, daß er sich fühlte, als sei er auf sein Schiff zurückgekehrt«.

Reduziert darauf, seine Frau bei offiziellen Auftritten zu begleiten und Erben zu produzieren, tat Philip sein bestes als Prinzgemahl. Aber so willkommen die Kinder dem Ehepaar auch waren, so wenig wußten sie mit ihnen anzufangen und überließen sie nach alter Tradition den Kindermädchen, was Elizabeth später bedauerte: »Ich kam auf den Thron, als ich sehr jung war, und ich hatte nie die Möglichkeit, meine Kinder großzuziehen. Die Krone hat mich von ihnen getrennt. Das ist etwas, was ich in meinem Leben bereut habe, und ich bin entschlossen, Charles niemals in die gleiche Position zu bringen. Ich möchte, daß er seinen Kindern ein Vater ist, denn ich durfte meinen nie Mutter sein.«

Aber auch in ihrer Rolle als Ehefrau wurde die Königin nicht glücklich, weil an erster Stelle die Monarchie stand. Aus dem anziehenden jungen Mann, den sie sich als junges Mädchen in den Kopf gesetzt hatte, war ein verbitterter Nörgler geworden, der darunter litt, zwei Schritte hinter seiner Frau zu gehen und an ihrer Seite gut angezogen zu lächeln. Selbst Mountbatten, der die Ehe eingefädelt hatte, mußte später zugeben: »Philip kann sein Leben nicht in die Hand nehmen. Es gibt zu viele Einschränkungen für ihn. Es wäre viel besser gewesen, wenn er sich davongemacht und eine reiche Amerikanerin geheiratet hätte. Dann hätte er keine öffentliche Schande für sich selbst und Lilibet riskiert.«

Elizabeth war trotz der notorischen Untreue des Prinzgemahls entschlossen, diese Ehe durchzuhalten. Sie war in ihrem goldenen Käfig noch immer den Ideen ihrer Großmutter, Queen Mary, verpflichtet, die Geschiedene wie Aussätzige behandelte und vom Hof verbannte. Trotz aller Probleme hielt Elizabeth immer zu ihrem Mann, auch wenn es ihr offenbar nicht ganz leicht fiel:

Vor ihrem neunten Hochzeitstag, im Oktober 1956, die Königin war dreißig und ihr Mann sechsunddreißig, steckte die Ehe bereits in einer tiefen Krise. Und so wie bei Diana und Charles bemühte sich der Hof, die Kälte zwischen den beiden zu vertuschen. Philip verließ für vier Monate London und vertrat im Ausland das Königshaus. Er verpaßte nicht nur den Hochzeitstag, sondern auch Weihnachten und die Winterferien mit seiner Frau und den Kindern. Als er schließlich nach England zurückkehrte, spekulierten die Zeitungen täglich über den Zustand der königlichen Ehe, sodaß sich der Palast gezwungen sah, eine Gegendarstellung zu veröffentlichen: »Es ist nicht wahr, daß es zwischen der Königin und dem Herzog von Edinburgh eine Kluft gibt«, verlautete das offizielle Bulletin.

Aber alle Dementis nützten nichts. Philip, der sich an das langweilige Leben im Palast nicht gewöhnen konnte, sorgte weiter für Skandale durch seinen »Dienstagsclub«, in dem er sich mit seinen Freunden regelmäßig traf. Es gab Alkohol und leichte Mädchen, und zu fortgeschrittener Stunde begannen die Clubmitglieder im Rahmen von Spielen wie »Jag die Hexe« oder »Finde die Dame« um die Frauen zu wetten: »Der Gewinner ging unter dem Jubel der Zurückbleibenden mit der Frau, die er bevorzugte, in eines der angrenzenden Schlafzimmer. Manchmal wurde die Schlafzimmertür absichtlich offen gelassen, damit die, die wollten, zuschauen konnten«, beschreibt Nicholas Davies die Vergnügungen des Prinzgemahls.

Königin Elizabeth wurden die erotischen Abenteuer Philips immer wieder zugetragen, aber sie nahm öffentlich nie Stellung dazu. Statt dessen bemühte sie sich verzweifelt, das Bild der glücklichen Familie aufrechtzuerhalten, und stimmte einer Dokumentation über die königliche Familie zu: »Es ist ungeheuer wichtig«, sagte der BBC-Produzent, »den Leuten klarzumachen, daß dies kein Film über traditionelle Zeremonien sein will. Denn was wirklich interessiert, ist doch, was die Königin im Alltag tut, was im Inneren des Palastes vorgeht, worin ihre Aufgabe besteht ... Dieses Porträt will die Familie so zeigen, wie sie wirklich ist.«

Das Porträt einer »ganz normalen Familie« ging unter dem Titel »Corgi an Beth« (die Hunde und ihre Königin) in die Geschichte ein. Und so sahen vierzig Millionen Briten im Juni 1969 im Fernsehen eine Familie beim Wandern, beim Füttern der Hunde, beim Schmücken des Weihnachtsbaumes und beim Picknick in Balmoral: Die Mutter (Queen Elizabeth) schmeckt die Salatsauce ab, der Vater (Prinz Philip) grillt liebevoll Würstchen. In einer anderen Szene geht die Monarchin, die angeblich nie Bargeld bei sich hatte, mit ihrem vierjährigen Sohn Edward in ein Geschäft, um ihm Süßigkeiten zu kaufen, und freut sich wie die Hausfrau von nebenan, daß sie gerade noch genug hat, um die Rechnung zu begleichen.

Die Szenen hinter den Kulissen bekommen die Engländer nicht zu sehen: »Einmal schlug der Produzent vor, sie solle einen ihrer Corgies apportieren lassen«, erzählt Kitty Kelley. »Ihre Majestät bestand darauf, sie alle apportieren zu lassen. Ihr Mann, der die Hunde seiner Frau verachtete, explodierte. ›Sie wollen *eines* dieser verdammten Viecher, verstehst du?‹«

Die Dokumentation zeigte die Königin an dieser Stelle ohne ihren Mann, aber mit allen Hunden, wie es wahrscheinlich der Realität entsprach.
Sosehr sich Elizabeth anstrengte, aufmerksamen Beobachtern konnte nicht entgehen, daß sie es immer mühsamer fand, den Schein zu wahren:
Es war beim Gedenkgottesdienst anläßlich der silbernen Hochzeit des Monarchenpaares. Nach der Messe trat Philip in den Mittelgang und bot seiner Frau den Arm, so wie am Hochzeitstag, fünfundzwanzig Jahre zuvor. »Ihre Majestät schaute nicht mehr in seine Richtung und legte ihre Hand nicht auf seinen Arm. Seite an Seite verließen sie die Kirche und lächelten. Aber sie berührten sich nicht«, beschreibt Kitty Kelley die Szene.
Wie sollte diese Frau, Oberhaupt des englischen Staates, dem sie sich seit ihrer Kindheit verpflichtet fühlte, Verständnis für ihre Schwiegertochter Diana aufbringen, die es nicht schaffte, ihr Unglück hinter den Mauern des Palastes zu verbergen?

Sophie

Sophie war die intelligenteste und ehrgeizigste unter den Schwestern und wußte, daß auch sie, so wie Marie, Elise und Ludovika, einen Mann bekommen sollte, der in die politischen Pläne ihres Vaters, des Königs von Bayern, paßte.
An einem aufregenden Tag im Mai 1824 war es soweit, ihr Zukünftiger kam zu Besuch. Sie konnte zufrieden sein, er stammte aus einem der mächtigsten Herrscherhäuser Europas. Ein Habsburger war auf jeden Fall ihr Jawort wert. Seit dem Ende des 13. Jahrhunderts herrschten sie in den österreichischen Erblanden, als deutsche Könige, als Kaiser des Heiligen Römischen Reiches und – seit zwanzig Jahren auch noch als Kaiser von Österreich.
Sophie konnte den Augenblick, in dem sie Franz Karl, den zweiten in der Thronfolge, endlich kennenlernen würde, kaum erwarten:
Die Tür der Kutsche öffnete sich, und heraus stieg »ein freundlich grinsendes, linkisches Männchen, das einen viel zu großen und nach oben in die Länge gezogenen Turmschädel auf den Schultern trug und einen zu kurz geratenen Körper hatte. Mit wasserblauen kleinen Schweinsäuglein blickte er freundlich, aber nichtssagend, wenn nicht gar blöde, in die Gegend. Eine viel zu große und wulstige Unterlippe, das Markenzeichen der Familie Habsburg,

verunstaltete mehr das Gesicht, als daß sie es verschönern konnte«, beschreibt Sophie-Biograph Gerd Holler die erste Begegnung der bayrischen Prinzessin mit ihrem Ehemann.

Es war ein Schock, eine Enttäuschung, die sie kaum verbergen konnte. Aber es kam noch schlimmer. Nach wenigen Sätzen bemerkte Sophie die bescheidenen Geistesgaben ihres Bräutigams. Er liebte die Jagd, interessierte sich nicht für Politik, und sein einziges Hobby war, durch Wien zu fahren und die Huldigung des Volkes entgegenzunehmen. Selbst ihre Mutter urteilte: »Er ist ein bon garçon (ein guter Junge), bestrebt, Gutes zu tun. Er fragt jedermann um Rat, mais il est terrible ... (aber er ist schrecklich). Mich würde er zu Tode langweilen ... Ab und zu möchte ich ihn schlagen.« Dennoch dachte sich Königin Karoline nichts dabei, ihre Tochter mit dem Habsburger zu verheiraten, Frauen hatten sich im 19. Jahrhundert unterzuordnen:

»Wir heiraten, um Kinder zu haben, und nicht um die Sehnsüchte unserer Herzen zu stillen.« Dieser Ausspruch Metternichs spiegelt die Grundhaltung einer Zeit, in der adelige Mädchen nur als politische Handelsware zählten. Kleinigkeiten wie Aussehen oder Zuneigung spielten ohnehin keine Rolle, wenn es um große Politik ging. Ihre Tochter hatte alle Chancen, Kaiserin von Österreich zu werden, und dafür sollte kein Opfer zu groß sein. Der Thronfolger Ferdinand litt an Epilepsie und würde kaum regieren und schon gar keine Kinder zeugen können. Sie konnte Sophie mit gutem Gewissen trösten, daß der Verzicht auf persönliches Glück ihr später zumindest Macht und Ehre bringen würde. Außerdem war die Prinzessin gewöhnt, den Eltern bedingungslos zu gehorchen, und so fand die Verlobung noch am selben Abend statt.

Sophie war keine ausgesprochene Schönheit, aber sie war dazu erzogen worden, einen Kaiser oder König zu heiraten, hatte ein anziehendes, anmutiges Gesicht, eine gute Figur und wirkte frisch und gesund. Sie war willensstark und klug und interessierte sich für Politik, Musik und das Theater. Außerdem war sie streng katholisch und ging täglich zweimal zur Kirche – eine wichtige Voraussetzung für ihre Heirat. Ihr zukünftiger Schwiegervater, Kaiser Franz, war sich dessen bewußt, daß sein Sohn, den er für einen Schwächling hielt, eine starke Frau brauchte, die ihn lenkte. So schien alles wohlgeplant und wohldurchdacht.

Im Sommer durfte Franz Karl seine Braut in München besuchen. Kaum war er wieder abgereist, wurde die Prinzessin krank. Vielleicht von dem Gedanken, daß sie mit diesem häßlichen, langweiligen Mann, der ihr überhaupt nicht gefiel, bald das Bett teilen mußte? Jedenfalls wurde ihre Reise nach Wien aus gesundheitlichen Gründen bis Oktober verschoben. In Bayern erzählte man sich, »Sophie habe aus Verzweiflung und Angst vor dieser Heirat Nächte durch geweint«, schreibt die Historikerin Brigitte Hamann über das Drama im bayrischen Königshaus.

Es war am 4. November 1824, als die neunzehnjährige Prinzessin von Bayern in der Augustinerkirche leise ihr »Ja« sagte, so als ob sie es sich noch einmal überlegen könnte, wenn man sie kaum hörte.

Sophie liebte ihren Ehemann so wenig und ihre Eltern so sehr, daß sie in ihrem ersten Jahr nach München schrieb: »Ich würde es wohl vorziehen, vor Euch in das andere Leben hinüberzugehen, denn in dieser Welt ohne Euch zu sein, würde für mich viel ärger sein als der Tod …«

Kaiser Franz hatte ihr von Anfang an keine Illusionen gemacht und ihr geraten, beim Zustand seines Sohnes alles selbst in die Hand zu nehmen. Und wie viele Frauen, die keine andere Wahl haben, wurde sie selbständig und sehr energisch, was ihr die Geschichtsschreibung später zum Vorwurf machen sollte. »Man muß sich das einmal vorstellen, da wird diese intelligente Frau, die mit einem scharfen Verstand ausgestattet ist, an einen Depp verkauft, ein Schicksal, stellvertretend für viele junge Mädchen ihrer Zeit«, beschreibt Julia Onken. »Sophie später Machtgier vorzuwerfen, ist einfach ungerecht. Sie war engagiert worden, diesen einfältigen Erzherzog zu lenken, und genau diese Aufgabe hat sie auch erfüllt.«

Sie lernte ihren einfältigen Mann wie ein Kind lieben, das man pflegt, und erklärte tapfer, »nun wolle und werde sie auch mit dem Erzherzog glücklich werden«, erzählt Brigitte Hamann.

Die glänzende Welt des Wiener Hoflebens, die Feste, der Prunk, die Edelsteine, all das gefiel der jungen Erzherzogin, und sie verdrängte mit der Zeit ihre trüben Gedanken. Sie beschloß, das Beste aus ihrer Lage zu machen, und durchtanzte die Nächte mit dem siebzehnjährigen bildhübschen Herzog von Reichstadt, dem Sohn Napoleons, der sie verehrte und liebte. Schon bald schrieb ihre Mutter: »Sophie ist mit ihrem Mann so glücklich, so begeistert, wie sie als Verlobte unzufrieden war.« Eine starke Übertreibung, mit der sie wahrscheinlich ihr Gewissen beruhigen wollte. Jedenfalls hatte ihre Tochter nach drei Jahren noch immer so starkes Heimweh, daß sie nach München schrieb: »Du kannst Dir nicht vorstellen, liebe, innige Mama, wie viel ich durch Sehnsucht gelitten, seitdem ich Dich verlassen habe …«

Außerdem hatte Sophie ihre Bestimmung noch nicht erfüllt. Sie mußte eine Anzahl wohlgeratener und gesunder Kinder gebären, am besten Söhne, denn man war der allgemeinen Ansicht, daß die Frauen schuld daran waren, wenn es »nur« Mädchen gab.

Nach einer Schonzeit von ein paar Monaten wurde der Hof unruhig. Fragende Blicke, die jeden Monat intensiver wurden, Getuschel, ob sich der schwächliche Franz Karl vielleicht übernommen habe. Der Vorwurf stand allen ins Gesicht geschrieben, daß dieses gesunde bayrische Mädchen es nicht schaffte, schwanger zu werden. Sophie wurde ebenfalls nervös, denn sie wußte, ohne Sohn würde sie am Wiener Hof zur Bedeutungslosigkeit verkommen. Außerdem sorgte sie sich um ihren Ehemann, der wie ein desinteressiertes Kind in den Tag hineinlebte. Mehrmals sprach sie beim Kaiser vor, er möge ihm endlich eine Aufgabe zuteilen, damit er beschäftigt sei. Als Kaiser Franz seinen Zweitältesten schließlich in den Staatsrat berief, schrieb Sophie stolz an ihre Mutter: »Mein guter Franz hat mir diesmal so viel Freude gemacht, er ist viel reifer geworden und liebt mich so innig ...« Wohl mehr die Worte einer besorgten Mutter über ihren Sohn denn einer Ehefrau über ihren Mann.

Der Druck auf die junge Erzherzogin wurde immer stärker. Jede ihrer Schwangerschaften endete mit einer Fehlgeburt. Die erste verschwieg sie, so gut sie konnte, und gestand sie nur ihrer Mutter in einem Brief. Von den vier weiteren »fosses couches« wurden der Öffentlichkeit nur zwei bekannt. Und so war es für Sophie eine Erlösung, als sie wieder guter Hoffnung war und es so aussah, als ob sie diesmal das Kind behalten könnte.

Es war Mitte März, und der Frühling war in Wien schon eingezogen. Sophie wollte hinaus an die frische Luft, doch ihr Leibarzt war unerbittlich und verschrieb ihr Bettruhe bis Ende August, dem errechneten Geburtstermin des Kindes. Er erlaubte ihr nicht einmal, sich mit der Sänfte ins Hofburgtheater tragen zu lassen, wo das Ballett »Die Schlafwandlerin« gegeben wurde, das die werdende Mutter unbedingt sehen wollte. Ein herrlicher Mai ging ins Land, »doch ich muß ihn verlaufen sehen mit all seinem Charme und all seiner Schönheit, ohne davon genießen zu können«, klagte die eingesperrte Schwangere. Es war eine harte Zeit. Außerdem nagte an Sophie die Sorge, ob die Epilepsie ihres Schwagers nicht vielleicht vererbbar sei. Die Krankheit des Thronfolgers wurde immer schlimmer, und sie schrieb entsetzt an ihre Mutter, als sie Zeugin eines Anfalls wurde: »Ferdinand ist schauerlich entstellt, sein Mund steht ständig offen, und sein Gesicht scheint dadurch noch um zwei Finger länger.«

Trotz der Krankheit seines Sohnes trifft Kaiser Franz eine fatale Entscheidung, die den Zerfall der Monarchie beschleunigen sollte. Beraten von Fürst Metternich, der gern einen willenlosen Herrscher auf dem Thron sehen wollte, beschließt er, daß sein ältester Sohn regierungsfähig sei, und Freiherr von Gentz notiert am 17. Juli 1830 in sein Tagebuch: »Der Fürst teilt mir die Nachricht von der bevorstehenden Krönung des Kronprinzen in Ungarn mit.« Sophie ist bestürzt über die neueste Entwicklung, aber immerhin hat sie noch einen Trumpf in der Hand. Angeblich kann Ferdinand, der tatsächlich zum König von Ungarn gekrönt wird, keine Kinder bekommen.

Am 18. August 1830 kommt endlich Franz Joseph zur Welt. Die Mutter und die Schwester der Gebärenden berichten erschöpft der Großmutter nach München von der schweren Geburt: »Sophie ist soeben eines starken, schönen und gesunden Knaben genesen. Wir sind trunken vor Freude nach all den Leiden, die kein Ausdruck Ihnen treffend genug schildern kann. Es sind zweimal 24 Stunden vergangen, seit ich mein Bett nicht mehr gesehen habe. Ich bin vollständig niedergebrochen und doch so glücklich, meine Sophie und ihr Kind, das mit der Zange genommen werden mußte, behalten zu haben.«

Sophie war erleichtert. Sie hatte Todesängste ausgestanden und eine der wichtigsten Regeln der damaligen Zeit nicht eingehalten: »Über einer Gebärenden soll nur einmal die Sonne untergehen.« Kein Wunder, daß ihr dieses Kind, um das sie so hart hatte kämpfen müssen, ein Leben lang am nächsten stand.

Franz Joseph gibt seiner Mutter endlich, was sie bisher vermißt hatte. In ihm findet sie die Liebe, die sie in ihrer Ehe nicht finden konnte, in ihm sieht sie die Erfüllung ihres Lebens, er war der Garant für das, wofür sie sich geopfert hatte: Macht und Ehre. Sie gibt Audienzen, um sich mit ihrem Sohn zu zeigen, und die Damen, die sie besuchen, nennen ihn ehrfurchtsvoll »Gottheiterl«. Der gesamte Haushalt dreht sich von nun an um ihn, und seine Kinderfrau schreibt verärgert: »Das Hauptgeschäft, die Pflege des Kindes, ist mir durch den unseligen Krieg, der zwischen Doktoren, Accoucheuren, Hebammen und Kindsweibern existiert, sehr erschwert.«

Als der kleine Thronfolger »Mama« und »Papa« sagen konnte, schwärmte die stolze Mutter in einem Brief fast wie über einen Geliebten: »Du hast keine Idee, liebe Mutter, wie ausgezeichnet sich dieser Kleine entwickelt, wie hübsch, lebhaft, intelligent, gut, zärtlich er ist.« Und als er ihr an ihrem Geburtstag einen Blumenstrauß überreichte, der größer war als er selbst, konnte sie sich vor Freude kaum fassen.

Doch die ungetrübte Freude Sophies währte nicht lange. Eine bedrohliche Nachricht schien alles zunichte zu machen, wofür sie sich bereithielt: Der Thronfolger Ferdinand sollte heiraten. Die Wahl fiel auf die wenig hübsche, schon achtundzwanzigjährige Prinzessin Maria Anna von Savoyen, deren Eltern froh waren, daß sie nun doch noch eine gute Partie machen konnte. Die Hochzeit war eher eine Trauerfeier denn ein Freudenfest, und selbst Kaiser Franz, der die Ehe inszeniert hatte, sagte mitleidig: »Daß Gott erbarme.« Sophie sah ihre Thronbesteigung in noch weitere Ferne rücken und machte sich Sorgen, was geschehen sollte, »wenn wir das ungeheure Unglück haben werden, den vielgeprüften Kaiser zu verlieren«.

Doch noch lebt der »gute Kaiser Franz«, und Sophie erfüllt ihre Pflicht und sorgt für weitere männliche Nachkommen. Zwei Jahre nach Franz Joseph kommt Ferdinand Max zur Welt, bei dem gemunkelt wird, daß er fatal dem Herzog von Reichstadt ähnlich sähe, ein Jahr später Karl Ludwig. Sophie ist erleichtert, denn jetzt ist ihre Stellung am Hof endgültig gesichert: »Mein Mann ist mit einem dritten Buben sehr zufrieden und der Kaiser begeistert. Das ist alles, was ich brauche, um selbst zufrieden zu sein ... Er kann der Buben nicht genug haben, und ich möchte nur wissen, was er einmal mit dieser förmlichen Armee von Erzherzogen anfangen will.« Verständlich, daß sie später, als Sisi zuerst »nur Mädchen« zur Welt bringt, der Schwiegertochter Vorwürfe macht. Frauen sind nichts wert, das hat sie selbst erfahren, das gibt sie weiter.

Im Januar 1834 spürt Sophie die ersten Schatten. Ihr Schwiegervater erkrankt an einer schweren Bronchitis, die sich in eine Lungenentzündung ausweitet, an der er am 1. März stirbt. Sie schreibt an ihre Mutter: »Wir sind seit dieser schrecklichen Nacht, die ihn uns entführt hat, ganz verwaist. Er war unsere einzige Stütze, unser einziges Heil, es schien mir, als müßte die Welt zusammenstürzen ...«

Und so war es dann auch. Metternich setzte den schwachen Ferdinand auf den Thron, der das schwierige Erbe seines Vaters verwalten sollte. Kaiser Franz hatte an der Unterdrückung der Bürger durch den Polizeistaat, das Spitzelsystem, festgehalten, es gab keine Pressefreiheit, keinerlei Mitspracherecht des Volkes. Schon zu Lebzeiten des Monarchen gab es Kreise, die sich nach einer Liberalisierung sehnten.

Ferdinand hatte seinem Vater am Totenbett versprechen müssen, Staatskanzler Metternich, der die Zügel der absolutistischen Herrschaft fest in der Hand hielt, in der Regierung zu belassen. In Frankreich wütete bereits die Revolu-

tion, die Bevölkerung hatte in ihrem Elend alle Fesseln gesprengt, doch niemand schaute über die Grenze und zog daraus eine Lehre.
Ein Jahr nach dem Tod ihres Schwiegervaters war Sophie wieder schwanger und brachte im Oktober ihr erstes Mädchen zur Welt. Maria Anna Karoline bestätigte ihre Ängste: Sie trug das genetische Erbe der Habsburger, erlitt schon im ersten Jahr einen epileptischen Anfall und starb, als sie erst fünf war. Nach einer weiteren Totgeburt wird schließlich Ludwig Viktor, genannt Bubi, geboren.
Doch Sophie hatte nicht ihr Leben geopfert, um nur Mutter zu sein, und mischte sich immer mehr in die Politik ein. »Später wird man ihr vorwerfen, daß sie in dieser Ehe die Hosen anhatte«, meint Julia Onken. »Aber in Wirklichkeit war ihr Ehemann aufgrund seiner bescheidenen geistigen Ausstattung darauf angewiesen, daß seine kluge Frau die Geschicke des Landes mitbestimmte.« Die Macht Metternichs, der nach dem Wahlspruch regierte: »Wer der Menge nachgibt, wird von der Masse erdrückt«, schwand, er hatte die politische Lage falsch eingeschätzt. Der Staatskanzler war der Meinung, daß das österreichische Volk in seiner Entwicklung noch lange nicht so weit sei wie das französische und deutsche. Doch seine Spitzel irrten, denn im Untergrund brodelte es bereits. Die Studenten sangen Spott- und Protestlieder, und während die Spitzen der Wiener Gesellschaft auf einem Ball bei Hof die Nacht durchtanzten, wurde in Paris schon der König vertrieben. Aber noch glaubten viele, daß es in der Donaumonarchie nicht soweit kommen würde. Dennoch schrieb Melanie, die Frau des Kanzlers, in ihr Tagebuch: »Alle Welt scheint in Schlaf versunken und mit Blindheit geschlagen. Schließlich verzweifelt man an allem; klar ist mir nur, daß der allgemeine Haß wider uns entbrannt ist ...«
Sophie gehörte zu denen, die den mächtigen Metternich stürzen wollten. Der Staatskanzler ahnte, daß es nichts mehr zu retten gab, und suchte bereits nach einem neuen Gesicht, nach einer unverbrauchten und nicht kompromittierten Figur. Franz Joseph sollte aber erst mit seiner Großjährigkeit das hohe Amt übernehmen, und vorher, meinte der Staatskanzler, »mache man erst Ordnung in diesem Haus, bevor ihm die Zügel übergeben werden«. Doch dafür war es zu spät. Im Frühjahr 1847 plünderten Arbeiter in den Wiener Vorstädten die Lebensmittelgeschäfte. Am 1. Juni mußten die Brot- und Fleischpreise wegen der Mißernte im Vorjahr erhöht werden, was eine neue Hungerrevolte auslöste. Im Oktober wurden wegen der schlechten wirtschaftlichen Lage viele Arbeiter auf die Straße gesetzt, das Elend war nicht mehr abzuwenden. Ein

sächsischer Politiker schrieb zur Lage der Nation: »Täglich brachte die italienische Post Nachricht von einer Konstitution, einer Revolution oder wenigstens einigen politischen Meuchelmorden. Wenn Metternich das ›après nous le déluge‹ (nach uns die Sintflut) zur Staatsmaxime genommen hat, so rächt sich die Geschichte furchtbar an ihm, indem sie ihn die Sintflut noch erleben läßt.«

Die Pariser Revolution von 1848 war auf Preußen, Sachsen und Süddeutschland übergesprungen. In Österreich gab der Ungar Lajos Kossuth das Signal für den Aufruhr, als er vor dem ungarischen Reichstag erklärte: »Aus den Bleikammern des Wiener Systems weht eine verpestete Luft uns an, die unsere Nerven lähmt, unseren Geistesflug hemmt.« Er appellierte an den jungen Franz Joseph, »den Fortschritt seiner Völker zu fördern. Auf ihn warte die Erbschaft des Thrones, und er allein sei der hoffnungsvolle Sproß des Hauses Habsburg.«

Metternich mußte am 13. März 1848 zurücktreten, zwei Tage später wurde durch den Kaiser eine Konstitution erlassen. Der »Peitschenknaller Europas« trat in einer einfachen Mietkutsche die Flucht an. Sophie schrieb in ihr Tagebuch: Es »waren schreckliche und schlimme Tage, die mir einen Schmerz im Herzen zurückgelassen haben, eine Erinnerung, die unvergeßlich sein wird, und eine Schande, daß mein liebes Wien Schauplatz einer Revolution« ist. Sie sah, als sie im Kaisergarten promenierte, den Leichenzug der »Märzgefallenen«. »Überall herrscht der Geist der Unordnung. Wo wird das alles enden.«

Im Mai flieht die Kaiserfamilie vor der Revolution nach Innsbruck und später nach Olmütz, die Forderung nach der Abdankung Ferdinands wird immer lauter. Doch Wien wird von den kaiserlichen Truppen zurückerobert, die Verluste der Revolution sind beträchtlich. Viertausend Menschen kommen ums Leben, vierundzwanzig Zivilpersonen werden zum Tode verurteilt, einhunderfünfundvierzig zu jahrelanger schwerer Haft. Die Armee verlor sechsundfünfzig Offiziere, mehr als tausend Soldaten und siebzig Pferde. Es wurde Zeit, daß wieder Frieden einkehrte.

Sophies Stunde ist gekommen.

Sie ist weitsichtig genug, um zu erkennen, daß der kranke Ferdinand nicht in der Lage ist, die notwendigen Reformen durchzusetzen. Die Erzherzogin will, daß er abdankt, »damit das gute, aber arme kleine Wesen – das wir während beinahe vierzehn Jahren als unseren Kaiser anerkennen mußten«, endlich durch ihren inzwischen achtzehnjährigen Franz Joseph abgelöst wer-

den kann. »Und hier zeigt sich die wirkliche Größe dieser Frau«, meint Julia Onken. »Sie hätte neben ihrem schwachen Mann den Thron besteigen können und Kaiserin werden, und verzichtet auf diese Würde zum Wohl der Monarchie. Zum Dank wird sie als ›der einzige Mann‹ im Staat bezeichnet, was sicher nicht schmeichelhaft gemeint war.«
Wir schreiben den 2. Dezember 1848. Sophie erscheint an diesem Morgen in Olmütz in einem weißen Kleid und mit rosa Blüten im Haar. Sie trägt den Brillant-Türkisschmuck, den ihr Franz Karl zur Geburt Franz Josephs geschenkt hat. Stolz schaut sie auf ihren Ältesten, der im weißen Waffenrock mit goldenem Kragen und roten Hosen, der Uniform eines österreichischen Generals, so schön aussieht. Graf Schwarzenberg verliest die Dokumente. Eines über die Thronentsagung Ferdinands, das zweite über die Verzichtserklärung Franz Karls, des Vaters von Franz Joseph, und schließlich wird der Thronfolger für großjährig erklärt.
Der abgedankte Ferdinand segnet den jungen Kaiser und sagt in seiner naiven Art: »Gott segne dich, sei nur brav, Gott wird dich schützen, es ist gern geschehen!«
Von nun an regiert Sophie als heimliche Kaiserin das Land. Ihr Sohn trägt die Krone, aber sie führt das Szepter. Ihre Schwiegertochter hatte Glück, daß sie einen so attraktiven, angenehmen Mann heiraten durfte, der sie auch noch liebte. Was wollte sie noch mehr? Ihre Pflicht war es, Franz Joseph eine gute Frau zu sein und Söhne zu gebären. Das war alles, was Sophie von ihr erwartete.

6

Zum Herrschen erzogen

Charles

Es war kurz vor Mitternacht, am 14. November 1948, als der Bobby am Palasttor für einen Augenblick seine steife Würde vergaß: »Es ist ein Junge, es ist ein Junge«, rief er den mehr als dreitausend Menschen auf der Straße zu, die auf die Niederkunft ihrer Prinzessin gewartet hatten. Die immer größer werdende Menge sang stundenlang fröhliche Lieder, und von Windsor Castle ertönte die zwei Tonnen schwere Abendglocke, die nur bei vier Gelegenheiten erklingt: wenn ein Royal geboren wird, stirbt, heiratet oder den Thron besteigt.

Winston Churchill hielt eine Ansprache, in der er die britische Monarchie von nun an zur »gesichertsten der Welt« erklärte, und sämtliche Kriegsschiffe seiner Majestät rund um die Erde begrüßten den neugeborenen Stammhalter mit einundvierzig Salutschüssen.

In der Fleetstreet änderten die Zeitungen noch schnell die Schlagzeilen und berichteten stolz, daß das Baby mehr als sechs Pfund wog, und aus dem Brunnen am Trafalgar Square sprudelte blaues Wasser für den wichtigsten Säugling des britischen Empires.

Der Premierminister sprach davon, daß die Geburt eines Sohnes »tiefe Freude« in jede Familie bringe, und lobte die Royals für ihr gutes Beispiel. England konnte den Jubel gut gebrauchen. Das vergangene Jahr war hart gewesen. Ein extrem kalter Winter hatte für drei Monate die Insel gelähmt, es gab zwei Millionen Arbeitslose, immer noch Lebensmittelmarken, weil es nicht genug zu essen gab, und das Pfund war fast auf die Hälfte seines Werts gesunken.

Der Thronfolger, Charles Philipp Arthur George, kam sechs Tage vor dem ersten Hochzeitstag seiner Eltern zur Welt und war eine Hausgeburt. Seine Mutter hatte darauf bestanden, in ihren privaten Räumlichkeiten zu entbin-

den, sein Vater war bei der Geburt nicht dabei, er spielte währenddessen mit einem der Privatsekretäre Squash.
An Elizabeth und Philip, die selbst nie in einer »normalen« Welt gelebt hatten, waren die Erkenntnisse, daß Babies ihre Eltern brauchen, wahrscheinlich vorübergegangen. Charles erhielt von Anfang an eine Erziehung, wie sie für englische Königskinder vorgesehen war – er wurde seinen beiden »Nannies« übergeben: »Der Tag begann, wenn die Nachtkinderschwester um sieben Uhr die Vorhänge öffnete, Prinz Charles wurde gewaschen, angezogen und bekam sein Frühstück. Um 9 Uhr wurde er in den zweiten Stock hinuntergebracht, um für dreißig Minuten seine Mutter zu sehen«, beschreibt Biograph Jonathan Dimbleby einen ganz normalen Morgen im Leben des kleinen Prinzen.
Das war's dann auch schon bis zum Abend. Da kam Elizabeth noch einmal vorbei und sah zu, wie ihr Sohn gebadet und ins Bett gebracht wurde. Philip diente noch in der königlichen Marine und war sowieso die meiste Zeit nicht da. Umarmungen, Zärtlichkeiten und das Eingehen auf die körperlichen und seelischen Bedürfnisse ihres Kindes überließen die Eltern weitgehend dem Personal. Es waren die Kindermädchen, die mit dem kleinen Charles spielten, die über seine ersten Schritte jubelten und an seinem Bett wachten, wenn er Zähne bekam. Er wußte, wohin er laufen konnte, wenn er Trost brauchte, und liebte Helen Lightbody und Mabel Anderson über alles. Kein Wunder, daß das erste Wort des späteren Prinzen von Wales nicht »Mama« oder »Papa«, sondern »Nana« war.
Charles war noch nicht zwei Jahre alt, da ließ ihn Elizabeth bei seinen Kinderschwestern zurück und reiste Philip, der in Malta stationiert war, dorthin nach. Sie dachte sich nichts dabei. Ihre Eltern waren oft sechs Monate ohne sie unterwegs gewesen, und eines stand außer Zweifel: Ein königliches Baby geht nicht auf Reisen, es war im Kindertrakt des Palastes besser aufgehoben. Ihre Schwiegertochter Diana wird die erste Mutter eines Thronfolgers sein, die diese Regel durchbricht und ihren Sohn William zum Staatsbesuch nach Australien mitnimmt.
Lilibet war glücklich, den Zwängen des höfischen Lebens entkommen zu sein, und beschloß, ihren Besuch auf der warmen Insel zu verlängern. Sie war verliebt in ihren attraktiven Mann, lag in der Sonne, ließ sich im Schönheitssalon die Haare frisieren und vergnügte sich mit den anderen Offiziersfrauen. Endlich ein fast normales Leben!
Es wurde Weihnachten, seine Mama war noch immer nicht zurück, und der kleine Prinz verbrachte das Fest bei seinen Großeltern in Sandringham:

»Charles ist so süß, wie er durchs Zimmer watschelt«, schrieb König Georg begeistert an seine Tochter, und die Königin hielt ihren Enkel liebevoll auf dem Schoß.

Elizabeth kam erst wieder nach Hause, als Philip in See stach, und entdeckte bald, daß sie wieder schwanger war. Sie flog erneut nach Malta, um es ihrem Mann zu sagen, und blieb diesmal »nur« einen Monat fort.

Am 15. August 1950 bekam Charles eine Schwester, dafür war im November seine Mutter schon wieder für drei Monate unterwegs: »Neben einer Dienerin, einem Lakaien und einem Leibwächter brachte sie auch ihren Sportwagen, vierzig Schrankkoffer und ein neues Polopferd für ihren Mann mit«, beschreibt Kitty Kelley den Umzug der englischen Prinzessin nach Malta, die dort als »beliebteste und angesehenste Frau eines Marineoffiziers« gefeiert wurde, »die je diese Insel besucht hat«.

Während die Malteser von Elizabeth begeistert waren, wurde von der englischen Presse kritisiert, daß sie keine besonders engagierte Mutter sei, und ein Journalist wunderte sich, »wie sie ihre Kinder wochenlang alleine lassen könne, zumal als ihr Sohn eine Mandelentzündung bekam«.

Charles war kränklich, schüchtern und sehr sensibel und entsprach überhaupt nicht den Vorstellungen seines Vaters, was später noch ausreichend für Konflikte sorgen sollte: »Philip hat seinen Sohn schon als Kind behandelt, als sei er ein Matrose und nicht das geliebte erstgeborene Kind«, schreibt Nicholas Davies, der Biograph der Königin. Seine Erziehung war nicht viel besser als zu viktorianischen Zeiten: »Charles mußte die ganze Zeit still sein, es sei denn, er wurde gefragt; für das allerkleinste Fehlverhalten wurde er auf sein Zimmer geschickt und für den leisesten Verstoß mit einer Tracht Prügel bedacht.«

Im Oktober 1951 mußte die Thronfolgerin den schwerkranken König – der von seiner Frau bei öffentlichen Auftritten geschminkt wurde, damit sein Zustand verborgen blieb – bei einer langen Reise nach Kanada und Amerika vertreten. Philip begleitete sie, und so versäumten die Eltern die ersten Schritte von Anne und den dritten Geburtstag von Charles. Er stand mit seinen Großeltern an der Victoria Station, als Mama und Papa wiederkamen. Sie waren für ihn Fremde, und er näherte sich ihnen ängstlich. Das Foto zeigt Elizabeth, die ihren Sohn mit einem Klaps auf den Rücken begrüßt, einer Geste, die ihren Ruf als kalte Mutter noch bestärkte.

Weihnachten verbrachte die ganze Familie nach langer Zeit wieder einmal zusammen, doch der Friede währte nur einen Monat lang.

König Georg, der in drei Jahren dreimal operiert werden mußte, konnte nun überhaupt nicht mehr repräsentieren, und so übernahm seine Tochter ohne Rücksicht auf ihre Kinder pflichtbewußt auch eine Reise nach Australien, Neuseeland und Afrika, die fünf Monate dauern sollte.

Die Thronfolgerin wird ihren Vater nicht lebend wiedersehen, er starb am 6. Februar 1952 friedlich im Schlaf. Die BBC gab um 10.45 seinen Tod bekannt und stellte als Zeichen der Trauer ihre Sendungen für den Rest des Tages ein: »Völlig niedergeschlagene Menschen füllten die regennassen Straßen von London, Autofahrer ließen den Wagen mitten auf der Straße stehen und standen weinend daneben«, beschreibt Biographin Kelley die Reaktionen. Das Volk brauchte seine junge Königin.

Als Elizabeth durch die Todesnachricht frühzeitig aus Kenia zurückgeholt wurde, wo sie in einem Tierreservat eine Ruhepause eingelegt hatte, sah die Prinzessin nach der Landung durchs Flugzeugfenster Premierminister Churchill und eine Schar älterer Herren in schwarzen Anzügen, die auf sie warteten.

Von nun an war sie das Oberhaupt Englands, und ihr Mann verließ das Flugzeug zum ersten Mal zwei Schritte hinter ihr.

»Fast vergessen in dem großen, trauerstillen Hause von Sandringham spielte der dreijährige Enkel des Königs, Charles, allein vor sich hin, indem er ein grünes Spielzeugkrokodil die große Mahagonitreppe hinauf- und hinunterschob. ›Was ist passiert, Nanny? Was ist passiert?‹, fragte er sein Kindermädchen Helen Lightbody. ›Großpapa ist für immer eingeschlafen‹, sagte diese und verneigte sich vor dem bestürzten kleinen Jungen, der jetzt Herzog von Cornwall, Herzog von Rothesay, Graf von Carrick, Baron Renfrew, Lord of the Isles und Great Steward of Scotland war. Als Kronprinz und gesetzmäßiger Thronerbe stand er im Rang jetzt über seinem Vater«, beschreibt Kitty Kelley den Augenblick, der Charles noch einsamer machen sollte.

Mehr als ein Jahr später, am 2. Juni 1953, saß der kleine Herzog neben seiner Großmutter in der Kathedrale von Westminster und beobachtete seine Mutter bei ihrem Schwur, England ein Leben lang zu dienen. Er verstand nicht, daß er von nun an fast ganz auf sie verzichten mußte.

Es war der erste Anlaß in der Geschichte des Königreichs, bei dem der Fernsehsender BBC in der Kirche zugelassen war. Als der Erzbischof von Canterbury Elizabeth die Krone aufs Haupt setzte, fing die Kamera den Blick der Königin ein, die für eine Sekunde zu ihrem Sohn hinübersah, als ob sie sagen wollte, »du, mein Kind, bist der nächste«.

Vom Balkon des Buckingham-Palastes sah Charles mit seinen Eltern auf die jubelnden Massen hinunter und hatte zum ersten Mal das Gefühl, daß er nie zu den »normalen« Kindern gehören würde, daß er, ob er wollte oder nicht, etwas Besonderes war.

Die Schulklasse, die der Sohn der Königin besuchte, gehörte ihm allein. Sie war im Buckingham-Palast eingerichtet worden, und Catherine Peebles, die er »Mispy« nannte, wurde engagiert, um ihn zu unterrichten. Sie fand ein schüchternes, höfliches Kind vor, das wenig selbstbewußt war und eine liebevolle Behandlung brauchte: »Sobald ich meine Stimme erhob, zog er sich in sein Schneckenhaus zurück, und eine Zeitlang konnte man gar nichts mit ihm tun«, läßt Jonathan Dimbleby die Lehrerin des Kronprinzen erzählen.

Charles' Eltern waren kaum da, um ihn in den ersten Monaten seines Schullebens zu unterstützen. Sie hatten es vorgezogen, in Sandringham zu bleiben, und als ihr Sohn seinen fünften Geburtstag feierte, war er wieder allein.

Neun Tage später verließen Elizabeth und Philip England für sechs Monate und bereisten die Länder des Commonwealth, während Charles in seinem Klassenzimmer saß und mit dem Finger auf dem Globus die Route nachzeichnete:

»Die Königin verlor unterwegs 14 Pfund Gewicht, während sie 51 Flüge, 75 Schiffspassagen, 702 Fahrten mit dem Auto und dem Jeep und 44 Fahrten mit der Eisenbahn unternahm. Sie war auf 234 Empfängen anwesend, hielt 157 Reden und schüttelte über 5000 Menschen die Hand«, beschreibt Biograph Donald Spoto die Monstertour. Sie wollte den Menschen für ihre Unterstützung während des Krieges danken und vergaß in ihrem Pflichtbewußtsein der Monarchie gegenüber, daß sie zwei Kinder hatte, die sich nach ihrer Liebe sehnten. Der Preis, den sie dafür zahlen mußte, war hoch. Nach fünf Monaten sah sich die Familie, die keine war, für ein paar Tage auf einer der vielen Zwischenstationen wieder: »Die Kinder waren überaus höflich, aber ich glaube nicht, daß sie wirklich wußten, wer wir sind«, wird die Königin später sagen. Die Höflichkeit, die sie den königlichen Eltern entgegenbrachten, war genau einstudiert: Charles mußte jedesmal den Kopf neigen, wenn er vor seine Mutter trat, und Anne wurde dazu angehalten, einen Knicks zu machen.

»Charles' Verhältnis zu seiner Mutter wurde von Beratern der Familie als ›ungesund‹ beschrieben, weil selbst Philip von ihm erwartete, daß er sie wie die Königin behandelt«, schrieb Nicholas Davies viele Jahre später. »Sein ganzes Leben hindurch hat Charles seiner Mutter den größten Respekt entgegengebracht. Er hat all ihren Wünschen und Forderungen entsprochen und glaubte an ihre Unfehlbarkeit. Seine Erziehung hatte darin bestanden, nie mit seiner Mutter zu streiten, nie kritisch zu sein und alles zu akzeptieren, was sie sagte.« Diana wird später so wie Sisi darunter leiden, daß ihr Mann sich selten auf ihre Seite stellte.

Doch auch die Beziehung des jungen Prinzen zu seinem Vater war alles andere als entspannt. Dabei wollte Philip für seinen Sohn nur das Beste: »Ich möchte, daß einmal ein ganzer Mann aus ihm wird«, pflegte er zu sagen. Nichts war ihm gut genug, und »häufig reichte es ihm nicht, den Prinzen zurechtzuweisen, er machte sich auch noch über ihn lustig«, schrieb Charles' offizieller Biograph. »Die Sticheleien, denen er immer wieder ausgesetzt war und gegen die er sich nicht zu wehren wußte, ließen Charles oft in Tränen ausbrechen, und selbst die engsten Freunde des Herzogs fanden es unbegreiflich hart, wie er mit seinem Sohn umging. Philip wollte aus Charles einen richtigen König machen, statt dessen schüchterte er ihn ein.«

»Die königliche Familie mißachtet die Rechte ihrer Kinder, sie behandelt sie nicht besser als ihr Vieh«, beschwerte sich John Gordon im »Daily Express«, nachdem er erfahren hatte, daß die Queen in der Nacht, in der Prinz Charles wegen einer akuten Blinddarmentzündung zur Notoperation ins Krankenhaus gebracht wurde, ruhig im Bett liegengeblieben war.

Dabei tat die Königin nur ihre Pflicht, so wie man es ihr beigebracht hatte. Sie bereiste die Welt, machte Staatsbesuche, empfing führende Persönlichkeiten, konsultierte das Parlament, hielt Reden, nahm Paraden ab, eröffnete Krankenhäuser und andere gemeinnützige Einrichtungen und erteilte Ritterschläge. Am Abend war sie unterwegs oder einfach müde.

In den Medien stellten sich die Windsors als ideale Eltern dar. Fotos vom glücklichen Familienleben erschienen regelmäßig in den Zeitungen und waren Teil ihrer Marketingstrategie: »Wenn man wirklich eine Monarchie haben will«, sagte Philip, »muß man eine Familie haben, und die Familie muß für die Öffentlichkeit erfahrbar sein«.

»Eine elende Kindheit«, wird sich der Prinz von Wales Jahre später beschweren: »Ich kann mich nicht erinnern, daß mein Vater mir je gesagt hat, er würde mich lieben. Ich kann mich nicht erinnern, daß er mich jemals in den Arm genommen hat«, und meinte, daß es eine seiner traurigsten Erinnerungen sei, alleine aufgewachsen zu sein. Lord Mountbatten läßt Charles' Kritik an seinen Eltern nicht gelten: »Einsamkeit ist etwas, was Königskinder seit jeher ertragen mußten und künftig auch erdulden müssen.«

»Handle wie ein Mann, sei ein Mann«, war Philips Devise, und er machte aus seiner Abneigung gegen die vielen Frauen, die seinen Sohn verweichlichten, kein Hehl: »Nichts als Kindermädchen, Gouvernanten und Schwuchteln«, beschwerte er sich und zwang Helen Lightbody, eine der beiden Ersatzmütter von Charles, wegen unüberwindlicher Differenzen im Erziehungsstil zu gehen.
Außerdem wollte er ihn auf eine öffentliche Schule schicken. Die Königin war dagegen, aber ihr Mann verwies auf ihre eigene abgeschirmte Kindheit, in der »sie selten einem Bürgerlichen begegnet sei, der kein Diener war«. Also fügte sie sich. Charles war der erste Thronerbe in der Geschichte des britischen Königshauses, der seine Ausbildung ab dem Alter von acht Jahren außerhalb des Palastes, in der »Hill House«-Schule, erhielt.
Dem zukünftigen Prinzen von Wales fehlte jede Erfahrung im Umgang mit anderen Menschen. Er hatte zwar Lesen und Schreiben gelernt, doch niemand hatte ihm beigebracht, wie man sich »natürlich« benimmt. Die Männer und Frauen, die er bisher kennengelernt hatte, waren Höflinge, die sich vor ihm verbeugten oder einen Knicks machten, und wenn er sich in der Öffentlichkeit zeigte, wurde er umjubelt und von seinen Leibwächtern abgeschirmt. Er sah sich und seine Eltern fast täglich in der Zeitung, und von Geld wußte er nur, daß auf den Münzen und Banknoten seine Mutter abgebildet war.
Die Queen verfügte, daß Charles in seiner neuen Schule wie jeder andere Schüler behandelt werden sollte:
Es war ein Tag im November, eine Woche vor seinem achten Geburtstag. Charles trug über seiner neuen Schuluniform einen Mantel mit Samtkragen und wurde am Schultor schon von Fotografen erwartet. Am nächsten Tag berichteten alle Zeitungen, der Prinz hätte an seinem ersten Schultag ein Bild mit einem Schiff gemalt. Wie sollte dieses Kind normal behandelt werden?
Es war nicht normal, daß Charles jeden Tag von einem königlichen Chauffeur vor dem Schultor abgesetzt wurde. Es übertraf alles bisher Dagewesene, daß die Schüler aus seiner Klasse von nun an einmal in der Woche im Swimmingpool des Buckingham-Palastes badeten, weil der Erbe des englischen Throns kein öffentliches Bad besuchen durfte. Die meisten Lehrer getrauten sich nicht, ihn mit »Charles« anzureden, und sein Leibwächter wich nicht von seiner Seite.
Doch selbst wenn der achtjährige Junge einen Versuch unternahm, Freunde zu gewinnen, hatte er keine Chance. Als er einmal darum bat, ob er nicht einen

seiner Mitschüler mit dem Auto nach Hause bringen könne, war die Antwort: »Nein, Fremde dürfen nicht mitfahren.« Sein Chauffeur schrieb später in sein Tagebuch: »Charles hat damals überhaupt nicht begriffen, was vor sich ging, und das wird ihm – fürchte ich – in seinem Leben noch manche Schwierigkeiten bereiten, weil er nicht weiß, welcher Welt er sich nun zugehörig fühlen soll.«

Charles war neun, als sein Vater beschloß, daß es für ihn Zeit wurde, nach »Cheam« in Berkshire zu wechseln, ein Internat, in dem schon der Herzog von Edinburgh groß geworden war: »Kinder können zu Hause verwöhnt werden«, schrieb er, »aber die Schule soll eine spartanische und disziplinvolle Erfahrung sein, mit dem Ziel, aus ihnen selbstbeherrschte, verantwortungsbewußte, unabhängige Erwachsene zu machen.«

Es war sechs Uhr abends, als die Königin und der Prinzgemahl ihr Kind in das neue Internat brachten. Vor den Toren war das Gelände mit Autos vollgeparkt, die Leute aus dem Dorf, die Eltern, die Zöglinge und die Reporter, alle warteten auf den kleinen Prinzen, der ein gewöhnlicher Schüler werden sollte. In den ersten zwei Monaten, die er dort verbrachte, erschienen siebzig Fotoreportagen über ihn, was es dem Leiter der Anstalt nicht gerade erleichterte, den anderen Jungen zu erklären, daß der Königssohn ein ganz normaler Mitschüler sei.

Es war das erste Mal in seinem Leben, daß Charles in einem fremden Bett schlief, seinen Teddybär umklammerte und vor Heimweh in seine Kissen heulte.

Er versuchte verzweifelt, sich anzupassen und »normal« zu sein, aber wie sollte es einem weltfremden Prinzen gelingen, sich wie ein gewöhnlicher Bürger zu benehmen? Mit vierzehn kam der Thronfolger nach Gordonstoun in Schottland. Nach dem Schulmotto »Es steckt mehr in dir!« wurden dort vierhundert Kinder »durch mönchische Disziplin und Askese zu tüchtigen Männern« herangebildet: »Man quartierte Charles in einem großen, düsteren Schlafsaal ein, den auch Dickens in einem seiner Romane hätte beschrieben haben können. An den beiden Außenwänden standen sechzig Eisenbetten auf dem kalten Holzfußboden, und für die einzige Beleuchtung sorgten nur mehrere Glühbirnen. Das Steinhäuschen eines schottischen Kleinbauern war im Vergleich zu Charles' neuem Wohnort ein Palast«, beschreibt Donald Spoto den spartanischen Lebensstil, der schon dem Herzog von Edinburgh zu seiner »Männlichkeit« verholfen hatte.

»Die Bürgerlichen«, mit denen der Prinz von Wales sich in den nächsten

Jahren konfrontiert sah, waren Jungen in seinem Alter, die sich für seine Sonderstellung mit Demütigungen rächten. Sie nannten ihn »Fatty Prince«, weil er etwas pummelig war, und verwechselten seine Isolation und seine Kontaktarmut mit Hochmut. »Es war die Hölle«, wird er später über das rauhe Klima der Schule sagen.
In seinen Briefen aus dem Internat beklagt er sich über die Schikanen: »Ich komme nicht zum Schlafen ... sie werfen die ganze Nacht lang Hausschuhe oder hauen mich mit Kissen oder huschen durch den Raum und schlagen mich, so fest sie können.«
Wo immer Charles hinkam, war er nie ein unbeschwerter junger Mann. Er blieb der zukünftige König von England und litt unter seiner Einsamkeit: »Manchmal denke ich: Guter Gott! Was ist bloß mit mir los? Rieche ich vielleicht? Oder hab' ich meine Schuhe verkehrt herum an? Oder was stimmt mit mir nicht?«
Der Thronfolger wurde ein Mann, der nie gelernt hatte, mit Gefühlen umzugehen. Von seinem Vater mit strenger Disziplin erzogen, von seiner Mutter auf Distanz gehalten, wurde er gleichzeitig von einem großen Mitarbeiterstab bedient und umschmeichelt. Man öffnete ihm die Türen, legte seine Kleider zurecht und las ihm jeden Wunsch von den Augen ab. Er würde sich sein ganzes Leben fragen müssen, wenn man ihm Zuneigung entgegenbrachte, ob sie ihm galt oder seiner Position.

Franz Joseph

Im Gebärzimmer in Schönbrunn war ein Altar mit dem Allerheiligsten aufgestellt. Der Hofkaplan hörte nicht auf zu beten, doch nach 24 Stunden hatte Gott ihn noch immer nicht erhört. Als das Kind dann endlich geboren war, nannten sie es »Prinz aus dem Salz«, denn seine Mutter war nach einer Kur in den Solbädern von Ischl schwanger geworden, nachdem sie mehrere Fehlgeburten erlitten hatte.
Sein Großvater war der »gute Kaiser Franz«, der »oberste Biedermeier«, der genug von den Schrecken der langen Kriegszeit gegen Napoleon hatte und so wie seine Untertanen das kleine Glück zu schätzen wußte, »ein trautes Heim, eine tüchtige Hausfrau, artige Kinder, gleichgestimmte, nicht strapazierende Freunde, ein Backhendl, ein Gläschen Wein, einen Blumenstrauß,

ein Lied ...«, beschreibt Biograph Franz Herre die Zeit, in die das Kind hineingeboren wurde.

Man schrieb den 18. August 1830. Von den Basteien schossen die Kanonen 101 Salven und verkündeten die Ankunft des Thronfolgers. Der Kaiser war außer sich vor Freude und ordnete an, daß die Wache dem Säugling jedesmal, wenn er die Hofburg oder Schönbrunn verließ, Ehrenbezeugungen zu leisten hätte.

Im Jahr seiner Geburt trat die Donau aus ihren Ufern, in England fuhr die erste Eisenbahn, in Frankreich stürzte in der Juli-Revolution der Thron der Bourbonen.

Bei seiner Taufe gaben die glücklichen Eltern dem Kind die Namen Franz Joseph Karl, und die anwesenden Zeugen hielten ihn bereits für den künftigen Kaiser von Österreich. Er war noch kaum geboren, da stand schon ein ganzer Hofstaat für ihn bereit: eine Erzieherin, auch »Aja« genannt, eine Kindsfrau, ein Kindsmädchen, zwei Leiblakaien, eine Kindsköchin, eine Kammerfrau, eine Kammerfrau für die Kammerfrau und eine Küchenmagd. Der kleine Erzherzog wanderte von Arm zu Arm und wird später Probleme haben, sich auf echte Gefühle einzulassen, weil die Bezugspersonen in seinem Leben ständig wechselten: »Das liebe Kind ist so leutselig, die fremdesten Menschen sind ihm willkommen«, beschreibt seine Mutter Sophie stolz das atypische Verhalten ihres Babys, das ständig Audienzen geben mußte. »Das Kind des ärgsten Taglöhners wird nicht so gequält wie diese unglückliche kleine kaiserliche Hoheit«, beschwerte sich Baronin Sturmfeder, seine »Aja«, die das Getue schrecklich fand. Franz Joseph wird schon als Baby so gegen Gefühle »abgehärtet«, daß später niemand über ihn berichten wird, daß er ein sensibles Kind war. Während Charles sich als Erwachsener öffentlich über seine grausame Jugend beschwert und seine Eltern anklagt, bleibt der Kaiser von Österreich sein Leben lang ein devoter Verehrer seiner Mutter.

Das Leben des kleinen Franzi war so wertvoll, daß um seine Betreuung ein ständiger Kampf entbrannte und die Ärzte, die für sein Leben verantwortlich waren, geradezu in Hysterie verfielen. Sie wollten der Kinderfrau Baronin Sturmfeder verbieten, seine Räume zu lüften, damit keine giftigen Stoffe seine Gesundheit gefährden konnten, und verlangten, daß sein Spielzeug gepolstert werden müsse, um der Gefahr von Verletzungen zu entgehen. Erst als die Baronin sich wehrte und meinte, daß man dann das Kind gleich in einem gepolsterten Kasten aufziehen müsse, gab Sophie nach und erlaubte ein

»normales« Leben. Was nicht bedeutete, daß er mit »gewöhnlichen« Grafenkindern spielen durfte:
Es war im Garten der Hofburg, als Sophie ihren Sohn, der zu Höherem berufen war, mit den Kleinen des Adjutanten ihres Mannes spielen sah. »Mit wem geht denn das Kind?« fragte sie pikiert und unterband die fröhliche Begegnung sofort, beschreibt Biograph Gerd Holler die programmierte Einsamkeit des zukünftigen Kaisers.
Die Ausbildung, die man dem kleinen Buben angedeihen ließ, war militärisch. Mit zwanzig Monaten übte er mit seinem Großvater und dem Vater den Gleichschritt und kommandierte dabei »Halt und Mars(ch)«. Als Zweijähriger besaß er schon ein Gewehr, einen Säbel, eine Grenadiermütze und einen Tornister. Er konnte exerzieren, bevor er lesen lernte, und Sophie schrieb begeistert an ihre Mutter: »Als ich letzthin nach Hause kam, stand er vor meiner Türe, um mir beim Eintreten das Gewehr zu präsentieren ... Du würdest nicht glauben, wie hübsch er das zu machen versteht.« Mit drei Jahren konnte der Thronfolger die Farben der einzelnen Regimenter unterscheiden, und als Fünfjähriger bekam er zu Weihnachten die Uniform eines Kürassiers geschenkt. Als Sechsjähriger zielte er mit einem Flobertgewehr auf eine Scheibe und traf dabei oft ins Schwarze. Und selbst wenn er im Prater spazierenfuhr und Hirsche und Rehe an ihren Futterplätzen sah, dachte er nur ans Schießen und rief: »Papa, puff!« Sophie war stolz auf seine Neigung für alles Militärische und schrieb anläßlich eines Staatsbesuches: »Ich führte Franzi zur Truppenschau und kam aus dem Entzücken nicht mehr heraus; er war genauso begeistert von den Kanonenschüssen, die ganz knapp in seiner Nähe abgegeben wurden, wie von dem Gewehrfeuer, das beim Plänkeln unmittelbar rund um uns erklang.« Später wird der Kaiser durch seine unklugen militärischen Entscheidungen sein Land in verlustreiche Schlachten stürzen.
Doch noch ist Franz Joseph der Sonnenschein der Familie, der Erbe, auf dem alle Hoffnungen ruhen, und Baronin Sturmfeder schreibt nach der Geburt von Max, dem zwei Jahre jüngeren Bruder: »Ich habe nun zwei Kinder, ein rechtes und ein Stiefkind ...« Von nun an nennt sie ihren Schützling »mein Kind« und denkt sich nichts dabei, den Zweitgeborenen zu vernachlässigen und »einstweilen Gott anheim« zu stellen. »Sogar die Frau Erzherzogin hat mich schon versichert, bis jetzt sei ihr der Ältere noch lieber«, berichtet sie nach Hause. »Er wird aber jetzt auch von Tag zu Tag klüger.«
Als Franz Joseph fünf ist, lebt er mit seinen beiden Brüdern – inzwischen ist auch der drei Jahre jüngere Karl Ludwig geboren – in der Kindskammer und

freut sich, als er endlich eine kleine Schwester bekommt. Aber nicht lange. Denn mit sechs muß er nach althergebrachter Tradition von den Frauen »zu den Männern kommen«, wie sein Großvater, Kaiser Franz, zu sagen pflegte. Von nun an gibt es keine Vergnügungen mehr. So wie Charles muß der Thronfolger zum Herrschen erzogen werden, und dazu braucht es eine harte Schule, darin sind sich Mutter und Vater einig.

Die Kindheit ist beendet, und Fürst Metternich, der mit eiserner Hand den Staat regiert, ersetzt Franz Josephs »Aja«, Baronin Sturmfeder, durch einen »Primo Ajo«, den er selber aussucht und der ihm ausreichend streng erscheint. Aber Sophie war mit der Wahl, die auf Graf Heinrich Bombelle fiel, nicht einverstanden, weil er Franzose war, und setzte mit seinem Stellvertreter, Alexander Coronini-Cronberg, ein Gegengewicht. Der Graf war »ein aufrechter, strenger, hölzerner Soldat und Beamter, was auch sein Zögling werden sollte: pflichteifrig bis zur Verbissenheit; gewissenhaft, fast skrupulös, sorgfältig, genau, pünktlich, pedantisch; fleißig, mehr noch: arbeitsbesessen; ordentlich und etwas eintönig; sparsam, ja geizig mit Worten und Taten; stets Haltung zeigend, bis an die Grenze der Erstarrung; immer im Dienst, der zur Routine gerann«, beschreibt Franz Herre den neuen Erzieher, der von nun an die Oberhand gewann.

Kein Wunder, daß die Ausbildung Franz Josephs zum Dressurakt gerät:

7.00–7.30 Ankleiden
7.30–8.00 Ungarisch
8.00–9.30 Frühstück
9.30–10.00 Zeichnen oder Französisch
10.00–10.30 Deutsch
10.30–11.00 Deutsch oder Schreiben
11.00–11.30 Schreiben
11.30–12.00 Geographie

Dann wurde ein Spaziergang von zwei Stunden verfügt, anschließend gab es Mittagessen, und am Nachmittag mußte der Thronanwärter wieder nach einem genauen Stundenplan Französisch und Deutsch lernen, reiten, tanzen, exerzieren, abendessen und um 20 Uhr pünktlich zu Bett gehen.

»Beim Unterricht zeigt sich das ungewöhnliche Pflichtgefühl des Schülers; auf die Minute genau ist er immer zur Stelle, läßt seine Spielsachen nie in Unordnung zurück und gehorcht den Befehlen seiner Lehrer augenblicklich«, lobt Biograph Conte Corti den Schüler Franz, während aus heutiger Sicht

durch den sklavischen Drill ein junger Mann heranwächst, dem jede Phantasie fehlt, der ein braver Befehlsempfänger wird, der ohne Eigeninitiative viele Jahre ausführt, was Metternich und seine Mutter von ihm fordern.
Franz Joseph hat gar keine Zeit, darüber nachzudenken, wer er ist und was er selber möchte. Seine Arbeitsstunden werden jedes Jahr erhöht, und als er erst zwölf Jahre alt ist, sind sie schon auf fünfzig Wochenstunden angestiegen.
Mit dreizehn kommandiert der Thronfolger sein eigenes Regiment und ist stolz auf seine Dragoneruniform:
»Bei eiskaltem Sturmwind reiten die Offiziere dem Wagen des kaiserlichen Prinzen entgegen«, beschreibt Conte Corti die erste Begegnung Franz Josephs mit seiner Truppe, die in Skalnitz stationiert ist. Stolz betrachtet der neue Befehlshaber seine Soldaten und läßt sie im Galopp in »prachtvoller Ordnung defilieren«. Der mittlerweile Vierzehnjährige unterschreibt von diesem Tag an nur noch mit »Franz, Oberst«.
Aus dem unbeschwerten Franzi ist viel zu früh ein ernster Erwachsener geworden, dem man seine Kindheit gestohlen hatte. So wie bei Charles wurden ihm »rechtzeitig« die Frauen entzogen, die ihn »verweichlichten«.
Aber es war nicht das karge Leben allein, worunter Franz Joseph litt. Er hatte als Vorbild eine starke Mutter, die ihren Mann insgeheim verachtete: »Beim Vater fühlen es auch die Kinder, ebenso wie das ganze Haus, daß er, außer Jagd und Theater, keine festen Ziele verfolgt.« Franz Joseph findet, so wie Charles, in seinem Vater kein Vorbild und wird mit der inneren Botschaft groß: Männer sind schwach und werden von den Frauen entmündigt.
Sophie verstärkt diesen Glauben durch ihren Erziehungsstil. Auf der einen Seite erzieht sie ihren Sohn zum Machthaber, auf der anderen Seite bleibt er ein kleines Kind und muß der Mutter sein Tagebuch vorlegen, das er auf ihren Wunsch führt, damit sie ihn besser kontrollieren kann. Aber er ist ein braver Junge und schreibt beflissen: »Fünfzehn Jahre werde ich – nur noch wenig Zeit zur Erziehung! Also muß ich mich sehr anstrengen, mich zu bessern.«
Immer im Bewußtsein, daß er zum Herrscher erzogen wird, beschwert sich Franz Joseph nie, daß ihm jedes Jahr mehr Lasten aufgebürdet werden. Mit siebzehn hat er nicht einmal mehr am Sonntag frei. Von nun an muß er sich bei Fürst Metternich persönlich einfinden, der seinen Schüler lehrt, wie man ein Land durch eine strenge Verwaltung und eine starke Polizei im Inneren und durch Diplomatie und eine schlagkräftige Armee nach außen regiert.
Und obwohl sich das Leben noch in gewohnten Bahnen bewegt, macht sich Sophie Gedanken um die Zukunft. Auch Metternich ahnt, daß seine Strategie

kurz vor dem Scheitern steht: »Ich bin kein Prophet und weiß nicht, was wird. Aber ich bin ein alter Arzt und kann vorübergehende von tödlichen Krankheiten unterscheiden«, vertraut er einem Diplomaten an und bezieht sich damit auf die »kranke« Donaumonarchie.
Vom Thronfolger hielten der Kanzler und die Mutter alle Unruhe fern: »Franz Joseph glich einem wohldressierten Pferd, dem man Scheuklappen angelegt hatte, damit es von widrigen Erscheinungen nicht erschreckt und von seiner Aufgabe abgelenkt werde«, erzählt Biograph Franz Herre. Er sollte nur das sehen, was sie ihm zeigen wollten: die treuen Soldaten und die untertänigen Beamten.
Der spätere Kaiser war von Menschen umgeben, die in der besten Absicht, ihn zu schonen, versuchten, die politische Realität von ihm fernzuhalten. Franz Joseph, der nie gelernt hatte, kritisch zu denken, hinterfragte die Politik des Landes nicht und hatte keine Ahnung davon, daß er ein Erbe übernehmen sollte, von dem man laut Biograph Herre sagte: »Der Kaiserstaat zählt wohl 38 Millionen Untertanen, aber nicht einen politischen Bürger, nicht einen Menschen, der aus moralischen und historischen Gründen als Österreicher stolz sein könnte.«
Sein wichtigster politischer Lehrer war Metternich, der stets davor gewarnt hatte, den Liberalen auch nur den kleinen Finger zu geben und der unbeirrt an der Unterdrückung des Volkes festhielt, obwohl es längst im Untergrund brodelte.
Es war ein Sonntag, der 12. März 1848, als Kaiser Ferdinand, der Onkel Franz Josephs, eine Abordnung von Studenten empfing, die die Abdankung Metternichs verlangten. Im Landhaus waren die Stände zusammengetreten, um die Reformwünsche zu beraten. Das Volk war geknechtet unter der absolutistischen Herrschaft und verlangte eine konstitutionelle Monarchie, die ihm staatsbürgerliche Grundrechte garantierte. Der Polizeiminister stellte zusätzlich tausend Geheimpolizisten ein, und in der Garnison wurden scharfe Patronen ausgeteilt.
Am nächsten Tag gab es die ersten Toten, und Metternich bezeichnete es als Schande, wenn die Bürgergarde nicht mit den Straßenkrawallen fertig würde. »Durchlaucht, hier handelt es sich nicht um einen Straßenkrawall, sondern um eine Revolution«, antwortete der zuständige Oberleutnant.
Erzherzogin Sophie und einige andere beschworen den Kaiser, den Staatskanzler fallenzulassen, und der Mann, der Franz Josephs Erziehung maßgeblich bestimmt hatte, der sein Meister gewesen war, verließ bei Nacht und

Nebel das Land und fand in England Asyl, das er immer für seine liberale Regierung verachtet hatte.
Am nächsten Tag fuhr der Kaiser mit Tränen in den Augen durch Wien, grüßte nach links und rechts und rief: »Mein gutes Volk, ich gewähre euch alles.« Doch es war zu spät. Fabriken wurden angezündet, Studenten bewaffneten sich. Historiker Herre über die Dynamik: »Noch hatte man die erste Konzession der Krone nicht verdaut, verlangte man schon mehr. Wien gleiche einem Baby, das daranginge, ein Beefsteak zu verzehren, bemerkte ein britischer Diplomat.«
Der siebzehnjährige Franz Joseph war verstört. Er wußte nicht mehr, was er glauben sollte. Alles, wofür man ihn erzogen hatte, schien jetzt in Frage gestellt, und seine Mutter klagte: »Es ist ein verzweiflungsvoller Zustand von Erregung und Wahnsinn.« Die Monarchie war in ihren Grundfesten erschüttert, die Ordnung, die bisher durch Unterdrückung gewahrt werden konnte, zerbrach. Die italienischen Provinzen waren schon fast verloren, Ungarn befand sich im Aufruhr, und auf dem Stephansdom hatten Studenten eine schwarzrotgoldene Fahne gehißt, das Zeichen deutscher Einheit. Sie waren der Meinung, die Deutsch-Österreicher sollten sich an das deutsche Nationalreich anschließen, das man in Frankfurt gerade gründen wollte.
Der Thronfolger trug nun ständig Uniform, als könnte sie ihm Halt geben. Wo war sein Platz in diesem Umbruch, er wußte es nicht.
Sophie hatte die Lösung bald gefunden. Man würde ihn zu Feldmarschall Radetzky nach Italien schicken, dort konnte er etwas lernen, seine Armee war die Mustertruppe der Monarchie, und der Graf verkörperte die österreichische Kriegsgeschichte. Von der Front schrieb Franz Joseph an seine Mutter: »Ich habe zum ersten Male die Kanonenkugeln um mich pfeifen gehört und bin ganz glücklich.«
Die Nachrichten aus Wien waren weniger gut. Die Aufständischen hatten die Hofburg besetzt und neue Zugeständnisse ertrotzt, die kaiserliche Familie floh Mitte Mai in aller Heimlichkeit aus Wien nach Innsbruck, und Sophie berief ihren Sohn zu sich.
Wenige Tage später, am 26. Mai 1848, läutete die Sturmglocke vom Stephansdom, Straßenpflaster wurden aufgerissen und Barrikaden gebaut. Die Revolution hatte einen neuen Höhepunkt erreicht und endete im Oktober blutig. Fürst Windisch-Graetz zog mit 70.000 Mann und 200 Geschützen nach Wien und eroberte die Stadt zurück.
Kaiser Ferdinand dankt halb freiwillig ab. Er ist alt und krank und in Miß-

kredit geraten, weil er den Revolutionären Konzessionen gemacht hatte. Ein frischer, unverbrauchter Mann muß her – Franz Joseph!

Der 2. Dezember 1848 ist ein großer Tag. Vor allem für Sophie. Ihr Sohn kommt endlich auf den Thron, von nun an wird sie durch ihn regieren.

Noch war er ein Kaiser von »Kanonen Gnaden«, wie Windisch-Graetz es nannte. Doch bald sollte er wieder von Gottes Gnaden herrschen: »Ein Cäsar von achtzehn Jahren! Ein kühner Wurf, ein Vabanque! Alles gewonnen oder alles verloren!« bemerkte ein sächsischer Diplomat.

Seinen neunzehnten Geburtstag verbrachte Franz Joseph in Bad Ischl. Seine Mutter hatte für alles gesorgt. Es gab eine Torte, Tiroler Sänger intonierten »Gott erhalte unseren Kaiser«, und anschließend machte er einen Fehler, der ihn viele Sympathien in seinem Land kosten sollte. Er ließ sich am 20. August dazu überreden, seine Unterschrift auf ein Papier zu setzen, nach dem alle ungarischen Revolutionäre getötet werden durften. Es war ein blutiges Morden, das seinen weißen Waffenrock für immer beflecken würde. Hunderte wurden hingerichtet, Tausende eingesperrt.

Sein Volk haßte ihn, und es sollte Jahrzehnte dauern und einer schönen Frau bedürfen, daß ihm die Österreicher verziehen. Die Ungarn taten es nie.

7
Hoheitliche Brautschau

Charles

Charles war kein gewöhnlicher Junggeselle. Wenn er sich verliebte, wußte es die ganze Nation, wenn er sich irrte, wurde das Ende der Romanze in den Klatschspalten breitgetreten. Er wußte nie, ob die Frauen ihn oder den zukünftigen König meinten, und außerdem war er ein gebranntes Kind: »Wenn ich entscheide, mit wem ich fünfzig Jahre lang zusammenleben möchte – nun, das ist kein Entschluß, bei dem ich meinem Herzen gestatten würde, den Verstand zu besiegen. Ich glaube, schrecklich viele Leute haben falsche Vorstellungen von der Ehe. Da steckt mehr dahinter, als sich Hals über Kopf in jemanden zu verlieben ...«, zitiert Biographin Kitty Kelley den Unentschlossenen.

Charles mußte es wissen. Er hatte sich schon so oft mit immer neuen Frauen präsentiert, daß es sich nicht mehr lohnte, mitzuzählen, und jeder im Land wußte, daß er Angst hatte, sich zu binden. Kein Wunder. Die Ehe seiner Eltern konnte ihm nicht als Vorbild dienen, und wenn er sich in seiner Familie umsah, gab es nur gescheiterte Beziehungen: Tante Margaret von Lord Snowdon geschieden und aus Kummer diversen Liebhabern zugetan, die Nutzen aus ihrer königlichen Stellung zogen, Schwester Annes große Liebe zu Captain Mark Phillips gescheitert ... Also ließ Charles sich Zeit und vergnügte sich – zwangsweise unter den Augen der Öffentlichkeit:

»Der arme Kerl konnte dem Druck einfach nicht entkommen. Jeden Tag waren die Zeitungen voller Nachrichten über das neueste Mädchen in seinem Leben. Manchmal machten sie sich noch nicht einmal die Mühe, sich genau zu erkundigen. Sie ließen ihn Mädchen heiraten, die er noch nie gesehen hatte«, bemitleidet Lady Colin Campbell den gejagten Thronfolger.

Die Suche nach einer passenden Braut wurde ein beliebtes Spiel, an dem ganz England begeistert teilnahm. Für die Medien waren Lucia Santa Cruz, Georgiana Russel, Lady Jane Wellesly, Laura Jo Watkins, Davina Sheffield, Dale Harper, Lady Tryon, Jane Ward, Anna Wallace und viele andere ein gefundenes Fressen. Man konnte sie jagen, man durfte spekulieren, sie bedauern, wenn es vorbei war, und darauf lauern, ob ein Skandal die Auflage der Zeitung steigerte. Jede neue Freundin erweckte die Hoffnung, daß der Erbe des englischen Throns endlich die Richtige gefunden hatte und somit der Traumhochzeit nichts mehr im Wege stand. Es war ein fataler Kreislauf, dem Charles nicht entkommen konnte. Um ein Mädchen besser kennenzulernen, mußte er Zeit mir ihr verbringen können. Kaum war er mehr als zweimal verabredet, fingen die Gerüchte und die Verfolgungsjagden an und zerstörten jede normale Beziehung: »Die meisten der jungen Damen, die einen vertrauten Umgang mit dem Prinzen pflegten und öfter in den Palast oder nach Balmoral eingeladen wurden, waren binnen kürzester Zeit von den Medien umlagert. Und die meisten von ihnen hatten diesen Andrang schon bald ebenso satt wie Charles' Zögerlichkeit außerhalb des Schlafzimmers.« zeichnet Diana-Biograph Donald Spoto die Situation nach. Doch Frauen waren ohnehin nicht seine größte Leidenschaft: »Das einzige, wovon Prinz Charles sich beherrschen läßt, sind seine Arbeit und seine sportlichen und jagdlichen Aktivitäten, Mädchen kommen erst an dritter Stelle ... der Prince of Wales ist im Grunde genommen schüchtern und extrem vorsichtig«, meinte sein Kammerdiener Stephen Barry.

Nach der Verlobung von Prinzessin Anne mit Captain Mark Phillips fühlte der Thronfolger sich noch mehr zur Heirat gedrängt. Seine Schwester wählte als Hochzeitstag den 14. November. Es war der fünfundzwanzigste Geburtstag ihres Bruders, und er sagte traurig: »Jetzt verloben sich ringsum alle ... Ich bin langsam überzeugt, daß ich bald ganz allein hilflos auf einer Scholle treiben werde, weil niemand mehr überbleibt.«

Über die Gründe dafür wurde im ganzen Land ausführlich spekuliert: »Obwohl Charles elegant aussah und sich geschliffen benahm, fühlte er sich unwohl in seiner Haut. Er drehte oft am goldenen Siegelring mit den drei Federn des Prinzen von Wales, den er am kleinen Finger der linken Hand trug«, schreibt Kitty Kelley über seine Unsicherheit.

»Ich glaube, es liegt an seinen Ohren«, behauptet ein ehemaliger Höfling der Königin. »Über diese unglückseligen Ohren kam er nie hinweg. Eine Schande, wirklich ...« Charles wurde schon als Kind wegen seiner »Windsor-Segel« ständig gehänselt. Earl Mountbatten, den er wie einen Vater liebte, forderte seine Eltern auf, sie operieren zu lassen, und meinte zu seinem

Schützling: »Mit solchen Ohren kannst du nicht König werden.« Doch sie unternahmen nichts. Statt dessen befestigte einer der Fotografen für ein offizielles Foto die abstehenden Ohren mit doppeltem Klebeband am Kopf des Thronfolgers.

Inzwischen war der Prinz von Wales dreißig und zeigte noch immer keine Neigung, eine Braut zu wählen und den notwendigen Erben zu zeugen. Das Gerücht von seiner Homosexualität machte die Runde, und wie später Diana, wählte auch er den Weg über eine Fernsehsendung, um sich zu verteidigen: »Sie dürfen nicht vergessen, wenn man in meiner Position heiratet, muß man bei der Wahl einer Frau bedenken, daß sie möglicherweise eines Tages Königin sein wird.« Die Qual der Wahl ergab sich aus dem Dilemma, daß seine Zukünftige nicht nur aus guter Familie stammen mußte, sie sollte auch noch ein Vorleben frei von Skandalen vorweisen können und durfte dennoch nicht weltfremd sein. Außerdem war es für den Prinzen nicht einfach, sich spontan in eine Frau zu verlieben: »Wer weiß schon, was es bedeutet, wenn das ganze Leben immer ein Jahr im voraus verplant ist«, beschwerte er sich. »Es ist schrecklich, so programmiert zu sein. Manchmal hängt mir das Ganze zum Hals heraus.«

Die Medien machten weiter Jagd auf ihn: »Prinz zwischen Altar und Abgrund gestrandet«, meldete eines der Blätter, und ein anderes veröffentlichte eine Fotomontage aller in Frage kommenden jungen Damen, mit denen sich der Thronfolger mehr als einmal getroffen hatte.

Queen Elizabeth und Prinz Philip verfolgten die zögerliche Brautschau ihres Ältesten mit Mißbilligung und brachten wenig Verständnis dafür auf, daß er sich den Anforderungen der Krone nicht unterwarf. Die Queen hatte den ersten Mann genommen, der ihr gefiel, der Prinzgemahl wahrscheinlich einer Vernunftehe zugestimmt. Was wollte dieser schwierige Sohn überhaupt? England wartete auf die nächste »Heir and a Spair«-Produktion (der Erbe und seine Reserve), und es wurde immer schwieriger, eine junge Frau zu finden, die dem viktorianischen Tugendkatalog entsprach und die bereit war, sich mit der Rolle einer königlichen Gattin und Mutter zu begnügen.

Aber Charles, der Prinz, verpfuschte jede Affäre für Charles, den Mann. Er wußte nicht, was Frauen wollten, er war es nicht gewöhnt, an jemand anderen zu denken als an sich selbst. »Er rief immer im letzten Augenblick an und erwartete, daß sie verfügbar war«, erzählt ein Freund von Fiona Watson, der Tochter von Lord Manton. »Sie hatte die Nase voll von diesem rücksichtslosen Verhalten und beschloß, ihm Benehmen beizubringen. Als er wieder

einmal anrief, sagte sie, sie könne nicht. Der Anruf war das letzte, was sie von ihm hörte.«
Der Thronfolger war von Kindheit an von Menschen umgeben, die ihm kritiklos zu Diensten standen und für die Ehrlichkeit ein Luxus war, den sie sich aus Angst um ihren Job nicht leisten konnten. Er bekam kaum jemals eine ehrliche Rückmeldung über sein Verhalten, und weil er mit sich selbst unzufrieden war, konnte es ihm auch keine seiner vielen Freundinnen recht machen. Er hatte keinen Beruf und keine lohnende Aufgabe und stand unter dem Pantoffel seiner Mutter: »Er war jetzt Juniorchef des von seinem Großvater so genannten königlichen Familienunternehmens, er hatte keine verfassungsrechtlich definierte Rolle und keine Macht, und seine eigene Zukunft war vom Tod seiner Mutter abhängig«, schreibt Donald Spoto über »seinen grauenhaft langweiligen Job«.
Es war im Sommer 1969, nach seiner offiziellen Investitur als Prinz von Wales, da packte ihn kurzfristig die Begeisterung. Er schrieb nach einer einwöchigen Reise durchs Land bei seiner Rückkehr nach London in sein Tagebuch: »Letzte Woche war eine der unglaublichsten in meinem ganzen Leben, und es kommt mir jetzt seltsam vor, daß ich nicht mehr Hunderten von Menschen winken muß. Die Luft scheint so still zu sein, seit die Hochrufe und das Händeklatschen so abrupt aufgehört haben. Ich habe jetzt eine große Aufgabe vor mir und hoffe, daß ich Wales in konstruktiver Weise nützen kann.«
Die Begeisterung wich rasch der Frustration, weil er die meisten seiner Ideen nicht durchsetzen konnte. Es blieb ihm nichts anderes übrig, als sich zu gedulden, bis er an die Macht kam, und er meinte verbittert: »Ständig habe ich das Gefühl, meine Existenz rechtfertigen zu müssen.«
Seine Mutter war die reichste Frau der Welt, er hatte ein Jahreseinkommen von fünf Millionen Pfund (etwa zwölf Millionen DM) allein aus den Steuereinnahmen seines Herzogtums Cornwall, aber was half es, wenn er nichts Lohnenderes zu tun hatte, als eine Frau zu finden, die sich als Königin eignete. Eine Chance hatte er schon vertan:
Als Camilla Shand zum ersten Mal auf den arbeitslosen Prinzen traf, war sie noch frei und eroberte sich das königliche Bett mit einem frechen Spruch: »Meine Ururgroßmutter war die Geliebte Ihres Ururgroßvaters, wie wär's mit uns zwei?« schäkerte die damals Dreiundzwanzigjährige.
Es wurde eine Liebe, die selbst die Ehe des Prinzen überdauerte, und er gestand seinem Biographen, daß die Beziehung in drei Etappen stattfand: »Die erste vor ihrer Hochzeit 1973, die zweite nach der Geburt ihrer Kinder und

die dritte 1986, nach dem ›unwiderruflichen Scheitern‹ seiner Ehe, wie er es formulierte.«

Als er in Etappe zwei war, fand er heraus, daß keine der Frauen, in die er sich kurzfristig verliebte, Camilla das Wasser reichen konnte: »In Dimblebys Buch beschrieb Charles sein Kindermädchen und seine Geliebte mit denselben Worten – ›liebevoll‹, ›warmherzig‹, ›mitfühlend‹, ›sanftmütig‹ und ›fürsorglich‹. Solche Worte mochte ein Kind benutzen, um seine Mutter zu charakterisieren«, läßt Biographin Kelley tief blicken.

Miss Shand hieß jetzt Mrs. Parker Bowles und hatte einen anderen genommen, weil der Prinz sich damals nicht entscheiden konnte. Camillas Ururgroßmutter, Mrs. Keppel, war die letzte Mätresse von Charles' Ururgroßvater, König Edward VII., gewesen, aber für Camilla war die wenig attraktive Rolle der Geliebten nicht genug. Sie wollte heiraten. Sie hatte keine Lust, das Spielzeug des verwöhnten Prinzen zu sein. Charles zögerte. Was, wenn er an der nächsten Straßenecke eine fand, die noch besser zu ihm paßte? »Er ist sehr unentschlossen«, sagt ein Mitglied seines Stabs. »Im Gegensatz zu seinem Ruf ist er kein Mann der Tat. Er ist mehr ein Denker als ein Macher. Er ist ein richtiger Zauderer.«

Und weil der Prinz zu lange nachdachte, bevorzugte seine Geliebte den Spatz in der Hand und verzichtete auf die Taube auf dem Dach. Nicht ohne die Beziehung zum Erben des Thrones bald fortzusetzen: »Für die verheirateten Geliebten von Charles hatte das Teilen des Bettes mit ihm den gleichen Stellenwert wie etwa der Besitz eines Weinbergs mit Chateau oder eines Gulf-stream-Jets: Es mehrte das Ansehen. Sie genossen es, wenn man über sie als ›Vertraute‹ des Prinzen von Wales flüsterte; und die Ehemänner fühlten sich geehrt, ihre Frauen mit dem zukünftigen König zu teilen. Es war ein Arrangement, das ihren Status innerhalb der Aristokratie erhöhte«, erklärt Kitty Kelley die gewinnbringende Beziehung.

Charles, der nun »eine Vertraute« besaß, die ihm nicht zu nahe kommen konnte und dennoch für ihn da war, nahm seine Brautschau wieder auf und traf eines Tages auf Sarah Spencer, Dianas ältere Schwester.

Aber Sarah war niemand, der auf die Dauer anderer Leute Erwartungen erfüllte, und ließ sich die Wechselbäder, die der Prinz, der Nähe suchte und sich gleichzeitig davor fürchtete, nicht lange gefallen. »Er war einmal nett, dann wieder abweisend. Nicht nur bei ihr, sondern bei all seinen Freundinnen. Einmal ist er sehr charmant und aufmerksam, und im nächsten Augenblick ist es so, als existiere man nicht. Es kann sein, daß man wochenlang nichts von ihm hört, nachdem man ihn tagelang getroffen hat. Das ist schrecklich anstrengend, egal, wie zäh man sein mag. Und Sarah Spencer war nicht zäh«, läßt Lady Colin Campbell einen Beobachter aus königlichen Kreisen erzählen.

Sarah kämpfte gegen ihre Magersucht und hatte schon zuviele Probleme mit ihrer eigenen Familie, um sich freiwillig noch neue aufzuhalsen. Und so provozierte sie das Ende der Beziehung, indem sie zu Journalisten sagte: »Er ist ein Romantiker, der sich leicht verliebt. Aber ich bin nicht verliebt in ihn, und ich würde niemanden heiraten, den ich nicht liebe, egal ob er Müllmann oder König von England ist.«

Charles hatte eine Abfuhr erlitten, oder war er noch einmal davongekommen? Bis Diana kam und mit ihr endlich die naive Jungfrau, die damit zufrieden sein würde, im Schatten des Thrones Kinder zu gebären, gefunden war, dauerte es noch eine Weile. Charles nützte jede Gelegenheit und reihte eine Affäre an die andere, bis seine Familie beschloß, daß es höchste Zeit war, für ihn eine passende Frau zu finden.

Später, als die Bemühungen gescheitert waren, aus einer – wahrscheinlich – arrangierten Verbindung in eine große Liebe hineinzuwachsen, als seine Frau die Sehnsucht des Prinzen nach echter Liebe und Zuwendung nicht erfüllte, ließ der verbitterte Ehemann seinen Biographen Jonathan Dimbleby erzählen, er hätte sie geheiratet, weil sein Vater ihn dazu drängte.

Franz Joseph

Franz Joseph war nicht daran gewöhnt, über sein Leben selbst zu bestimmen. Seine Mutter hatte immer für ihn gesorgt, es schien natürlich, daß er wartete, bis sie eine Frau für ihn auswählte.

Es war am Mittwoch, dem 18. Februar 1853, als Sophie erkannte, daß es höchste Zeit war, den jungen Kaiser zu verheiraten. Er hatte, wie schon so oft, von der Bastei aus seine Soldaten beobachtet, die in der Nähe des Kärntnertores exerzierten. Als er sich über die Wallbrüstung beugte, stürzte ein junger Mann von hinten auf ihn zu und stach ihm mit einem langen, beidseitig scharf geschliffenen Messer ins Genick. Der steife Kragen der Uniform hatte den Stoß gedämpft und das Schlimmste verhütet. Der Täter ließ sich mit revolutionären »Hoch Kossuth«-Rufen festnehmen (Kossuth war einer der Anführer der ungarischen Aufständischen) und erklärte später, er wäre dem Kaiser schon seit Wochen gefolgt, um ihn bei einer günstigen Gelegenheit zu töten. Sophie war geschockt und trug seit dem Attentat eine blutige Haarsträhne ihres Lieblingssohnes in einem Medaillon. Zum Dank für die Rettung ließ sie aus Spenden die Votivkirche erbauen und nahm ihre Pläne wieder auf, für ihn eine passende Frau zu finden. Was, wenn er jetzt tot wäre? Ohne Erben? Es war nicht auszudenken!

Ihr erster Ehestiftungsversuch war leider mißglückt. Prinzessin Sidonie von Sachsen wäre politisch eine gute Wahl gewesen, aber Franz Joseph fand sie zuwenig hübsch; außerdem war sie kränklich und starb bald, mit kaum achtundzwanzig Jahren.

Die nächste Anwärterin für die ehrenvolle Aufgabe, die Frau des Kaisers von Österreich zu werden, stammte aus Preußen, und Franz Joseph war in sie verliebt. Er kam von einem Besuch bei König Friedrich Wilhelm von Berlin zurück und schwärmte seiner Mutter von Prinzessin Anna, der einundzwanzigjährigen Nichte seines Onkels, vor. Sophie war begeistert, denn die »Heilige Allianz«, eine Interessengemeinschaft der drei erzkonservativen europäischen Mächte Rußland, Österreich und Preußen, durch eine Ehe zu stärken, schien ein sinnvolles Unterfangen.

Leider gab es einen kleinen Schönheitsfehler, aber der konnte sicher leicht behoben werden, denn immerhin gab es keine bessere Partie als ihren Sohn: Anna war schon verlobt. Sie sollte einen Prinzen von Hessen-Kassel heiraten. Sophie war sicher, daß sich das ohne Mühe ändern ließ, und schrieb an ihre Schwester Elise, die Königin von Preußen: »Ich frage Dich also unter dem Siegel allertiefster Verschwiegenheit, dessen ganze Bedeutung Du würdigen wirst, ob es keine Hoffnung gibt, daß diese traurige Heirat, die man dieser reizenden Anna auferlegt und die keinerlei Aussicht auf Glück für sie übrig läßt, vermieden werden könnte.« Aber von Schwester zu Schwester war die Angelegenheit, die die politische Strategie der Preußen so unmittelbar berührte, nicht zu regeln. Die Konkurrenten um die Vormachtstellung in Europa hatten kein Interesse an einer Verbindung mit den Habsburgern, die sie über kurz oder lang aus einem von den Hohenzollern geführten Deutschland verdrängen wollten. Sie beharrten auf der Verlobung und führten zusätzlich ins Treffen, daß die Prinzessin protestantisch sei und nicht konvertieren dürfe. Für Franz Josephs Mutter war es eine Niederlage, die sie schwer verkraften konnte, während er sich die Abfuhr nicht sehr zu Herzen nahm. Für seine

sexuellen Bedürfnisse war gut gesorgt, es bestand kein Grund zur Eile. Längst hatten »hygienische« Damen oder »initiatrices«, wie man sie nach der französischen Mode nannte, Franz Joseph in die körperliche Liebe eingeweiht. Sophie hatte Graf Grünne mit der wichtigen Aufgabe betraut, dafür zu sorgen, daß die Damen, bei denen weder auf Intelligenz noch auf eine adelige Herkunft geachtet wurde, eine »animalische, gesunde Konstitution« vorwiesen.
Mit seiner »Lehrerin«, einem üppigen, vollerblühten Bauernmädchen aus der Gegend von Krems, in dessen Armen er die Anfänge einer nicht sonderlich raffinierten Liebeskunst erlernt, ist der Thronfolger sehr zufrieden. Die Kremser Frauen sind für ihre schönen Brüste bekannt und versorgen seit Generationen die gute Wiener Gesellschaft mit den besten »Erzieherinnen« für ihre Söhne.
Die »initiatrice« findet bald Nachfolgerinnen, Frauen, deren Namen nicht in den Geschichtsbüchern aufscheinen. Sie sind kaum mehr als Gefährtinnen für ein paar entspannende Stunden. Franz Joseph schätzt unkomplizierten Sex, seelische Bindungen oder Exzesse sind ihm fremd: »Er hat sich völlig unter Kontrolle, bloß keine Komplikationen, keine Aufregungen im Gefühlsleben«, schreibt Biograph Johannes Thiele über den Kaiser, an dem seine gefühlsarme Kindheit nicht spurlos vorübergegangen war.
Mit seinen rötlichblonden Haaren, seinen blauen Augen, der eleganten Uniform mit weißem Rock und roten Hosen ist Franz Joseph der Schwarm aller Wiener Komtessen: »Sein Körper, schlank und geschmeidig wie eine Damaszenerklinge, übt eine nicht zu leugnende Attraktivität aus, die Frauen«, so Thiele, »sind verrückt nach diesem begeisterten wie begabten Tänzer auf den Hofbällen.«
Eine jede durfte heimlich hoffen, vom jungen Kaiser erhört zu werden, wurden sie doch nur geladen, wenn sie die Grundvoraussetzungen für eine Kaisersgattin erfüllten, weil sie den Nachweis von sechzehn adeligen Ahnen erbringen konnten. Nur die Etikette hielt sie davon ab, offen um seine Gunst zu kämpfen: »Und in den Pausen umgaben sie ihn wie dienstwillige Geister, ihm jedes Wort von den Lippen und jeden Wunsch von den Augen ablesend und stets auf dem Sprung, ihm eine Tasse Tee, etwas Milch, ein Stückchen Zucker zu reichen, ihm fast jeden Gefallen zu tun«, beschreibt Franz Herre den Hahn im Korb. So wie Charles wird auch er nie wissen, ob die Zuwendung, die er erfährt, ihm oder seiner Stellung gilt.
»Franz Joseph feierte leichte und mühelose Triumphe, hält sich daher für unwiderstehlich. Immer befehlen zu können und niemals gehorchen zu müs-

sen, immer entzückter Unterordnung, niemals Gleichgültigkeit oder arroganter Geringschätzung zu begegnen, stets der Erfüllung sicher zu sein und nichts zu ahnen vom Schmerz aufsteigender Hoffnung und heimlichen Zweifels – das alles erspart ihm die Verlegenheit, um eine Frau werben zu müssen, ihr den Hof zu machen. Er nimmt, was sich ihm anbietet, und das sind viele«, erklärt Thiele einen der Gründe, warum er sich später für das Wohlbefinden von Sisi wenig engagiert. In seinen Beziehungen gibt es keine Auseinandersetzung, keine Kritik. Die Frauen fügen sich dem Kaiser willig, und wenn er ihrer müde ist, werden sie ausgetauscht.

Während ihr Sohn sich vergnügt, hat Sophie genug Zeit, eine sinnvolle Ehe vorzubereiten. Sie denkt gar nicht daran, ihren Ältesten an eine österreichische Adelige zu vergeuden. »Bella gerant alii, tu felix Austria nube!« Sie hatte zu lange bei den Habsburgern gelebt, um nicht an ihren Wahlspruch zu glauben: Andere mögen Kriege führen, du, glückliches Österreich, heirate. Sie sieht sich erneut unter den Töchtern der anderen Herrscherhäuser um und überlegt, wer der Donaumonarchie politisch am besten nützen könnte.

Nichts entgeht ihr, sie beobachtet ihren Sohn genau und spürt rechtzeitig, was ihre Pläne durchkreuzen könnte. Franz Joseph interessiert sich zu sehr für Elisabeth von Este aus der ungarischen Linie des Hauses Habsburg. Sie ist eine schöne, kluge Frau, und zwischen den beiden entwickelt sich eine tiefe Freundschaft, die sich in Liebe zu wandeln scheint. Sophie zögert nicht einzugreifen, denn diese Verbindung muß verhindert werden. Sie haßt Ungarn, sie will keine Schwiegertochter aus diesem ungeliebten Land, selbst wenn es politisch ein guter Schachzug wäre, um den Frieden zu erhalten. »Sie beendet die Sache«, so Thiele, »bevor sie richtig begonnen hat. Wie sie einst Tage und Nächte mit Grübeln verbrachte, um den wankenden Thron für den Sohn zu retten, wendet sie jetzt alle Sorgfalt der Aufgabe zu, die passende Frau für ihn zu finden.« Wie Charles ist Franz Joseph der begehrteste Junggeselle weit über die Grenzen seines Landes. »Um das Jahr 1852 scheinen sich die Mütter katholischer Prinzessinnen in ganz Europa beim Niederknien zum Gebet wienwärts zu wenden«, berichtet Thiele. »Der Kaiser von Österreich gilt fraglos als die beste Partie der westlichen Hemisphäre.« Doch Sophie hat schon gewählt: Wenn es schon mit den Preußen nicht geklappt hat, dann soll es wenigstens eine Prinzessin aus dem zweitgrößten deutschen Staat sein. Gottseidank ist sie mit halb Europa verwandt, und so schreibt sie ihrer anderen Schwester, der Herzogin Ludovika in Bayern, daß sie Helene, ihre Älteste, im Auge hat. Sie erscheint ihr wie geschaffen für diese hohe Stellung.

Sie ist hübsch, spricht mehrere Sprachen, tanzt, singt und musiziert ausgezeichnet und besitzt alle Qualitäten, die man von einer zukünftigen Herrscherin verlangt. Der Rest wird sich finden. Es genügt, wenn sich die beiden nicht ganz unsympathisch sind.
Franz Joseph wird im August dreiundzwanzig, ein guter Anlaß, damit sich das junge Paar in Ischl kennenlernen kann. Sophie ist sicher, daß der Verbindung nichts im Wege steht, denn wer sagt schon einem Kaiser nein?
Ihr Sohn wird sich in all ihre Pläne fügen. Für ihn ist eine Frau so gut wie die andere, er muß sein Leben ohnehin nicht ändern. Er wird sich eine Mätresse halten und für sein Land tun, was seine Mutter von ihm verlangt: eine standesgemäße Adelige heiraten und für möglichst viele Söhne sorgen.

8

Aschenputtel begegnet dem Prinzen

Diana

Sie war Putzfrau, Haushaltshilfe, Kindergärtnerin und entstammte einem der ältesten Adelsgeschlechter Englands. Sie aß gern Spaghetti, lebte in einer Wohngemeinschaft mit Freundinnen und hielt sich selbst für dumm, weil sie keine gute Schulbildung besaß. Sie war schüchtern, nicht besonders hübsch und kleidete sich, als gehörte sie zur Generation ihrer Mutter. Sie wußte nicht, was sie vom Leben wollte, glaubte nicht an sich selbst, und als der Prinz kam, war es für sie wie eine Verheißung, die sie bisher nur aus den Liebesromanen ihrer Stiefgroßmutter kannte. Sie fragte nicht lange, sie zögerte nicht, sie gab sich der Illusion hin, daß Prinzen warme Herzen haben, so wie in ihren Märchen, und als sie anfing zu frieren, war es schon zu spät.

Die Frauen lagen ihm zu Füßen, es gab nichts, was er sich nicht kaufen konnte. Außer Liebe. Er hatte auf der Suche nach der Richtigen ganz England durchquert, und sein Volk spottete, daß es im Land bald keine Jungfrauen mehr gäbe, wenn er sich nicht bald entscheiden könne. Er war gebildet, hatte die besten Schulen besucht und trug die feinsten Kleider. Und doch war er nicht glücklich. Er war auf der Suche nach einer Prinzessin, die Wärme in seinen kalten Palast bringen sollte. Als er ein Mädchen traf, das verstand, daß er einsam war, fragte er nicht lange und griff zu. Er hatte keine Zeit mehr, länger zu warten und sorgfältiger zu wählen. Hinter ihm standen seine Familie und die Tradition eines Königreichs und forderten von ihm endlich einen Erben.

Es war im Sommer 1980, als Charles Diana begegnete, die in ländlicher Umgebung dekorativ auf einem Heuballen saß. Die romantische Geschichte beginnt wie in einem Kitschroman: Das unscheinbare, pummelige Mädchen, das ihm schon vor drei Jahren über den Weg gelaufen war, hatte sich in der Zwischenzeit in eine mitfühlende junge Frau verwandelt.

»Der Kinderspeck ist weg«, sagte Charles anerkennend zu ihr. Diana errötete, senkte den Blick und schaute verlegen auf ihre langen Beine. »Ich bin bloß größer geworden«, erwiderte sie scherzhaft. Er setzte sich zu ihr, und als sie von dem Tag sprach, an dem Lord Mountbatten, der für ihn wie ein Vater gewesen war, begraben wurde, gewann Lady Spencer seine Sympathie: »Sie haben ja so traurig ausgesehen, als Sie bei dem Begräbnisgottesdienst durch das Seitenschiff gingen. So etwas Tragisches habe ich in meinem ganzen Leben noch nicht gesehen. Bei dem Anblick hat mein Herz für Sie geblutet. Ich habe mir gedacht: Das ist nicht recht so. Sie sind einsam. Sie sollten jemanden haben, der sich um sie kümmert«, erzählt Kitty Kelley über den Augenblick, in dem ein Märchen begann, das böse enden sollte.

Diana wußte, was Einsamkeit war. Sie sehnte sich selbst so sehr nach jemandem, der sich um sie kümmern sollte, daß der Prinz ihr wie eine verwandte Seele erschien. Sie war daran gewöhnt, für andere da zu sein, um wenigstens als Dank für ihre Fürsorge ein bißchen Liebe zu bekommen. Zwei hungrige Kinder treffen einander und werden gemeinsam nicht satt. Aber noch ist es nicht soweit. Noch bleibt für einen Augenblick die Zeit stehen und macht alles möglich. Aschenputtel darf endlich auf ihr Glück hoffen, der einsame Prinz macht sich vielleicht weniger Illusionen, aber scheint dennoch sehr bemüht: »Er erzählte einem Freund vertraulich, daß er sie noch nicht liebte, aber daß sie liebenswert und warmherzig sei und daß er sicher sei, daß er sich noch verlieben könnte«, dokumentiert Biograph Jonathan Dimbleby die Gefühle des Thronfolgers kurze Zeit später. Und Diana meinte in einem Gespräch mit ihren Wohngenossinnen, »daß sie mit dem Prinzen wie mit einem ihrer Schützlinge im Kindergarten gesprochen habe. Sie fügte noch hinzu, daß er daraufhin nähergerückt sei, genau so wie auch die kleinen Kinder unter ihrer Obhut ...«

Von nun an richteten sich Millionen Augen auf das Mädchen, dem bisher niemand Beachtung geschenkt hatte, und die Spekulationen über die wichtigste Liebesgeschichte der Nation nahmen ihren Lauf. Und so wie früher die fahrenden Sänger und Märchenerzähler ein und dieselbe Begebenheit in verschiedenen Variationen erzählten, so geschah es auch bei Diana und Charles, als die Biographen sich bemühten, uns die Wahrheit über die Liebe des Prinzen zu Aschenputtel zu übermitteln. Je nachdem, wem sie sich näher fühlten oder welchem System sie verpflichtet waren, warfen sie einen Blick auf das Geschehen, der nicht unterschiedlicher hätte ausfallen können:

1. Version

Es war einmal eine kleine, vom Ehrgeiz zerfressene Adelige, die an nichts anderes dachte, als sich einen Prinzen zu angeln, »selbst wenn er drei Arme und ein Auge gehabt und beim Sprechen gespuckt hätte«. So klingt die Geschichte bei Lady Colin Campbell, die sich in ihrer Erzählung auf die Seite von Charles geschlagen hat, »der ein äußerst sinnlicher Mann mit überwältigenden sexuellen Bedürfnissen ist«. Von Diana ist sie nicht so begeistert und läßt einen ihrer »Freunde« sagen: »Es besteht kein Zweifel daran, daß sie außerordentlich ehrgeizig war, weit mehr, als ihre Fähigkeiten es rechtfertigten. Und während ich nicht daran zweifle, daß sie sich verliebte, bin ich ebenfalls sicher, daß sie ihm keine zwei Minuten gewidmet hätte, wäre er nicht der gewesen, der er war.« Die Psychotherapeutin Julia Onken widerspricht dieser These: »Die Erotik des Geldes und der Macht spielte für Diana keine Rolle. Sie wollte einen Partner, der sie versteht und liebt, sie hoffte, daß der Märchenprinz ihre brennende Sehnsucht stillen wird.« Für Onken sind die Ansichten Campbells »durchtränkt von Neid und Gehässigkeit«.

Der Schlachtplan, nach dem Diana aus der Sicht der Lady vorging, war einfach: Sie beschaffte sich trickreich Einladungen, die sie in die Nähe des Objekts ihrer Begierde brachten, und warf gezielt die Angel aus. »Sie wußte, daß er kein bißchen an ihr interessiert war, aber sie sah auch, daß er anfällig war. Sie würde keine bessere Chance als diese bekommen.« Also war sie »süß wie ein Kätzchen und listig wie ein Fuchs«, wie »Beobachter« der Biographin schilderten. Sie schaffte es, »bemerkenswert auszusehen, das Zimmer genau mit dem richtigen Schwung zu betreten, anerkennend zu strahlen, über all seine Witze etwas stärker als normal zu lachen, witzig und kokett zu sein.« Doch das war noch nicht das ganze Geheimnis ihres Aufstiegs, meint die bissige Lady: »Ihr Aussehen und der Zauber haben unbestreitbar dazu beigetragen, aber sie sind nur der Zuckerguß auf dem Kuchen, ... ihre Charakterstärke und die Fähigkeit, ihre weniger anziehenden Seiten zu verbergen, sind der Schlüssel zu ihrem Erfolg.« Und eines Tages schnappte die Falle zu, der Prinz war im Netz der berechnenden Diana gefangen: »Sie waren wie zwei Schwimmer, die einen reißenden Fluß hinabtrieben, ... und obwohl sie von entgegengesetzten Ufern ins Wasser gesprungen waren, war es unvermeidlich, daß sie sich trafen.«

2. Version

Die Großmütter sind schuld. Sie hatten einen Plan, von dem sie beide profitieren konnten. Also zogen sie im Hintergrund raffiniert die Fäden, um ihre Enkelkinder zu verkuppeln. Ruth Fermoy, seit vielen Jahren Hofdame der

Königin-Mutter, würde dem Herrscherhaus noch näher sein, und »Queen Mum«, wie alle die alte Dame liebevoll nannten, hätte endlich eine standesgemäße Frau für ihren Liebling Charles. Außerdem gab es noch einen unschätzbaren Vorteil: Lady Spencer war so unsicher und jung, daß man sie »nach jedem gewünschten Modell formen konnte – man konnte sie unter seine Fittiche nehmen und so ausbilden und zurechtstutzen, wie es die königliche Familie und die Hoftradition verlangten«, erzählt Biograph Donald Spoto. Nach seinen Informationen spielten die beiden alten Damen Schicksal und schoben die schüchterne, ungelenke Diana bei einem Jagdausflug mit liebevollem, festem Griff in die Nähe des Thronfolgers, der später über die erste Begegnung sagen sollte: »Ich weiß noch, daß ich an diesem Tag dachte, was für eine vergnügte, amüsante und attraktive Sechzehnjährige sie doch war.« Seine spätere Frau sah das ganz anders: »Das macht sich als Anekdote sicher gut, aber ich glaube, er hat mich damals kaum wahrgenommen.« Kein Wunder, der Thronfolger war auch sehr beschäftigt. Er war damals noch mit Sarah, Dianas Schwester, liiert und brachte für die »kleine Spencer«, die er erst Jahre danach auf dem Heuballen wirklich bemerken sollte, wohl kaum mehr als Höflichkeit auf.

»Seit jenem kühlen, nebeligen Novembernachmittag in Althorp ließen Lady Fermoy und Queen Elizabeth, die Königin-Mutter, wieder ihre Beziehungen spielen«, beschreibt Spoto ihre Bemühungen, Lord Mountbattens Plan zu durchkreuzen, der gerne seine Enkelin Amanda Knatschbull mit Charles verheiratet hätte. Ihm war es damals geglückt, Prinzessin Elizabeth mit seinem Neffen Philip zu verkuppeln, er sollte nicht noch ein zweites Mal erfolgreich sein. Denn: »Hier war ein passendes, anständiges Mädchen, tugendhaft, bescheiden, ehrerbietig und von den verrückten Moden der Zeit vollkommen unberührt. Und obendrein war sie weder Künstlerin noch Intellektuelle, weder besonders fromm noch übermäßig rebellisch. Hübsch, gesund und nicht allzu begabt – genau das Richtige.«

3. Version

Es ist eine ganz normale Liebesgeschichte. Der einsame Prinz begegnet einem Mädchen, das nicht sofort sein Herz gewinnt, weil er die schöne Schwester liebt. Und so machte sich Diana erst gar keine Mühe, sich für den Thronfolger schön zu machen. Sie trug an jenem berühmten Tag bei einer Jagd in Althorp ein kariertes Hemd, den Anorak ihrer Schwester und machte in ihren Cordhosen und den Stiefeln nicht viel her. »Ich erinnere mich noch, daß ich eine dicke, pummelige, ungeschminkte, unschicke junge Dame war, aber ich machte viel Lärm, und er mochte das. ... Mein erster Eindruck war: Mein Gott, was für ein trauriger Mann. Er kam mit seinem Labrador. Meine Schwester (Sarah) machte sich gleich an ihn heran, und ich dachte: Mein Gott, das muß er doch einfach hassen.« So klingt die Wahrheit auf den Tonbändern, die Andrew Morton veröffentlichte und die Diana selbst besprochen haben soll. Eigentlich sind sich die Erzähler nur über die Begegnung auf dem Heuballen einig, auch wenn in einer der Versionen das Heu zum »Mäuerchen« neben dem Gartengrill wird. Aber so genau muß man die Wahrheit nun wirklich nicht nehmen.

In Andrew Mortons Geschichte sieht Charles Diana von diesem Augenblick an mit anderen Augen: »Plötzlich überschüttete er sie mit Aufmerksamkeiten. Sie fühlte sich geschmeichelt, war verwirrt und erschrocken angesichts der Leidenschaft, die sie in einem Mann geweckt hatte, der zwölf Jahre älter war als sie.«

In der Version von Donald Spoto bedarf es weiter des Geschicks der Großmütter, um die Geschichte in Gang zu halten. Sie arbeiten hart im Untergrund, damit der Prinz und das Aschenputtel möglichst oft wieder zusammenkommen können.

Lady Colin Campbell hingegen läßt beobachten, daß Diana von dem Moment an, als sie eine Chance sah, den Thronfolger zu betören, »an Charles klebte wie ein Deodorant in der Achselhöhle«, sich »ihm zu Füßen warf« und jede Zurückhaltung aufgab. Eine Behauptung, die, so Onken, schon aufgrund der Charakterstruktur des Thronfolgers nicht stimmen kann: »Charles war ein Mann, der sich nicht binden konnte. Er wäre vor jeder Frau, die ihm so unangenehm nahe getreten wäre, sofort davongelaufen.«

Diana ist tot, sie kann uns nicht mehr erzählen, wie es wirklich war. Charles hat später im Scheidungskrieg behauptet, er hätte nie etwas für seine Frau empfunden. Manchmal geraten auch die guten Zeiten in einer Beziehung in Vergessenheit, wenn die gegenseitigen Verletzungen zu schmerzhaft sind.

Tatsache ist, daß der Lord Chamberlain am 24. Februar 1981 um elf Uhr morgens eine Amtseinsetzung unterbrach, um die Verlobung des englischen Thronerben mit Lady Diana Spencer zu verkünden. Die Monate, die zwischen der Annäherung der beiden und ihrem offiziellen Verlobungsfoto liegen, bieten sich wieder für Spekulationen an:

Lady Colin Campbell läßt keinen Schatten auf die hehren Motive des Thronfolgers fallen und beschwert sich, daß Diana ihn bösartig getäuscht habe: »Er ist ein vollkommener Idealist, empfindsam und eigentlich eher zurückhaltend in seinen Gefühlen. Er glaubte, sich in Diana verlieben zu können, weil er annahm, sie würden harmonieren. Alles, was er schätzte, schien auch ihr zu gefallen, alles, was er fühlte, schien sie zu verstehen und zu würdigen.« Diana verfolgte ihn »mit zielstrebiger Entschlossenheit«, läßt sie den Kammerdiener des Prinzen erzählen. »In all den Jahren habe ich noch nie jemanden gesehen, der so raffiniert und entschlossen war wie sie. Im nachhinein begreife ich, daß er keine Chance hatte. Es mag sich seltsam anhören, aber er war wie ein Lamm, das zur Schlachtbank geführt wurde.«

Donald Spoto beschreibt Charles gleichzeitig als Opfer und Täter: »Bis zu seinem zweiunddreißigsten Geburtstag im November 1980 hatte seine Familie schließlich genügend Druck auf ihn ausgeübt, um ihn davon zu überzeugen, daß er ebensogut Diana Spencer zu seiner Prinzessin machen konnte wie eine andere. Das Timing war perfekt. Lady Sarah Spencers emotionale und körperliche Probleme (sie war magersüchtig) hatten Charles desillusioniert, und mit einem oder zwei anderen Mädchen hatte er sich gerade zerstritten. Um sich darüber hinwegzutrösten, brauchte er dringend eine Frau, die ihn anbetete und bewunderte, und genau in diesem Augenblick waren seine Großmutter und die elegante Lady Fermoy zur Stelle und präsentierten eben diese Frau.«

Für Andrew Morton ist es »in jedem Fall eine ungewöhnliche Liebesgeschichte«, in der er um Verständnis für Diana wirbt, die sich nur so verhalten habe, wie alle Frauen vor ihr: »Während seiner gesamten Junggesellenjahre – und auch während seiner Ehe – haben alle seine Partnerinnen sich restlos an seine Lebensweise angepaßt. Sie waren interessierte Zuschauerinnen, wenn er Polo spielte oder auf die Fuchsjagd ging. Aß er mit ihnen zu Abend, kamen sie zu ihm in seine Wohnung im Buckingham-Palast, nicht umgekehrt. Das Personal besorgte Logen für Konzert und Oper und erinnerte ihn sogar daran, Blumen an seine Begleiterinnen zu schicken. Ein Freund hat ihn als ›charmanten Chauvinisten‹ bezeichnet. Sein Verhalten war das Vorrecht eines Prinzen.«

Und einem Prinzen sagt man nicht nein.

Diana hatte endlich eine Chance, von der »Letzten« in ihrer Familie zur »Ersten« eines ganzen Landes zu werden. Sie war im Glauben erzogen worden, daß Männer als Retter kommen und Frauen ihren Wert erst durch eine bessere gesellschaftliche Position verleihen. Sie hatte den Anspruch, daß ihr Leben wie im Märchen weiterging. Der Prinz kam, holte Aschenputtel aus ihrer ärmlichen Hütte, und wenn sie nicht gestorben sind, dann leben sie noch heute. Diana kam aus einem reichen Haus, aber innerlich fühlte sie sich arm.

Diana in einem „skandalösen" Kleid mit Fürstin Gracia Patricia

Diana mit Charles in der Hochzeitskutsche

Charles und Diana
auf ihrer Hochzeitsreise in Balmoral

Diana
mit ihrem Sohn William

Die königliche Familie bei der Taufe des drei Monate alten Prinzen Harry.
Von li. nach re.: Prinz Charles, Diana, Harry, William, die Queen und ihre Mutter

Elisabeth, die Braut

Das Kaiserpaar in Venedig im Dezember 1856

Elisabeth als junge Mutter: Sie hält den Kronprinzen im Arm, davor steht die kleine Gisela. An der Wand hängt ein Bildnis der verstorbenen Tochter Sophie.

Das würde sich jetzt ändern. Oder doch nicht? Jahre später, als alles zu Ende war, wird sie verbittert sagen: »Als wir verlobt waren, schwebte ich im siebten Himmel, weil ich mit dem Mann zusammen war, den ich anbetete und von dem ich glaubte, er liebe mich. Ich dachte, dieses Gefühl würde nie vergehen.«

Sisi

Ischl, eingebettet in die Wälder und Seen des oberösterreichischen Trauntals, war ein idealer Ort für eine romantische Begegnung. Hier in diesem kleinen Dorf mit seinem Kurhaus und den gelben Biedermeiervillen, das Kaisern und Königen als Sommerfrische diente, hatte Erzherzogin Sophie den großen Augenblick inszeniert. Heute sollte sich unter ihren wachsamen Augen die Zukunft Helenes und Franz Josephs entscheiden, und damit der Fortbestand der Donaumonarchie.

Sisi genoß die Freiheit, die ihr die Hektik rund um die Anbahnung dieser Ehe brachte. Ihre Mutter und die Zofen waren ganz mit ihrer Schwester beschäftigt. Die Braut mußte schnell noch für den Bräutigam hergerichtet werden, keiner kümmerte sich um Sisis verstaubtes Kleid und um ihr zerzaustes Haar.

Franz Joseph sah der Begegnung mit gemischten Gefühlen entgegen, als er am 16. August 1853 mit seinem Generaladjutanten Graf Grünne von Wien aufbrach, um seine Braut zu besichtigen. Er konnte sich kaum vorstellen, daß das schüchterne, unscheinbare Mädchen, das ihn damals nicht beeindruckt hatte, zu einer Schönheit herangereift war. Er hatte Helene und ihre kleine Schwester Sisi vor Jahren in Innsbruck kennengelernt und fand die beiden kindlich und uninteressant – eine weitere Parallele zu Diana und Charles.

Aber der junge Kaiser hatte ohnehin keine Wahl. Die Heirat war beschlossene Sache, und seiner Mutter wollte und konnte er nicht widersprechen.

Als wenig später Amor seinen Pfeil abschoß und Franz Joseph für die falsche Frau entzündete, war das der Beginn eines Märchens mit tragischem Ausgang, das einige Biographen zu Höchstleistungen ansporte:

»Während der Reisewagen auf der staubigen Landstraße dahinrollte, erblickte Franz Joseph auf einer Wiese ein wunderbar schönes Mädchen, das mit einer Herde Ziegen spielte.« Oder waren es keine Ziegen? Traf der Kaiser »im dichten Schatten der parkähnlichen Wälder ein Kind, gekleidet in ein kurzes, weißes Gewand, mit einer wundervollen Masse welligen, seidigen kastanienbraunen Haars, das um seine schlanke mädchenhafte Gestalt fiel bis hinab zu den winzigen Füßen«? Oder ging er allein spazieren und »sah eine kindliche, schlanke Mädchengestalt vergnügt und unbekümmert daherkommen. Sie trug einen breiten Florentinerhut mit einer Feldblumenranke und flatternden roten Samtbändern am Arm und sang unentwegt: ›Gott erhalte unseren Kaiser, unsern guten Kaiser Franz.‹ Da trat Franz Joseph aus seinem Versteck hervor und zog grüßend den Hut« und »schaute unverwandt in das bildhübsche, feine Mädchenantlitz, aus dem ein Paar große, dunkelblaue Augen leuchteten«. Ludwig Merkle, der in seiner Biographie über »Sisi, die schöne Kaiserin« diese verschiedenen Versionen der ersten Begegnung zusammengetragen hat, rügt seine Kollegen, daß sie den historischen Moment nicht nur verklären, sondern auch noch die Farbe der Augen, die in Wirklichkeit braun waren, verfälschen.

Es ist eine Geschichte wie im Märchen. Der Prinz soll die stolze, schöne Prinzessin heiraten und verliebt sich statt dessen in ihre kleine, unscheinbare Schwester, eine Parallele, die an Sarah und Diana erinnert. Und so wie bei der späteren Prinzessin von Wales fällt es mehr als hundert Jahre früher den Biographen genauso schwer, sich auf eine Wahrheit zu einigen, zumal wenn sie wesentlich banaler ist als ihre Phantasie:

Sisi war weder ein ungezogener Wildfang, der sich davongemacht hatte, durch die Wälder streifte und dabei dem Kaiser begegnete, noch trug sie ein kurzes, weißes Kleid und einen Florentinerhut, denn sie hatte gar keine Gelegenheit, sich nach der langen Fahrt umzuziehen. Leider war es auch Helene, der zukünftigen Kaiserbraut, nicht vergönnt, sich vor der entscheidenden Begegnung mit Franz Joseph schön herauszuputzen. Ludovika hatte die Reise von Possenhofen nach Ischl wegen einer starken Migräne unterbrechen müssen, sie hatte Angst vor ihrer älteren Schwester und war ständig in Sorge, daß sie sich als »arme, verbauerte« Verwandte mit ihren Töchtern blamieren könnte. Zu allem Überfluß kamen sie jetzt zu spät, und die Kutsche mit den Koffern war weit zurückgeblieben.

Sophie war ungehalten und zwang die erschöpften Verwandten, im schwarzen, einfachen Reisekleid, nur notdürftig vom Staub befreit, zum Tee zu erscheinen, denn einen Kaiser läßt man nicht warten.

Im Salon der Villa Eltz, die die Kaiserfamilie für den Sommer gemietet hatte, fand nun tatsächlich die Begegnung statt, über die schon so viel berichtet wurde. Biographin Joan Haslip erzählt über Elisabeth, die spätere Kaiserin von Österreich, die schüchtern neben ihrer Gouvernante stand: »Ihr Haar war

in der Mitte züchtig gescheitelt und in Flechten um den Kopf gelegt. Das schwarze Kleid, das Helene so schlecht stand, betonte die außergewöhnliche Anmut und die Zartheit ihrer (Sisis) Haut. Helene hingegen, noch blasser als sonst, mit vor Aufregung zusammengepreßten Lippen, wirkte linkisch und verkrampft.«
Nach der förmlichen, steifen Begrüßung wurde die Stimmung auch nicht besser. Keiner der Anwesenden hatte die Begabung zur heiteren, zwanglosen Unterhaltung, man war verlegen und nervös, denn schließlich wußten alle, worum es ging: Es war ein Heiratsmarkt, auf dem die Liebe keine Rolle spielte.
Und dann geschah etwas, das den Mythos um die junge Elisabeth schon damals begründete: »Als er sich einen Augenblick unbeobachtet glaubt, sieht er gebannt Sisis zarte, feine Gestalt, ihr herrliches Haar, den süßen Ausdruck in ihrem lieben Kindergesicht ...«, beschreibt Egon Caesar Conte Corti den magischen Augenblick, der zwei Leben ruinieren sollte, vielleicht sogar drei. Denn wen kümmert, was Helene fühlt? Wie eine Ware, die nicht entspricht, wird sie zurückgeschickt. Gedrillt, poliert, mit Sorgfalt erzogen, aufs beste ausstaffiert, alles umsonst.
Am nächsten Tag, es ist der 17. August, erscheint der Kaiser schon in aller Früh bei seiner Mutter, die gerade erst aufgestanden ist, und gesteht ihr, daß seine Liebe der jüngeren Schwester gehört: »Nein, wie süß Sisi ist, sie ist frisch wie eine aufspringende Mandel, und welch herrliche Haarkrone umrahmt ihr Gesicht! Was hat sie für liebe, sanfte Augen und Lippen wie Erdbeeren.«
Sophie gibt nicht so rasch auf und versucht, ihren Sohn umzustimmen, erzählt die Historikerin Brigitte Hamann: »Findest du nicht, daß Helene klug ist, daß sie eine schöne, schlanke Gestalt besitzt?«
Wo die Liebe hinfällt, sind alle Worte verschwendet. Zum ersten Mal in seinem Leben hört Franz Joseph nicht auf den Rat seiner Mutter und setzt sich durch. Es ist der Beginn einer tiefen Zuneigung, die sein ganzes Leben währen wird.
Am Abend beim Ball, der zu Ehren des kaiserlichen Geburtstages am 18. August gegeben wird, sieht Sophie noch eine letzte Chance für eine glückliche Wendung. Helene versucht noch einmal, ihre Aufgabe, dem Kaiser zu gefallen, zu erfüllen. So oft hat sie ihren glanzvollen Auftritt geprobt. Jetzt erscheint sie in einem prachtvollen Kleid aus weißer Seide, Efeuranken über der Stirn, eine kühle Schönheit von Kopf bis Fuß. Die kleine Sisi wirkt in ihrem einfachen, weißrosa Kleidchen kindlich und unbeholfen und kann vor Aufregung nichts essen. Den Kotillon tanzt der Kaiser dennoch nicht mit der ihm bestimmten Braut, sondern mit Elisabeth, und überreicht ihr anschließend sein Bukett – das

traditionelle Zeichen dafür, daß sie seine Auserwählte ist. Jeder verstand die Geste, nur Sisi nicht. Auf die Frage, ob ihr die Gunstbezeugung denn nicht aufgefallen sei, meinte sie: »Nein, es hat mich nur geniert.«

Am nächsten Tag unternimmt die kaiserliche Familie einen Ausflug zum Wolfgangsee. Helene und Sisi, die immer noch nicht begreift, daß sie die neue Braut ist, fahren mit Franz Joseph und seiner Mutter in einer Kutsche. Helene unternimmt einen letzten Versuch, das Schicksal gnädig zu stimmen. Sie erzählt viel, unterhält den Kaiser und setzt ihren ganzen Charme ein. Umsonst. Die Würfel sind schon gefallen.

Was kann einen Mann, der so vernünftig ist, dazu bewegen, sich Hals über Kopf in ein so junges Mädchen zu verlieben? »Die Sehnsucht nach der Lebendigkeit Sisis hat ihn betört«, meint die Psychotherapeutin Julia Onken. »Menschen, die aus starren Systemen kommen, wählen sich oft Partner, die alle Grenzen sprengen. Es ist ihre Garantie, daß sie mit dem Leben verbunden bleiben. Franz ist zwanghaft ordentlich und fürchtet jede Veränderung, Sisi ist unruhig und will ständig alles verändern, weil sie Angst hat, festgelegt zu werden. Eine explosive Mischung.«

Der junge Kaiser ist entflammt, seine neue Braut hat keine Wahl. Sophie berichtet laut Brigitte Hamann an ihre Schwester Marie: »Die liebe Kleine ahnte nichts von dem tiefen Eindruck, den sie auf Franzi gemacht hatte. Bis zu dem Augenblick, da ihre Mutter ihr davon sprach, war sie nur von Scheu und Schüchternheit erfüllt, die ihr die vielen sie umringenden Menschen einflößten ...«

Niemand kommt auf die Idee, Sisi zu fragen oder ihr eine Chance zu geben, sich zu wehren. Es ist nicht vorgesehen, daß Mädchen bei der Wahl ihrer Männer mitreden. Vielleicht ist sie auch geschmeichelt. So wie bei Diana waren die Söhne in ihrer Familie wichtiger und ihre Schwester Helene schöner. Und nun wird sie vom begehrtesten Junggesellen Europas erwählt. Gestern war sie noch ein Kind, das seiner Mutter bei der langen Kutschenfahrt auf die Nerven fiel, heute ist sie umjubelter Mittelpunkt, weil einer der mächtigsten Männer der Zeit sich für sie entschieden hat. Einem Kaiser sagt man nicht nein, man denkt es nicht einmal.

Sisi bricht in Tränen aus, als ihre Mutter sie fragt, ob sie Franz Joseph denn lieben könnte: »Ja, wie sollte man den Mann nicht lieben können?« Am nächsten Tag schüttet sie ihrer Gouvernante das Herz aus: »Ich habe den Kaiser schon lieb. Wenn er nur kein Kaiser wäre!«

Rundum sind schon die Strategen mit den Auswirkungen des Tausches beschäftigt. Graf Grünne, der wichtigste Berater des jungen Kaisers, weiß sofort die Vorteile zu schätzen und denkt bei sich: »Dies junge Kind wird noch mehr Wachs sein in der Erzherzogin Hand, als es ihre ältere Schwester gewesen wäre.« Sophie ist etwas verstimmt, daß ihr Plan nicht ganz aufgeht, sie ist es gewöhnt, unwidersprochen zu herrschen, und hat ihre Zweifel, ob dieses verspielte Mädchen sich als Kaiserin eignen wird: »Du hast recht«, sagt sie kritisch, als sie mit Franz Joseph endlich einen Augenblick allein ist, Sisi ist sehr hübsch, nur hat sie gelbe Zähne.« Politisch gesehen spielt es für sie keine Rolle, welche der beiden Schwestern den Thron besteigt. Außerdem ist sie ohnehin nicht der Meinung, »daß die Individualitäten irgendeine Bedeutung hätten. Sie habe immer gesehen, daß man einen Menschen durch den anderen ersetzte, ohne daß das den geringsten Unterschied in der Welt machte«, schreibt sie zu einem anderen Anlaß an Fürst Metternich.

Helene wird, wie in einem Theaterstück, von der Bühne genommen und in der Hauptrolle durch ihre Schwester ersetzt. Die Biographen verlieren wenig Worte über die unendliche Demütigung und Bitternis, daß alles umsonst gewesen ist. Die vielen Stunden, die sie investiert hat, um sich auf ihre Rolle als Kaiserin vorzubereiten. Der Jubel über das junge Glück läßt für ihren Kummer keinen Raum. Später wird sie Maximilian, den Erbprinzen von Thurn und Taxis, heiraten. Im Alter ist sie schwer depressiv und stirbt vor ihrer jüngeren Schwester.

Zehntausende von Kerzen und Lampen in den österreichischen und bayrischen Farben beleuchten Ischl. Auf dem Siriuskogel sieht die kleine Elisabeth ihre Initialen neben denen Franz Josephs mit Lichtern in den nächtlichen Himmel gezeichnet. Der Verlobungstag war vergangen wie in Trance. Zum ersten Mal erlebte sie den Jubel der Bevölkerung, zum ersten Mal blieb ihre Schwiegermutter vor der Eingangstüre der Pfarrkirche zurück, um der Braut des Kaisers den Vortritt zu lassen. Es war eine Symbolik, die mit der Realität nichts zu tun haben sollte.

Der Pfarrer hatte Tränen in den Augen, als Franz Joseph Sisi an der Hand vor den Altar führte und sagte: »Ich bitte, Hochwürden, segnen Sie uns, das ist meine Braut.«

Sisi kannte Franz Joseph genau drei Tage und konnte den Segen gut gebrauchen, denn sogar ihre Mutter war so in Sorge, daß sie einem wildfremden Flügeladjutanten des Kaisers klagte, »wie ängstlich sie die schwere Aufgabe mache, welche ihrer Tochter Elisabeth bevorstehe, da diese den Thron doch förmlich von der Kinderstube weg besteige.«

»Von den Reaktionen der Braut wissen wir leider sehr wenig, außer daß sie sehr verlegen, sehr still und immer in Tränen war«, schreibt die Historikerin Brigitte Hamann lakonisch über den »größten Freudentag« Elisabeths. »Du kannst dir nicht vorstellen, wie reizend Sisi ist, wenn sie weint«, war der einzige Kommentar Sophies zur völligen Überforderung der fünfzehnjährigen Schwiegertochter an ihre Schwester Ludovika.

Erst viele Jahre später kommt die Kaiserin verbittert auf ihre Verlobung zurück: »Die Ehe ist eine widersinnige Einrichtung. Als fünfzehnjähriges Kind wird man verkauft und tut einen Schwur, den man nicht versteht und dann dreißig Jahre oder länger bereut und nicht mehr lösen kann.«

9

Das Ende der Ahnungslosigkeit

Diana

Sie nannte ihn »Sir«, das war die Anrede, die Charles von allen Frauen verlangte, und wenn sie mit ihm ausging, plünderten ihre Freundinnen die eigenen Kleiderschränke, um das Richtige für das Rendevouz mit dem Prinzen zu finden. Vor der Türe von Coleherne Court, wo Diana in einer Wohngemeinschaft lebte, lauerten Dutzende von Fotografen und lichteten »die Neue« für ihre Zeitungen ab, damit ganz England sie zum Frühstück bewundern konnte.

Der Weg zur Arbeit wurde zum Spießrutenlauf, und Kay-King, die Leiterin des Kindergartens, in dem Diana arbeitete, sagte: »Diana war so glücklich, wie man nur sein kann. Aber sie begann zu begreifen, auf was sie sich eingelassen hatte. Der Groschen fiel allmählich, und sie bekam Angst.« Lady Spencer hatte bis zu dem Tag, an dem der Prinz Interesse für sie zeigte, ruhig und unauffällig gelebt, sie war die Aufmerksamkeit der Reporter nicht gewöhnt. Die Presseabteilung des Buckingham-Palastes gab ihr keine Anweisungen, wie sie sich verhalten sollte, und ehe sie sich versah, war sie ins Fettnäpfchen getreten:

Es war ein warmer Sommertag, an dem Diana den ersten Fehler machte. Sie hoffte, daß sie die Fotografen, die ihr wieder einmal bis zur Tür des Young-England-Kindergartens gefolgt waren, loswerden könnte, wenn sie ihnen ein paar Schnappschüsse erlaubte. Also stellte sie sich willig, einen ihrer kleinen Schützlinge an der Hand, den anderen auf dem Arm, in den Garten des St. James Square und posierte vor der Kamera. Es war ein gefundenes Fressen für die Paparazzi, die innerlich jubelten, denn die naive Lady bot ihnen einen Anblick, der am nächsten Tag die ganze Welt erfreute. Sie ließ sich ahnungslos in einem dünnen Rock im Gegenlicht fotografieren und zeigte unfreiwillig ihre wohlgeformten Beine bis hinauf zur Unterhose.

Das Foto mit »Lady Dianas Slip« machte sie den Menschen erst so richtig sympathisch. Die Zeitungen riefen Charles auf, sie endlich zu seiner Frau zu machen. Die »Sunday Times« erklärte sie sogar zur idealen zukünftigen Königin: »Ernst, aber nicht langweilig; süß, aber nicht zu süß; witzig, aber nicht albern; sportlich, aber nicht kumpelhaft; und sexy, ohne schrill zu sein.«
Es war der Beginn einer Medienhetze, die bis zu ihrem Tod nie mehr aufhören sollte und an der sie nicht ganz unschuldig war, meint Diana-Biograph Donald Spoto: »Diana hatte immer im Schatten ihrer älteren Schwestern gestanden, hatte immer das Gefühl gehabt, daß sie den Menschen, die ihr wichtig waren, nicht besonders viel bedeutete. Das Ergebnis war eine junge Frau, die sich verzweifelt danach sehnte, gebraucht zu werden – Selbstbestätigung ist wohl der moderne Ausdruck dafür –, und den heutigen Wertvorstellungen zufolge ist nichts förderlicher für das Selbstwertgefühl als das Interesse der Medien.«
Gejagt von der Presse, taxiert von den Höflingen, beneidet von Millionen, fuhr Diana wie in einem Schnellzug, in dem es keine Notbremse gab. Und so übersah sie, daß es wenig gab, was der Prinz und sie gemeinsam hatten: Charles liebte den Reitsport, Diana haßte Pferde. Er liebte Bücher und ruhige Abende vor dem Kamin, sie wollte ausgehen und mochte Restaurants und Kinofilme. Charles entspannte sich beim Fischen, Diana langweilte sich am Land. Er liebte Kammermusik und versuchte sich auf dem Cello, ihr Geschmack ging in Richtung Rock und Pop.
Doch selbst wenn die unerfahrene Lady Spencer an einer glücklichen Zukunft gezweifelt hätte, war sie nicht dazu erzogen worden, einem Prinzen nein zu sagen. In England kreisen die adeligen Familien wie Planeten um die Sonne des Königshauses, und es gibt wenig, das wichtiger sein könnte, als die Nähe zu den Royals. Auch wenn ihre ältere Schwester Sarah dem Prinzen einen Korb gegeben hatte, Diana war keine Rebellin. Sie war schon als Kind bemüht gewesen, es allen recht zu machen, und hier kam ihre große Chance.
Und die der Presse, die täglich das Neueste über die Romanze des Thronfolgers berichtete: »Während die Medien Charles und Diana zur Hochzeit trieben, mußte sie versuchen, mit ihren eigenen Gefühlen zurechtzukommen. Das war nicht leicht. Sie hatte zuvor noch nie einen richtigen Freund gehabt und besaß somit keinen Maßstab«, beschreibt Andrew Morton das Dilemma von »Shy Di«, scheue Diana, wie die Reporter sie nannten.
In den sechs Monaten, in denen Charles seine zukünftige Frau umwarb, waren die beiden kaum jemals allein und hatten keine Chance, sich wirklich kennenzulernen. Er rief sie nur selten an, und seine Einladungen, die immer in letzter

Minute erfolgten, wurden von seinem Diener persönlich abgegeben. Er erwartete, daß sie dorthin kam, wo er sie hinbestellte. Und zwar bitte diskret. Wie in einem Krimi, in dem der Einbrecher einen Fluchtversuch unternimmt, seilte Diana ihren Koffer an zusammengeknüpften Bettlaken vom Küchenfenster ab, wenn sie verreisen wollte, fuhr in ihrem kleinen roten Auto kreuz und quer durch London, stieg in einen anderen Wagen um und bemühte sich, die Reporter in die Irre zu führen. Ob in einem Geschäft in Knightsbridge, aus dem sie über Mülltonnen durch den Notausgang flüchtete, ob auf dem Weg zum Bäcker, die Presse war immer dabei und registrierte jeden Blick, jede Handbewegung, jedes Lächeln. Auch wenn das Interesse der Medien ihr schmeichelte, war es manchmal unerträglich, ständig auf dem Präsentierteller zu leben: »Ich habe wie ein kleines Kind ins Kopfkissen geheult; ich wurde einfach nicht damit fertig«, erzählte sie Andrew Morton. Charles war keine große Hilfe. Für ihn war das öffentliche Interesse ein gewohnter Teil seines Lebens. Es zu nützen, gehörte zur Marketingstrategie der königlichen Firma, und als Diana verzweifelt das Presseamt des Palastes um Hilfe bat, war die lakonische Antwort: »Sie sind auf sich allein gestellt.«
Später würde sie sagen: »Es war ein Märchen, von dem jeder wollte, daß es gut ausging. Es war aber auch eine Situation, in der man nur untergehen oder schwimmen konnte, und man mußte sehr schnell schwimmen lernen.«
Lady Spencer schwamm nicht nur symbolisch, sie schwamm auch ganz buchstäblich, um ein Schönheitsideal zu verkörpern, das nur mit hartem Training und Fasten zu erreichen war. Die ausgemergelten Models und Superstars waren ihre Vorbilder und förderten den Kreislauf aus Essen und Erbrechen, zu dem Diana aufgrund ihrer unglücklichen Kindheit ohnehin neigte.
Am Abend vor der Bekanntgabe der Verlobung packte Diana ihre Tasche, schloß ihre Freundinnen in die Arme und verließ für immer ihre Wohnung in Coleherne Court, die für sie Geborgenheit bedeutet hatte. Es war wie damals in Sandringham, als sie nach Althorp umziehen mußte. Sie spürte die Verlassenheit und fing an zu ahnen, daß das Leben, das sie erwartete, mit ihrem Traum von der glücklichen Prinzessin nichts zu tun haben könnte. Der Leibwächter, der sie von nun an immer begleiten würde, machte ihr keine Illusionen: »Sie müssen wissen, daß dies Ihre letzte Nacht in Freiheit ist, also machen Sie was daraus.«
Er brachte sie ins Clarence House, die Londoner Residenz von Queen Mum: »Bei ihrem Eintreffen war sie ganz auf sich allein gestellt. Kein Mitglied der königlichen Familie, geschweige denn ihr zukünftiger Ehemann hielt es für

nötig, sie in ihrer neuen Welt willkommen zu heißen. Den Untertanen wurde vorgegaukelt, Diana sei von der Königin-Mutter umhegt und umsorgt und von ihr in die Feinheiten des Protokolls eingeführt worden. In Wahrheit wurde Diana weniger auf ihre neue Aufgabe vorbereitet als eine Kassierin im Supermarkt«, beschwert sich Andrew Morton über die mangelnde Unterstützung der neuen Familie. Und Diana meinte: »Es war niemand da, um mich zu begrüßen. Das war wie in einem Hotel.«

Am nächsten Tag, es war der 24. Februar 1981, zertrampelte eine Heerschar von Journalisten den königlichen Rasen vor dem Buckingham-Palast, um an das beste Foto der glücklichen Verlobten heranzukommen. Diana trug einen 75.000 DM teuren, mit Saphiren und Diamanten besetzten Verlobungsring, ein biederes blaues Kostüm und lächelte scheu in die Kamera.

Sie waren ein schönes Paar, und als ein besonders einfallsreicher Journalist die beiden fragte, ob sie verliebt seien, antwortete die zukünftige Prinzessin von Wales begeistert: »Natürlich!«

So natürlich schien das für ihren zukünftigen Mann nicht zu sein, der meinte: »Was immer verliebt sein heißen mag.«

»Große Liebesgeschichten werden normalerweise nicht mit solcher Zurückhaltung verkündet. Schon hier hätten bei der jungen Frau die Alarmglocken läuten müssen«, meint Donald Spoto. Was hätte er von Diana erwartet? Heute, wo alle es besser wissen, ist es leicht, über sie zu urteilen. Es ist schon für eine »gewöhnliche« Braut eine fast unüberwindbare Hürde, kurz vor der Hochzeit das Weite zu suchen. Wie sollte man von einer jungen Frau, die noch dazu wenig Selbstbewußtsein besaß, einen so schwerwiegenden Schritt erwarten, bei dem ihr die ganze Welt zusah?

Charles besprach seine Zweifel leider auch nicht mit seiner Zukünftigen, sondern vertraute sich einem Freund an: »Ich erwarte, daß es sich am Ende als richtig erweist. Ich wünsche so sehr, das Richtige für dieses Land und für meine Familie zu tun; aber manchmal erschreckt mich der Gedanke, ein Versprechen zu geben, das ich dann vielleicht lebenslang bereue.«

Inzwischen klickten weiter die Kameras, alle Bedenken wurden verdrängt, und Diana unternahm bei ihrem ersten Auftritt nach der Verlobung den Versuch, sich wie eine zukünftige Königin zu kleiden und zu benehmen:

»Es war ein entsetzliches Ereignis. Ich wußte nicht, ob ich als erste zur Tür hinausgehen sollte. Ich wußte nicht, ob die Handtasche in der linken und nicht in der rechten Hand sein sollte. Ich hatte wirklich schreckliche Angst – als es dann soweit war, stimmte alles.« Leider nicht alles:

»Der Preis für die beste Nebenrolle müßte wohl an Lady Diana Spencers Kleid gehen – es war gewagt, schwarz und trägerlos«, schreibt Kitty Kelley über den Eklat auf einer Wohltätigkeitsveranstaltung in der Londoner Goldsmith Hall: »Die scheu lächelnde Diana quoll fast aus ihrem tief ausgeschnittenen Kleid. Der BBC-Mann hinter der Kamera flüsterte: ›Wirklich, ein Busen, geschaffen, um dem ganzen Volk einen Schluckauf zu verschaffen!‹« Die königliche Familie war entsetzt über die Geschmacklosigkeit. Noch nie hatte ein weibliches Mitglied der Windsors soviel Brust gezeigt.
Am nächsten Tag überschlugen sich die Zeitungen in Kommentaren über Dianas kühnes Kleid. Der »Daily Express« lobte sie für ihren Mut und vermerkte am Rand: »Di muß nur noch eins lernen, nämlich auf die paar Pfund Babyspeck achtzugeben ...« Die Bemerkungen über ihre »üppige Figur« und ihre »blühende Erscheinung« trafen eine verunsicherte junge Frau, die von allen Seiten beobachtet und kritisiert wurde und immer mehr unter Druck kam. Jahre später wird sie erzählen: »Ich wußte, die Bulimie hatte in der Woche nach unserer Verlobung angefangen. Mein Mann legte mir die Hand auf die Taille und sagte: »Oh, wir sind hier wohl ein bißchen pummelig?«
Das Hochzeitskleid der Braut mußte mehrfach geändert werden, denn von nun an fiel Diana regelrecht vom Fleisch. Betrug ihr Taillenumfang am Tag der Verlobung noch 73 Zentimeter, waren es bei der Hochzeit nur noch 58.
Dazwischen lagen Monate voller Verzweiflung: »Während die Öffentlichkeit das Glück des Prinzen feierte, gingen die Jalousien in Dianas Gefängnis-Haus unerbittlich herunter«, beschreibt Andrew Morton den Beginn des »großen Glücks«. Ihr Umzug von Clarence House in den Buckingham-Palast, von dem sie sich mehr Nähe zu Charles erhoffte, war eine Enttäuschung, berichtet Campbell: »Er mußte weiterhin seine offiziellen Pflichten erfüllen, die schon Monate vorher geplant worden waren. Und er ging in seiner Freizeit keine Konzessionen ihr zuliebe ein. Er kam und ging, als wäre er immer noch ein alleinstehender Mann.«
Währenddessen waren Dianas Tage mit Hochzeitsvorbereitungen bis an den Rand der Erschöpfung ausgefüllt, und sie vermißte ihr altes Leben: »Meine Mädels fehlten mir so sehr, ich wollte wieder zu ihnen zurückkehren und dasitzen und kichern, wie wir es immer getan hatten, und mir Kleider leihen und über alberne Dinge plaudern, einfach bloß wieder in meinem sicheren Schneckenhaus sein.«
Dafür war es jetzt zu spät. Die Designer gaben sich die Türklinke in die Hand,

um die Braut des Thronfolgers einzukleiden, sie besaß nichts, was sich für ein Leben als Prinzessin eignete. Zwischendurch mußte sie schon repräsentieren: »An einem Tag kamen der König und die Königin von Schweden, um ihr Hochzeitsgeschenk zu überreichen, vier Messingkerzenleuchter, in der nächsten Minute schaute der Präsident irgendeines Landes vorbei«, wird Diana später über die Wochen vor der Hochzeit erzählen.

Ende März flog Prinz Charles für fünf Wochen nach Australien. Gerührt sahen die Fotografen und Fernsehteams zu, wie er sie auf beide Wangen küßte und Diana weinend der davonrollenden Maschine nachsah. Was für ein Abschiedsschmerz, was für ein schönes Paar! Es war das erste Bild, das eine Lüge zeigte, und es würde nicht das letzte sein: »Vor der Abfahrt zum Flughafen hatte Charles sich in seinem Arbeitszimmer im Buckingham-Palast noch um einige Einzelheiten kümmern müssen. Diana hatte auf ihn gewartet, da klingelte das Telefon. Es war Camilla.« Sie wollte sich von ihrem Liebsten verabschieden, also ließ die Braut ihren zukünftigen Ehemann diskret allein. »Freundinnen erzählte sie später, dieser Zwischenfall habe ihr fast das Herz gebrochen und sie sei unendlich traurig und zornig gewesen«, weiß Biograph Morton: »Jetzt war sie ganz allein in dem Elfenbeinturm. Für eine junge Frau, die den Lärm und den Trubel einer Mädchenwohnung gewohnt war, war der Buckingham-Palast wirklich alles andere als ein heimeliges Zuhause. Für Diana war es ein Ort der ›toten Energie‹, und sie fing an, die aalglatten Ausflüchte, die feinen Wortspiele und Doppeldeutigkeiten der Hofbeamten zu hassen.« Als sie es nicht mehr aushielt vor Einsamkeit, ging sie barfuß und in Jeans in die Küche hinunter, plauderte mit dem Personal und butterte einem erstaunten Lakaien den Toast. Aber nur einmal. Die Rüge für dieses unkönigliche Verhalten ließ nicht lange auf sich warten.

Während Prinz Charles sein Leben, an das er gewöhnt war, weiterführte, fühlte sich Diana in einem riesigen Mausoleum eingesperrt. Sie konnte nicht mehr kommen und gehen, wann sie wollte, und fand es immer schwieriger, sich in ihrem neuen Leben zurechtzufinden. Mit neunzehn war sie über Nacht zu einer Marionette der Monarchie geworden. Man brachte ihr bei, richtig zu schreiten, passend zu winken, dezente Kleider auszuwählen und sich wie eine zukünftige Königin zu benehmen.

»Königliche Familien absorbieren Menschen. Gleichgültig, welche Fähigkeiten sie besitzen oder welche Position sie einnehmen – wenn sie der königlichen Einflußsphäre zu nahe kommen, werden sie rasch feststellen, daß sie davon absorbiert werden. Das hat zwangsweise einen Verlust der Unabhängigkeit und der Individualität zur Folge«, beschreibt Lady Colin Campbell die Mechanismen der Royals, denen Diana von nun an unterworfen war.

Sisi

Die Kindheit war vorbei, Sisi war nun des Kaisers Braut, und alle Augen folgten ihr, wo immer sie sich zeigte. Franz Joseph war gut zu ihr, er ließ im Garten seiner Villa in Ischl sogar eine Schaukel aufstellen, damit seine kindliche Verlobte sich vergnügen konnte, und bat seine Mutter Sophie und seine Tante Ludovika, keinen Zwang auf sie auszuüben. Keinen Zwang ausüben? Wie sollte das funktionieren? Die junge Herzogin war nicht auf eine kaiserliche Ehe vorbereitet. So wie Diana besaß sie nichts, was der Hof von ihr verlangte. Keine passenden Kleider, keine ausreichend guten Manieren, keine Bildung. Sie hatte Angst vor all den Menschen, die ihr plötzlich Bewunderung entgegenbrachten, und die Verehrung der Massen versetzte sie in Panik.

Sie war noch ganz betäubt von all den Feierlichkeiten, in deren Mittelpunkt sie gestanden war. Ein Fest hatte das andere gejagt, hier eine »Verlobungsjause«, dort ein Gala-Diner, Ausflüge, Landpartien und am 22. August schließlich der große Hofball. Sie haßte es, von Blicken betastet zu werden, sie war zu schüchtern, um ihren Mund aufzumachen, und brach aus Erschöpfung und Überforderung immer wieder in Tränen aus. Während das ganze Land über die süße kleine Braut jubelte, wurde Sisi immer stiller. So wie Diana war sie der überfallsartigen Aufmerksamkeit nicht gewachsen, die plötzlich ihr Leben beherrschte.

Franz Joseph merkte von all dem nichts. Er war zu sehr mit seinem eigenen Glück beschäftigt, um das Unglück seiner zukünftigen Frau wahrzunehmen. Das sollte sich für den Rest seines Lebens auch nicht mehr ändern. Begeistert schrieb er an den König von Bayern, der als Chef der Wittelsbacher seine Zustimmung zur Hochzeit geben mußte: »Ich brauche Dir wohl nicht hinzuzufügen, daß ich mich um so mehr zu Deinem Haus hingezogen fühle, als das Theuerste, was ich bis jetzt besaß – meine Mutter – und das Theuerste, was ich fortan besitzen werde – meine zukünftige Frau – demselben angehören ...« Der Satz läßt das Drama schon erahnen, das von nun an das Leben der kleinen Herzogin bestimmen sollte. Ihr Bräutigam besaß schon das »Theuerste«, und nun kam sie dazu.

Sophie hatte Schwierigkeiten, die Braut ihres geliebten Sohnes zu akzeptieren. Es wäre ungerecht, ihr nur Eifersucht zu unterstellen. Sie machte sich Sorgen um die Monarchie. Dieses Kind eignete sich nicht zur Kaiserin, und sie ließ es ihre zukünftige Schwiegertochter spüren: »Nur die Mutter des Kaisers ist ihr ein wenig unheimlich. Sie sieht sie manchmal so kritisch von der Seite an, macht ihr häufig Ausstellungen«, schreibt Biograph Conte Corti über das schon leicht gespannte Verhältnis zwischen den beiden Frauen. Auch von der Liebe auf den ersten Blick, die Sisi, genauso wie Franz Joseph, überfallen haben soll, hält er nichts: »Ahnungslos ist sie damals ausgefahren und nun, mehr oder weniger wider ihren Willen, als Braut zurückgekehrt! Sie wird eine große und mächtige Kaiserin werden, über ein riesiges Reich mit unzähligen Völkern herrschen, von deren Sprachen und Sitten sie gar keine Ahnung hat, und ist doch nur ein kleines, banges Mädchen.« Wahrscheinlich hat sich auch Sisi, so wie Diana, zumindest ein bißchen geschmeichelt gefühlt, daß sie, das unscheinbare Entchen, ihrer stolzen, schönen Schwester vorgezogen wurde. Vielleicht gab es jenseits des Schocks über die überraschende Wendung auch eine winzige Genugtuung, plötzlich wichtig zu sein.
Auch Sisis Wahl erregte öffentliches Interesse, freilich hatten die Medien damals noch nicht so viele technische Möglichkeiten: »Im ganzen Reich wandern nun schnell hergestellte Bildnisse der Kaiserbraut von Hand zu Hand. Man hatte gehört, daß es des Monarchen persönliche Wahl war, und man ist ungeheuer gespannt und neugierig, wie das Mädchen aussieht, das den ersten Mann des Reiches so entschieden, so schnell, so restlos fesselte«, erzählt Conte Corti. Sisi mußte schon in Ischl stundenlang für die Porträts »der jungen Kaiserin« den Malern und Zeichnern Modell sitzen, denn die Fotografie steckte noch in Kinderschuhen.
Die Frage, ob sie es wert war, wurde bei Hof durch einen kritischen Blick in den Gotha mit nein beantwortet: »In ihrer Ahnenreihe befand sich nämlich eine Prinzessin Arenberg (die Mutter ihres Vaters Max). Und diese Arenbergs waren zwar ein hochadeliges, aber kein souveränes Haus, also kein Haus, das habsburgische Ehepartner stellen durfte«, beschreibt die Historikerin Brigitte Hamann einen Makel, der durch nichts auszugleichen war. Bald schon machte der Satz von der »bayrischen Bettelwirtschaft« die Runde. Nicht nur daß Elisabeth nicht standesgemäß war, galt Schloß Possenhofen, die Sommerresidenz des Herzogs in Bayern, als viel zu klein und zu wenig vornehm. Man würde sie ihr ganzes Leben lang merken lassen, daß sie zur »armen Verwandtschaft« gehörte.

Sisi hat sich noch nicht von den Strapazen der Reise nach Ischl erholt, da bestellt Ludovika, kaum wieder zurück in Bayern, Dutzende von Schneiderinnen, Stickerinnen, Schuhmacher und Putzmacher, die sich in der kurzen Zeit, die zur Verfügung steht, hektisch darum bemühen, aus dem Landkind eine edle Dame zu machen. Siebzehn Putzkleider (Festkleider mit Schleppe), vierzehn seidene Montantkleider, sechs Schlafröcke, neunzehn leichte Sommerkleider und vier Ballkleider müssen angefertigt werden. Dazu sechzehn Hüte, sechs Mäntel, acht Mantillen, fünf Mantelets aus Samt und schwerem Tuch, dazu noch reichhaltig Unterwäsche. Auch die Stiefel und Schuhe werden maßgefertigt. Die kaiserliche Braut haßt die langen Anproben, die vielen Stunden, die ihr gestohlen werden, und die Handwerker(innen) beklagen ihre Ungeduld. Sie versucht, so oft sie kann, zu entkommen, und wenn sie endlich eingefangen wird, zappelt sie vor Ungeduld und möchte schon wieder enteilen.

Doch der ganze Aufwand ist ohnehin vergebliche Liebesmüh'. Bei Hof wird man sie wegen ihrer einfachen Garderobe belächeln, man wird sie rügen, weil sie nicht gut genug tanzt, nicht gut genug spricht und überhaupt nicht so ist, wie Sophie das von ihr erwartet.

Dabei bemüht sich Ludovika, so gut sie kann, in ein paar Monaten bei Sisi nachzuholen, was sie versäumt hat. Sie wird in Italienisch und Französisch unterrichtet und lernt die komplizierte Geschichte des riesigen Reiches auswendig, zu dessen Kaiserin sie ab nun »erzogen« werden soll. Sie ist schon ganz verwirrt von den vielen Völkern, deren Sprachen sie nicht beherrscht: Böhmen, Kroaten, Slowenen, Ungarn, Ruthenen, Serben, Banater und Italiener. Sie versucht stundenlang, sich die Namen von Städten und Orten zu merken, die ihr fremd sind. Die Professoren gehen in Possenhofen ein und aus, die Schneider und Schuhmacher quälen sie noch immer, Sisi wird zuerst ungeduldig und dann depressiv.

Inzwischen ist es Oktober geworden, Franz Joseph sehnt sich nach seiner zukünftigen Frau, sagt sich in München an und nimmt sie mit ins Hoftheater zu einer Festvorstellung: »Als das Brautpaar aber die Loge betritt, umtost es ungeheurer, nicht endenwollender Jubel. Sisi fährt förmlich erschrocken zurück und fühlt sich als Mittelpunkt des Ganzen so grenzenlos bedrückt und verlegen, daß sie bei denen, die sie kennen, fast Mitleid erregt«, beschreibt Conte Corti ihre Scheu vor Menschenmassen, die sie auch als Kaiserin nicht ablegen wird.

Aus Wien schickt Sophie immer wieder Geschenke, und ihre zukünftige

Schwiegertochter bedankt sich bei der Tante höflich, aber ungeschickt, und redet sie mit »Du« an.
Bei seinem nächsten Besuch erwähnt Franz Joseph, daß seine Mutter »sehr befremdet« gewesen sei, daß Sisi sie so formlos angeredet hätte, wo doch selbst er, ihr Sohn, sie mit »Sie« anspricht.
Ein bitterer Nachgeschmack bleibt zurück, die junge Braut kann Sophie nie etwas recht machen, die Angst vor dem, was sie am kaiserlichen Hof erwartet, wächst so wie bei Diana auch bei Sisi täglich. Als sich der Abreisetag nähert, macht sich ihr Vater Max zunehmend Sorgen um seine Tochter, die immer stiller und verschlossener wird, und sie vertraut ihrem Tagebuch an:

> Oh Schwalbe, leih' mir deine Flügel,
> Oh nimm mich mit ins ferne Land,
> Wie selig sprengt' ich alle Zügel,
> Wie wonnig jedes fesselnd' Band …

Ein seltsames Gedicht für eine Braut, das mit dem Vers endet:

> Wie wollt' ich schnell mein Leid vergessen,
> Die alte und die neue Lieb'.
> Und niemals sollt' ein Schmerz mich pressen,
> Und nimmer wär' mein Auge trüb.

Ahnungen eines Paradiesvogels, der bald in Gefangenschaft geraten wird. Als ihre kleine Schwester Marie sich freut, daß sie bald Sisis Zimmer bekommen soll, kann diese ihre Tränen kaum mehr zurückhalten. Betroffen fragt die Zwölfjährige: »Aber bist du nicht glücklich, daß du Kaiserin wirst?« Sisi schüttelt nur den Kopf, und zu ihrer Mutter, die sich immer größere Sorgen macht, sagt sie: »Ich habe ihn ja sehr lieb. Wenn er doch nur ein Schneider wäre.«
Doch auch wenn Franz Joseph ein Schneider gewesen wäre, hätte die bayrische Herzogin es schwer gehabt, mit diesem Mann, der so verschieden von ihr war, glücklich zu werden. In der Zeit vor der Ehe schreibt er seiner Mutter zahlreiche Briefe, die deutlich erkennen lassen, was auf die träumerische Fünfzehnjährige zukommt: »Alles kommt in ihnen zum Vorschein: seine ritterliche Höflichkeit, der große Respekt vor der Mutter, seine prosaische Nüchternheit und Phantasielosigkeit, die Vorliebe für alles Militärische, seine Jagdleidenschaft, die Pflichttreue und sein großer Hang zur Pedanterie«, beschreibt Johannes Thiele die Charaktereigenschaften des Monarchen.

Er hat sich nicht überlegt, ob dieses unreife Mädchen, das ihn mit seiner Kindlichkeit und seinem Charme betört, zu ihm paßt, ob es den Strapazen des Hoflebens gewachsen ist. Er wollte sie, er hat sie bekommen: »Er war zu jung Kaiser geworden, was ihn nur zu leicht zur Selbstherrlichkeit verführte, zuerst zum neoabsolutistischen ›L'État c'est moi‹ und nun zu einem eigensinnigen ›L'amour c'est moi‹«, schreibt Franz-Joseph-Biograph Herre. Er wird an seiner Liebe zu dieser Frau, die er nicht versteht, sein ganzes Leben lang unverbrüchlich festhalten. Er liebt sie, wie man eine Phantasie liebt, eine Fata Morgana, die man nicht erhaschen kann. »Sisi war für ihn ein Symbol für die Beweglichkeit, die er brauchte, um nicht ganz zu erstarren. Er wird ihr alles verzeihen und sich alles bieten lassen«, meint Julia Onken über die seltsame Leidenschaft des Kaisers für seine Frau.

Am Morgen des 20. April, es ist ein herrlicher Frühlingstag, verbringt die zukünftige Kaiserin ihre letzten Stunden in München. Noch einmal wandert sie durch das erzherzogliche Palais, in dem sie aufgewachsen ist. Sie verabschiedet sich mit Tränen in den Augen vom Personal und gibt jedem ein kleines Abschiedsgeschenk. Sophie hat ihr nicht erlaubt, eine eigene Zofe mitzubringen, am Kaiserhof hält man nichts von den ländlichen Damen der Herzogin in Bayern. Sie sind alle viel zu familiär.

Tausende Menschen säumen die Ludwigstraße bis zum Siegestor und rufen und winken der Prinzessin zu, die ihre geliebte Heimat für immer verlassen muß. Im sechsspännigen Reisewagen sitzt die blasse Sisi im dunklen Reisekleid, die Tränen rinnen ihr unaufhaltsam über die Wangen.

Sie fährt einem Mann entgegen, den sie kaum kennt und dessen Wesen ihr immer fremd bleiben wird.

10

Millionen jubeln, die Braut weint

Diana

Die Fernsehkameras für die Traumhochzeit waren schon aufgebaut, 2500 Gäste aus der ganzen Welt geladen, jedes Detail besprochen und geprobt. Das Gefühl glücklicher Erwartung lag über ganz England und senkte sich wie eine schwere Last auf die Braut. Einzig die Feministinnen des Landes, die wochenlang Buttons mit »Tu's nicht, Di!« getragen hatten, schienen Dianas Zweifel zu teilen.

Die Prinzessin von Wales bemühte sich, ihr neues Leben in den Griff zu bekommen, aber es war einfach alles zuviel. Die strapaziösen Vorbereitungen, das Interesse der Massen, die Einsamkeit im Palast. Diana war ihren Eßattakken hilflos ausgeliefert und schlang mehrere Schüsseln Frühstücksflocken mit Zucker und dicker Sahne in sich hinein. Sie verzehrte kiloweise Bonbons, Vanillekekse mit weißer Glasur und erbrach sich anschließend wieder. »Die meisten Mahlzeiten wurden ihr aufs Zimmer gebracht. Anfangs rührte sie die Tabletts gar nicht an, ... als der Koch nachzufragen begann, spülte sie das Essen ins Klo hinunter«, schreibt Kitty Kelley über die verzweifelte Braut. »Sie hat so viele Schachteln Kellog's aus der Speisekammer mitgehen lassen, daß einer der Lakaien des Klauens beschuldigt wurde. Da trat Diana dann vor und bekannte, daß sie die Schuldige war.« Die königliche Familie ignorierte den Vorfall, er paßte nicht ins Bild.

Geschwächt durch den Gewichtsverlust, nervlich überstrapaziert durch die Vorbereitungen auf die größte Zeremonie in der britischen Geschichte, gestand Diana einem Reporter: »Ich glaube, mir wird jetzt klar, was das alles eigentlich bedeutet, und es macht mir mehr und mehr angst.« Wenig später brach sie bei einem Polospiel in aller Öffentlichkeit in Tränen aus und mußte von ihrer Mutter in Sicherheit gebracht werden. Charles war genervt von seiner heulenden Braut und gestand seinem Privatsekretär, er sei beunruhigt,

»daß sie stundenlang auf einem Stuhl zusammengekauert saß, den Kopf auf den Knien, absolut untröstlich. Er finde solch ein Verhalten irrational und alarmierend.« Der Kronprinz war es nicht gewöhnt, mit Gefühlen umzugehen, er hatte seine eigenen von Kindheit an unterdrückt und fühlte sich überfordert vom unkontrollierten Benehmen seiner zukünftigen Frau. Er verhielt sich so, wie es in seinen Kreisen üblich war: Er ignorierte das Problem.

Außerdem war er seiner Sache noch immer nicht sicher, besuchte seine Schwester in Gatcombe Park und vertraute ihr seine Sorgen an. Doch Anne hatte kein Verständnis für den zögerlichen Bruder: »Du mußt mit dem Blatt spielen, das du in der Hand hast. Mach einfach die Augen zu und denk an England.« Ein traditioneller Rat, den schon Königin Victoria ihrer Tochter vor der Hochzeitsnacht gegeben hatte.

Dianas Schwestern waren genausowenig zimperlich, als sie bei einem Mittagessen im Buckingham-Palast in Panik geriet und die ganze Sache abblasen wollte: »Pech gehabt, Duch«, sagten sie und benutzten den Kosenamen aus der Kinderzeit. »Dein Gesicht prangt schon auf den Geschirrtüchern; es ist also zu spät, jetzt noch zu kneifen.«

Der Grund für Dianas endgültige Verzweiflung war ein kleines Päckchen, das von einem Juwelier im Büro des Prinzen abgegeben worden war. Trotz der entschlossenen Proteste des Sekretärs bestand sie darauf, es aufzumachen. Ein Goldarmband mit einer blauen Emailplatte und den ineinander verschlungenen Intitialen »F« und »G« bestätigten ihren Verdacht, daß »Fred« (Charles) für »Gladys« (Camilla) ein Abschiedsgeschenk vorbereitet hatte, oder war es ein Willkommensgeschenk mit der Bedeutung, daß sich auch durch die Ehe nichts ändern sollte? Trotz aller tränenreichen Einwände bestand Charles darauf, seiner Geliebten das Armband zu schenken.

Das junge, nach außen glückliche Paar, von Millionen beneidet, probte noch einmal seinen Auftritt in der St. Paul's Cathedral. Kaum waren die Scheinwerfer angestellt, brach Diana wieder in Tränen aus. Das Gefühl, an einem Schauspiel teilzunehmen, in dem sie nur eine Marionette war, die Furcht, vielleicht einen Mann zu heiraten, der sie nicht liebte, wurde immer unerträglicher. Aber sie hatte sich zumindest durchgesetzt, schreibt Kelley, daß Camilla nicht am Hochzeitsfrühstück teilnehmen durfte: »Charles, der damit aufgewachsen war, daß sein Vater Geliebte wie einen Satz Spielkarten mischte, beschloß, die empfindliche Verlobte in dieser Angelegenheit nicht unter Druck zu setzen«, und gab nach.

Denn eines war klar: Jetzt durfte nichts mehr schiefgehen. Die Monarchie brauchte dieses Märchen, um von der traurigen Realität abzulenken. Drei Millionen Arbeitslose, IRA-Bomben und ein Parlament, das die teuren Aufwendungen der königlichen Familie immer mehr in Frage stellte, machten eine Imagekorrektur unumgänglich: »Die Königin wußte um den Zauber, den eine königliche Hochzeit für ein verarmtes Land bedeuten könnte. Sie war der Meinung, daß jede Summe, die für die Feierlichkeiten ausgegeben würde (allein die gestochenen Einladungskarten kosteten 23.000 DM), einen Schutzwall gegen die Hoffnungslosigkeit errichtete. Trotz ihrer Abneigung gegen das Showbusiness und die Vergleiche zwischen dem Königshaus und Berühmtheiten des öffentlichen Lebens inszenierte sie eine Schau, die hollywoodreif war, inklusive Trommeln, Trompeten und Kutschen. Sie hatte bessere Kostüme und mehr Pferde als ›Ben Hur‹«, beschreibt Biographin Kelley den Aufwand und seine Bedeutung. Elizabeth hatte selbst in einer Zeit geheiratet, in der das Land nach dem Krieg unter bitterer Armut gelitten hatte, sie wußte, wie wichtig schöne Märchen sind. Sie wünschte, daß ihr Volk seine Hoffnungen und Träume in diese romantische Vermählung projizieren konnte. Hier gab es eine heile Welt, die tröstlich war, an die man sich anhalten konnte.
Diana verbrachte die letzte Nacht vor dem Mega-Spektakel, bei dem 750 Millionen Fernsehzuschauer in aller Welt jede ihrer Gefühlsregungen, jede ihrer Bewegungen verfolgen sollten, mit Schwester Jane im Clarence House und aß und kotzte und aß und kotzte »wie ein Reiher«.
Am Abend war noch ein Bote von Charles gekommen, der ihr einen Siegelring mit dem eingravierten Wappen des Prinzen von Wales und eine liebevolle Karte brachte: »Ich bin so stolz auf Dich, und wenn Du kommst, werde ich morgen am Altar für Dich dasein. Schau ihnen einfach ins Auge und hau sie um.« Letztendlich ging es nur darum, die Menschen, die eine glückliche Braut erwarteten, nicht zu enttäuschen, und darum, daß ihr Mann stolz auf sie sein konnte: »In der Nacht der Hochzeit war ich sehr gefaßt und von geradezu tödlicher Ruhe«, erzählte Diana später einer Freundin. »Ich kam mir vor wie ein Lamm, das zur Schlachtbank geführt wird.«
Inzwischen machten sich mehr als 175.000 Menschen bereit, die Hochzeit live zu erleben und campierten zum Teil schon am Vortag auf den Bürgersteigen rund um die Kathedrale, um einen Blick auf die zukünftige Prinzessin von Wales in ihrer gläsernen Kutsche zu werfen.
Am Morgen des 29. Juli 1981 erwachte Diana von den lärmenden, singenden

Menschen, die sich auf der Mall, vor den Toren von Clarence House, versammelt hatten, denn niemand war so rücksichtsvoll gewesen, ihr ein ruhiges Schlafzimmer zu geben. Wenig später kamen schon die Visagisten, Friseure und die Schneider und vollbrachten in stundenlanger Arbeit ein Werk, von dem ihr Bruder sagte: »Sie hatte nie was fürs Schminken übrig, doch jetzt sah sie phantastisch aus. Es war das erste Mal in meinem Leben, daß ich Diana schön fand.«

Und sie war eine schöne Braut. Schmal und schlank, in einem 25.000 DM teuren Kleid aus cremefarbener Seide mit einer sieben Meter langen Schleppe schreitet die designierte Königin am Arm ihres Vaters, Graf Spencer, die Treppen zur St. Paul's Cathedral hinauf.

Sie hatte im Buckingham-Palast tagelang mit einem umgehängten Laken für den großen Tag geübt, und sie versagt nicht. Wie ein Mannequin auf dem Laufsteg geht sie über den 150 Meter langen roten Teppich auf ihre Ehe zu. Die Fernsehkameras fangen Bilder von einer Märchenprinzessin ein, die glücklich hinter ihrem Schleier lächelt. Millionen Menschen in 58 Ländern sehen ihr dabei vor den Bildschirmen zu. Die Sehnsucht, selbst eine Prinzessin oder ein Prinz zu sein, eint in diesem Augenblick viele Frauen und Männer auf der ganzen Welt.

Diana hatte das Thema des Hochzeitschorals selbst ausgewählt: »Liebe, die keine Fragen stellt, die Liebe, die ihren Preis zahlt und das letzte Opfer auf den Altar legt.« Sie ahnte vielleicht schon, was auf sie zukam, und meinte später zu Andrew Morton: »Für mich war das wirklich wie ein Aufruf zur Pflicht – zum Volk gehen und mit ihm arbeiten.«

Aber noch war Diana mitgerissen von der Begeisterung der Massen und der Größe des Augenblicks, als sie Charles, der in seiner Gala-Uniform eines Fregattenkapitäns besonders attraktiv aussah, am Altar empfing: »Ich erinnere mich, daß ich in meinen Mann so verliebt war, daß ich die Augen nicht von ihm abwenden konnte. Ich war einfach absolut der Meinung, ich wäre das glücklichste Mädchen auf der Welt. Er würde sich schon um mich kümmern. Naja, da hatte ich mich geirrt.« Julia Onken meint über die Ambivalenz dieses Augenblicks: »Ein bitterer Ausspruch, der Dianas Irrtum dokumentiert, dem Millionen Frauen unterliegen. Der innere Glaube, du bist verantwortlich für mein Glück, du bist der gute Vater, der für mich sorgt und der mich liebt, ist eine sichere Garantie für das Scheitern jeder Beziehung.«

Als der Thronfolger Diana den goldenen Ehering an die linke Hand steckt, wird sie, glaubt das Volk, die achtundvierzigste Königin von England. Sie

weint, und die Welt schaut gerührt zu. An diesem Tag ist sie knapp zwanzig Jahre alt.
»Charles vergißt, die Braut zu küssen«, schreibt einer der Biographen empört. Ein Omen? Ein Hof-Experte: »Wir waren alle wie vor den Kopf gestoßen. Jeder englische Ehemann küßt seine frisch angetraute Frau.« Ja – wenn er sie liebt.
Unter den Hochzeitsgästen entdeckte Diana Camilla, ganz in Hellgrau, mit einem Pillboxhut mit Schleier. »Na gut, da bist du also«, sagte sie zu sich selbst, »was soll's, hoffen wir, daß alles vorbei ist.«
Vor der Kirche wartete eine begeisterte Menschenmenge und jubelte der frischgebackenen Prinzessin von Wales zu: »Es war ein wunderbares Gefühl, alles schrie Hurrah, alle waren glücklich, weil sie dachten, wir wären glücklich, und in meinen Gedanken war dieses große Fragezeichen. Ich war mir darüber im klaren, daß ich eine gewaltige Rolle übernommen hatte, doch ich hatte keine Ahnung, worauf ich mich da einließ – aber wirklich keine Ahnung.«
Auf dem Balkon des Buckingham-Palastes verewigten Tausende von Fotografen den demonstrativen Hochzeitskuß, den wir nach Dianas Tod Dutzende Male sehen sollten. Später, als sie neben Charles beim Hochzeitsfrühstück saß, bröckelte schon die Fassade: »Wir sprachen nicht miteinander – wir waren so erledigt. Das Ganze hatte mich völlig erschöpft.«
Und das alles für eine Zukunft, die in den Sternen lag, denn: »Nur Propheten, Marxisten und Jehovas Zeugen werden es wagen, vorherzusagen, ob Prinz Charles und Lady Diana tatsächlich eines Tages als König und Königin von England den Thron besteigen werden. ... Ganz gleich wie scheinbar groß und verbreitet Popularität auch sein mag, sie kann sich innerhalb eines Nachmittags verflüchtigen; und Institutionen, die Jahrhunderte überdauert haben, können über Nacht verschwinden«, schrieb das »Time Magazine« über diese Hochzeit, die mit einer Scheidung endete und die Monarchie an den Rand des Abgrunds brachte.

Sisi

Sisi winkt, Sisi weint, und Tausende sehen ihr dabei zu. Die bayrische Prinzessin ist umjubelter Mittelpunkt auf der Reise in ihr neues Leben.
Wir schreiben den 21. April 1854, neun Monate sind seit der Verlobung in Ischl vergangen, als die zukünftige Kaiserin gegen 14 Uhr mit dem Donau-

dampfschiff »Stadt Regensburg« in Passau ankommt. Am Ufer drängen sich die Menschen auf dem Landesteg. Dragoner in Weiß und Lichtblau mit vergoldeten Bügelhelmen, Generäle mit grünen Federn an den Hüten, die Bataillons in geraden Reihen zum Empfang aufgestellt, Mädchen in weißen Kleidern mit Blumensträußen in der Hand. Statthalter, Bürgermeister, Militär, die Zünfte, die Schuljugend, die Geistlichkeit, der Adel, der Musikchor, alle waren sie gekommen, um der schönen Braut einen triumphalen Empfang zu bereiten. Und selbst Franz Joseph, der laut Protokoll seine Braut erst in Wien begrüßen sollte, war in aller Früh mit dem Dampfboot gekommen, um sie zu überraschen.

Es war gegen achtzehn Uhr, als das Boot in Linz anlegt, wo die bayrische Herzogin ihre erste Nacht auf fremdem Boden verbringen soll. Hier wird die Begeisterung geradezu beängstigend, alle Kirchenglocken läuten, die Musikkapelle intoniert die habsburgische Hymne »Gott erhalte unseren Kaiser«, und wieder drängen sich die Massen, um einen Blick auf das Mädchen zu werfen, das der Kaiser erwählt hat, ihre Landesmutter zu werden. Franz Joseph, den sein Volk immer für kühl und distanziert gehalten hat, umarmt Sisi mit solcher Leidenschaft und küßt sie so stürmisch, daß die dichtgedrängte Zuschauermenge in tosenden Beifall ausbricht. Die verschüchterte Braut ist völlig überfordert und erschöpft und kann ihre Tränen nur noch mit Mühe zurückhalten.

Infanterie präsentiert, Offiziere senken salutierend den Degen, Böllerschüsse krachen, und selbst in der Nacht nehmen die Hochrufe vor Sisis Schlafzimmer kein Ende. Eine weitere Parallele zu Diana, deren Schlaf vor der Hochzeit ebenfalls vom jubelnden Volk gestört wurde.

Auf der Reise nach Wien zeigte die Donaumonarchie, wie man eine zukünftige Kaiserin empfängt:

Am nächsten Tag säumten Zehntausende das Ufer, als »die Rose aus dem Bayernland« auf dem elegantesten Donauschiff, dem Raddampfer »Franz Joseph«, durch die Wachau über Melk, Dürnstein, Stein, Krems und Tulln nach Klosterneuburg fuhr. Die Arbeit ruhte überall, die Schulkinder hatten frei, und bei jeder Anlegestelle waren die Honoratioren des jeweiligen Ortes versammelt.

»Die Ausstattung des Schiffes war kaiserlich: die Kajüte der Braut mit Purpursamt verkleidet, das Deck in einen lebenden Blumengarten verwandelt mit einer Rosenlaube, in die Sisi sich zurückziehen konnte«, beschreibt Brigitte Hamann den Prunk, mit dem das Kaiserhaus das wichtige Ereignis feiert.

Am Nachmittag kommt die Hochzeitsgesellschaft endlich in Nußdorf, dem Wiener Hafen, an. Die Braut ist blaß und still und verläßt in einem weitgebauschten rosa Kleid, das ihre Kindlichkeit betont, mit weißer Spitzenmantille und einem mit Rosen geschmückten Hut wie eine Märchenprinzessin das Schiff. Von nun an wird sie, noch mehr als in ihrer Kindheit, ihre Gefühle verbergen: »Oft komme ich mir vor wie dicht verschleiert, ohne es zu sein, wie in einer innerlichen Maskerade: im Köstüm einer Kaiserin«, gesteht sie Jahre später ihrem griechischen Vorleser Constantin Christomanos.

Aber die Bereitschaft zur Maskerade genügt nicht. Die vielen ermüdenden Zeremonien, das Starren der Menschen, das Zur-Schau-gestellt-Sein, überall Neugierde und Begeisterung, das stundenlange Lächeln, huldvolle Kopfnikken und Winken – es ist alles viel zuviel für das sechzehnjährige Mädchen, das nur die Wälder rund um Possenhofen kennt.

Am Landesteg wartet wieder der Kaiser, der zurück nach Wien gefahren war. Diesmal mit seinen Eltern, den höchsten Würdenträgern des Staates und einer unübersehbaren Menge von Schaulustigen. »Wie ein Orkan schallt ihr tausendstimmig der Ruf ›Hoch Elisabeth!‹ entgegen ... und der Anblick ihrer holdseligen Gestalt reißt die Umstehenden immer wieder zu von Herzen kommenden Jubelrufen hin«, beschreibt Conte Corti ein Phänomen, das den Mythos der späteren Kaiserin begründen wird. Sie ist nur ein schüchternes kleines Mädchen vom Land, aber ihre Ausstrahlung bewegt die Massen.

Es wird schon Abend, als die Hochzeitsgesellschaft endlich in Schönbrunn ankommt, dem großen, kalten Schloß mit seinen mehr als tausend prunkvoll ausgestatteten Gemächern: »Sie fühlt nur wie unter einem Frösteln, daß diese Mauern, deren Hunderte Fenster sie wie kalte neugierige Augen betrachten, ein fremdes Leben bergen. ... Auch hier im Park von Schönbrunn erwartet die Braut eine Begrüßungscour, die ihr kaum Zeit läßt, sich einen Augenblick zu erholen. Auf der Treppe stehen die Erzherzoginnen parat, in der langen Spiegelgalerie drängen sich die Damen des Hofes, Prinzessinnen und Fürstinnen. ... Sie muß sich aber, kaum dem Wagen entstiegen, gleich mit dem Kaiser auf dem großen Balkon des Schlosses zeigen, vor dem die schnurgeraden Linien des geometrisch gegliederten Parks sich scheinbar im Unendlichen verlieren«, beschreibt Johannes Thiele die nächste Tortur.

Doch es ist nicht nur Schönbrunn, das sie erschreckt. Es sind die vielen wenig wohlwollenden Adeligen am Kaiserhof, die sie mit ihren Augen wie ein Ausstellungsstück betasten: »Ist sie schöner als wir«, fragen sich die

Frauen, »kann sie mit diesem schmalen Becken genug Erben gebären«, sorgen sich die Strategen, »wird sie noch gut zu formen sein«, denkt sich das Personal.

Gräfin Sophie Esterházy-Liechtenstein, eine Dame von sechsundfünfzig Jahren, hat einen besonders strengen Blick. Sie wird dieses unbedarfte Kind zu erziehen haben, Sophie hat sie zur Obersthofmeisterin bestimmt. Sisi sehnt sich schon jetzt nach den lieben guten Menschen in ihrer bayrischen Heimat. Hier sind alle so streng und hart, so wenig freundlich. Diese Gräfin mit ihrem vertrockneten ledernen Gesicht und den schmalen Lippen wird kein Verständnis für ihre Jugend haben.

Als Nachtlektüre übergibt sie ihr ein umfangreiches Schriftstück, das sie für den morgigen Tag studieren soll: »Zeremoniell bei dem öffentlichen Einzug Ihrer königlichen Hoheit, der durchlauchtigsten Prinzessin Elisabeth.«

Am nächsten Tag, es war der 23. April, wird Sisi offiziell mit allen Ehren in Wien empfangen. Allein die feierliche Toilette für das Ereignis dauert mehrere Stunden. »Als es am späten Nachmittag endlich so weit war und die Braut mit ihrer Mutter in die von acht Lipizzanern gezogene Prunkkarosse stieg ..., war ihre Erschöpfung für jedermann sichtbar«, schreibt die Historikerin Brigitte Hamann. In ihrer gläsernen Kutsche weinte sie unaufhörlich. Und statt einer strahlenden Kaiserbraut begrüßten die im Spalier stehenden Wiener ein schluchzendes junges Mädchen neben der ebenfalls verängstigten Brautmutter Ludovika.

»Wie ein kostbares fremdländisches Tier« wird Sisi »um ganz Wien vorgeführt« und fügt sich mit resignierter Ergebenheit in die Fahrt, die laut Conte Corti »jedes anderen Mädchens Herz mit höchstem Stolz und unbeschreiblicher Genugtuung erfüllt hätte«.

Immer noch weinend kommt sie nach dem neuerlichen Bad in der Menge in ihrem neuen Heim, der Wiener Hofburg, an. Beim Ausstieg aus der Glaskarosse strauchelt sie, weil das Diadem an der Türfassung des Wagens hängenbleibt. Kein gutes Omen für den Start in ein neues Leben.

Elisabeth hat in dieser Nacht kaum geschlafen und in den letzten Tagen vor Aufregung und Kummer fast nichts gegessen, heute wird ihre Hochzeit sein. Wieder bringt die Obersthofmeisterin zwei umfangreiche Schriftstücke, in denen ihr minutiös jeder Schritt, jede Geste bei der Hochzeit vorgeschrieben wird. So wie Diana muß auch sie damit fertig werden, daß jede Minute der Zeremonie einem genauen Plan folgt. Auf nicht weniger als neunzehn Seiten wimmelt es von Begriffen, die sie noch nie in ihrem Leben gehört hat: »Von

palast- und appartementmäßigen Damen«, von »Edelknaben und Schleppenträgern« und von »aufwartenden Generälen« und vielem mehr ist die Rede. Die Angst vor diesem fremden Hof wird immer größer. Doch so wie für Diana gibt es auch für sie kein Zurück. Wien liegt im Hochzeitsfieber, die Gäste aus der ganzen Welt sind längst angereist, die Berichterstatter aus allen Teilen des Landes warten darauf, ihre Leser an dem Märchen teilhaben zu lassen: »Viele Wochen vor dem Hochzeitstag hatte ein Heer von Steinmetzen, Zimmerleuten und Maurern von der Stadt Besitz ergriffen. Über den Wien-Fluß hatte man eine neue Brücke geschlagen, über welche die Braut in die Hauptstadt einziehen sollte; längs den Ufern pflanzte man Palmen und andere exotische Gewächse, die später von den Andenkenjägern auseinandergerissen wurden. An allen Kirchen wurden Kuppeln und Turmhelme gereinigt, alle Barocken-gel abgestaubt und in den Remisen der großen Paläste die Staatskarossen für den Festzug hergerichtet«, schreibt Biographin Joan Haslip über die freudige Erwartung, die über der ganzen Stadt lag.
Sisi wird immer nervöser. Franz Joseph ist so wie Charles an die ständige Aufmerksamkeit gewöhnt und versucht seine verzweifelte Braut zu trösten: »Liebling, das gehört einmal zu unserem Beruf«, sagt er und läßt sie wieder allein, um seinen Geschäften nachzugehen.
Am späten Nachmittag beginnt traditionell der feierliche Einzug der Kaiserbraut in die Haupt- und Residenzstadt. Die Stunden der qualvollen Erwartung sind mit aufgeregter Hektik angefüllt. Alle zerren an Sisi herum, sie wird frisiert, geschnürt, betastet und qualifiziert. Als sie, gekleidet in einen Traum aus silberdurchwirktem Rosa, endlich den Fuß in die gläserne Kutsche setzt, ist sie schon wieder den Tränen nah. »Ludovika, selbst verängstigt und aufgeregt, zischt ärgerlich, sie möge sich zusammenreißen. Elisabeth wischt sich die Spuren der Tränen aus ihrem blassen, ernsten Gesicht«, schreibt Johannes Thiele über die »glückliche« Braut.
Es war ein wunderschönes Paar, das sich in der von 15.000 Kerzen taghell erleuchteten Augustinerkirche das Jawort gab. Fast tausend Menschen drängten sich, um die schöne Braut zu sehen. »Als die beiden Herzoginnen Elisabeth vor den Altar führten, herrschte eine so atemlose Stille, daß man eine Nadel hätte fallen hören. Sogar die Zyniker und Lebemänner rührte der zärtliche Blick, den der Kaiser auf seine Braut richtete, die Behutsamkeit, mit er sie von ihrem Betstuhl aufhob, um sie zum Hochaltar zu geleiten«, schreibt Joan Haslip.
Der belgische Gesandte berichtete nach Brüssel etwas süffisant: »In einer

Stadt, wo unlängst der revolutionäre Geist so viele Verheerungen angerichtet hat, war es nicht unnütz, die ganze monarchische Herrlichkeit zu entfalten.« Und tatsächlich braucht Franz Joseph dringend diese Traumhochzeit mit einer Braut, die mehr umjubelt wird als er, denn die Österreicher lieben ihn nicht. »Seine ersten Regierungsjahre sind belastet mit dreitausend Todesurteilen in Ungarn und Italien, brutalen Ausschreitungen, Standgerichten, Exekutionskommandos en masse – das alles wird ihm nicht vergessen. Und das lastende Schweigen, das ihm entgegenschlägt, wo immer er auftritt, wirkt ärger als jeder Fluch, als drohend gereckte Fäuste. ... Dieser blutjunge Kaiser, hart und einsam auf seiner entrückten Höhe, sucht keinerlei Kontakt zu seinem Volk, unternimmt nicht den kleinsten Versuch, es für sich zu gewinnen und die Herzen der Menschen zu erobern«, erzählt Biograph Johannes Thiele.

Sophies Plan ist aufgegangen, sie kann stolz auf die großartige Inszenierung sein: »Den Kaiser lieben sie zwar nicht, aber seine Braut, dieses schmale Mädchen, das sich immer wieder zur Seite neigt in diesem goldflirrenden Prunk und einen so rührenden, menschlich bewegenden Eindruck macht«, so Johannes Thiele, haben sie sofort ins Herz geschlossen. In dieser schweren Zeit, die noch unter den Nachwirkungen der Revolution leidet, gibt es endlich einen Lichtblick. Für kurze Zeit sind die sozialen und politischen Krisen vergessen, für einen Augenblick die absolutistische Unterdrückung verziehen. So wie Diana und Charles erfüllen auch Sisi und Franz Joseph den Traum von der heilen Welt.

In ihrem Brautkleid aus schwerer, reiner Seide, reich mit Gold und Silber durchwirkt, auf dem Kopf das Diamantendiadem, das bereits ihre Schwiegermutter bei der Hochzeit getragen hat, hört Sisi die Worte des Kardinals und ist befremdet von seiner Trauungsrede. Er spricht von der Frau, die ihren Mann nicht liebt, wenn sie ihn um seines Reichtums willen geheiratet hat. Elisabeth erschrickt und errötet. Man hat sie nicht gefragt, ob sie Franz Joseph will, und sie hat sicher nie an sein Geld gedacht.

Als Elisabeth, Herzogin in Bayern, an diesem Abend die Augustinerkirche verläßt, ist sie Kaiserin eines der mächtigsten Reiche Europas. Ihre 38 Millionen Untertanen, vom Bodensee bis zu den Grenzen Siebenbürgens, vom Po bis zum Weichselstrand, setzen Erwartungen in sie, die sie nie erfüllen wird. Auf den Straßen jubeln wieder die Menschen, der feierliche Zug mit dem Brautpaar kehrt in die Hofburg zurück, und nun beginnt das höfische Zeremoniell, das Sisi ihr ganzes Leben lang hassen wird. Eine endlose Reihe fremder Menschen zieht an ihr vorbei, sie soll die richtigen Sätze sagen, den Kopf im richtigen Moment huldvoll neigen, sie gerät in Panik und flüchtet tränenüberströmt ins Nebenzimmer.

Was ist das für eine Kaiserin? Es wird getuschelt und beziehungsvoll geschwiegen, die Blicke kreuzen sich im Einverständnis. »Wir haben es immer schon gewußt«, scheinen sie zu sagen, »eine bayrische Landpomeranze eignet sich nicht für unseren Hof.«

Erschöpft, verweint und unsicher kommt sie nach einer Weile zurück und wird wieder von Blicken betastet. In einer Mischung aus Neid, Häme und Mitleid begegnen ihr die adeligen Damen, und Sisi fühlt sich ihnen hilflos ausgeliefert.

Der erste Konflikt in der kaiserlichen Familie war vorprogrammiert, denn es schien offensichtlich, daß hier verschiedene Welten aufeinandertrafen. Für Franz Joseph und seine Mutter war das starre Zeremoniell alltägliche Routine, für Sisi eine unerträgliche Qual, der sie sich nicht gewachsen fühlte.

Am Abend, beim Volksfest, zu dem Tausende Menschen aus den Vorstädten in die Innere Stadt pilgerten, um am Michaelerplatz und am Kohlmarkt das Kaiserpaar zu sehen, glaubte man, so Hamann, »die ganze Straße in einen Ballsaal verwandelt zu sehen«. Aber der Schein des Glücks war trügerisch. Ein Augenzeuge schreibt über das glanzvolle Ereignis in sein Tagebuch: »Auf dem Podium und bei den Zuschauern Jubel und hoffnungsvolle Freude. Hinter der Szene aufsteigende trübe, sehr trübe Zeichen.«

11

Keine Zeit für die Liebe

Diana

Auf dem Schiff gab es zuviele Augen. Wie sollte Diana diesen Mann, mit dem sie nie allein war, besser kennenlernen? Die Verlobungszeit und die Hochzeit waren wie ein Film in der falschen Geschwindigkeit an ihr vorbeigerast, und jetzt, da es Zeit war innezuhalten, waren mehr als zweihundertfünfzig Marinesoldaten und zweiundzwanzig Offiziere Tag und Nacht dabei, als sie ihre Flitterwochen mit Charles genießen wollte.

Und obwohl die Mannschaft der königlichen Jacht »Britannia« die Anweisung hatte, »sich unsichtbar zu machen«, und in der Nähe der beiden nur leise in Slippern mit Gummisohlen herumschlich, konnten die Männer nicht umhin, das Liebespaar zu beobachten: »Manchmal war es schon ein wenig schwierig, geradeauszustarren, wenn die Prinzessin von Wales in ihrem Nachthemd herumrennt. Ich erinnere mich, wie sie eines Nachmittags aus der königlichen Suite kam. In einem hauchdünnen weißen Negligé mit einer rosaroten Satinschleife am Busen, die lose herunterbaumelte. Sie versuchte, den Prinzen von seinen Büchern wegzulocken«, wird einer der Seemänner später erzählen.

Aber auch beim festlichen Abendessen gab es keine Intimität. Während sich die Hoheiten über die Ereignisse des Tages unterhielten, saßen ausgewählte Offiziere mit ihnen zu Tisch und machten respektvoll Konversation.

Die Küchenmannschaft wunderte sich, daß Diana Unmengen von Eis und Süßigkeiten verdrückte und öfter in der Küche vorbeikam und sich eine Zwischenmahlzeit zubereiten ließ. Der Streß der Hochzeit war vorbei, aber Diana war in ihren Flitterwochen nicht glücklich: »Damals war die Bulimie furchtbar, absolut furchtbar«, wird sie später Andrew Morton erzählen. »Sie wütete, viermal am Tag auf der Jacht. Alles, was ich finden konnte, schlang ich hinunter, und zwei Minuten später mußte ich kotzen.«

Charles war von den ständigen Stimmungsumschwüngen, die diese Krankheit mit sich bringt, völlig überfordert und wußte nicht, wie ihm mit seiner Frau geschah, die in einem Moment fröhlich und im nächsten verdrießlich war, ihn in der Früh mit ihrem Charme betörte und am Abend verbal attackierte. Aber die Auseinandersetzung mit Gefühlen gehörte nicht zu seinen Stärken, und so bemühte er sich ebenso wie seine Frau, den zahlreichen Beobachtern die Illusion einer glücklichen Hochzeitsreise nicht zu nehmen.

Für Diana hatte die Ehe schon enttäuschend angefangen. Im Reisegepäck den grünen Bikini, den Charles so gern mochte, und Spitzenunterwäsche aus Satin, waren sie nach Broadlands aufgebrochen, wo sie die ersten drei Tage in der Abgeschiedenheit des Gutes von Lord Mountbatten zubrachten; so wollte es die Tradition, denn auch Queen Elizabeth und Prinz Philip waren in ihren Flitterwochen hier abgestiegen. Es war eine Wiederholung der Familiengeschichte, die damals noch niemandem bewußt war: Der Thronfolger heiratete, so wie sein Vater, eine Frau, die er wahrscheinlich nicht wirklich liebte und mit der er später unglücklich wurde.

Charles hatte jedenfalls seine eigene Vorstellung vom Glück, die sich mit der Dianas überhaupt nicht deckte: »Am zweiten Abend holte er die Romane von Van der Post heraus, die er noch nicht gelesen hatte. (Laurens Van der Post, der südafrikanische Philosoph und Abenteurer, wurde von Prinz Charles sehr bewundert.) Es waren sieben – sie trafen in unseren Flitterwochen ein. Er las sie, und wir mußten sie jeden Tag beim Mittagessen analysieren.« Wenn er nicht philosophierte, machte er stundenlange Spaziergänge oder saß am Flußufer und angelte, denn Charles war – so wie Franz Joseph – nicht daran gewöhnt, auf die Bedürfnisse von Frauen einzugehen.

Auf der »Britannia« wurde es nicht viel besser. Die Gäste kamen und gingen. Als der Thronfolger für den ägyptischen Präsidenten Anwar El-Sadat und seine Gattin Jihan an Bord ein Dinner gab, zeigte sich das nächste Problem: Diana konnte sich nicht königlich benehmen, und »als sie die Sadats traf, blieben ihr die Worte im Hals stecken«, erinnert sich ein Beobachter. »Sie sagte immer wieder: ›Oh, ich mag Mangos‹. Es war schrecklich peinlich, aber natürlich besaßen die Sadats die Freundlichkeit, so zu tun, als hätten sie es nicht gehört.« Als das ägyptische Ehepaar die Gangway hinunterschritt, »schickte ihnen eine überschwengliche Diana«, so Campbell, »die Lady Susans Lektion in königlicher Zurückhaltung ganz vergessen hatte, Küsse hinterher und winkte wie ein Kind«. Charles sah sich gezwungen zu handeln: »Man konnte nicht zulassen, daß die Prinzessin von Wales schwatzte und sich

gehenließ«, meinte er streng und beauftragte, als sie in Schottland ankamen, Dianas Privatsekretär, »ihre Konversationsfähigkeiten zu trainieren«.
Der Abend mit dem ägyptischen Präsidenten hatte aber noch ein anderes Nachspiel: Charles war besonders gut gekleidet und trug außergewöhnliche Manschettenknöpfe in Form von zwei ineinanderverschlungenen Cs, die seiner Frau sofort auffielen. Er konnte nicht leugnen, daß sie von Camilla waren. Diana hatte ihr Mißtrauen bisher gut verdrängt, sie wollte nicht wahrhaben, daß die Hochzeit nichts an seiner Beziehung zu Mrs. Parker Bowles geändert hatte, und nun trug er in ihren Flitterwochen ein Geschenk dieser Frau! Es war nicht nur geschmacklos, es war zutiefst verletzend. Wenige Tage zuvor waren aus seinem Terminkalender zwei Fotos seiner Freundin und »Vertrauten« gefallen. »Tränenüberströmt und erbost zugleich flehte sie ihn an, ihr ehrlich zu sagen, wie er eigentlich zu ihr und Camilla stehe. Doch Charles stellte sich taub«, erzählt Biograph Andrew Morton.
Nach außen war es nach wie vor ein Honeymoon wie im Bilderbuch. Sie schwammen, tauchten, schnorchelten und lagen in der Sonne. Diana, die schon als Kind gelernt hatte, heiter und glücklich zu wirken, gleichgültig wie es in ihr aussah, spielte die zufriedene junge Ehefrau, und Charles wollte es – so wie Franz Joseph in seiner Ehe mit Sisi – nur zu gerne glauben. Die Mannschaft der »Britannia« tat ihr Bestes und kam dem Auftrag nach, ihnen eine Mischung aus Luxus und Einfachheit, Tradition und Abenteuer zu bieten:
Der Mond schien hell auf die kleine Bucht auf der Insel Ithaka. Eine Party unter dem Sternenhimmel am Strand stand für das königliche Paar auf dem Programm. Die Offiziere bedienten den Grill, nach dem Essen kam ein Akkordeonspieler von Bord, und in der lauen Nacht erklangen Seemannslieder. Wenn man vom Personal absieht, das ständig anwesend war, wo immer sich das Liebespaar vergnügte, könnte man sagen, daß es sehr romantisch war. Und so entstand das Märchen, daß Aschenputtel mit dem Prinzen glücklich wurde: »Es war offensichtlich, daß sie ineinander vernarrt waren. Er konnte seine Hände nicht von ihr lassen, und sie saß ständig auf seinem Schoß, küßte ihn oder schmiegte sich an ihn«, läßt Lady Colin Campbell wieder einen ihrer »Beobachter« erzählen.
Nach zwei Wochen auf der »Britannia« flog das Paar nach Balmoral, wo die Königin wie jedes Jahr ihre Sommerferien verbrachte. Für Diana ein neuer Streß, so daß sie manchmal schon während der Mahlzeiten hinausgehen mußte, um sich zu übergeben. Ihre Schwiegereltern waren ihr fremd, und sie litt darunter, wie ihr Mann sie behandelte: »Er fürchtete seine Mama, war von

seinem Vater eingeschüchtert, und ich war immer die dritte Person im Zimmer. Nie hieß es: ›Darling, möchtest du einen Drink haben?‹, immer hieß es: ›Mummy, möchtest du einen Drink haben?‹, ›Granny, möchtest du einen Drink haben?‹«, wird sich Diana später über die mangelnde Beachtung beklagen.
Der Traum von der Märchenprinzessin, die von der »Letzten« in ihrer Familie durch ihren Prinzen zur »Ersten« hätte werden sollen, war schon zu Ende geträumt. Der distanzierte Charles flüchtete – wie die meisten Männer, die Angst vor einer Bindung haben – vor seiner nähesuchenden Frau. Ein Teufelskreis, aus dem es kein Entkommen gibt, beginnt sich zu drehen. Er hat sich eine Partnerin gewünscht, die ihn bewundert, für ihn da ist, die sich problemlos in sein Leben einfügt, ihm die notwendigen Erben schenkt und damit zufrieden ist, die Gattin des zukünftigen Königs zu sein. Für Diana war Charles ein Prinz aus den Märchenbüchern, er war die Verheißung, daß »jetzt alles wieder gut wird«, daß endlich die Liebe kommt, auf die sie so lange vergeblich gewartet hat. Wie soll eine Ehe funktionieren, in der die Erwartungen so unterschiedlich sind?
Für Lady Colin Campbell blieb der Thronfolger das Opfer seiner berechnenden Frau, die ihn unter falschen Vorzeichen in ihr Bett gelockt hatte: »Weil Diana so getan hatte, als würde sie das Landleben im allgemeinen und Balmoral im besonderen lieben, erwartete Charles, daß ihre Flitterwochen so zufriedenstellend weitergehen würden wie bisher.« Sie läßt eine »Vertraute« des Prinzen aus dem Nähkästchen plaudern: »Er glaubte, Diana würde glücklich darüber sein, wenn sie sich im Schloß ausruhen, Stickereien anfertigen, lange Spaziergänge machen, sich mit den anderen Ladys unterhalten und all das tun konnte, was Frauen stets taten, während er angelte und jagte und all das unternahm, was er immer schon unternommen hatte.«
Aber sie waren kaum eingetroffen, als das glückliche Paar dabei beobachtet wurde, wie Charles im Range-Rover das Schloß verließ, während Diana wütend neben dem Auto herlief und schrie: »Ja, wirf mich weg wie Müll. Laß mich allein. Lauf weg und iß bei deiner Mami.« Oder ein anderes Mal: »Was soll ich den ganzen Tag machen, während du dich vergnügst? Vor Langeweile sterben? Du nennst dich Ehemann? Du bist mir ein schöner Ehemann.« Die Biographin liefert die Erklärung für die Probleme der jungen Frau gleich mit: »Ihre Vorstellung von der Liebe waren ständige Hingabe und Aufmerksamkeit. Aber das hier war das wirkliche Leben, kein Roman ihrer Stiefgroßmutter Barbara Cartland. Und während Charles zweifellos egoistisch reagierte, waren ihre Erwartungen unvernünftig. Sie wünschte sich jemanden, der ihre

Persönlichkeit vervollständigte, ihre romantischen Phantasien mit ihr auslebte und jede wache Stunde in endlosem Entzücken mit ihr verbrachte. Abgesehen davon, daß jede Frau über fünfundzwanzig weiß, daß solche Männer nicht existieren, hatte Diana sich einen Mann ausgesucht, der von der Veranlagung her zu einer derartigen Hinwendung zu einem anderen Menschen nicht fähig war.«

Charles war sein ganzes Leben lang dazu erzogen worden, seine Gefühle zu unterdrücken. Er fand die Ausbrüche seiner Frau sehr beunruhigend und machte sich schon in den Flitterwochen Sorgen um die gemeinsame Zukunft. Seine Eltern waren ihm fremd, mit ihnen konnte er über seine Probleme nicht sprechen. Seit Lord Mountbatten tot war, gab es niemanden mehr, der ihn verstand: »Seine Mutter war seit je die ferne, anderweitig beschäftigte Königin gewesen, der er zu gehorchen hatte. Seine Großmutter, die Königin-Mutter, war inzwischen achtzig und damit kaum eine geeignete Ansprechpartnerin für einen jungen Mann, und was Philip betraf, so war er, wie ein Hofbeamter sagte, ›der letzte, bei dem Charles sich Rat geholt hätte‹«, erklärt Donald Spoto das Dilema des einsamen Prinzen, der niemanden hatte, dem er sich anvertrauen konnte.

Und so saß das junge, unglückliche Paar in Balmoral, inmitten einer Großfamilie, die es nicht auffangen konnte. Diana aß und kotzte, und Charles sah zu, daß er möglichst oft flüchten konnte.

Vor den Toren des Schlosses hatte sich inzwischen wieder die internationale Presse versammelt. Sie war den beiden schon im Mittelmeer gefolgt, jetzt wollte sie das glückliche Paar an Land erleben. Die Königin verfügte, daß es ein offizielles Interview mit Fotos geben sollte, damit endlich wieder Ferienfrieden auf Balmoral herrschen konnte und die lästigen Paparazzi verschwanden:

Es ist ein herrlicher Tag im August, auf den Wiesen steht das Gras hoch, und im Hintergrund läßt eine alte steinerne Brücke keinen Zweifel an der Symbolik: Hier haben sich ganz offensichtlich zwei Menschen verbunden, die miteinander glücklich sind. Charles trägt die Tracht seines schottischen Regiments, der »Gordons«, und überrascht die Welt, die auch an diesem Event dankbar via Medien teilnimmt, mit Kniestrümpfen, Schottenrock und beschlagener Felltasche. Breitbeinig steht er da, der sichere Beschützer seiner Frau, die, weil sie ein Stückchen größer ist, auf einem Holzgatter sitzt, damit sie ihn nicht überragt. In einem einfachen braunen Kostüm, das gut zu seinem rustikalen Outfit paßt, schaut sie liebevoll zu ihm auf. Die Kameras surren, die Fragestunde beginnt:

»Wie waren die Flitterwochen?«
»Phantastisch«, sagt Diana.
»Und das Eheleben?«
»Ich kann es nur empfehlen.«
Die Wahrheit über diese Zeit des »großen Glücks« wird Diana erst Jahre später erzählen:
»Ich weiß noch, wie ich mir in unseren Flitterwochen die Augen ausheulte. Ich war so müde, aus den falschen Gründen total müde. ... Ich wurde furchtbar, furchtbar dünn. Die Leute sagten schon: ›Du bist ja nur noch Haut und Knochen!‹ ... Im Oktober war ich drauf und dran, mir die Pulsadern aufzuschneiden. Es ging mir sehr schlecht. Es regnete und regnete und regnete, und ich fuhr früher von Balmoral hinunter, um mich behandeln zu lassen. ... Alle Analytiker und Psychiater bemühten sich darum, mich in Ordnung zu bringen. Setzten mich auf hohe Dosen Valium und all die anderen Sachen. Aber die Diana, die noch immer ganz da war, hatte beschlossen, daß es einfach seine Zeit brauchte – ich brauchte nichts weiter als Geduld und Zeit mich anzupassen. ... Im Grunde hatten sie wohl geglaubt, ich könnte mich über Nacht anpassen, um die Prinzessin von Wales zu sein.«

Sisi

Die Stimmung beim Abendessen im Kreise der Familie ist gespannt. Während das Volk in den Straßen von Wien singt und tanzt und durch die geöffneten kaiserlichen Gärten flaniert, nähert sich für Sisi der Augenblick, in dem sie mit Franz Joseph zum ersten Mal allein sein wird. Am Nachmittag hatte sie stundenlang auf einem hochlehnigen Thronsessel, die Hand auf ein besticktes Kissen gelegt, die Gratulationen über sich ergehen lassen müssen. Alle waren sie nach einer genauen Rangordnung an ihr vorbeigezogen und hatten ihr die Hand geküßt. Herzoginnen, Prinzessinnen, Gräfinnen, einige davon drei- oder viermal so alt wie sie. Es war so peinlich und beschämend. Jetzt saß sie stumm am Tisch und konnte vor Erschöpfung und Aufregung nichts mehr sagen und nichts essen.
Zwölf Pagen mit goldenen Leuchtern gingen voran, als Ludovika ihre Tochter feierlich ins eheliche Schlafgemach brachte. Gräfin Esterházy und vier Zofen begleiteten sie. Sisi hatte Angst. Es wurde so viel geflüstert und getuschelt, sie

wußte, daß sie von nun an Franz Joseph »gehörte«, aber niemand hatte ihr gesagt, was es genau bedeutete.
Jetzt lag sie im Bett und wartete auf ihren Mann. Sie war so grenzenlos müde von all den Feierlichkeiten, daß sie am liebsten nur schlafen wollte. Doch das Hofzeremoniell verfolgte sie weiter: »Ich holte dann meinen Sohn und führte ihn zu seiner jungen Frau, die ich noch sah, um ihr eine gute Nacht zu wünschen. Sie versteckte ihr hübsches, von einer Fülle schönem Haar umflossenes Gesicht in ihrem Kopfpolster, wie ein erschreckter Vogel sich in seinem Nest versteckt«, erzählt Sisis Schwiegermutter über die Hochzeitsnacht. Aber auch am nächsten Tag blieb das junge Paar nicht lang allein. Neugierig tauchten schon beim Frühstück die beiden Mütter auf und forschten besorgt in den Gesichtern, ob alles zur Zufriedenheit verlaufen sei. »Danach vertrauliche Unterredung eines jeden Kindes mit seiner Mutter«, was soviel hieß, daß Sophie Franz Joseph sofort ausfragte, wie es mit der Erfüllung der ehelichen Pflichten stand, berichtet die Historikerin Brigitte Hamann.
Sophie hätte die Auskunft ihres Sohnes nicht gebraucht, denn Lakaien und Kammerzofen waren verläßliche Informanten. Und so erfuhr der ganze Hofstaat, daß Sisi erst in ihrer dritten Nacht entjungfert wurde.
Über die Hochzeitsnacht gibt es nur Spekulationen, auch wenn Biograph Johannes Thiele sich einfühlen kann: »Monate hat er auf Elisabeth gewartet«, schreibt er über Franz Joseph, dem er ein »heißblütiges Temperament« unterstellt. »Nun ist es Zeit, sie in Besitz zu nehmen. Wund und ernüchtert fühlt sie sich nach dieser Nacht.«
Biographin Lisa Fischer setzt das Ereignis in den historischen Rahmen und schreibt, »daß die Liebe, um die körperliche Ebene erweitert, keine Illusion mehr zuließ.« Der weibliche Körper wurde »auf staatlicher Ebene zur Funktion degradiert. Er diente als Gebärmaschine für den Thronfolger. Schon durch die Höherbewertung des männlichen Kindes mußte das eigene Geschlecht als zwiespältig erfahren werden.« Ein Schicksal, das Sisi mit Diana teilte.
Was die junge Kaiserin wirklich empfunden hat, ist nicht überliefert. Tatsächlich war Franz Joseph immerhin so rücksichtsvoll, bis zur dritten Nacht zu warten, was man von seinem Sohn Rudolf nicht behaupten kann, dessen Frau, Prinzessin Stephanie, bitter über ihre Hochzeitsnacht klagte: »Welch eine Nacht! Welch qualvolles, entsetzliches Opfer! Wie packte mich der Ekel. Ich wußte nichts! Man hatte mich zum Altar geführt, ohne mich im geringsten über das, was dann folgen würde, aufzuklären. Es brauchte viel Kraft, den Aufruhr zu meistern, der sich gegen die physische Gewalt des Mannes

aufbäumte ..., der in entscheidender Stunde den Unterschied zwischen einem unberührten jungen Mädchen – und einer schamlosen Dirne vergaß.« So wie Stephanie ist es den meisten jungen Frauen des 19. Jahrhunderts ergangen, meint Lisa Fischer: »Viele hatte die Hochzeitsnacht völlig unvorbereitet getroffen, und oft war die Ernüchterung eine große. Zwischen Vorstellung und Wirklichkeit klaffte ein großer Spalt.«

Es war am Morgen danach. Sisi weigerte sich voller Scham, am Familienfrühstück teilzunehmen, und so kam Franz Joseph allein ins Appartement seiner Eltern und wartete, daß seine »liebe Sisi aufstehen würde«. Der Wunsch seiner Frau, allein zu bleiben und sich nicht den forschenden Blicken der versammelten Verwandtschaft auszusetzen, fand bei seiner Mutter jedoch kein Verständnis, und gehorsam kam er ihrem Befehl nach. Die junge Kaiserin hatte zu erscheinen. Für Sisi war es die erste von vielen Enttäuschungen, daß ihr Mann sie nicht vor ihrer Schwiegermutter schützte: »Der Kaiser war so gewohnt zu folgen, daß er sich auch darein ergab. Aber mir war das gräßlich«, wird sie später ihrer Hofdame Marie Festetics klagen.

Sisi erscheint, gedemütigt, blaß und nervös, sie kann sich nicht wehren und muß den Anordnungen Sophies Folge leisten. Sie kann aus lauter Scham keinen Bissen essen und schaut krampfhaft auf ihren Teller, um die Tränen in ihren Augen zu verbergen. Niemand bemerkt ihre Qual.

Franz Joseph unterhält sich ungeniert mit seiner Mutter über die Einzelheiten der Nacht, was gibt es Wichtigeres für die Erhaltung der Dynastie als eine geglückte Vereinigung? »Man muß sich vor Augen halten«, schreibt die Biographin Joan Haslip, »daß noch vor nicht allzu langer Zeit dem Vollzug einer Ehe im Hause Habsburg hohe geistliche und weltliche Würdenträger als Zeugen beizuwohnen hatten«.

Für Sisi waren diese Erwägungen wohl kein Trost. Sie hält es nicht länger beim Frühstück aus und läuft weinend in ihr Zimmer.

Sophie hat es sicher nicht böse gemeint. Ihre Bevormundung, ihre indiskreten Ratschläge entspringen ihrer Sorge um die Monarchie. Sie versucht ihre Strenge immer wieder zu mildern und beschenkt ihre Schwiegertochter großzügig mit kostbarem Schmuck. Im Bemühen, alles perfekt vorzubereiten, war sie Monate damit beschäftigt gewesen, die Wohnung des jungen Paares geschmackvoll einzurichten, und hatte bei den Tapisserien, Vorhängen, Teppichen und Möbeln nicht gespart. Auf die Idee, daß Sisi oder Franz Joseph vielleicht gerne mitbestimmen wollten, kam sie nicht.

Die junge Kaiserin saß wie ein Vogel, der aus dem Nest gefallen ist, in einem fremden Heim, in dem es kein vertrautes Stück gab, mit einem Mann, der seiner Mutter gehorchen mußte, und einer Schwiegermutter, deren höchstes Ziel es war, eine gute Kaiserin aus ihr zu machen. Keine einzige Hofdame aus ihrer Heimat hatte sie nach Wien mitbringen dürfen, und vor der neuen Obersthofmeisterin mußte sie sich fürchten. Ähnlich wie Diana war ihr die Förmlichkeit in ihrer neuen Familie fremd, sie fühlte sich nicht aufgenommen und nicht geschützt.

Franz Joseph, den einzigen Menschen am Hof, zu dem sie Vertrauen hat, sieht sie nie allein. Sein Leben nimmt den gewohnten Gang. Selbst während der Flitterwochen steht er pünktlich um fünf Uhr morgens auf, betet, frühstückt um acht Uhr mit seiner Mutter und widmet sich anschließend dem Aktenstudium: »Die Weltpolitik steht während unserer Flitterwochen nicht still«, sagt er zu seiner jungen Frau. Auch Charles hat in den ersten Tagen der Ehe sein Leben fortgeführt, als wäre er allein. Er ging fischen, las und nahm an, daß es seiner Frau genügte, mit ihm verheiratet zu sein.

Die gemeinsame Zeit verbringt das Kaiserpaar mit Deputationen aus allen Ländern, die angereist sind, um die schöne junge Frau zu sehen. Stundenlang steht Sisi zwischen ihrem Mann und seiner Mutter und lächelt und empfängt Hunderte von fremden Gästen, am Abend gibt es einen Empfang nach dem anderen. Schließlich naht der große Hofball, bei dem die neidigen Augen aller Mütter und Töchter des Landes, die sich Hoffnungen gemacht hatten, auf ihr ruhen:

Ganz Wien beglückwünscht und beneidet dieses junge Paar, das strahlend unter einem Baldachin aus rotem Samt den Weisen von Johann Strauß zuhört. Sisi, diesmal ganz in Weiß, mit einem Brillantgürtel um die Taille, ein Diadem und einen weißen Rosenkranz im Haar, Franz Joseph wie immer in seiner Uniform. Aber auch jetzt gibt es kein Vergnügen: »Beide Majestäten tanzten einigemale, selbstverständlich nicht miteinander«, so Hamann, »sondern mit eigens vom Protokoll ausgesuchten Persönlichkeiten. Erzherzogin Sophie vergaß nicht, in ihrem Tagebuch zu vermerken, daß der Kaiser seiner jungen Frau die Figuren des Tanzes ›soufflieren‹ mußte«, denn ihre Tanzkünste waren – trotz aller Bemühungen – noch immer nicht dem Hof gemäß.

Elisabeth läßt all diese Zeremonien und Feste willenlos über sich ergehen. Sie hat das Gefühl, daß ihr Leben nur aus stundenlangem Umkleiden besteht, denn zum Empfang jeder Abordnung, etwa aus Ungarn, Böhmen oder Tirol, muß sie die entsprechende Nationaltracht tragen. Überall, wo sie erscheint, wird sie umjubelt, aber sie kann daran keine Freude finden. Ihr Tag ist nach Minuten eingeteilt, sie wird beobachtet und ständig von Sophie kritisiert. Sie sollte sich besser halten, freundlicher grüßen, lauter sprechen, diese Dame mehr beachten und jenen Herrn weniger ... Es gibt kaum etwas, was Sisi richtig macht.

»Die Erzherzogin lebte mehr denn je in dem Glauben, ja in dem Wahn, daß ein Herrscherpaar unbedingt von einem Nimbus umgeben sein müßte, der eine riesige Distanz zu normal Sterblichen schuf. Dieser Nimbus erforderte die peinlichste Befolgung der Etikette und des höfischen Protokolls, um die Majestät ›von Gottes Gnaden‹ gebührend herauszustreichen«, schreibt Sophie-Biograph Gerd Holler über Franz Josephs Mutter, die die Inszenierung des »Kaiserpaares« fest in der Hand hielt.

Vier Tage nach der Hochzeit war Elisabeth durch die ständigen Belehrungen Sophies und die unaufhörlichen Feierlichkeiten so erschöpft, daß sie sich weigerte, noch weitere Empfänge zu ertragen. Franz Joseph, dem nicht entgangen war, daß sie immer blasser und trauriger wurde, gab ihrem Wunsch nach und fuhr mit ihr in den Prater:

Es war ein herrlicher Tag. Die Nachricht, daß auf der Hauptallee der Kaiser und seine Frau zu sehen waren, verbreitete sich in Windeseile. Das Paar mußte sich schnell in die Seitenwege flüchten, um wenigstens ein paar Minuten unbelästigt zu sein.

Endlich waren die offiziellen Feierlichkeiten beendet, die Flitterwochen fingen an. Sisi hatte schon sehnlichst auf diese Zeit gewartet. So wie Diana hoffte sie, daß sie nun endlich ihren Märchenprinzen für sich allein haben konnte. Sie würde mit Franz Joseph in Schloß Laxenburg am Land leben, so wie in Possenhofen die Natur genießen, und alles wäre wieder gut.

Doch Sophie kam mit, und anstatt in der Gesellschaft ihres Mannes verbrachte Sisi ihre Tage mit der Schwiegermutter, denn der Kaiser fuhr täglich wie ein braver Beamter in die Hofburg zur Arbeit und kam erst am Abend zurück:

»Im einsamen Laxenburg muß sie von früh bis abends geschmückt, tadellos angezogen sein, denn es könnte sie jemand sehen, darf das und jenes nicht tun, weil es die Etikette verwehrt und weil es einer Kaiserin nicht ziemt«, beschreibt Conte Corti die ersten Tage der jungen Ehefrau.

Selbst beim Abendessen war das junge Paar nicht allein. Auf Sophies Befehl mußte ein Adjutant neben Sisi sitzen, der sie in geschliffener Konversation schulen sollte, denn sie war schüchtern und wußte nicht viel zu sagen. Auch hier eine verblüffende Parallele zu Diana, deren Gesprächskultur aus höfischer Sicht zu wünschen übrig ließ und die ebenfalls schon während der Flitterwochen dafür kritisiert wurde.

Franz Joseph bemerkt nichts von den Schwierigkeiten seiner Frau. Er ist glücklich, und Herzog Ernst von Sachsen-Coburg, der zu Besuch in Wien weilte, berichtet: »Ich finde den Kaiser außerordentlich vorteilhaft verändert. Er war viel kräftiger geworden. Trotz der kritischen Lage der Dinge war an dem jugendlich frischen Monarchen eine gewisse freudige Bewegung zu erkennen, und die Gründung des häuslichen Glückes schien in wohltätiger Weise auf sein Gemüt zu wirken.« Sophie ist auch zufrieden und erzählt in ihren Briefen an die bayrische Verwandtschaft »über unser junges Ehepaar, das in der ländlichen Abgeschiedenheit Laxenburgs die glücklichsten Flitterwochen verlebt«.

Es ist, als hätte sich sogar das Wetter gegen die junge Kaiserin verschworen. So wie Diana in Balmoral fehlt auch Sisi in Laxenburg die Sonne. Der Mai, einer der schönsten Monate in Wien, in dem alles grünt und blüht und die Luft zum ersten Mal richtig wärmt, ist in diesem Jahr verregnet. Es stürmt unausgesetzt, es ist kalt, und die junge Kaiserin friert in dem Schloß, dessen Heizungsanlagen völlig veraltet sind.

»Sisi ist – so wie Diana – auf der Suche nach einer zuverlässigen Vaterfigur und wird enttäuscht. Franz Joseph hat durch die Intensität seiner Liebe ihre schwärmerischen Gefühle und ihre jungmädchenhafte Sehnsucht geweckt«, meint Julia Onken. »Außerdem wollte sie wahrscheinlich – wie viele Mädchen ihres Alters und ihres Standes – von zu Hause weg, in die weite Welt hinaus, die sie nur durch die Erzählungen von Max in Bayern kannte.« Ihrem Vorleser Constantin Christomanos wird sie später sagen: »Die meisten Mädchen heiraten überhaupt nur aus Sehnsucht nach Freiheit.«

Daß sie in dieser Welt, in die sie hineingeheiratet hatte, noch viel mehr gefangen war als in ihrem bayrischen Schloß, wurde ihr jetzt bewußt. Völlig verzweifelt dichtet sie vierzehn Tage nach ihrer Hochzeit:

> Oh, daß ich nie den Pfad verlassen,
> Der mich zur Freiheit hätt' geführt.
> Oh, daß ich auf den breiten Straßen
> Der Eitelkeit mich nie verirrt!
>
> Ich bin erwacht in einem Kerker,
> Und Fesseln sind an meiner Hand.
> Und meine Sehnsucht immer stärker –
> Und Freiheit! Du, mir abgewandt!

12

Ich bin erwacht in einem Kerker

Diana

Er hieß Graham Smith und saß nun ständig in ihrem Auto. Er war ihr Schatten, verantwortlich dafür, daß sie am Leben blieb, und sollte sie begleiten, sobald sie ihren goldenen Käfig verließ. Diana mußte die Musik leiser stellen, sich darum kümmern, daß er etwas zu essen bekam, und versuchte sich daran zu gewöhnen, daß sie nie mehr allein sein würde. Selbst wenn sie aufs Klo ging, stellte er sich davor und wußte genau, wie lange sie drin blieb: »Am schlimmsten ist das Prinzessinnendasein, wenn man pinkeln muß«, wird sie sich später beschweren.

Doch noch war alles neu und aufregend, und die Kindergärtnerin, deren Tage ziemlich eintönig verlaufen waren, lebte plötzlich wie in einem Kriminalroman. Damit sie Attentate besser überleben konnte, ließ man sie zum Beispiel mit Graham einen Spezialfahrkurs beim Militär besuchen, bei dem zu Übungszwecken Bomben nach ihr geworfen wurden.

Die Attentate der Presse erschienen Diana jedoch gefährlicher. Kaum hatte sie den Palast verlassen, versorgten die Magazine rund um den Globus ihre Leser mit jedem Detail ihrer Ausflüge. Sie beschrieben das Kleid, das sie an diesem Tag getragen hatte, kommentierten ihre Frisur, und jedes noch so kleine Modeaccessoire, das sie trug, wurde innerhalb von wenigen Tagen imitiert und auf den Markt geworfen. Wenn sie beim Aussteigen aus dem Auto irrtümlich ein Stück mehr von ihren Beinen zeigte, als es sich für ein Mitglied der königlichen Familie schickte, las es die Queen zum Frühstück in der Zeitung, und wenn sie jemandem die Hand gab, wurde er – zumindest für einen Tag – berühmt.

Urlaub bedeutete für die neue Prinzessin von Wales von nun an keine Erholung mehr: Es war in Lech am Arlberg. Diana und Charles hatten in ihrem Schiurlaub solche Massen von Paparazzi angezogen, daß der kleine Ort wie ein einziges Fernsehstudio wirkte. Überall waren Kameras und Mikrofone postiert, die Medienleute bevölkerten die Hänge, das Hotel, die Geschäfte und die Restaurants und schlugen auf der Suche nach dem besten Schnappschuß sogar Türen und Schaufensterscheiben ein.

Diana konnte und wollte nicht mehr. Sie verbarg ihr Gesicht im Mantelkragen, zog eine Schimütze über den Kopf, setzte eine dunkle Sonnenbrille auf und steckte die Hände in die Taschen. Mit gesenktem Kopf verweigerte sie jedes Lächeln. Charles' Flehen, doch endlich mit der Presse zu kooperieren, half nichts.

Am nächsten Tag sahen die Engländer Bilder von der schmollenden Diana mit ihrem hilflosen Ehemann anstelle eines glücklichen Paares im Schnee. Die Nation begann daran zu zweifeln, daß alles in Ordnung war im Märchenland. Vielleicht war auch schon ein Stück Protest dabei, als sich die Frau des Thronfolgers so unglücklich zeigte. Vielleicht ahnte sie damals schon, daß Journalisten mächtige Verbündete sind. Daß sie alles, was sie nicht ausdrücken durfte, durch ihre Körpersprache vermitteln konnte: »Seht her, wie unglücklich ich mit diesem Mann in Wirklichkeit bin.« Diana selbst wird später sagen: »Als ich zum erstenmal auf der Bildfläche erschien, hatte ich immer meinen Kopf gesenkt. Wenn ich es heute interpretiere, dann meine ich, daß es wirklich aussah, als ob ich schmollte. Dabei habe ich nie geschmollt. ... Ich hatte bloß solche Angst vor der Aufmerksamkeit, die man mir erwies, ich brauchte sechs Jahre, um mich in meiner Haut wohl zu fühlen.«

Jedenfalls schickte die Queen einen »Troubleshooter« nach Lech, der Diana klar machte, daß ihr öffentliches Auftreten nicht ihre Privatsache war. Sie fügte sich und spielte wieder in der königlichen Show mit.

Sie war noch immer schüchtern, hielt ihren Kopf schief und lächelte verlegen, aber gerade ihr unprofessionelles und damit echtes Benehmen riß die Medien zu Begeisterungsstürmen hin. »Shy Di« blieb ein internationaler Hit und machte täglich Schlagzeilen.

»Keiner schien sich darum zu kümmern, welchen Effekt die Bewunderung auf die junge und leicht zu beeindruckende Diana haben würde. Nie zuvor hatte man so plötzlich einen Megastar geschaffen, dessen mädchenhaftes Aussehen und scheue Einfachheit, verziert mit der königlichen Etikette, in jedem Winkel der Welt bekannt gemacht wurden«, beschreibt Biograph Nicholas Davies die Wirkung der ständigen Medienberichterstattung auf die Prinzessin von Wales. Auf der einen Seite war sie plötzlich berühmt und sonnte sich wahrscheinlich in dem Gefühl, endlich wichtig zu sein, auf der anderen Seite war sie noch immer das unsichere junge Mädchen, das von seinem neuen Leben überfordert war: »Ich stehe bei offiziellen Anlässen herum und weiß nicht, was ich tun soll, was ich sagen soll und wohin ich sehen soll. Ich habe Angst, ich könnte etwas Falsches tun. Ich fühle mich wie ein Fisch ohne Wasser«, beklagte sie sich.

Keiner half ihr, ihr neues Leben in den Griff zu bekommen. Vor ihrer Verlobung war Diana frei gewesen. Sie konnte unerkannt durch London gehen, sich mit ihren Freunden treffen und sich wie jedes Mädchen ihres Alters bewegen. Jetzt hielt sie das unablässige Interesse der Medien in Trab. Sie wurde erkannt, sie wurde gejagt, sie wurde beobachtet und taxiert. Später wird sie sich das Katz-und-Maus-Spiel der Presse bewußt zunutze machen, aber noch ist es nicht so weit.

Aber so schwierig es »draußen« war, wo das Mädchen, das in der Schule zu schüchtern war, um bei einem Theaterstück eine Sprechrolle zu übernehmen, plötzlich zum Star wurde, noch schwieriger war es »drinnen«, im Buckingham-Palast.

Die Höflinge und das Personal, das ständig in ihrer Nähe war und alles, was sie tat, beobachtete, machten Diana nervös, und als sie sah, wie glatt und effizient Charles' Leben verlief, ohne daß sie wirklich einbezogen wurde, fühlte sie sich schnell überflüssig. Das Märchen vom Prinzen, der ihren Wert erhöhen sollte, hatte nicht einmal die Flitterwochen überstanden und konnte im kalten Klima der königlichen Firma erst recht nicht überleben. Charles, den sie durch den Glanz seiner Stellung bisher verklärt gesehen hatte, dessen Erotik wohl zum Teil auf seiner Macht beruhte, mutierte zum Frosch und wurde nach der Traumhochzeit zum »ganz normalen Mann« mit allen Schwächen oder vielleicht sogar noch mit einigen mehr, als ein Durchschnittsehemann vorzuweisen hat. Er war in der Isolation des Palastes aufgewachsen, er hatte nie um die Zuneigung einer Frau kämpfen müssen, sich darum kümmern müssen, was ein anderer Mensch fühlte und dachte. Er benahm sich auch in seiner Ehe wie ein eingefleischter Junggeselle und sah keinen Grund, sein Leben zu verändern. Er ging seinen Verpflichtungen und Interessen nach, und die Hobbys, die er pflegte, waren nicht dazu angetan, Gemeinsamkeiten zu fördern. Er spielte Polo, liebte die Jagd und philosophische Gespräche. Wahrscheinlich stellte er keine besonderen Ansprüche an seine Frau und verlangte von ihr dasselbe. Aus seiner Sicht gab es nur ein Ziel: England brauchte einen Erben. Der Rest würde sich finden. Doch auch die neue Verwandtschaft war nicht herzerwärmend, und Diana fühlte sich nicht dabei unterstützt, ihren

Platz in dieser Familie zu finden. Sie pflegten untereinander eine Distanz, die eher an höfliche Menschen im Hotel erinnert als an eine Großfamilie: »Es kommt vor, daß man sich wochen-, manchmal monatelang nicht sieht. Es würde ihnen nie einfallen, sich gegenseitig zu besuchen oder gesellig zusammenzusitzen«, berichtet Lady Colin Campbell.
Für Diana war nicht nur das Leben im Palast eine Enttäuschung. Vor allem litt sie darunter, daß sie plötzlich keine eigenständige Person mehr war, sondern Teil einer Familie, der niemand in diesem Land mit Natürlichkeit begegnete. Es wurde gedienert und geknickst, jede spontane Umarmung war ab nun verboten: »Sie begriff, daß alle sie mit neuen Augen betrachteten, sie wie ein kostbares Stück Porzellan behandelten, das man bewunderte, aber nicht berührt. Diana wurde mit Glacéhandschuhen angefaßt, wo sie doch nichts brauchte als einen vernünftigen Rat oder einmal in den Arm genommen oder getröstet werden wollte«, beschwert sich ihr Biograph Andrew Morton.
Es ist kaum vorstellbar, daß jemand, der auf dem Grundstück, auf dem die Königsfamilie ihren Sommerurlaub verbringt, aufgewachsen war, nicht wußte, daß der Preis für die hohe Stellung Einsamkeit bedeutete. Wahrscheinlich gehört auch das zu den Konsequenzen, die Diana ausgeblendet hatte, als sie ihr Jawort gab.
Am Anfang versuchte sie ihre Einsamkeit durch Kontakte zum Personal zu lindern:
Es war kurz nach der Hochzeit, auf Schloß Balmoral. Die frischgebackene Prinzessin ging ganz zwanglos in die Küche, um mit dem Personal über ihre Lieblingsgerichte zu sprechen. Das Schweigen, das sie empfing, war wie eine Wand. Es geziemte sich nicht, daß die Frau des Thronfolgers sich selbst um den Speiseplan kümmerte, dafür gab es einen eigenen Angestellten: »Am Ende des Besuchs nahm sie ein ranghöherer Diener auf die Seite. ›Ich muß Sie bitten, nie wieder hierherzukommen, Ma'am. Sie gehören zur königlichen Familie, Sie dürfen nicht mit uns verkehren. Wir kennen unseren Platz – und wir erwarten, daß Sie auch den Ihren kennen.‹ Einsamer denn je kehrte sie in ihre Zimmer zurück«, erzählt Biograph Donald Spoto.
Trotz aller Schwierigkeiten bemühte sich Diana – unter den kritischen Augen der neuen Verwandtschaft –, sich in eine der ihren zu verwandeln. Das fing schon bei der Garderobe an. Es gab einen klaren Kodex, was die Windsor-Frauen zu tragen hatten: dezente Farben, die dennoch gut sichtbar waren – zum Beispiel Rosa, Hellblau, Gelb und Lila, die richtige Rocklänge, mit bedecktem Knie, den richtigen Schnitt, der auf keinen Fall extravagant oder

aufreizend wirken durfte. Keine enganliegenden Kleider, keine betonten Brüste. Eine ganz bestimmte Art von königlicher Handtasche – rechteckig und langweilig – und Hüte, Marke Pillbox oder Fliegenpilz, für die die Queen weltweit berüchtigt war. Die Erwartungen waren klar, doch niemand unterstützte sie bei der Auswahl ihrer Garderobe. Diana mußte sich oft viermal am Tag umziehen und versuchte, so gut es ging, den Stil der Royals zu imitieren, was in der ersten Zeit zu einem ziemlich biederen Outfit führte. Doch egal, was sie trug, die Medien waren von ihr begeistert. Nach kurzer Zeit bat Diana eine Moderedakteurin der Zeitschrift »Vogue«, ihr beim Zusammenstellen ihrer offiziellen Garderoben zu helfen. Später wird sie unter der Anleitung von Designern eine der bestangezogenen Frauen der Welt sein.

Vor jeder offiziellen Verpflichtung, und davon gab es viele, mußte sich Diana perfekt vorbereiten, weil sie als Mitglied des königlichen Hauses zuerst sprechen mußte und nicht angeredet werden durfte – ein Problem, das sie mit Sisi teilte. Das Büro von Charles belieferte sie mit Hintergrundmaterial: mit wem sie es zu tun hatte, was das Ziel der Organisation war und worüber sie sprechen sollte. Diese »Trockenübungen« waren für die Prinzessin eine Qual. Sie wollte nichts auswendig lernen, sie wollte sich nicht nach einem vorgeschriebenen Protokoll bewegen: »Sie haßte es wirklich, ihre Hausaufgaben zu machen, und weigerte sich einzusehen, daß sie sie erledigen mußte, weil sie sonst ihren Pflichten nicht gewachsen sein würde. Sie dachte, sie könne sich durch die Einladungen mogeln, ohne richtig vorbereitet zu sein«, ließ Lady Colin Campbell einen Höfling berichten.

Und sie hatte richtig gedacht. Oder wahrscheinlich ganz einfach nach ihrem natürlichen Instinkt gehandelt. Kein Mitglied der königlichen Familie war je bei seinen karitativen Auftritten so erfolgreich gewesen wie Diana. Die Menschen mochten sie, gerade weil sie unsicher war. Ihre Anziehungskraft beruhte auf ihrer Unschuld, ihrer unverdorbenen Schönheit, mit der sie ihrem Publikum suggerierte, ich bin eine von euch. Bescheiden, liebenswürdig und schutzbedürftig. Eine Begabung, die den Grundstein zum Mythos legte, der schon zu ihren Lebzeiten entstand. Zu einem spannungsfreien Leben bei Hof trugen Dianas Erfolge allerdings nicht bei.

Sie ließ sich zuwenig lenken und verletzte ständig Regeln, die in der königlichen Familie wichtig waren. Vor allem anerkannte sie nicht die Vormundschaft des Beraters, den ihr Mann für sie ausgesucht hatte:

Oliver Everett war ein alter Freund des Thronfolgers, der auf Charles'

Wunsch einen guten Posten im Außenministerium aufgegeben hatte, um als Dianas Privatsekretär in die Dienste des Hofes zu treten: »Everett kannte sich aus. Charles bat ihn, Diana auszubilden, sie zu schulen, sich um sie zu kümmern und sie durch das Labyrinth der königlichen Familie zu führen«, beschreibt Donald Spoto Everetts Job. Am Anfang fand Diana ihn wunderbar. Sie mochte seine väterliche Art und genoß es, daß er für sie da war. Doch das Wohlbefinden währte nicht lange. Bald war er für sie ein zusätzlicher Spion in diesem Haus, in dem sie sich ohnehin ständig beobachtet fühlte. Sie konnte ihm nicht vertrauen und hatte das Gefühl, daß er ihrem Mann alles über sie erzählte. Außerdem behandelte er sie wie ein Schulmädchen, das man zu Leistungen überreden muß. Eines Tages hatte Diana die Bevormundung satt und schrie Charles an: »Schaff' mir diesen Mann vom Hals«, und als das nichts nützte, legte sie ihm einen Zettel auf den Schreibtisch, auf dem in Großbuchstaben geschrieben stand: OLIVER MUSS WEG. Everett, der bemerkte, daß es seinetwegen zu Konflikten zwischen dem Ehepaar kam, quittierte seinen Dienst.

Charles galt als Intellektueller, der sich mit Vergnügen in jedes Sachbuch vergraben konnte. Diana hatte, weil sie weniger gebildet war, in der Ehe die Rolle des »Dummchens« gepachtet, und ihr Mann warf ihr im Scherz ihre nichtbestandenen Examen vor. Doch auch von den Palastangestellten wurde sie kritisiert: »Die Prinzessin von Wales verabscheute alles, was nach Gelehrtheit schmeckte. Sie las leidenschaftlich gern Barbara Cartland, Barbara Taylor Bradford und Daniella Steele und ungern etwas anderes«, rümpfte ein Höfling die Nase über Dianas Strategie, sich mit Liebesromanen aus der rauhen Wirklichkeit zu flüchten.

Sie hatte Angst, in der Öffentlichkeit auch nur einen Satz zu sagen, und brauchte viele Jahre, bis sie sich auf einer Bühne oder an einem Sprecherpult wohl fühlte. Sie wurde ständig rot, verlor den Faden, und wenn sie vom Blatt las, verwechselte sie die Zeilen. Zu ihrer späteren Schwägerin Fergie meinte sie: »Das bringt mich noch so weit, daß ich mich nur noch einigeln und sterben will. Ich hasse Reden, weil ich genau weiß, was sie hinterher sagen. Selbst die Königin sieht mich komisch an, wenn ich eine Rede gehalten habe, und das macht mich nervös.«

Trotz ihres Erfolgs geriet Diana bei jedem ihrer Auftritte in Panik, ließ sich aber nichts anmerken, wie zum Beispiel beim traditionellen Einschalten der Weihnachtsbeleuchtung in der Regent Street. Sie trug einen marineblauen Hosenrock und eine rosa Bluse und machte wie immer eine gute Figur: »Und ich war so nervös. Ich mußte eine Rede vor der ganzen Regent Street halten. Ich hatte eine Scheißangst.«

Bei ihrer ersten Auslandsreise nach Australien und Neuseeland wurden der Prinz und die Prinzessin von Wales von einer Heerschar von Presseleuten begleitet. Der erste Tag sah den Besuch einer Schule in Alice Springs vor: »Es war heiß, ich litt unter Jetlag, mir war schlecht. Ich war zu dünn. Ich stand jeden Tag im Mittelpunkt der ganzen Welt. Ich stand auf der ersten Seite der Zeitungen und Illustrierten. Ich dachte, dies wäre einfach entsetzlich, ich hatte doch nichts Besonderes getan, wie etwa den Mount Everest bestiegen ...« Am Abend kam Diana ins Hotel und weinte sich bei ihrer Hofdame aus: »Anne, ich muß heimfahren, ich kann damit nicht klarkommen.«

Die königliche Familie und der Hofstab sahen das Benehmen der neuen Repräsentantin der Krone als Laune und als vorsätzliche Weigerung zu funktionieren. Sie waren daran gewöhnt, für das Image der Monarchie jede persönliche Regung zu unterdrücken: »Die Leute sagten, ich hätte meinem Mann das Leben schwer gemacht, ich hätte mich wie ein verzogenes Kind benommen, aber ich wußte, ich brauchte einfach Ruhe und Geduld und Zeit, mich an all die Rollen anzupassen, die man von mir über Nacht verlangte.«

Dazu kam noch die Eifersucht der Royals, daß in all den Jahren, in denen die königliche Familie mit Disziplin bei allen wichtigen Gelegenheiten aufgetreten war, kein Mitglied je soviel Aufmerksamkeit von den Journalisten bekommen hatte wie Diana. Sie schaffte es mühelos, wo immer sie hinkam, die Menschen zu beglücken, ohne selbst glücklich zu sein: »Sie wollten, daß eine Märchenprinzessin kam und sie berührte, und alles würde sich in Gold verwandeln, und all ihre Sorgen wären vergessen. Sie merkten kaum, daß diese Frau sich innerlich kreuzigte, weil sie glaubte, sie wäre nicht gut genug«, schreibt Biograph Andrew Morton.

Charles förderte dieses Gefühl der Unzulänglichkeit, weil er Diana nie loben konnte, gleichgültig, wie sehr sie sich bemühte. Er war als Kind und auch noch als Erwachsener ständig kritisiert worden, für ihn war es normal, daß man möglichst klaglos funktionierte und unbedankt sein Bestes tat. Für Diana war es eine große Enttäuschung: »Als junges Mädchen hatte ich so viele Träume, in denen ich dies und das wollte und erhoffte, daß mein Mann sich um mich kümmern würde. Er wäre eine Vatergestalt, und er würde mich unterstützen, mich ermutigen, ›Gut gemacht‹ sagen oder: ›Nein, das war nicht gut genug‹, aber ich bekam nichts davon.« Wie sollte sie auch? Ehemänner eignen sich

grundsätzlich nicht als Vaterersatz, und Diana hatte sich noch dazu ein Exemplar ausgesucht, das Liebe und Anerkennung selbst kaum kannte.
Doch auch Charles war enttäuscht. Auch er hatte nicht bekommen, was er sich von dieser Ehe erwartet hatte: »Er dachte, er hätte ein fügsames, nachgiebiges, sanftes, liebendes Mädchen geheiratet«, meint Lady Campbell, die damit das System entlarvt, dem sie sich zugehörig fühlt. »Und als er erwachte, war sie eine dominante, entschlossene Frau, die nicht zögerte zu schreien und zu toben, wenn sie ihren Willen nicht bekam.« Die königliche Firma wollte eine willige Angestellte, die Erben produziert, und hatte sich in ihrer Wahl geirrt.
Und so nahm das Unglück seinen Lauf. Diana, vereinsamt und unverstanden, in einer Familie, in der niemand sie wirklich willkommen hieß und niemand sie unterstützte, blieb in ihrem Kreislauf von Essen und Erbrechen gefangen und versuchte verzweifelt, die Royals durch Selbstverstümmelungsversuche auf ihre seelische Not aufmerksam zu machen. Ihre Freunde veränderten die Bedeutung der Initialen POW von »Princess of Wales« in »Prisoner of the war«. Und so fühlte sie sich auch.

Sisi

Sisi sah auf ihre neuen Schuhe hinunter. Sie waren wunderschön, und sie hatte sie noch kaum getragen. Und nun wollte sie ihr diese Kammerdienerin, deren Namen sie sich noch kaum gemerkt hatte, einfach wegnehmen!
Eine Kaiserin, hatte sie gesagt und dabei ihre Nase über soviel Unwissenheit gerümpft, eine Kaiserin trägt ihre Schuhe nur einmal, dann müssen sie verschenkt werden.
Jeder Tag an diesem fremden Hof war ein neuer Alptraum. Es gab so vieles, was sie nicht wußte, und noch mehr, was sie nicht mochte. Zum Beispiel dieses peinliche Ritual am Morgen. Sie war in Possenhofen zur Selbständigkeit erzogen worden, und plötzlich mußte sie sich anziehen lassen. Fremde Hände berührten den Körper, der nicht mehr ihr gehörte. Sie hatte sich zu schmükken, sie hatte sich zu zeigen, es ging – so wie bei Diana – den ganzen Tag um »Schein« und nicht mehr um »Sein«. Wieviele Stunden wurden vergeudet mit Anprobieren, Auswählen und Umkleiden!

Und nun waren auch ihre Geschwister, das einzige, was sie hier noch aufgemuntert hatte, wieder abgereist. Besonders Helene, die ihr die mißglückte Verlobung mit Franz Joseph nicht übelgenommen hatte, war ihr eine Stütze gewesen, sehr zum Unmut der Verwandtschaft. Ludovika schrieb an Marie von Sachsen: »Solange die Schwestern vereinigt waren, steckten sie immer beisammen und sprachen immer Englisch, nahmen aber gar keinen Anteil an unseren Gesprächen, wodurch sie durchaus nicht liebenswürdig wurden ...« Am Wiener Hof war Englisch eine Fremdsprache, die niemand beherrschte, und so vergnügten sich die beiden Mädchen damit in einer Mischung aus Verzweiflung und Protest und wehrten sich gegen fremde Ohren, wenn sie schon gnadenlos den fremden Blicken ausgesetzt waren.
Franz Joseph hatte wenig Zeit für seine junge Frau. Er war erst dreiundzwanzig Jahre alt, politisch unerfahren und sollte sein krisengeschütteltes Land regieren. Die Donaumonarchie war bankrott, er legte eine Nationalanleihe von 500 Millionen Gulden auf und hatte keine Ahnung davon, wie dieses Geld zwangsweise den Provinzen abgepreßt wurde. Überall herrschte Teuerung und Hungersnot, die Cholera brach aus. Der Finanzminister stand vor der absurden Tatsache, daß für die Erhaltung des Militärs mehr ausgegeben wurde, als die gesamten Einnahmen des Staates ausmachten. »Die Kaiserfamilie wußte nicht, was bei den einfachen Leuten vor sich ging. Erzherzogin Sophie war von den Ideen des absoluten Herrschertums ebenso überzeugt wie ihr Sohn, der zwar fleißig Akten las, aber die Menschen nicht kannte und es auch nicht für nötig hielt, sie zu kennen«, berichtet die Historikerin Brigitte Hamann.
Die komplizierte politische Lage war eine zusätzliche Belastung für die Ehe des Kaiserpaares, vor allem weil sich niemand die Mühe nahm, Sisi über die politischen Verhältnisse zu informieren. Franz Joseph beriet sich nach wie vor stundenlang mit der Erzherzogin, während seine Frau sich zurückgesetzt und vernachlässigt fühlte.
Sisi fand, so wie Diana, in ihrer neuen Familie keinen Platz. Mutter und Sohn lebten weiter wie bisher. Franz Joseph stand um fünf Uhr auf, frühstückte um acht Uhr mit seiner Mutter, und nun gab es eben als fünftes Rad am Wagen die junge Frau.
Und selbst wenn die – immerhin erst sechzehnjährige – Kaiserin ihren Mann überreden konnte, ein paar fröhliche Stunden mit ihr zu verbringen und die Etikette zu boykottieren, kam ihre Schwiegermutter und verdarb ihnen das Vergnügen:

Es machte Spaß, mit Franz Joseph durch die verwinkelten Gänge der Hofburg hinüber ins alte Burgtheater am Michaelerplatz zu laufen. Einfach so, endlich ohne diese langweilige Begleitung von Hofdamen und Kammerdienern. Fast wie eine ganz normale junge Frau kam Sisi sich vor. Aber der Hof hatte tausend Augen und Ohren. Nicht nur das Volk wurde bespitzelt, auch das junge Paar konnte keinen Schritt ohne Sophies Wissen tun. Dem Kaiser und der Kaiserin stand es zu, von ganz bestimmten Hofbeamten ins Burgtheater geführt zu werden, meinte sie streng und untersagte den Bruch der Etikette. So wie Diana war auch Sisi in eine Ebene aufgestiegen, wo ihr das »normale« Menschsein untersagt wurde.
Man kann Sophie ihre Haltung nicht verdenken. Sie hatte ihr Leben lang die Stellung herbeigesehnt, die ihre Nichte jetzt so unwillig einnahm. Die Art, wie Sisi diese hohe Würde ausschließlich als Bürde betrachtete, kränkte und empörte sie. Außerdem war sie es gewohnt, alles zu entscheiden. Politik, Familie, es gab nichts, wo sie nicht das letzte Wort sprach. Ihr Ehemann gehorchte, ihre Söhne waren von frühester Kindheit an gewohnt, ihr zu willen zu sein, und wagten keinen Widerspruch.
Und nun boykottierte dieses junge Ding aus Bayern ihre wohlgeordnete Welt am Hof, zu der nur der reichste und höchste Adel Zutritt hatte, und setzte sich gegen Gewohnheiten zur Wehr, die bisher noch nie jemand in Frage gestellt hatte:
Beim ersten Gala-Diner streift Sisi die langen Handschuhe ab, damit sie bequemer essen kann. Sophie schickt sofort eine Bedienstete zu ihr, die ihr ins Ohr flüstert: »Majestät dürfen das nicht tun. Die Kaiserin von Österreich darf nur in Handschuhen speisen, so verlangt es die Regel.« In Possenhofen galten andere Gesetze, und trotzig antwortet sie: »Von nun an wird dies die Regel sein.« Sie wird die Handschuhe nie wieder anziehen.
Doch auch das dunkle Bier, das sie aus ihrer Heimat gewöhnt ist, verstößt gegen die Vorschrift, und eines Tages fehlt das gewohnte Glas beim Mittagessen, denn eine Kaiserin trinkt Wein. So stößt das junge Mädchen fast täglich an Grenzen, die ihr unverständlich sind. Warum soll sie nicht nach ihrer Ausfahrt in den Prater am Michaelerplatz anhalten und über den Kohlmarkt und den Graben flanieren? Was ist dabei, wenn sie die eleganten Geschäfte betritt und sich hier einen Schal, dort ein Paar Handschuhe oder ein Parfüm kauft?
Die Polizei, an solche Extratouren der kaiserlichen Familie nicht gewöhnt, ist völlig überfordert. Es gibt Berichte und Rapporte, und am nächsten Tag

steht als Sensation in der Zeitung, daß ihre Majestät ganz zwanglos bummeln war.
Die Erzherzogin ist entsetzt und untersagt auf der Stelle dieses ungehörige Benehmen. Franz Joseph verdankt Sophie den Thron, er sieht sich nicht imstande, seine Frau zu unterstützen. Sie hatte ihren Sohn zu dem gemacht, was er nun war – ein gehorsamer Diener des Staates, ein guterzogener, pflichtbewußter, arbeitsamer junger Mann, der sich aus Respekt und Furcht im Konflikt zwischen Mutter und Frau neutral verhält.
Doch auch in Laxenburg, am Land, gilt das strenge Regime der Schwiegermutter. Als sich die junge Kaiserin einmal ein Stückchen Freiheit mit ihrem Mann erbettelt, schimpft sie mit ihr wie mit einem Schulkind, das sich nicht benehmen kann:
Es war ein Tag, an dem die Einsamkeit in diesem kalten, großen Schloß so stark war, daß Sisi sie nicht mehr ertragen konnte. Sie flehte den Kaiser an, sie mit nach Wien zu nehmen, wohin er jeden Morgen in seiner Kutsche fuhr: »Einen Tag habe ich sie nicht gesehen ... aber kaum waren wir abends zuhause, kam sie schon herübergerannt. Sie hat mir verboten, so etwas noch einmal zu tun. Sie hat mich so beschimpft, weil es für eine Kaiserin unschicklich ist, ihrem Mann nachzulaufen und hin und her zu kutschieren wie ein Fähnrich.«
Später erzählt Sisi ihrer Hofdame Marie Festetics vom Leben mit Franz Joseph und seiner Mutter in Laxenburg: »Um sechs Uhr ist er zum Diner zurückgekehrt. Bis dahin war ich den ganzen Tag allein und hatte Angst vor dem Augenblick, da Erzherzogin Sophie kam. Denn sie kam jeden Tag, um jede Stunde zu spionieren, was ich tue. Ich war ganz à la merci dieser ganz bösartigen Frau. Alles war schlecht, was ich tat. Sie urteilte abfällig über jeden, den ich liebte. Alles hat sie herausbekommen, weil sie ständig gespitzelt hat. Das ganze Haus hat sie so gefürchtet, daß alle zitterten.« So wie Diana fühlte sich Sisi in ihrem neuen Heim ständig beobachtet und taxiert und hatte immer mehr das Gefühl, daß es nichts gab, was sie richtig machen konnte.
»Die Erzherzogin gehörte nicht zu den Müttern, die ihre Rolle für beendet halten, sobald die Kinder verheiratet sind, und sich dann in weiser Bescheidenheit zurückziehen. Ihre despotische Natur macht ihr jede Art von Abdankung oder Zurückstellung eigener Ambitionen unmöglich. Ihr heller Verstand, aber auch ihre Arroganz sagen ihr, daß ihre Schwiegertochter sehr jung und unwissend ist, ... daß ihre Ratschläge also unerläßlich und ihre Führung unbedingt notwendig sind«, beschreibt Johannes Thiele den Charakter So-

phies, die an nichts anderes denkt als an die Erziehung ihrer ungehobelten Nichte zu einer guten Kaiserin.
Sisi fühlt sich immer mehr wie in einem Kerker und sieht ihre Schwiegermutter als Kerkermeisterin. Die Illusion, die sie sich über Franz Joseph gemacht hat, weicht der Frustration. Der schöne Held in seiner weiß-roten Uniform, mit dem sie in ihr Glück reiten wollte, entpuppt sich als nüchterner Beamter, der keine Zeit für sie hat, obwohl er sie zärtlich liebt. Doch es ist eine Liebe, wie er sie versteht, und keine, die seine einsame Frau erhofft. Wieder sucht die junge Kaiserin Zuflucht in ihren Gedichten:

> Umsonst muß ich zum Himmelsblau,
> Gefangen, eingekerkert schmachten.
> Die Eisenstäbe kalt und rauh,
> Mein bitt'res Heimweh schnöd verachten.

Viele Jahre später wird Elisabeth Verständnis für die Erziehungsversuche ihrer Schwiegermutter aufbringen und einer Hofdame erklären, »wie die Erzherzogin Sophie gewiß alles so gut gemeint habe – aber wie die Wege mühsam und die Art schroff war – wie auch der Kaiser darunter litt und wie sie immer lenken wollte ... und wie vom ersten Tag sie ihrer Zufriedenheit und dem Glück hinderlich war und sich in alles mischte und ihnen das Beisammensein – das Ungestörte – erschwerte!«
Aber das ungestörte Zusammensein fand ohnehin seine natürlichen Grenzen in der Pflicht, das Kaiserreich zu repräsentieren. Die erste Reise ging Anfang Juni nach Mähren und Böhmen, das Kaiserpaar fuhr stets mit großem Gefolge: Flügeladjutanten, Militärs, Leibgarden, Geistliche, der Leibarzt, der Generaladjutant Grünne und nicht zuletzt das zahlreiche Personal, über das Sisi unfreiwillig verfügte: der Obersthofmeister und die Obersthofmeisterin, zwei Hofdamen, ein Sekretär. Die wiederum brachten alle noch eigenes Dienstpersonal mit, Diener, Friseure, Badefrauen und Lakaien.
Von Intimität keine Spur. Und kaum hatte Sisi sich an ihren Obersthofmeister gewöhnt, ersetzte Sophie ihn nach zwei Monaten durch einen anderen. Sie wurde nicht gefragt, die Chronik erzählt auch nicht, warum der Austausch stattgefunden hat. Doch in Sisi wuchs immer mehr das Gefühl, eine Schachfigur zu sein, die man nach Belieben hin- und herschieben kann.
Wo immer das junge Paar hinkam, fanden große Militäraufmärsche und sogar Feldmanöver statt, um der starken Vorliebe Franz Josephs für alles Militärische Rechnung zu tragen: »In ihrer fünfwöchigen Ehe hatte Sisi schon mehr

Paraden gesehen als in ihrem ganzen Leben zuvor, obwohl ihr Vater Max General war«, schreibt Brigitte Hamann. Und sie haßte es. Aber geduldig ließ sie die Feierlichkeiten über sich ergehen. Beeindruckt schrieb die »Wiener Zeitung« über ihren Auftritt in Prag: »Auch ihre Majestät die Kaiserin verfolgten das schöne, kriegerische Schauspiel mit unverkennbarem Interesse und harrte, ungeachtet wiederholten Regenschauers, im offenen Wagen bis zum Schlusse aus.«

Wie in der Wiener Hofburg mußte Sisi auch im Prager Hradschin stundenlange Audienzen und offizielle Abendessen ertragen. Der Stundenplan war auf die Minute festgelegt. Der Kaiser gönnte sich auch hier keine Ruhe, er war von Kindheit an daran gewöhnt, seine Pflicht zu erfüllen, und erwartete das auch von seiner erschöpften Frau.

Nach zwei anstrengenden Wochen in Böhmen konnte sich Sisi nicht von der Reise ausruhen, denn Fronleichnam stand vor der Tür, ein Fest der politischen Demonstration: Der Kaiser »von Gottes Gnaden« schritt als erster in der Prozession hinter dem »Himmel«, um seine enge Beziehung zur katholischen Kirche zu zeigen und gegen alle liberalen und antiklerikalen Strömungen anzukämpfen.

Sisi sollte die Hauptattraktion des Festes sein. Doch sie wehrte sich: »Aber würde es nicht genügen, wenn ich nur in der Kirche erscheinen würde. Ich glaube, ich bin noch zu jung und zu unerfahren, um mit voller Würde den Platz einer Kaiserin bei einer derartigen öffentlichen Feier einnehmen zu können.«

Ihr Widerstand galt nicht nur der Angst vor den Massen. Elisabeths religiöse Einstellung stimmte ganz und gar nicht mit dem überein, was sie hier zur Schau stellen sollte. Sie kam aus einem Haus, in dem man stolz eine liberale katholische Einstellung lebte, die Verquickung von Religion und Politik war ihr völlig fremd.

Doch sie konnte sich nicht durchsetzen und wahrte wieder den Schein. Um drei Uhr morgens war sie schon aufgestanden und hatte sich geduldig für das Fest herausputzen lassen: Zehntausende Menschen säumten die Straßen der Hauptstadt, als ihre junge Kaiserin – in großer Staatstoilette, langem Schleppkleid, ein Brillantdiadem auf dem Kopf – im Triumphzug von der Hofburg über den Kohlmarkt und den Graben in einer Kutsche mit sechs Schimmeln zum Stephansdom gefahren wurde. Aus allen Provinzen waren sie gekommen, um die Mär von ihrer Schönheit mit eigenen Augen bestätigt zu sehen.

»Ihrer Erziehung und ihrer Persönlichkeit nach wäre Sisi wie kaum eine andere geeignet gewesen, eine mildtätige ›Mutter des Volkes‹ zu sein«, schreibt die Historikerin Brigitte Hamann und zieht Sophie zur Verantwortung, daß das Talent ihrer Schwiegertochter nicht gefördert wurde. Die Erzherzogin glaubte, daß Volkstümlichkeit das Ende des Herrschertums von Gottes Gnaden bedeutet und daß nur Distanz das hehre Bild aufrechterhalten könne. Kontakt zum gewöhnlichen Volk, ja sogar zu den Adeligen war unerwünscht: »Sisi hatte keinen Menschen, mit dem sie sich hätte aussprechen können«, so Hamann. »Sie durfte sich nach Sophies ausdrücklichem Willen niemandem anvertrauen, denn das hätte ihre überragende Stellung als Kaiserin beeinträchtigt. Kaiser Franz Joseph konnte die Einsamkeit seiner Frau, unter der sie so bitter litt, nicht als außergewöhnlich empfinden. Denn er war diese Isolierung von klein auf gewohnt und akzeptierte sie als selbstverständliche Begleiterscheinung, mehr noch: als Ausdruck seiner kaiserlichen Stellung ...«

Diana hatte es hundert Jahre später leichter. Sie übertrat die Regeln, die die Windsors aufgestellt hatten, und wurde zur Prinzessin des Volkes, was Sisi nie wirklich gelang.

Sie litt darunter, daß sie über allen anderen stand, aber sie vermochte sich nicht dagegen zu wehren: »Wenn eine Hofdame bei mir ist, bin ich ganz anders«, sagte sie zu ihrem griechischen Vorleser Constantin Christomanos. »Ich muß den Gräfinnen immer etwas sagen, damit sie antworten können. ... Es ist der größte Schrecken der Könige, immer fragen zu müssen.« So wie Diana war es ihr verhaßt, daß jede Konversation von ihr ausgehen mußte, daß jedes Gespräch ihrer Verantwortung unterlag.

Der Wiener Adel kritisierte ihre mangelnde Eloquenz. In einer Mischung aus Neid und Empörung tuschelten sie hinter ihrem Rücken über die »schlechterzogene« Kaiserin. Man warf ihr vor, daß sie das Protokoll nicht beherrsche oder sogar boykottiere, daß sie nicht gut genug tanze, zuviel ausreite, sich nicht elegant genug kleide.

Ihr Hunger nach Bildung war kein Pluspunkt, sondern ein zusätzliches Ärgernis. Wer brauchte schon Dichter und Literaten am Wiener Hof. Es gab genug zu tun, um alle Intrigen abzuwehren und sich dem neuesten Klatsch zu widmen.

Die Einsamkeit und der Kampf gegen die Schwiegermutter machten die junge Kaiserin krank. Sie litt monatelang unter starken Hustenanfällen, bekam Angstzustände, wenn sie enge Stiegen hinuntersteigen sollte, und war ständig depressiv. Doch bei Hof wurde ihr Unglück geflissentlich ignoriert, die deutliche Sprache ihrer Seele nicht verstanden, und Königin Marie von Sachsen versicherte: »Die Nachrichten von Wien lauten unbeschreiblich glücklich und beglückend.« Beide Schwestern, sowohl Sophie als auch Ludovika, sahen nur, was sie sehen wollten: einen zufriedenen Kaiser, der seinen »geliebten Engel« vergötterte und an einen Freund schrieb: »Ich bin verliebt wie ein Leutnant und glücklich wie ein Gott.«

Elisabeth, von allen unverstanden und an das einfache, unkomplizierte Leben in Possenhofen gewohnt, konnte die Häme und die Kälte am Wiener Hof nie überwinden. Ihre spätere Vertraute Marie Festetics schrieb über die erste Zeit der Ehe in Laxenburg in ihr Tagebuch:

»Elisabeth ging von Zimmer zu Zimmer, ... bis sie endlich in einem Eckzimmer stehenblieb, wo ein Schreibtisch zwischen Fenstern stand und ein Schreibsessel davor; lange stand sie mäuschenstill da – plötzlich sagte sie: ›Hier habe ich viel geweint, Marie. Allein der Gedanke an diese Zeit preßt mein Herz zusammen. Hier war ich nach meiner Hochzeit ...‹«

13
Der Kampf um die Kinder

Diana

Diana saß im Auto und weinte. Es war alles zuviel. Der Regen, der Ansturm der Massen, die Rede auf Walisisch, die sie mühsam eingeübt hatte, die Bemühungen von Charles, der endlich wollte, daß sie ausstieg und ihre Pflicht tat. Es war nicht leicht, schwanger und gleichzeitig ein begehrtes Objekt öffentlicher Neugierde zu sein: »Gerade war ich noch ein Niemand und dann von einer Minute auf die andere Prinzessin von Wales, Mutter, Spielzeug der Medien, Mitglied dieser Familie – es war einfach zuviel für einen allein«, wird sie sich später beklagen.

Es war ihr erster offizieller Auftritt in Wales, wo die Krone nicht überall beliebt war. Schon im Planungsstadium hatte es Warnungen vor Terroristen gegeben, und die walisischen Nationalisten empfingen sie mit Plakaten: »Geh nach Haus, Diana« »Geh nach Haus, englischer Prinz«.

Diana lächelte in der Öffentlichkeit, erbrach sich im Hotel und litt darunter, daß man ihr keine Zeit ließ, sich an die Schwangerschaft und an das königliche Leben zu gewöhnen.

Wo immer sie hinkam, verfolgten sie die Fotografen, war sie den Blicken der Massen ausgesetzt. »Kann man schon etwas sehen, hat sie schon einen dicken Bauch?« war die Frage, die ganz England beschäftigte.

Die Antwort darauf gab es für die Zeitungsleser endlich im Februar. Diana war im fünften Monat schwanger, das Paar flüchtete vor dem kalten englischen Winter und der ständigen Aufmerksamkeit nach Windermere Island auf die Bahamas. Aber auch hier verfolgten sie die Teleobjektive der Reporter, und am nächsten Tag sah das ganz Land die Prinzessin im orange-roten Bikini, mit rundlichem Bauch, wie sie durch die Brandung lief. Sie war außer sich über die Verletzung ihrer Privatsphäre, und der Sprecher des Königshauses erklärte, dies sei »einer der schwärzesten Tage für den britischen Journalismus«. Die »Sun« brachte eine Entschuldigung und druckte, damit klar war, wofür sie sich entschuldigte, das Foto gleich ein zweites Mal ab. Spätestens jetzt wurde auch noch der letzte der fünf Millionen Leser auf die halbnackte schwangere Prinzessin aufmerksam.

Zu Hause war es auch nicht besser. Das Ehepaar hatte noch keine eigene Wohnung, die Räumlichkeiten im Kensington-Palast wurden renoviert und waren erst fünf Wochen vor Williams Geburt beziehbar.

Für Charles kein Problem, er ersparte sich den Weg ins Büro, das im Buckingham-Palast gleich nebenan lag, doch Diana war den höfischen Zwängen noch mehr ausgeliefert. Damals, behauptet Lady Colin Campbell, war das Ende dieser Ehe schon in Sicht: »Noch bevor Prinz William geboren wurde, wollte Charles nicht mehr allein mit ihr im selben Zimmer sein«, läßt sie ein Mitglied es königlichen Hofes erzählen. »Wir versuchten ihn dazu zu bringen, daß er zu ihr ging und sich mit ihr unterhielt, wenn sie allein war, aber er meinte: ›Ich habe ihr nichts zu sagen.‹ Tatsache war, daß er sich von einer Beziehung einen intelligenten Gedankenaustausch erhoffte, aber sie wollte Liebesgeflüster.« Diana als dumme Gebärmaschine, die den Mund halten, einen Thronfolger gebären und sich bitte nicht so anstellen sollte:

»In dieser Familie hatte es noch nie jemand gegeben, dem es am Morgen schlecht war, und jedesmal, wenn ich in Balmoral, Sandringham oder Windsor in meinem Abendkleid hinausging, wurde ich entweder ohnmächtig, oder mir war schlecht. ... Daher war ich ›ein Problem‹, und sie registrierten Diana als ›Problem‹. Sie ist anders, sie macht alles, was wir nie gemacht haben«, wird sie sich später bei Morton über die königliche Verwandtschaft beklagen.

Der Druck der Öffentlichkeit, das Leben im Palast waren für die überforderte Schwangere immer schwerer zu ertragen. Hinter verschlossenen Türen gab es Tränen und Wutanfälle, Charles wußte nicht, wie er mit den Emotionen seiner Frau fertig werden sollte, bat seine Geliebte telefonisch um Rat und sah zu, daß er möglichst oft wegkam. »Ich muß hier einfach raus«, sagte er zu seinem Leibwächter. »Zuviele Hormone.«

Das Beziehungskarussel drehte sich im Kreis. Je mehr Nähe Diana von Charles forderte, desto mehr zog er sich zurück. Und je mehr er ihr auswich, desto frustrierter wurde sie. Sie beschuldigte ihn sich davonzustehlen, um Camilla zu besuchen, und war so verzweifelt, daß sie einen Selbstmordversuch unternahm, um endlich seine Aufmerksamkeit zu erringen:

Es war nach den Weihnachtsferien in Sandringham. Sie haßte dieses kalte

Schloß und konnte dem Beisammensein mit der königlichen Familie nichts abgewinnen. Ihr Mann ging seiner Wege – wie immer – und wollte ausreiten, um der angespannten Stimmung zu entkommen. Diana warnte ihn, daß sie sich das Leben nehmen würde, wenn er jetzt nicht bei ihr bliebe:
»Ich stürzte mich die Treppe hinunter. Charles sagte, ich würde nur blinden Alarm schlagen, und ich ... weinte mir die Augen aus, und er sagte: ›Ich werd' mir das nicht anhören. Immer tust du mir das an. Ich werde jetzt ausreiten.‹ Also stürzte ich mich die Treppe hinunter. Die Königin kam heraus, total entsetzt, zitternd – sie hatte solche Angst.«
Die Angst galt dem Leben des Thronfolgers, doch der werdenden Mutter und dem Baby war nichts geschehen. Diana hatte ein paar blaue Flecken auf dem Bauch, und als Charles zurückkam, wird sie sich später beklagen, »tat er dies einfach ab, als wäre nichts geschehen. Er ging einfach hinaus.«
Die Prinzessin von Wales war inzwischen so nervös, daß sie nicht die Kraft hatte, auf den Tag zu warten, an dem ihr Kind bereit war, natürlich zur Welt zur kommen. Die unerträgliche Spannung, die ganz England im »Thronfolgerfieber« gefangenhielt, ihr dicker Bauch, mit dem sie ständig dem Scheinwerferlicht ausgesetzt war, die Probleme mit ihrem Mann, das alles würde besser werden, hoffte sie, wenn erst das Baby geboren war.
Williams Geburt wurde eingeleitet, und es mußte ein Tag gefunden werden, der in Charles' Polospielplan paßte. Das Ehepaar fuhr in aller Früh in die Klinik. Die Schmerzen wollten kein Ende nehmen und waren so stark, daß die werdende Mutter sich ständig erbrach. Doch endlich war es soweit: Um 21.03 Uhr am 21. Juni 1982 gebar Diana den erhofften Erben und freute sich, »daß das ganze Land mit mir zusammen in den Wehen lag«. Es waren besondere Schmerzen, die sie erlitt, es war ein besonderes Baby, das hier zur Welt kam: der zukünftige König von England.
Gott sei dank, das erste Kind war ein Sohn. Ein Lichtblick in Dianas unglücklichem Leben. Wenigstens blieb ihr die Schande erspart, »nur« ein Mädchen geboren zu haben. Ein Glück, das Sisi nicht beschieden war. Beide Prinzessinnen erfuhren schon als Kinder, daß sie weniger wert waren als ihre Brüder, und wußten als Erwachsene genau, daß ihr Wohl von der Geburt eines Thronfolgers abhing.
»Als die Königin am nächsten Tag kam, um ihren Enkel zu besuchen, war der Kommentar, den sie abgab, typisch. Sie betrachtete das kleine Bündel und sagte trocken: ›Gott sei Dank hat er nicht die Ohren seines Vaters‹«, überliefert Andrew Morton die Reaktion der Großmutter. Das Kind bekam einen

Anhänger mit der Aufschrift »Baby Wales«, weil seine Eltern sich nicht über den Namen einigen konnten.
Es war ein guter Tag für England. Die Königin trank auf den übernächsten Thronfolger, und Frances, die Mutter Dianas, spendierte auf ihrer Rückreise nach Schottland allen Passagieren im Flugzeug ein Glas Champagner. Die Husaren der Königlichen Berittenen Artillerie feuerten 41 Salutschüsse ab, und auf den Straßen feierte das Volk den dreiundvierzigsten Thronerben, der erst nach sieben Tagen den Namen William Arthur Philip Louis erhielt.
Diana war so begierig, das Leben einer normalen, jungen Mutter zu führen, daß sie ihren Arzt bat, sie noch am selben Tag zu entlassen. Und so fuhren der Prinz von Wales und seine Frau wie eine ganz normale junge Familie am Abend mit dem Auto nach Hause.
»Zu Hause« bedeutete nicht mehr den ungemütlichen Buckingham-Palast. Sie waren schon vor Wochen in die Wohnung im Kensington-Palast übersiedelt, die Diana mit Hilfe eines Innenarchitekten elegant und doch gemütlich eingerichtet hatte. »Baby Wales« hatte mehr Platz für sich allein zur Verfügung als eine durchschnittliche englische Familie: Es gab ein Spielzimmer, ein Schlafzimmer mit Bad, ein Zimmer für das Kindermädchen, ebenfalls mit Bad, und weitere Schlaf- und Badezimmer für künftige Königskinder und das Personal, das sie betreuen sollte.
Hinter den Kulissen begann der Kampf, wer die Taufpaten von William sein sollten. Diana war schon bei ihrer Hochzeit gescheitert, als sie eine ihrer Freundinnen als Brautjungfer vorschlug, und auch jetzt war ganz klar, daß der erhabene Anlaß ihr nicht erlaubte, persönlichen Vorlieben nachzugehen: »Eine Miß Carolyn Pride kam als Patin des zukünftigen Königs von Großbritannien nicht in Frage.« Charles wollte seine Schwester Anne, weil er Taufpate bei ihrem ersten Kind gewesen war. Da legte sich die Prinzessin von Wales quer, denn die beiden mochten einander nicht: »Anne hielt Diana für eine eitle, dumme und neurotische Frau«, behauptet die Biographin Kelley über die angespannte Beziehung zwischen den beiden. Schlußendlich wurden Mitglieder des Hochadels gefunden, die dem Protokoll entsprachen.
Sechs Wochen nach seinem begeisterten Empfang auf dieser Welt wird der Prinz an einem warmen, sonnigen Sommertag im Musikzimmer des Buckingham-Palastes getauft. Er steckt im cremefarbenen pompösen Taufkleid, das schon viele königliche Kinder vor ihm getragen haben, und der Erzbischof von Canterbury überreicht Williams Vater eine brennende Kerze und be-

sprengt den Kopf des Säuglings mit Weihwasser. Doch plötzlich wird der Himmel grau, ein Sturm zieht herauf und bläst einen heftigen Windstoß durchs Fenster, der die Flamme flackern läßt. Der Schriftsteller Van der Post hielt es für ein gutes Omen und erklärte, daß es eine Krise im Leben von William bedeute, die er aber meistern werde.

Diana fühlte sich wie eine Fremde bei diesem Familienfest: »Am 4. August wurde ich so behandelt, als ob ich gar nichts damit zu tun hätte. Niemand fragte mich, wann es denn für William passend wäre – elf Uhr war der schlimmste Zeitpunkt. Endlos wurden Fotos von der Königin, der Königin-Mutter, von Charles und William gemacht. Ich war an diesem Tag völlig ausgeschlossen. Es ging mir nicht sehr gut, und ich heulte mir einfach die Augen aus. Auch William fing an zu weinen.«

Doch das war für den kleinen Prinzen für längere Zeit der einzige Kummer. Er hatte es besser als jeder Thronfolger vor ihm, denn seine Mutter dachte nicht daran, sich an die königlichen Spielregeln zu halten. Sie hatte zu sehr unter ihrer eigenen Kindheit gelitten und war entschlossen, ihrem Sohn die Liebe zu geben, die sie vermißte, er sollte es besser haben.

Natürlich wurde ein Kindermädchen – Barbara Barnes – eingestellt, doch innerhalb der engen Grenzen, die ein königlicher Tagesablauf zuläßt, versuchte sie, William so normal als möglich aufzuziehen.

Auch Charles nahm seine Vaterrolle so ernst wie vor ihm noch kein Mitglied der königlichen Familie. Er reduzierte seine offiziellen Verpflichtungen und kümmerte sich liebevoll um seinen Sohn, eine Gelegenheit für seinen Vater, den Herzog von Edinburgh, ihn wieder einmal zu kritisieren: »Man würde meinen, daß der Prinz von Wales sinnvollere Beschäftigungen finden könnte, als seinen Sohn zu baden«, spottete er.

Doch auch Diana, die William in der ersten Zeit stillte, hatte offenbar Mühe mit dem großen Interesse, das ihr Mann dem Säugling entgegenbrachte: »Schon kurz nach der Geburt hatte sie das Gefühl, daß der Prinz von Wales unerlaubt in ihr Territorium eingedrungen war. Die Mutterschaft war ihre Rolle, und er maßte sie sich widerrechtlich an«, läßt Lady Campbell eine Freundin der Prinzessin erzählen. Eifersucht auf die Geliebte, Eifersucht auf das Kind, es war wirklich nichts im Lot in der königlichen Ehe.

Nach außen sah alles nach glücklicher Familie aus. Doch der Schein trog: »In Wahrheit litt die Prinzessin sowohl an Bulimie als auch unter schweren Depressionen nach der Geburt. Die Ereignisse des letzten Jahres hatten sie seelisch sehr mitgenommen, und körperlich war sie auch erschöpft wegen ihrer chronischen Krankheit«, beschreibt Andrew Morton das Leben der Prinzessin von Wales hinter den Kulissen.

Der kleine William krabbelte noch im Laufstall, als seine Eltern ihn verlassen sollten, um für vier Wochen die Kronkolonie Australien zu besuchen. Diana beschwor Charles, das Kind nicht so lange allein zu lassen: »Du weißt doch, wie du dich gefühlt hast. Du warst todunglücklich, wenn deine Mutter dich manchmal monatelang zurückließ, und da warst du älter als Wills.« Sie las Bücher, in denen beschrieben war, daß in den ersten zwei Jahren eines Kindes sein Selbstbewußtsein und sein Vertrauen in die Welt geprägt werden, und war entschlossen, ihm diesen Schock der Trennung zu ersparen: »Ich weiß, daß Wills bloß ein Baby ist, er braucht aber trotzdem unsere Aufmerksamkeit.« Erstaunlicherweise erhielt Diana Unterstützung von außen. Der australische Premierminister stellte mit seinem Angebot, das Baby doch einfach mitzubringen, die Weichen für einen sensationellen Schritt: Der Thronfolger war das erste Kind in der Geschichte der englischen Krone, das mit seinen Eltern auf Reisen gehen durfte. Wenn reisen auch bedeutete, daß er mit seiner Nanny auf einer australischen Schaffarm lebte und seine Mummy oft nur bei Fototerminen zu Gesicht bekam: »Es war sehr schön«, erinnert sich Diana. »Wir haben zwar nicht sehr viel von ihm gesehen, aber zumindest waren wir sozusagen unter demselben Himmel.«

Die Welt sah begeistert einem Ehepaar mit Kind zu, das zufrieden im Gras saß und die ersten Krabbelversuche ihres Kleinen gerührt beobachtete. So sollten glückliche Familien aussehen, dachten sich wohl neidisch Millionen überforderter Eltern, die zuwenig Schlaf bekamen. Die Windeln des kleinen William wurden vom Personal gewechselt, und wenn er zu Mummy und Daddy kam, war er gut ausgeschlafen und satt. Nichts schien das Eheglück des Thronfolgerpaares zu trüben, wenn man davon absah, daß sie sich wenig zu sagen hatten und Charles von seiner Frau zum ersten Mal in den Hintergrund gedrängt wurde.

Australien war ein Wendepunkt. Diana fühlte sich zum ersten Mal stark. Hier spürte sie die Anerkennung der Menschen, die ihr in der eigenen Familie versagt blieb, hier floß ihr Liebe in großen Wellen entgegen, selbst wenn sie unpersönlich war und sie keinen dieser begeisterten Untertanen an sich drücken konnte, um endlich Wärme zu spüren. Der Jubel stärkte ihr Selbstvertrauen, sie fing an, in die Rolle des Stars hineinzuwachsen, und der Erfolg gab ihr Kraft. Sie war nicht mehr das eingeschüchterte junge Mädchen, sie war eine äußerst erfolgreiche Werbeträgerin für die königliche Firma. Es war der

Anfang einer neuen Identität: »So wurde sie zur Göttin Diana, zur Zauberin, die hinter Liebe und Anerkennung herjagte, indem sie sie anderen schenkte – wahrlich eine königliche Jagd von geradezu mystischen Dimensionen«, schreibt Donald Spoto über die Prinzessin, die die Macht ihrer Schönheit entdeckte. Es gab immer noch genug Tränen, aber das Gefühl der Ohnmacht wich einer Stärke, die ihr auch im Kampf um die Kinder zugute kommen sollte.

Die Geburt ihres zweiten Sohnes war für Diana der Anfang vom Ende ihrer Beziehung zu Charles: »Wir waren einander sehr, sehr nahe in den sechs Wochen, bevor Harry geboren wurde, so nahe, wie wir einander noch nie gewesen waren und nie sein werden. Und dann plötzlich, als Harry geboren war, machte es einfach peng, und unsere Ehe, das Ganze ging den Bach runter. Ich wußte, daß es ein Junge werden würde, weil ich es bei der Ultraschalluntersuchung gesehen hatte.« Charles wollte unbedingt ein Mädchen: »Sein erster Kommentar lautete: ›O Gott, es ist ein Junge‹, sein zweiter Kommentar: ›Und er hat sogar rote Haare.‹ Etwas in mir verschloß sich.«

Es war nicht nur die Enttäuschung über Charles' Verhalten. »Damals wußte ich bereits, daß er zu seiner Dame zurückgekehrt war, aber irgendwie hatten wir es geschafft, Harry zu bekommen.« Er sollte, wie bei vielen anderen Paaren auch, der Kitt für die Ehe sein, und jetzt gefiel er ihm nicht einmal.

Wieder schlug Charles seine Schwester Anne als Patin vor, wieder weigerte sich seine Frau. Prinz Philip war so böse auf seinen Sohn, weil seine Lieblingstochter schon wieder übergangen wurde, daß er sechs Wochen kein Wort mit ihm wechselte und seinen neuen Enkel nicht besuchte. Anne war beleidigt, schickte nur ihre Kinder Peter und Zara zur Taufe und wurde dafür von der Presse als reizbar und rachsüchtig tituliert, während Diana neben der Königin-Mutter zur beliebtesten Royal avancierte.

Der Nation wurden die Probleme hinter den Mauern des Palastes vorenthalten. Sie sahen nur Fotos von der glücklichen königlichen Familie, die in idyllischer Umgebung in die Kameras lächelte. Jeder Fotograf, der für solche Sessions zugelassen wurde, mußte zuerst Kopien an Elizabeth in den Palast schicken, damit kein falsches Bild an die Öffentlichkeit gelangte. Doch manchmal entlarvten selbst die offiziellen Fotos – wie zum Beispiel bei Prinz Harrys Taufe – das künstlich freundliche Familienleben:

Königin Elizabeth, den geschlossenen Mund zu einem leichten Lächeln verzerrt, die Hände auf dem Schoß gefaltet. Neben ihr, als einziger in natürlicher

Pose, der kleine William. Er lehnt sich auf seine Großmutter, die stocksteif dasitzt und ihn nicht berührt. Daneben eine zu dünne, zu stark geschminkte Diana, die verkrampft lächelt und sich an ihrem Baby festklammert. Prinz Charles sitzt lässig auf der Lehne des goldenen Sofas und strahlt professionell, ganz stolzer Vater. Rechts außen auf einem Sessel, etwas abgerückt von den anderen, die Queen Mother als eigene Inszenierung ihrer Güte, die mit dem Rest der Familie nichts zu tun hat und huldvoll in die Kamera lächelt.

Das Leben in der königlichen Familie, die strenge Etikette, der volle Terminkalender, die Einsamkeit und die Mißgunst hatten ihre Spuren hinterlassen. Nicht optisch. Diana war inzwischen die meistfotografierte Frau der Welt, Trendsetterin für Geschmack und Stil. Wenn sie ihre Frisur veränderte, dann veränderten Tausende sie mit ihr, und wenn sie ein blaues Kleid trug, kam Blau in Mode.

»Draußen« war die Prinzessin so beliebt wie nie, »drinnen«, im Buckingham-Palast, wurde sie angefeindet. Sie paßte nicht zu den Royals. Sie hatte die falschen Freunde, die falschen Ideen und die falsche Einstellung zu ihren Jungen, meinten die »Männer in den grauen Anzügen«, wie sie die Höflinge nannte, die die Politik des Königshauses bestimmten: »Es sind nicht deine, sondern Englands Kinder«, sagte die Queen und fand ihre Erziehung zu volksnah.

Diana ließ sich dadurch nicht beirren, sie hatte, im Gegensatz zu Sisi, den Zeitgeist auf ihrer Seite. Sie plante ihre Freizeit mit den Kindern und teilte sich ihre Termine so ein, daß sie bei Fußballspielen am Spielfeldrand saß und ihre Jungs anfeuerte. Man sah sie bei Schulfesten mit den anderen Müttern barfuß als schnellste beim Wettlauf die Ziellinie passieren, sie benahm sich ständig denkbar unköniglich, mit anderen Worten, ganz normal. Sie war es, die eigenhändig die Kleider für ihre Söhne aussuchte, die ihre Schulen wählte und an ihrem Bett saß, wenn sie krank waren. Nicht ohne daß wohlgefällig die Augen der Medien auf ihr ruhten.

Als William seinen ersten Schultag hatte, wurde gleichzeitig sein Kindermädchen entlassen, eine Parallele zum Leben seines Vaters, der ebenfalls schon früh auf seine geliebte Nanny verzichten mußte. Barbara Barnes hatte sich mit der Prinzessin von Wales nie gut verstanden, war vorher schon in einem anderen adeligen Haus gewesen und fand es schwierig, daß die Herrschaft sich so stark in ihre Domäne einmischte. Diana wurde unterstellt, daß sie in ihr eine Nebenbuhlerin um die Liebe der Kinder sah und sich ihrer bei der ersten

Gelegenheit entledigte, weil William und Harry Schwierigkeiten hatten, »Mama« und »Baba« auseinanderzuhalten. Aber das war noch nicht alles, womit der kleine Prinz fertig werden mußte.

Seit er vier Jahre alt war, gab es in der Walesschen Ehe nur noch Krach. Diana hatte genug von Charles, genug von ihrem königlichen Leben. Das Paar unterhielt sich nur noch in Schreiduellen, und Charles konnte nicht verstehen, daß sie Verpflichtungen absagte, die schon seit Monaten in ihrem Terminkalender standen, nur weil sie lieber mit den Kindern spielen wollte. Er war ohne Gefühle aufgewachsen, gewohnt, seine Pflicht zu tun, und fand das Benehmen seiner Frau unerträglich. Die Queen war seiner Meinung.

Zwei Kinder in einer Ehe, die nicht mehr zu retten war, machten aus Diana eine Vorkämpferin für eine noch nie dagewesene moderne Erziehung der königlichen Prinzen. Sie sah es als ihre wichtigste Aufgabe an, dem Thronfolger und dem Erben in Reserve eine reale Welt zu zeigen, damit sie das Land verstehen lernten, das sie – vielleicht – einmal regieren sollten. Prinz Charles und alle anderen königlichen Kinder vor ihm hatten eine so weltfremde Kindheit genossen, daß sie weder die Freuden noch die Leiden der normalen Menschen kannten und von Banknoten nur wußten, daß das Bild der Queen darauf war.

Diana wählte mit Bedacht die Gelegenheiten und bemühte sich, ihren Kindern – und vielleicht auch der Presse – ein breites Spektrum zu bieten:

Die fröhliche Mutter mit den Kindern in einem Vergnügungspark. Das Wasser spritzt ihr ins Gesicht, als sie lachend mit einem ihrer Söhne in einem ausgehöhlten Baumstamm scheinbar gefährlich ins Auffangbecken rast, daß die Gischt nur so spritzt.

Die sportliche Mutter beim Rafting. In einem gelben Gummiboot befährt sie vergnügt mit William und Harry einen Wildwasserfluß und kümmert sich nicht darum, daß die Thronerben in Gefahr geraten könnten.

Die »normale« Mutter mit ihren Söhnen an der Kassa in einer Warteschlange. In der Hand Geld, mit dem sie wirklich bezahlen können. Nie hat ein königliches Kind erfahren, was es heißt sich anzustellen, nie hat eines erfahren, was Dinge des gewöhnlichen Lebens kosten.

Die wohltätige Mutter mit ihren Söhnen bei den Kranken und Sterbenden. Der Tod machte ihr keine Angst, und sie wollte, daß William und Harry ihn kennenlernen. Natürlich sorgte auch das für Kritik, doch die Prinzessin antwortete: »Tue ich ihnen etwa einen Gefallen, wenn ich alles Leid und alles Unangenehme solange wie möglich von ihnen fernhalte?«

Was immer Diana mit ihren Kindern unternahm, sie wurde dafür gelobt, und Tausende von Frauen nahmen sie zum Vorbild. So wollten sie auch für ihre Kinder da sein. Ein etwas verzerrtes Bild, denn die meiste Zeit waren William und Harry im Internat und zusätzlich von Dienstboten versorgt.

Die Ehe des Thronfolgers von England und seiner Frau war inzwischen endgültig gescheitert. Am Mittwoch, den 28. August 1996, William war vierzehn und Harry zwölf, wurde das rechtskräftige Scheidungsurteil verkündet. Von nun an bemühten sich Diana und Charles, so gut es ging, gemeinsam liebevolle Eltern zu sein. Doch wie bei fast allen Trennungen kam es zu einem Konkurrenzkampf, wer mehr für die Kinder tat, wer besser für sie sorgte. Die Prinzen wurden von ihrer Mutter mit »Events« überhäuft und noch mehr mit spektakulären Reisen verwöhnt, und ihr Vater bemühte sich noch intensiver, ihnen die meditative Seite des Lebens zu zeigen. Er nahm sie mit zum Fischen und lehrte sie, die Natur zu lieben. Natürlich sahen immer die Fotografen zu, denn ganz England hatte ein Recht zu wissen, wie es Königskindern nach einer Scheidung geht.

Diana war die begehrteste alleinerziehende Mutter der Welt, und so einsam, daß ihre Söhne alles waren, was für sie wirklich zählte. Sie hatte ihren Mann verloren, ihre Schwiegereltern mochten sie nicht, und von den offiziellen Vertretern der Krone wurde sie ständig kritisiert. Es gab immer wieder Bemühungen, sie als ungeeignete Betreuerin darzustellen, der man die kostbaren Thronfolger nicht überlassen konnte. Sie lebte in der ständigen Angst, daß es ihr so wie ihrer Mutter ergehen könnte, die nach der Scheidung ihre Kinder verloren hatte, und schloß sich noch enger mit ihren Söhnen zusammen.

William nahm immer mehr die Rolle des Beschützers seiner Mutter ein, und wenn sie Trost brauchte, war er für sie da. Harry, das Nesthäkchen, das weniger ernst war als sein Bruder, galt als ihr besonderer Liebling. An ihrem dreißigsten Geburtstag, noch vor ihrer Scheidung, soll Diana laut Lady Campbell gesagt haben: »Ich werde meinen Geburtstag heute abend zu Hause mit dem einzigen Mann feiern, den es in meinem Leben gibt: mit Prinz Harry.« Im Terminkalender der Prinzessin von Wales gab es nichts anderes als Kinder und Karriere und manchmal Gerüchte um einen neuen Mann. Die königliche Familie beobachtete die Mutter ihrer Erben mit Argusaugen, denn immerhin hielt sie ein kostbares Pfand in ihrer Hand. Sie durfte England mit ihren Söhnen nicht ohne die Bewilligung der Queen verlassen und war Gefangene im eigenen Land.

Kurz nach ihrem sechsunddreißigsten Geburtstag öffnet Diana für ihre Kinder noch die Türen zum liberalen Establishment und besucht in ihrer Begleitung Tony Blair auf seinem offiziellen Landsitz Chequers. Worüber sie sprachen, wurde nicht offiziell bekannt. Doch einer Freundin vertraute die Prinzessin an: »Ich glaube, daß ich in ihm endlich jemanden habe, der weiß, wie er mich einsetzen soll. Er hat mir gesagt, er habe Aufgaben für mich.«
Die Aufgabe, ihre Kinder zu »richtigen« Royals zu erziehen, nahm Diana aus der Sicht der königlichen Familie nicht wahr. Im Sommer 1997 wurde sie dafür sogar mit dem Titel »Verräterin« bedacht. Sie war im Juli mit William und Harry Gast auf der Jacht von Mohamed al-Fayed, der sich vergeblich seit Jahren bemühte, die englische Staatsbürgerschaft zu erlangen, und bisher gescheitert war. Er war der Besitzer des Londoner Kaufhauses Harrods, und die herablassenden Kommentare am Hof rissen nicht ab. Wie konnte sie die königlichen Prinzen der Gesellschaft dieses Emporkömmlings aussetzen? Hatten sie kein Recht auf einen sorgfältig ausgewählten standesgemäßen Umgang?
Für die Prinzessin von Wales war dieses Thema längst geklärt: »Mein Vater hat mich immer gelehrt, alle Menschen als gleichberechtigt zu behandeln. Ich habe das immer getan, und ich bin sicher, daß Harry und William den gleichen Geist in sich aufgenommen haben. Niemand kann mir vorschreiben, wie ich mich verhalten soll. Ich verlasse mich auf meine Intuition. Sie ist mein bester Ratgeber.«
Nach diesem Motto kümmerte sie sich nicht um die Kritik und vergnügte sich mit ihren Kindern fern der höfischen Etikette, wie jede andere Mutter. Sie besuchten die Orte an der Mittelmeerküste, sie schwammen, fuhren in Rennbooten und lernten Dodi kennen, mit dem Diana in den Tod rasen wird.
Ein letztes Mal verteidigt die Prinzessin von Wales den Thronfolger und seinen Bruder vor der Presse, die auch hier jeden ihrer Schritte verfolgt: »Meine Söhne beknien mich ständig, ich solle im Ausland leben, wo ich weniger im Rampenlicht stehen würde. Vielleicht sollte ich das wirklich tun, da Sie mich ja nicht in Ruhe lassen. Ich weiß, daß ich eine Rolle zu spielen habe, aber ich muß meine Söhne schützen. William leidet sehr, die viele Aufmerksamkeit bringt ihn leicht aus der Fassung.«
Einen Monat später macht Diana wieder Urlaub auf der »Jonikal«, dem Luxusschiff des Kaufhauskönigs. Diesmal ist sie allein mit Dodi.
Am Freitag, den 29. August ruft sie ihre Söhne an, die mit ihrem Vater und der königlichen Familie in Balmoral Urlaub machen. Sie sagt, daß sie sich nach

ihnen sehnt und daß sie am Sonntag wieder bei ihnen sein wird. Es war das letzte Gespräch mit ihrer Mutter.
Die nächsten Bilder gehen rund um die Welt und berühren alle Herzen. Prinz William und Harry hinter Dianas Sarg, auf dem ein weißes Blumenbukett und ein kleiner Brief mit der Aufschrift »Mummy« liegen.

Sisi

Ein Kaiserkind gehört dir nie allein. Das mußte Sisi erfahren, noch ehe sie selbst richtig wußte, daß sie schwanger war. Nicht einmal das kleine Vergnügen, Franz Joseph die wichtige Botschaft selbst zu überbringen, überließ ihr Sophie, die, als sie die ersten untrüglichen Anzeichen bemerkte, sofort hocherfreut ihrem Sohn nach Böhmen schrieb, daß Elisabeth guter Hoffnung sei.
Es war ein neuer Anlaß, bei dem es galt, Regie zu führen, um ihn politisch gut zu nützen: »Kaum war sie da, schleppte sie mich schon hinunter in den Garten und erklärte, es sei meine Pflicht, meinen Bauch zu produzieren, damit das Volk sehe, daß ich tatsächlich schwanger bin. Es war schrecklich. Dagegen schien es mir eine Wohltat, allein zu sein und weinen zu können.«
»Der Garten« waren die Parkanlagen von Laxenburg und Schönbrunn, die Sophie für das Publikum freigab, damit es die fortschreitende Schwangerschaft ständig beobachten konnte. So wie bei Diana war auch bei Sisi das ganze Land an ihrem Bauch interessiert.
Man kann es der Kaiser-Mutter nicht verdenken, daß sie ihre Schwiegertochter zwang, sich zu zeigen. Sie war in erster Linie Politikerin. Was gab es Wichtigeres, als dem Volk zu beweisen, daß der Fortbestand der Monarchie gesichert war?
Elisabeth wurde unter der Last ihrer neuen Verpflichtung immer trübsinniger, denn ihre Lieblingsbeschäftigung, das Reiten, war ihr von nun an verboten. Als sie versuchte, sich anderweitig zu vergnügen und ihren Papageien, die sie aus Possenhofen mitgebracht hatte, das Sprechen beizubringen, verdarb ihr Sophie, in ihrer Sorge um den Thronfolger, auch diesen Spaß. Sie bat den Kaiser, ihr die Vögel wegzunehmen, damit sie sich nicht »versah« und ihr Baby einem Papagei ähnlich werden könnte. Diese und andere Einschränkungen, die ihre Schwiegermutter gut meinte und denen sich der Kaiser wider-

spruchslos fügte, verstärkten Elisabeths Gefühl, hilflos absurden Vorschriften ausgeliefert zu sein.
Geplagt von Übelkeit und Depressionen, konnte sie sich jetzt wenigstens manchmal vor offiziellen Anlässen flüchten, und Franz Joseph, der jede Kleinigkeit an seine Mutter berichtete, schrieb: »Sisi konnte nicht erscheinen, da sie gestern recht miserabel war. Sie mußte schon aus der Kirche weg und erbrach sich dann mehrere Male, auch litt sie an Kopfweh und brachte fast den ganzen Tag im Bette liegend zu; nur abends nahm sie mit mir den Tee auf unserer Terasse beim herrlichsten Abend.«
Franz Joseph mußte von nun an zu Hause ganz auf erotische Freuden verzichten, denn seine junge Frau ließ ihn nicht in ihr Bett. Sie schien grundsätzlich nicht sehr an Sex mit ihm interessiert und hatte nun einen legitimen Grund, sich zu entziehen: »Es ist durchaus möglich«, schreibt Joan Haslip, »daß Elisabeth, deren Phantasie vornehmlich durch Märchen gespeist worden war, sich von der nackten Wirklichkeit des Geschlechtslebens schokkiert und angewidert fühlte. Marie Festetics und Elisabeths Nichte, Marie Larisch, die beiden Frauen also, die ihr in verschiedenen Stadien ihres Lebens am nächsten standen, meinen, daß sie weder leidenschaftlich noch sinnlich gewesen sei.«
Die junge Kaiserin, die ihre Weiblichkeit ablehnte, schämte sich für ihren immer rundlicher werdenden Bauch, und versuchte ihn durch Hungern und starkes Schnüren zu verbergen, was ihr natürlich nur bedingt gelang. Außerdem war es überhaupt nicht im Sinne ihrer Schwiegermutter, die schon darauf wartete, daß jeder das werdende Kaiserkind sehen konnte, Symbol für Stabilität und Macht, ein Zeichen, daß Franz Joseph zeugungsfähig war. »Elisabeth fühlt sich schamlos preisgegeben und in ihren Gefühlen verletzt, es ist ihr widerwärtig, wie ein prämiertes Muttertier ausgestellt zu werden«, beschreibt Johannes Thiele die peinliche Situation.
Erzherzogin Sophie überwacht nicht nur die Schwangerschaft, sie übernimmt auch alle anderen Vorbereitungen für das frohe Ereignis, weil die werdende Mutter aus ihrer Sicht viel zu unerfahren ist. Sie verfügt nicht nur wie, sondern auch wo die Kinderzimmer eingerichtet werden. Nicht bei den jungen Eltern, sondern unmittelbar neben ihren Gemächern wird der Säugling einquartiert. Ein Erbe ist für die Monarchie zu wertvoll, um ihn dieser »Kindfrau« zu überlassen, die keine Ahnung vom Leben hat. Damit war schon Monate vor der Niederkunft klar, daß Sisi nicht nur ihren Mann, sondern auch ihr erstes Kind an ihre Schwiegermutter verloren hatte.

Doch auch bei der Wahl der Kinderfrau, der »Aja«, hatte Elisabeth nichts mitzureden. Es war eine politische Entscheidung, bei der der Gedanke an das Wohl des Kindes keine Rolle spielte. Baronin Velden war die Witwe eines Feldzeugmeisters, der sich bei der Niederwerfung des Aufstandes in Ungarn Verdienste erworben hatte. Die wichtige Aufgabe war eine Würdigung ihres verstorbenen Gatten, was machte es schon aus, daß sie keine Erfahrung mit Kindern vorweisen konnte und selbst auch keine hatte.
Sophie kommt durch diese ständigen Eingriffe in Sisis Leben in den Ruf der bösen Schwiegermutter, als die sie, zu Unrecht, in die Geschichte eingehen wird. Später aufgefundene Briefe und ihr Tagebuch zeigen auch ein anderes Bild, sie schildert Elisabeths »zauberhaften Charme« und schwärmt von ihrem Antlitz, das zu betrachten sie »niemals müde« wird.
Franz Joseph liebte seine Frau, doch wie jeder vielbeschäftigte Mann wollte er keine zusätzlichen Probleme haben. Er hoffte auf einen Erben und war ein glücklicher, zufriedener Ehemann.
Am 5. März 1855 ist es endlich soweit. Um sieben Uhr morgens setzen die Wehen ein, und der gehorsame Sohn weckt als erstes seine Mutter. Sophie erscheint sogleich und setzt sich mit einer Handarbeit wartend vor das kaiserliche Schlafzimmer. Später schreibt sie in ihr Tagebuch: »... und der Kaiser ging und kam von ihr zu mir.«
Selbst jetzt muß Sisi ihren Mann mit ihrer Schwiegermutter teilen. Ihre Mutter, Ludovika, ist nicht aus Bayern angereist, wie es beim ersten Kind allgemein üblich ist. Über die Gründe dafür wird am Hof heftig spekuliert: »Die Mutter der Kaiserin verweilt auf ihrem Landsitz«, schreibt eine Dame der Gesellschaft an ihre Freundin, »worüber man sehr erstaunt ist. Sie soll keine Einladung erhalten haben.«
Als die Wehen stärker werden, setzt sich Sophie ans Bett ihrer Schwiegertochter und beobachtet jede Regung des jungen Paares: »Sisi hielt die Hand meines Sohnes zwischen den ihren und küßte sie einmal mit einer lebhaften und respektvollen Zärtlichkeit; das war so rührend und machte ihn weinen; er küßte sie ohne Unterlaß, tröstete sie und klagte mit ihr und schaute bei jeder Wehe mich an, um zu sehen, ob ich damit zufrieden sei.«
Es ist »nur« ein Mädchen, das zur Welt kommt, aber Sisi ist noch jung, es wird wohl noch genug Söhne geben, und so sind alle glücklich und erleichtert, daß Mutter und Tochter wohlauf sind. Der Kaiser nimmt die Glückwünsche der im Vorzimmer versammelten Familie entgegen. Das Kind wird gewaschen und angezogen und Sophie in den Arm gelegt, die sich mit Franz

Joseph zu ihrer Schwiegertochter ans Bett setzt und mit ihm wartet, bis sie eingeschlafen ist.
Es war fast so, als hätte die Kaiser-Mutter das Kind geboren. Alle hörten auf ihr Kommando, die Hebamme, Franz Joseph und natürlich auch die erst siebzehnjährige Mutter. Und so nimmt es nicht Wunder, daß sie sich selbst zur Patin bestimmt und dem Baby auch gleich ihren eigenen Vornamen gibt. Elisabeth wird dazu nicht befragt, auch Diana ließ man bei der Wahl der Taufpaten nicht mitbestimmen.
Die kleine Sophie wird der Liebling ihrer Großmutter, die seitenweise in ihrem Tagebuch jede Winzigkeit beschreibt. Von der Babypflege bis zum ersten Zahn erfüllt sie alles mit Begeisterung.
Sie genießt das Kind, das in den Räumen neben ihren Gemächern untergebracht ist, und vergißt ganz, daß es eine leibliche Mutter hat:
Die Treppe ist eng und zugig, Sisi muß jedes Mal einen Stock höher steigen, wenn sie ihre kleine Tochter sehen will. »Nur nach vorheriger Anmeldung bei ihrer Schwiegermutter, zu festgelegter Stunde und immer nur für kurze Zeit, läßt man die Kaiserin das Kinderzimmer betreten. Sie darf ihr Kind nur einmal am Tag besuchen. Zunächst bäumt sie sich dagegen auf, erst als der Kaiser sie eindringlich bittet, findet sie sich damit ab«, beschreibt Johannes Thiele das Dilemma der verhinderten Mutter.
Kein Wunder, daß sie resigniert und ihr »normales« Leben wieder aufnimmt. Sie fastet, um in ihre Kleider zu passen, und freut sich, daß die Schwangerschaft sie nicht häßlicher, sondern noch schöner gemacht hat.
Sisis Stellung bei Hof hat sich durch das Kind nicht gebessert. Nicht nur weil sie dem Reich keinen Sohn schenken konnte. Die Kinderschwestern, die Ärzte, ein jeder, der mit dem Baby zu tun hat, nimmt lediglich Anweisungen von ihrer Schwiegermutter entgegen, und als sie nach einer Reise mit Franz Joseph zurückkommt, muß sie feststellen, daß die kleine Sophie sie nicht einmal mehr erkennt.
Eine Fremde im Kinderzimmer ihrer eigenen Tochter, kann Sisi sich nicht freuen, als sie merkt, daß sie schon wieder schwanger ist. Die Angst, auch diesmal nicht den ersehnten Thronerben zu gebären, macht sie reizbar und launenhaft. Zudem ist es kalt und ungemütlich in den hohen, zugigen Räumen der Hofburg, die kaum ausreichend zu heizen sind.
Im Juli 1856 bringt Kaiserin Elisabeth wieder »nur« eine Tochter zur Welt. Man nennt sie Gisela, und Sophie verbirgt nicht ihren Unmut über das Versagen ihrer Schwiegertochter, die es wieder nicht geschafft hat, den not-

wendigen Erben zu gebären. Sie denkt vielleicht an ihre eigenen Bemühungen, an die vielen Fehlgeburten, die sie erlitten hat. Dennoch: Ihr war es nach langen Mühen geglückt, sie hatte der Monarchie eine Reihe von Söhnen geboren. Sie sieht Sisi als Versagerin, die schuld daran ist, daß es mit ihrem Sohn nicht klappt.

Auch dieses Kind verschwindet in der fernen Kindskammer und bleibt der Obsorge seiner Großmutter anvertraut. Der Kaiser wehrt sich nicht, die Zeit der neuen Väter, die sich um ihre Kinder kümmern, liegt noch in ferner Zukunft.

Um Sophies, aber auch Sisis Verhalten zu verstehen, muß man die Zeit berücksichtigen, in der sie leben. Im 19. Jahrhundert galt es als selbstverständlich, daß in adeligen Kreisen die Kinder fern von den Eltern aufwuchsen und vornehmlich vom Personal betreut wurden. Auch in England durchbricht erst Diana den königlichen Erziehungsstil, der nicht vorsieht, daß Kinder emotionale Nähe brauchen.

Zu Hause, in der Hofburg, wagt Sisi sich nicht gegen die Enteignung ihrer Kinder zu wehren, doch kaum liegen ein paar hundert Kilometer zwischen Franz Joseph und seiner Mutter, versucht sie ihn für sich zu gewinnen:

Es war auf einer Reise durch Kärnten und die Steiermark. Fern von jeder Etikette durchstreiften die jungen Leute die Gegend um den Großglockner und genossen den herrlichen Ausblick auf das Land. Franz Joseph in Lederhosen, mit Gamsbarthut, seine junge Frau im knappen Lodenkostüm, mit derben Bergschuhen und einem Lodenhut auf dem Kopf. Sisi war begeistert von ihrem spontanen, freundlichen Mann, der in Wien so förmlich und gehemmt war, und fand den Mut, ihn um Unterstützung im Kampf gegen die Schwiegermutter zu bitten. Und so schrieb der Sohn kurz nach der Rückkehr mutig an seine Mutter: »Wenn Sie die Gnade haben, die Sache ruhig zu überlegen, so werden Sie vielleicht unser peinliches Gefühl begreifen, unsere Kinder ganz in Ihrer Wohnung eingeschlossen mit fast gemeinschaftlichem Vorzimmer zu sehen, während die arme Sisi mit ihrem oft so schweren Volumen die Stiege hinaufkeuchen muß, um dann selten die Kinder allein zu finden.«

Nach diesem Brief bricht der Streit zwischen Sisi und Sophie offen aus. Die Kaiserin-Mutter will die Kinder nicht hergeben und wendet ein, daß die Räume, in die sie übersiedeln sollen, zuwenig Sonne hätten. Als auch das nichts nützt, droht sie sogar, aus der Hofburg auszuziehen. Diesmal hält

Franz Joseph zum ersten Mal zu seiner Frau und läßt sich von den Drohungen seiner Mutter nicht einschüchtern.
Doch kaum ist die Krise bewältigt, gibt es den nächsten Krach. Der Pariser Friede von 1856 beendet den Krimkrieg, das europäische Staatensystem wird neu geordnet, die Donaumonarchie fürchtet um ihre italienischen Provinzen, und Franz Joseph reist mit seiner Frau für vier Monate nach Mailand und Venedig, um seine Macht zu demonstrieren. Sisi will sich nicht für so lange Zeit von den Kindern trennen und setzt gegen den Widerstand der Schwiegermutter, die sich Sorgen um die Gesundheit ihrer Enkel macht, durch, daß die zweijährige Sophie sie begleiten darf. Eine Parallele zu Diana, die ihren Erstgeborenen, William, mit auf Reisen nahm.
Mutig geworden, will Sisi auf die nächste Reise nach Ungarn beide Kinder mitnehmen. Die Stimmung ist angespannt, man hat dem Kaiser die brutale Niederschlagung der Revolution von 1848 noch nicht verziehen. Doch wo immer Sisi auftritt, jubeln ihr die Menschen zu. So wie Diana in Australien, feiert sie hier einen großen Erfolg durch ihre Natürlichkeit und ihre Schönheit. Dennoch steht der Aufenthalt unter einem schlechten Stern. Zuerst erkrankt die zehn Monate alte Gisela an Fieber und Durchfall, kaum ist sie gesund, wird Sophie krank. Innerhalb weniger Tage verschlechtert sich ihr Zustand dramatisch. Franz Joseph schreibt an Sophie: »Sie hat die ganze Nacht nur eineinhalb Stunden geschlafen, ist sehr nervös und schreit immerwährend, daß es einem das Herz zerreißt.«
Sisi, selbst fast noch ein Kind, sitzt am Bett ihres Töchterchens und muß ihm elf Stunden beim Sterben zusehen. Der Kaiser telegrafiert aus Budapest an seine Mutter nach Wien: »Unsere Kleine ist ein Engel im Himmel. Nach langem Kampfe ist sie zuletzt ruhig um halb 10 Uhr verschieden. Wir sind vernichtet.« Sophie sieht ihre Vorurteile gegen Ungarn bestätigt. In diesem Land, das sie so sehr haßt, ist ihr geliebtes Enkelkind gestorben.
Elisabeth ist untröstlich. Sie hört auf zu essen, sie schließt sich tage- und wochenlang ein und weint unaufhörlich. Gisela, die Zweitgeborene, verliert sie nun endgültig an ihre Schwiegermutter. Unausgesprochen steht der Vorwurf im Raum, daß sie schuld am Tod ihrer Tochter ist. Der Schock verschließt ihr Herz. Sie will um nichts mehr kämpfen, auch nicht um das verbliebene Kind.
Ein halbes Jahr später hat die Kaiserin den Verlust der kleinen Sophie noch immer nicht überwunden, und Franz Joseph schreibt an seine Mutter: »Die arme Sisi ist sehr ergriffen von allen Erinnerungen, die ihr hier (in Wien)

überall begegnen und weint viel.« Eine Aussage, die gegen das Bild der Rabenmutter, der ihre Kinder gleichgültig sind, spricht.
Im Dezember 1857 ist die Kaiserin endlich wieder schwanger, ein neuer Versuch, den ersehnten Erben zu gebären. Aus allen Ecken und Enden der Monarchie langen Ratschläge, Rezepte, Gebete und Amulette bei ihr ein, damit das Kind endlich ein Junge wird.
Kronprinz Rudolf wird in eine Zeit hineingeboren, in der sich das Gesicht von Wien stark verändert hat. Die mittelalterlichen Stadtmauern wurden abgerissen, an ihrer Stelle eine breite, prächtige Straße gebaut, der man den Namen »Ringstraße« gibt. Franz Joseph ist glücklich, er schenkt seiner Frau eine dreireihige Perlenkette im Wert von 75.000 Gulden und seinem Sohn den Orden des Goldenen Vlieses. Er macht ihn an seinem ersten Lebenstag zum Oberst der kaiserlichen Armee und legt schon an der Wiege ganz selbstverständlich seine Karriere als Heerführer fest. Dem Volk stiftet er ein Krankenhaus, das »Rudolfsspital«, für »mindestens eintausend Kranke ohne Unterschied der Angehörigkeit und Religion«. Auf den Straßen jubeln die Menschen, und die »Deutsche Zeitung« schreibt sarkastisch: »Das Volk liebt die Kronprinzen, weil es Hoffnungen auf sie setzt, die sich leider nur selten verwirklichen. Ein Volk im Ganzen hat immer etwas Kindliches, daher ist dieses Vertrauen in die Zukunft, gleich der Zuversicht des Lotteriespielers, einmal einen großen Treffer zu machen, wohl erklärlich.«
Elisabeths Zuversicht in die Zukunft ist nach wie vor getrübt. Die Geburt war schwer, und weil sie ihr Baby nicht stillen darf, leidet die Kaiserin an einem Milchstau mit Fieber. Adelige dürfen ihren Kindern die Brust nicht geben, das gilt als unfein. Sie bittet Sophie dennoch um eine Ausnahme, die ihr verwehrt wird. Wo kämen wir denn hin, wenn die Kaiserin sich wie ein Wäschermädel benimmt! Mit schmerzhaft prallen Brüsten muß sie zusehen, wie eine stramme Bäuerin aus Mähren den kleinen Rudolf nährt.
Rudolf kam im August zur Welt, es wird Herbst, es wird Winter, Sisi hat sich noch immer nicht von ihrer Niederkunft erholt. Sie leidet an Schwäche und Appetitlosigkeit und an ihrer Schwiegermutter, die natürlich auch den Kronprinzen, das wertvollste von allen Kindern, unter ihre Obhut nimmt.
Der Thronfolger ist noch kein Jahr alt, als sein Vater im Mai nach Italien fährt, um die österreichische Armee im Krieg gegen Frankreich zu unterstützen. Sisi ist verzweifelt. Sie hat Angst um ihren Mann, den sie trotz aller Schwierigkeiten liebt, und fürchtet sich, mit Sophie allein zu bleiben. Sie zieht sich noch mehr zurück und kann ihre Einsamkeit am Kaiserhof, an dem sie von Kriti-

kern und Feinden umgeben ist, schwer ertragen. Ihr Leibarzt, den sie haßt und der ihr aufgezwungen wurde, beschwert sich beim Polizeiminister, den er zufällig trifft, über die Kaiserin: »Sie entspricht weder als solche noch als Frau ihrer Bestimmung; während sie eigentlich unbeschäftigt ist, sind ihre Berührungen mit den Kindern nur höchst flüchtig, und während sie um den abwesenden edlen Kaiser trauert und weint, reitet sie stundenlang zum Abbruche ihrer Gesundheit. Zwischen ihr und der Erzherzogin Sophie besteht eine eisige Kluft, und die Obersthofmeisterin Gräfin Esterházy besitzt gar keinen Einfluß auf die Kaiserin.«

Elisabeth ist zu jung und aus Kummer zu oft krank, um sich gegen ihre Schwiegermutter durchzusetzen: »Es war mir nur dann erlaubt, die Kinder zu sehen, wenn Erzherzogin Sophie die Erlaubnis dazu gab«, wird sie sich später bei ihrer Hofdame Gräfin Festetics beklagen. »Endlich gab ich den Kampf auf und ging nur noch selten hinauf.«

Doch auch in der Ehe kriselt es. Hin- und hergerissen zwischen seiner Frau und seiner Mutter, ermüdet von den ständigen häuslichen Kriegen und politisch überfordert, sucht Franz Joseph Trost in den Armen anderer Frauen. Sisi ist ständig depressiv und versperrt ihr Schlafzimmer vor ihm, er kann ihre Probleme nicht verstehen. Warum ist sie nicht einfach glücklich, Kaiserin zu sein, jetzt, wo sie den notwendigen Erben geboren hat und die Welt wieder in Ordnung ist? So wie Charles geht auch der Kaiser seiner Wege und kümmert sich wenig um seine unglückliche Frau.

Elisabeth fühlt sich von Franz Joseph verraten. Man hat ihr seine Liebschaften zugetragen, jetzt gibt es nichts mehr, was sie in Wien hält.

Gisela ist vier Jahre alt, Rudolf erst zwei, als sie krank und verzweifelt nach Madeira flüchtet. Nun ist sie endgültig als schlechte Mutter abgestempelt. Biograph Merkle urteilt streng: »Man darf unterstellen, daß die Kinder bei ihrer Großmutter durchaus besser aufgehoben waren, als sie das bei ihrer nervösen, launischen, reizbaren Mutter gewesen wären, die nur wenig mit ihnen anzufangen wußte und nach der Geburt vorwiegend damit beschäftigt war, durch Hungerkuren ihre schlanke Taille zurückzugewinnen. Sisi hatte zu ihren Hunden und Rössern ein weitaus herzlicheres Verhältnis als zu ihren Kindern, schätzte weder Gisela noch Rudolf sonderlich und wandelte ihren Sinn nicht einmal, als sie schon Großmutter – und, seit 1895, Urgroßmutter – war.«

Eine Vereinfachung, die Elisabeth nicht gerecht wird. Sie war erst siebzehn, als sie ihr erstes Kind gebar, und hatte keine Chance, sich gegen Sophie

durchzusetzen. Es wäre wohl richtiger, sie als verhinderte, denn als schlechte Mutter zu sehen. Aus Madeira schickt sie immer wieder – wahrscheinlich mit schlechtem Gewissen – Geschenke und schreibt an die damals vierjährige Gisela: »Du weißt schon, was ich Dir für schöne kleine Vögel mitbringen werde, in einem hübschen Vogelhaus, und dann werde ich Dir Musik machen und Dir auch eine ganz kleine Guitarre zum Spielen bringen.«
Elisabeth sehnt sich nach ihren Kindern, doch sechs Monate sind eine lange Zeit. Als sie nach Wien zurückkommt, stellt sie fest, daß Sophie endgültig die Macht im Kinderzimmer übernommen hat und ihr bedeutet, sie sei zu lange fort gewesen, um jetzt noch mitzubestimmen. Nach wenigen Wochen hält sie es nicht mehr aus und flüchtet wieder – diesmal nach Korfu.
Ihr Selbstbewußtsein ist so zerstört, daß sie an ihre Mutter schreibt, sie glaube, »dem Kaiser und dem Land nur eine Last zu sein, den Kindern nie mehr nützen zu können ...«, und sich den Tod wünscht, damit eine andere Frau ihren Platz einnehmen kann.
Wieder ist Elisabeth monatelang von ihren Kindern getrennt. Doch die Angst vor dem Winter in Wien ist so stark, daß sie nicht zurückkommen will. Sie bittet den Kaiser, ihr die Kinder nach Venedig zu bringen, damit sie mit ihnen ein paar Wochen verleben kann. Das Wiedersehen ist berührend, Mutter und Kinder sind glücklich, aber nur für kurze Zeit. Denn nun beginnt ein neuer Machtkampf mit Sophie. Sie wollte verhindern, daß Gisela und Rudolf nach Italien dürfen, und beschwor den Kaiser, die Reise wegen des schlechten Trinkwassers in Venedig zu verbieten. Doch Franz Joseph war seiner Frau zuliebe standhaft geblieben und hatte angeordnet, täglich frisches Quellwasser von Schönbrunn nach Venedig zu schicken.
Dieser Kampf war für Sophie verloren, aber nicht ihre Einflußmöglichkeiten. Sie bestimmte Gräfin Esterházy als Begleitung und gab ihr Weisungen, alles in ihrem Sinne zu regeln, womit Sisi natürlich nicht einverstanden war. Sie entläßt ihre Obersthofmeisterin, die sie nie gemocht hatte und die ihr von Sophie am Anfang ihrer Ehe aufgezwungen worden war. So wie Diana rebelliert auch sie gegen die Bevormundung durch den Hof. Acht Jahre hatte sie unter ihr gelitten, nun war es genug! Als die Gräfin nach Wien zurückkehrt, schreibt Sophie in ihr Tagebuch: »Wir weinten zusammen und sprachen vom Kaiser, von dem sich Sophie (Esterházy) mit so großem Schmerz trennt, wenn sie Sisi verläßt.« Die Wahl der neuen Obersthofmeisterin verursachte gleich den nächsten Skandal, der preußische Botschafter berichtete nach Berlin, daß »die hiesige Gesellschaft sehr betroffen« sei, da

der Stammbaum der Gräfin Königsegg nicht den Kriterien für diesen Posten entspreche.
Von Venedig kehrte die Kaiserin nur kurz nach Wien zurück, um dann nach Bad Kissingen und Possenhofen weiterzureisen. Als sie im August 1862 bei ihrer Rückkehr mit einem großen Fackelzug empfangen wurde, war sie insgesamt fast zwei Jahre von zu Hause fortgewesen.
Gisela und Rudolf hatten nie die Chance gehabt, auch nur ein halbwegs normales Leben zu führen. Zwischen Großmutter, Mutter, Vater und diversen Bediensteten hin- und hergerissen, gab es wenig Wärme in ihrem Leben, und so wurden sie füreinander die wichtigsten Bezugspersonen.
Als Rudolf sechs wurde, war er der Kleinkinderstube entwachsen und bekam – so wollte es die Tradition – seinen eigenen Hofstaat. Bei der Trennung der beiden Geschwister kam es zu herzzerreißenden Szenen, der Thronfolger wollte nicht weg von seiner »Aja« und von Gisela, dem einzigen Menschen, dessen Liebe er sich sicher war.
Sein neuer Obersthofmeister hatte den Auftrag, aus ihm einen »richtigen« Mann zu machen, denn Rudolf war ein phantasievolles, kluges, liebesbedürftiges, ängstliches Kind. Er war körperlich sehr labil, spindeldürr und entsprach nicht den Vorstellungen seines Vaters. Franz Joseph wollte einen starken, mutigen Sohn, der ein guter Soldat werden sollte.
Die Methoden, die Graf Gondrecourt anwandte, waren denkbar brutal. So ließ er den kleinen Jungen allein im Lainzer Tiergarten zurück und rief ihm über die hohe Mauer zu: »Da kommt ein Wildschwein!« Rudolf brüllte vor Angst und schlug verzweifelt gegen das verschlossene Tor. In der Nacht riß ihn der Erzieher mit Pistolenschüssen aus dem Schlaf, er härtete ihn mit Kaltwasserkuren ab und ließ ihn stundenlang bei Wind und Wetter exerzieren. Der Thronfolger reagierte mit Fieber, Magenbeschwerden, Angina und ähnlichen Erkrankungen. Elisabeth mußte den Torturen ihres Jüngsten, die für die damalige Zeit nicht ungewöhnlich waren, hilflos zusehen. Später klagte sie immer wieder darüber, daß ihre Kinder »nicht neben mir sein durften – in deren Erziehung ich nicht hinein reden durfte – bis sie Rudolf mit der energischen Behandlung und der Erziehungsmethode des Grafen Gondrecourt beinahe zum Trottel machten; – ein Kind von sechs Jahren mit Wasserkur und Erschrecken zum Helden machen zu wollen, ist Wahnsinn.«
Als Elisabeth nach einer längeren Reise ihren Sohn wiedersah, fand sie ihn so verschüchtert und nervös, daß sie sich endlich bei Franz Joseph für ihn einsetzte. Der zögerte und wollte nichts gegen den Willen seiner Mutter tun.

Doch diesmal blieb seine Frau hart und schrieb ein Ultimatum, das zeigt, wie kalt der Umgangston zwischen den Eheleuten inzwischen schon geworden war:

»Ich wünsche, daß mir vorbehalten bleibe unumschränkte Vollmacht in allem, was die Kinder betrifft, die Wahl ihrer Umgebung, den Ort ihres Aufenthaltes, die komplette Leitung ihrer Erziehung, mit einem Wort, alles bleibt mir ganz allein zu bestimmen, bis zum Moment der Volljährigkeit. Ferner wünsche ich, daß, was immer meine persönlichen Angelegenheiten betrifft, wie unter anderem die Wahl meiner Umgebung, den Ort meines Aufenthaltes, alle Änderungen im Haus etc. etc. mir allein zu bestimmen vorbehalten bleibt.«

Gondrecourt mußte gehen. Der Kaiser beförderte ihn zum General, und er machte seinem Namen als Schinder sofort Ehre, indem er in der Schlacht bei Königgrätz einem Soldaten, der nachts nicht gleich aufstehen wollte, im Zorn ein Ohr abschlug.

Die Kaiserin nahm nun die Auswahl der Betreuer ihres Sohnes in die Hand und sorgte für eine liberalere Erziehung. Oberleutnant Joseph Latour von Thurmburg war eine gute Wahl, was das Wohl des verstörten Kindes anging, fand jedoch keine Gnade in den Augen Erzherzogin Sophies. Sie bekämpfte den neuen Lehrer erbittert, der gelegentlich seine Schwierigkeiten durchblikken ließ: »Ich gehe ohne jedwede Rücksicht auf Persönlichkeiten meinen geraden Weg. Dadurch wird man zwar nicht beliebt, aber es ist das einzige Mittel, um bei Hofe ein selbständiges Urteil zu behalten.«

Nach wie vor blieb Elisabeth, so oft es ging, dem Wiener Hof fern. Sie kam vorbei wie ein gerngesehener Gast und interessierte sich im Vorübergehen für das Wohlbefinden ihrer Kinder. Ihre eigene »glückliche« Kindheit in Possenhofen war nur im Vergleich zum Leben in Wien ein Paradies, und so ähnelt ihr Verhalten Gisela und Rudolf gegenüber dem ihres Vaters: Er war oft abwesend, und wenn er kam, überschüttete er sie mit Liebesbeweisen und brachte ihr geregeltes Leben durcheinander.

Wenn sie an ihren Sohn später Briefe schrief, waren sie so unpersönlich, daß sie jedem Fremden hätten gelten können. Sie sprach von ihren Pferden, der Gesellschaft, in der sie sich befand, und das einzig Persönliche war die Unterschrift: »Deine Dich liebende Mama«.

Als die Kaiserin ein viertes Mal schwanger wurde, übersiedelte sie gleich nach Ungarn. Marie Valerie, im Jahr der ungarischen Krönung des Kaiserpaares gezeugt, gilt als Versöhnungskind, obwohl die Ehe nur noch durch möglichst lange Trennungen funktionierte. Wollte der Kaiser seine Frau sehen, mußte er ihr mit dem ganzen Hofstaat und den beiden älteren Kindern nachreisen, und selbst diese kurzen Besuche waren problematisch. Sie bemühten sich für kurze Zeit, eine glückliche Familie zu sein, doch es herrschte nur »Rastlosigkeit und Ärgernis; und jedes ohne Unterschied freut sich in seines Herzens innerstem Winkel auf die allseitige Trennung und auf das Ausruhen vom Zwang, den ihm das Beisammensein mit seinen Lieben auferlegte«, klagt Gräfin Fürstenberg über die anstrengenden Begegnungen.

Marie Valerie ist das erste Kind der Kaiserin, das sie sich nicht wegnehmen läßt. Sie nennt sie »die Einzige« und schreibt später an sie:

»Bei meinen anderen Kindern hat Sophie Mutterstelle vertreten, bei Dir, habe ich mir vom ersten Augenblick an gesagt, muß es anders werden.«

Und wie so oft, wenn Menschen ihre Fehler erkennen, schlägt das Pendel in die Gegenrichtung um. Marie Valerie fühlt sich von soviel Mutterliebe erdrückt, was Gisela und Rudolf zuwenig bekommen, ist der Jüngsten oft zuviel. Sisi ist so um ihre Gesundheit besorgt, daß jeder kleine Husten sie in Panik versetzt, und Hofdame Festetics, die unter dieser Hysterie leidet, schreibt verzweifelt: »Es ist kein Maß in ihr und sie leidet mehr durch diese Lebensfreude, als sie Glück durch sie gewinnt – eine zitternde Angst für ihre (Valeries) Gesundheit, dann wieder das Gefühl, man wolle die Kleine entfremden.«

Die Liebe, die Elisabeth bei Franz Joseph nicht gefunden hatte und die sie ihren beiden anderen Kindern nicht geben konnte, gilt jetzt in einem Ausmaß Marie Valerie, daß ihre Briefe an sie wie Liebesbriefe an einen Mann klingen:

»Ich liebe doch eigentlich nur Dich, wenn Du mich verläßt, so ist mein Leben aus. Aber so liebt man nur einmal im Leben. Da denkt man nur an das geliebte Wesen, da ist alles auf der einen Seite – von der anderen verlangt man und erwartet man nichts ... Du mußtest mein eigenes, eigenstes Kind bleiben, mein Kleinod, auf das niemand ein Recht haben darf als ich allein, und alle Liebesfähigkeit meines bis dahin verschlossenen Herzens habe ich auf dich ausgeströmt.«

Als Marie Valerie sich in Erzherzog Franz Salvator verliebt, spottet ihre Mutter voller Selbstmitleid:

> Verliebt, verliebt! und folglich dumm:
> Ich kann dich nur bedauern.
> Lang geh ich schon hienieden um,
> Mich macht die Liebe schauern ...

Was nutzt es, daß ich Mutter ward,
Und dir zu Lieb entsagte
Dem Leben, wo nach Feenart
Ich wild die Welt durchjagte?

Fort zieht es dich aus meiner Näh'
Zu jenem blassen Knaben,
Trotzdem ich ehrlich dir gesteh',
Ich möchte ihn nicht haben ...

Gisela nimmt in den Biographien, die die Geschichte ihrer Mutter erzählen, sowenig Platz ein wie im wirklichen Leben in ihrer Familie. Ganze Kapitel werden der geliebten Valerie und dem armen Kronprinzen Rudolf gewidmet. Sie bleibt dieses uninteressante Kind, zu dem sie durch die Umstände wird, heiratet Leopold von Bayern und widmet sich ihren vier Kindern.
Rudolf, den sein Vater »Krepierl« nannte, wurde zu einem unglücklichen jungen Mann. Die Welt seines Vaters war ihm aufgrund seiner liberalen Erziehung fremd, er konnte mit seiner starren konservativen Politik nichts anfangen. In die Welt seiner Mutter vermochte er nicht wirklich vorzudringen, obwohl er sie sehr verehrte, »wie eine schöne Märchenfee, die sein graues, pflichterfülltes Leben als Kronprinz auflockerte«, schreibt Brigitte Hamann. Die beiden waren einander sehr ähnlich. So wie Elisabeth zog Rudolf die Menschen in seinen Bann, wie sie neigte er gleichzeitig zur Melancholie. Beide waren Querdenker, er schrieb als Neunzehnjähriger sein erstes anonymes Pamphlet, in dem er den Adel kritisiert, der seine Rechte nicht durch Arbeit und Leistung erworben hat.
Als ihr Sohn die unscheinbare Prinzessin Stephanie von Belgien heiratet, lehnt Sisi die sechzehnjährige Kindfrau genauso ab, wie sie damals am Hof abgelehnt wurde. Sie bezeichnet sie als »Trampeltier« mit »langen falschen Flechten« und »listig lauernden« Augen.
Es wird eine denkbar unglückliche Ehe. Niemand hat diesen einsamen, zerrissenen jungen Mann je verstanden, weder seine Eltern noch seine Frau. Als er beschließt, seinem Leben ein Ende zu machen, will er wenigstens im Tod nicht allein sein und nimmt die naive junge Mary Vetsera mit ins Grab. Das Kaiserpaar, das von seinen Schwierigkeiten keine Ahnung hatte, erfährt am nächsten Tag durch den Arzt, der zugezogen wurde, wie ihr Sohn gestorben ist – eine Welt bricht zusammen: »Das Mädchen ausgestreckt im Bette, offene Haare über den Schultern, eine Rose in den gefalteten Händen – Rudolf

in halbsitzender Position, der Revolver seiner erstarrten Hand entfallen am Boden, im Glas Cognac.«

Elisabeth hörte nie mehr auf, um ihren Sohn zu trauern, und starb innerlich mit ihm. Sie rief nach seinem Tod stundenlang seinen Namen und legte ihre schwarzen Kleider bis an ihr Lebensende nicht mehr ab.

Nein, sie war sicher keine lieblose Mutter, auch wenn ihr das oft unterstellt wird. Sie war eine Frau, die selbst nicht wußte, wie man sich fühlt, wenn man eingebettet in Liebe und Vertrauen lebt, und die ihren Kindern das Ersehnte nicht zu geben vermochte.

14

Das Scheinwerferlicht wirft lange Schatten

Diana

Prinz Charles war es nicht gewöhnt, daß die Menschen enttäuscht reagierten, wenn er aus dem Auto stieg. Seit Diana an seiner Seite die Krone repräsentierte, war er höchstens noch ein Viertel wert. Er hörte die enttäuschte Menge rufen: »Oh, schade, wir sind auf der falschen Seite«, wenn er aus dem Fenster lächelte, und man reichte seiner Frau die Blumensträuße, die früher ihm gegolten hatten.

Es war verletzend, daß die Fans auf den gegenüberliegenden Gehsteig wechselten, wenn sie bemerkten, daß sie Diana dort näher waren, und der zurückgesetzte Thronfolger sagte verbittert: »Ich bin zu dem Schluß gekommen, daß es wirklich leichter gewesen wäre, mit zwei Frauen verheiratet zu sein. Dann könnten sie je eine Straßenseite übernehmen, und ich könnte in der Mitte gehen und alles steuern.«

Es gab nichts mehr zu steuern, sosehr seine Berater sich auch bemühten. Sie versuchten, seine guten Taten in den Mittelpunkt zu rücken, doch selbst wenn er als erstes Mitglied der königlichen Familie Blut spendete, ging sein Engagement in der Bewunderung für seine schöne Frau unter: »Ich habe es getan, um dem Land wieder Mut zu geben, nachdem die Angst vor Aids ein Nachlassen der Blutspenden verursacht. Aber die Presse hat sich bloß für das Kleid von Diana interessiert«, meinte er frustriert. Egal, was er tat, sie stahl ihm jeden Tag die Show, und Charles machte sie dafür verantwortlich: »Er war eifersüchtig; ich verstand diese Eifersucht«, verteidigte sich Diana, »aber ich konnte ihm nicht erklären, daß ich das gar nicht verlangt hatte. Immer wieder hab' ich ihm gesagt, ... wen auch immer du geheiratet hättest, sie wäre interessant wegen der Kleider, wegen der Art und Weise, wie sie mit diesem und jenem umgeht, und du hast den Sockel errichtet, auf dem deine Frau steht, damit sie sich ihren eigenen Sockel baut. Das sah er überhaupt nicht ein.«

Charles wirkte reserviert und steif. Diana hatte ihn durch ihre offene, charmante Art und ihre Schönheit in der Gunst des Publikums übertrumpft, und sie schien es zu genießen. Es war nicht leicht für ihn. Wenn sein Büro berichtete, daß er eine Spenderkarte bei sich trug, damit im Todesfall seine Organe Leben retten konnten, dann widmeten ihm die Medien eine kleine Notiz und zeigten auf einer Doppelseite die Prinzessin von Wales, die am Vorabend in einem silbernen, schulterfreien Pailettenkleid eine Wohltätigkeitsveranstaltung eröffnet hatte und die Nachrichten beherrschte. Er konnte nächtelang unerkannt durch die Armenviertel streifen, sein soziales Engagement war ihnen kaum mehr als ein paar Zeilen wert. Wenn er sich für Umweltschutz engagierte, warfen sie ihm vor, daß sein Bentley dreiundzwanzig Liter Benzin pro hundert Kilometer verbrauchte.
Doch nicht einmal an Dianas Seite gelang es Charles, vom Kuchen der Bewunderung mitzunaschen. Als er überredet wurde, mit ihr öffentlich zu tanzen, obwohl er es haßte, wurden am nächsten Tag ihr Kleid und ihre königliche Haltung in allen Details beschrieben, und er nur am Rande als ihr Begleiter erwähnt.
Der Prinz konnte die Faszination, die seine Frau ausstrahlte, nicht verstehen. Er hatte erwartet, daß seine Intelligenz und seine Eloquenz höher bewertet würden, und nun drehte sich alles um Diana, obwohl sie in den ersten drei Jahren keine einzige Rede hielt und in der Öffentlichkeit in dieser Zeit nicht mehr als fünfhundert Worte sprach.
Charles war ein distanzierter Royal, wie alle in seiner Familie. Diana, von Geburt an damit beschäftigt, allen zu gefallen, damit sie wenigstens ein bißchen Anerkennung fand, sah nicht nur aus wie ein schöner Engel, sie weckte auch noch in den Menschen das Gefühl, daß ihr Lächeln jedem persönlich galt. Sie nährte die Phantasie von der Märchenfee, die mit ihrem Zauberstab alles wieder gutmacht, was sie berührt. Neben ihr wirkte Charles langweilig, und weil er nicht den Charme von Präsident Kennedy besaß, der gesagt hatte: »Ich bin der Mann, der Jackie nach Paris begleitet«, ignorierten sie ihn ganz.
»Eine der wenigen wahren Verallgemeinerungen«, schrieb die Zeitung »Psychology Today«, »geht dahin, daß alle Nationen, die britische und amerikanische eingeschlossen, gegen die Langeweile des Alltags ankämpfen, indem sie die Fehler und den Glanz der Dynastien bewundern und verachten.«
Bis Diana kam, wurde das englische Königshaus ausführlich kritisiert. Sie gaben zuviel Geld aus, wohnten in zu vielen Schlössern, Philip war ein

Nörgler, dem man nachsagte, daß er seine Frau betrog, Charles machte sich für unpopuläre Ziele stark und sprach mit seinen Gänseblümchen, Anne wurde ein uncharmantes »Pferd« genannt, das sich außer für Rösser für wenig interessierte, Margaret eine verkrachte Säuferin mit einem unstandesgemäßen Freund, »Randy Andy« (scharfer Andy) galt als Schürzenjäger, dem jede Ernsthaftigkeit fehlte, und über Edward berichteten die Zeitungen von seiner »innigen Beziehung zu Männern«.

Und nun kam diese kleine adelige Kindergärtnerin und schenkte den Menschen den Glauben an Wunder. Es gab doch noch wenigstens ein schönes, edles, gutes Königskind, das es wert war, ein goldenes Krönchen zu tragen. Es leuchtete wie ein heller Stern in der dunklen Nacht und wurde zum Objekt der Massenhysterie.

Es dauerte eine Weile, aber dann verstand Diana die Botschaft und machte sich selbst zur Ikone. Hier war endlich eine Gelegenheit, gebraucht zu werden, wichtig zu sein. Sie nahm jeden Blumenstrauß, den man ihr gab, als wäre es der erste, sie schenkte jedem, dem sie begegnete, ein Lächeln, gleichgültig wie es ihr ging, und sie brach eine eiserne Regel des Königshauses. Sie hielt keine Distanz: »Ja, ich fasse die Leute an, ganz wörtlich. Ich glaube, jeder braucht das, egal, wie alt er ist. Wenn man jemandem, der Schwierigkeiten hat oder krank ist oder trauert, das Gesicht streichelt, dann baut man einen unmittelbaren Kontakt auf, man gibt Zärtlichkeit, vermittelt das Gefühl von Nähe.«

Wenn der Regen niederprasselte, lehnte sie es ab, unter einem Schirm zu gehen, sie wollte genauso naß werden wie die Menschen, die stundenlang in der Kälte gewartet hatten, um einen Blick auf sie zu erhaschen, und wenn sie sagte: »Sie arme Frau. Mir ist selbst kalt. Meine Hände verwandeln sich in Eis, und bei Ihnen muß es noch schlimmer sein«, dann klang es ehrlich und fern jeder berechnenden Anbiederung: »Ein guter Teil der Bewunderung und des Ruhmes, mit denen man Diana im Leben wie nach ihrem Tod bedachte«, schreibt Donald Spoto, »hatte etwas mit dem Irrglauben zu tun, sie sei eine ganz gewöhnliche Frau, ›eine von uns‹ oder eine ›Prinzessin des Volkes‹, was völliger Unsinn ist. Sie entstammte einer privilegierten und exklusiven Klasse, und nachdem sie die königliche Gunst erlangt hatte, kannte sie nie mehr etwas anderes als ein ›bizarres‹ Leben.«

Die Unsicherheit, die Dianas Leben prägte, das Gefühl, nichts wert zu sein, ließ sie nie diese offensichtliche Arroganz entwickeln, die ihren Stand normalerweise auszeichnete. Wahrscheinlich war diese »Bescheidenheit« Teil ihrer umwerfenden Ausstrahlung.

Zu Hause biß Diana sich die Fingernägel ab und heulte, weil sie dem ganzen Streß nicht gewachsen war, zumal die königliche Familie sie ständig kritisierte. Einmal erschien sie genau an dem Tag, an dem die Königin das Parlament eröffnete, mit einer neuen Frisur und stahl ihr dadurch die Show. Man warf ihr vor, daß sie die Royals absichtlich in den Schatten stellte.
Es war eine zwiespältige Rolle, die die Prinzessin von Wales spielte. Auf der einen Seite haßte sie die aufdringliche Dreistigkeit der Medien, auf der anderen Seite brauchte sie ihre Anerkennung: »Es wäre vielleicht doch zu naiv«, schreibt Donald Spoto, »in Diana ein Lamm zu sehen, das den Wölfen zum Fraß vorgeworfen wurde. Sicher waren einige Presseleute nur an den besten Geschichten, dem aussagekräftigsten Foto interessiert. Auf der anderen Seite darf man Dianas Schüchternheit nicht als unterwürfige Demut mißverstehen. Den Medien war sie bis zu einem gewissen Grad ein sehr williges Opfer.«
Ihre Ambivalenz zum Thema Glanz und Glamour bestätigt auch ein ehemaliges Mitglied des Hofes: »Am Anfang haßte sie öffentliche Auftritte. Wir mußten ihr von dem Augenblick an, wo sie ihr Schlafzimmer verließ, bis zu dem Moment, wo sie aus dem Wagen stieg, ständig gut zureden. ›Ich hasse es‹, jammerte sie. ›Warum muß ich das tun? Mein Gott, es ist so langweilig, daß ich sterben möchte.‹« Kaum hielt der Wagen an, sprang Diana heraus und war die Schauspielerin, als die sie engagiert war: »Weil ich ein Lächeln auf meinem Gesicht hatte, haben alle gedacht, es ginge mir großartig. Das haben sie denken wollen – es hat sie glücklicher gemacht.«
Es dauerte nicht lange, da trat Diana aus dem Schatten der Regeln des Königshauses und machte sich ihre eigenen. Sie verstärkte ihre Präsenz bei Wohltätigkeitsveranstaltungen, die mit Kindern oder Kranken zu tun hatten, weil ihr das mehr lag, und enfernte sich vom biederen Stil der königlichen Vorschriften für ihre Garderobe. In den Jahren von 1981 bis 1995 gab sie 3,6 Millionen DM für ihre Imagekorrektur aus. Sie besaß mehr als 3000 Kleider, eine unübersehbare Kollektion von Ballroben, 600 Paar Schuhe und 400 Hüte. Charles, der sich für Mode nicht interessierte, war sprachlos über diese Verschwendung.
Inzwischen hatte Diana auch an seiner Optik gefeilt. Sie fand, daß er langweilig aussah, und kritisierte seine konservative Art, sich zu kleiden. Sie bestand darauf, daß er Friseur und Schneider wechselte, und begab sich in einen Konkurrenzkampf mit seinem Kammerdiener, zu dessen Aufgaben es gehörte, die Garderobe für den Prinzen auszusuchen.

Die Presse, deren Liebkind sie lange Zeit gewesen war, fing an, ihre Ehe und ihre Verschwendungssucht zu kritisieren. Man verurteilte sie für ihr »zwanghaftes Einkaufen« und die »exorbitanten Summen«, die sie für »High-Style-Mode« verschwendete. Wer hoch steigt, fällt tief, und nichts ist unberechenbarer als die Gunst der Medien. Die Zeitung »Vanity Fair« schrieb, Charles werde von Diana »von hier bis in alle Ewigkeit gegängelt«, Camilla wurde zitiert, die sie ein »Mäuschen« nannte, und außerdem wurde sie als »Ratte« im Palast bezeichnet, die »Säuberungsaktionen« durchgeführt hätte, bei denen vierzig Angestellte ihren Job verloren. Ihr Bruder bestätigt diese These indirekt: »Auf stille Weise hat sie einen Haufen Schmarotzer vergrault, die Charles umgaben.« Diana selbst bestritt die Kündigungen und meinte zu einem Journalisten: »Eines sollst du wissen: Auf mein Konto geht kein Rausschmiß. Ich schmeiße nicht einfach Leute raus.« Wieder einmal eine Geschichte im Hause Dynasty, bei der es verschiedene Versionen gibt. Andrew Morton kommt der Prinzessin zur Hilfe: »In Wahrheit kämpfte Diana damit, den Kopf über Wasser zu halten; nach einer radikalen Umstellung im königlichen Haushalt war ihr wahrhaftig nicht zumute.«

Die Prinzessin von Wales war deprimiert über die Berichterstattung. Sie erwartete und brauchte die Aufmerksamkeit der Öffentlichkeit, doch als die Kritik an ihr immer stärker wurde, versuchte sie die Geister, die sie gerufen hatte, wieder loszuwerden. Beim Besuch eines Kindergartens wurde sie gefragt, ob sie die Fotografen, die vor dem Gebäude auf sie warteten, zufriedenstellen wolle: »Ich sehe nicht ein, warum ich etwas für sie tun sollte«, antwortete sie. »Sie tun ja nie was für mich.«

Die Antwort der Medien ließ an Klarheit nichts zu wünschen übrig: »Prinzessin Diana fragt: ›Was haben die Zeitungen je für mich getan?‹ Die ›Sun‹ kann Ihrer Lieblichkeit darauf mit einem Wort antworten – alles! Die Zeitungen haben sie zu einer der berühmtesten Frauen der Welt gemacht. Sie haben ihr die Aura von Glamour und Romantik verliehen. Ohne die Zeitungen würde die ganze Familie Windsor bald so langweilig sein wie die Herrscher Dänemarks und Schwedens.«

Der Lack war ab. »Shy Di« hatte sich, so Kitty Kelley, für die Medien von einer »blauäugigen Jungfrau« in eine »selbstbesessene Vettel« verwandelt, die nichts als Klamotten in ihrem hohlen Kopf hatte.

Wie Politiker, die ihr Leben nach Meinungsumfragen richten, beauftragten Charles und Diana PR-Berater, ihr Image zu retten, und baten den Filmregisseur Richard Attenborough, sie für Interviews zu trainieren. Diana haßte ihre

Stimme, die für sie viel zu hoch und unsicher klang, und auch Charles wollte sein hochnäsig klingendes Organ verbessern: »Unter seiner Anleitung wurden sie Illusionskünstler von Weltklasse. Charles spielte den romantischen Helden, Diana die hübsche Naive. Die zwei kleinen Prinzen Wills und Harry waren die Zugaben, die im Hintergrund auf dem Klavier herumhämmerten«, beschreibt Kelley die Entstehung eines Filmes für »Independent Television«, der 1985 sogar im amerikanischen Fernsehen ausgestrahlt wurde. »Fünfundvierzig Minuten spielten sie ohne Fehler. Sie erklärte, daß sie nie Diät halte; er wußte nicht einmal, wie eine Kalorientabelle aussah. Sie bestritt, zwanghaftem Kaufrausch zu unterliegen; er setzte keinesfalls Homöopathie ein«, wofür man ihn angegriffen hatte. Diana und Charles gaben die beste Vorstellung ihres Lebens. Sie neckten sich, sie lächelten, sie spielten noch einmal das verliebte Paar, obwohl es in der Ehe längst kriselte: »Die Menschen erwarten sehr viel von uns«, sagte veranwortungsbewußt der Thronfolger, »und ich denke immer daran – du ja sicher auch, Darling –, daß ich die Menschen, daß ich dieses Land nicht enttäuschen möchte.«

Die Öffentlichkeit ließ sich gern täuschen. Hier wurde ein Märchen produziert, wie wir es gerne sehen wollten. Das glückliche Aschenputtel mit seinem Prinzen. Die wohlige Verbindlichkeit, mit der sich das Thronfolgerpaar zeigte, weckte in Millionen von Menschen die Sehnsucht nach dieser heilen Welt, die wir alle vermissen. Hier gab es keinen Streit, keine Sorgen, es war eine Idylle wie im Roman. Diana und Charles folgten der Familientradition der Windsors. Wenn es hinter den Kulissen schon kracht, wird an der Fassade noch repariert. Auch Queen Elizabeth und Prinz Philip haben versucht ihr zerrüttetes Familienleben durch einen Film wieder zum Glänzen zu bringen. Doch als die Regisseure nicht mehr da waren, als es nicht mehr um eine Stunde, sondern um den Alltag ging, konnte das königliche Paar weder Mimik noch Gestik beherrschen. Das Scheinwerferlicht war gnadenlos und zeigte immer häufiger Bilder der beiden, die Bände sprachen. Der Voyeur in vielen von uns hatte Blut geleckt und wollte mehr von dieser Tragödie sehen, die langsam offensichtlich wurde. Auf der einen Seite hatte die Presse Diana zum Weltstar gemacht, auf der anderen Seite leuchtete sie jeden privaten Winkel aus, und so sahen Millionen dem Ehepaar Wales genüßlich zu, das die Brüchigkeit seines Privatlebens nicht mehr so schnell vertuschen konnte, wie es zerfiel.

Auf ihren Reisen, die sie im Dienst der Krone unternahmen, saßen sie höflich, aber ohne ein Lächeln Seite an Seite und drehten einander, so oft es ging, den

Rücken zu. Sie machten den Eindruck von Fremden, die sich zufällig gemeinsam in einem Zugabteil erster Klasse befinden, wo einer mit dem anderen nichts zu tun hat.
Die öffentliche Verwunderung über den Mangel an Begeisterung über die eheliche Gemeinschaft fing schon nach der Geburt von Prinz Harry an:
Diana und Charles verlassen das Krankenhaus. Sie hält das Baby im Arm, das Paar sieht sich nicht an. Es ist, als ob sie wie Fremde miteinander auf der Straße stehen. Mutter und Kind steigen ins Auto, der Vater wirkt unbeteiligt und macht die Türe zu. Von da an ging es mit der Ehe bergab und mit der Publicity bergauf.
Mit fünfundzwanzig war die Prinzessin von Wales die größte Touristenattraktion des Landes: »Sie zog mehr Leute an als Trafalgar Square und das Parlamentsgebäude zusammen. Eine Schätzung ergab, daß sie zwischen 1983 und 1985 durch Zeitschriften, Bücher und Tourismus einen Umsatz von 186 Millionen DM ausgelöst hatte. Sie wurde gefeiert als einziges Mitglied der königlichen Familie, das ohne Handschuhe Hände schüttelte, Autogramme gab, Staatsoberhäupter auf die Wange küßte und Aids-Patienten umarmte«, schreibt Kitty Kelley über den Aufstieg des königlichen Popstars.
1985 war auch das Jahr, in dem Charles den Leibwächter seiner Frau, Barry Mannakee, verdächtigte, mit ihr eine Affäre zu haben, und Diana ihrem Mann nachspionierte und Details über sein Liebesleben mit Camilla entdeckte. Sie schlugen die Türen in ihren Palästen zu, schleuderten einander Flüche, Lampen und Teekannen entgegen, und Diana soll im ersten Stock von Highgrove das Fenster aufgerissen und ihrem Mann nachgebrüllt haben: »Du bist ein Mistkerl, Charles, ein richtiger Mistkerl!« Doch auch der Thronfolger machte von sich reden, als er vor den Augen seines Kammerdieners im Zorn ein Waschbecken aus der Wand riß.
Das Scheinwerferlicht war immer dabei. Denn selbst wenn die Presse von diesen profanen Auftritten ausgeschlossen war, gab es doch immer wieder Angestellte, die gegen Bares oder aus Rache aus dem Nähkästchen plauderten. Die Reporter der Boulevardblätter zählten wie beim Kartenspielen mit, »daß die beiden siebenunddreißig aufeinanderfolgende Nächte in England verbracht hatten, ohne auch nur einmal das Schlafzimmer zu teilen«, beschreibt Kelley die Dauerbeobachtung, unter der das Prinzenpaar stand. Diana besuchte Rockkonzerte und Modeschauen in London, während Charles in Highgrove mit seinen Rosen sprach. Und wenn er nach Balmoral zum Angeln fuhr, blieb sie mit den Kindern im Kensington-Palast. Nichts blieb verborgen,

jeder Augenblick im nichtexistenten Liebesleben der beiden wurde unter die Lupe genommen, zerlegt und interpretiert.
In der Woche, in der Diana ihren dreißigsten Geburtstag feierte, ergab eine Meinungsumfrage, daß sie inzwischen das populärste Mitglied des Königshauses war. Gleichzeitig verpaßte ihr die »Daily Mail« durch eine Titelgeschichte eine öffentliche Ohrfeige, indem sie enthüllte, daß Diana sich geweigert hatte, das Angebot ihres Mannes anzunehmen, für sie auf Highgrove eine große Party auszurichten. Sie feierte in aller Stille mit ihrer Schwester Jane und den beiden Kindern, doch die negative Publicity zwang das Paar, sich beim nächsten familiären Anlaß wieder öffentlich als Team zu zeigen, und so verbrachten sie zumindest einen Teil ihres zehnten Hochzeitstages gemeinsam.
Hinter den Kulissen waren sie inzwischen sogar schon bei der Arbeit Feinde geworden: Als Mutter Teresa sich von einer Herzoperation erholte, sandte ihr Prinz Charles einen Blumenstrauß, auf dem nur sein Name stand. Diana übertrumpfte ihn mühelos, indem sie nach Rom flog und die Retterin der Armen, die sie sehr schätzte, im Krankenhaus besuchte.
Doch die endgültige Trennung von Diana und Charles war ohnehin nur noch eine Frage der Zeit. Als es zum Showdown kam, fand der Rosenkrieg in aller Öffentlichkeit statt. Beide bemühten die Medien, um das Volk auf ihre Seite zu ziehen, Diana erfolgreicher als ihr Mann. Ihr Charisma half auch jetzt, als sie zur Verliererin gestempelt wurde, das Debakel in einen Gewinn zu verwandeln. Erschöpft, erschüttert und mit Ringen unter den Augen trat die Prinzessin von Wales 1995 als »Königin der Herzen« im Fernsehen auf, um den Engländern weiter ihre Dienste anzubieten, obwohl die königliche Familie sie verstoßen hatte.
»Sie konnte so unbarmherzig sein wie ein verwundetes Tier«, sagte eine ihrer Freundinnen nach dem Panorama-Fernsehinterview, das den Palast schockierte. »Sie hatte das Bedürfnis, diejenigen zu verletzen, von denen sie sich betrogen fühlte. Aber sie war ein Mensch, der seine Fehler eingestehen konnte. Zu mir sagte sie, sie habe die Sendung bereut.«
Zu spät. »Eine königliche Familie versüßt die Politik, indem sie sie mit schönen Ereignissen garniert«, sinnierte Walter Bagehot im letzten Jahrhundert. Als die Blicke ins königliche Wohnzimmer immer unerquicklicher wurden, sprachen sich 40 Prozent der Briten gegen die Monarchie aus und gaben Prinz Charles die Schuld. Diana war das Opfer des Königshauses und verdiente das Mitleid der Massen.

Der Mythos, an dem sie so viele Jahre gewebt hatte, fand mit ihrem Coming-out als betrogene Ehefrau einen vorübergehenden Höhepunkt: Seht her, ich bin eine von euch, schien sie wieder zu sagen. Ich bin reich und habe einen Prinzen geheiratet. Und dennoch bin ich so arm wie ihr. Betrogen, verraten, eine alleinstehende Mutter mit zwei Kindern.
Doch der medienwirksame Blick in ihr Innenleben hatte endgültig das Faß zum Überlaufen gebracht. Diana gehörte von nun an zur Gänze der Öffentlichkeit: Ihr Lachen, ihr Stirnrunzeln, jede Andeutung von Ärger, Vergnügen oder Langeweile, jede Geste, alles wurde analysiert und interpretiert. Die Zeitungen waren es ihren Lesern schuldig, bis in die trainierten Muskeln ihres Oberschenkels vorzudringen. Es war wie ein Fluch. Es gab nichts in ihrem Leben, was noch Respekt oder Intimität verdiente. Diana bezeichnete sich selbst als größte Prostituierte der Welt. Ihr Tod war das Ende einer langen Jagd, in der sie Opfer und Täterin gleichzeitig war.

Sisi

Die Adeligen, die Sisi bei ihrer Reise in ihr neues Leben begleiteten, waren ihr fremd und keineswegs wohlgesonnen. Mit skeptischen Blicken beobachteten sie das junge Mädchen, das ihren Kaiser ehelichen sollte. Am Ufer jubelten die einfachen Menschen, an Bord der »Franz Joseph«, die auf der Donau der Hauptstadt entgegenfuhr, bildeten sich bereits Meinungen und blühte der Tratsch, der durch ganz Europa getragen wurde. Das verschreckte Kind, das so wenig von einer Kaiserin an sich hatte, war eine willkommene Unterhaltung für »das Heer der Denunzianten«, für die gelangweilte Hofgesellschaft, die wenig andere Interessen kannte.
Es gab noch keine Paparazzi, der Vorläufer der Fotografie hieß »Daguerreotypie« und war ein aufwendiges Verfahren. »Laufende Bilder« existierten noch nicht einmal in Zukunftsvisionen. Und dennoch, die Röntgenaugen der Hofgesellschaft leuchteten jeden Winkel, jede Untiefe im Leben der bayrischen Prinzessin aus und transportierten den Klatsch, so schnell die Postkutsche oder die Eisenbahn es zuließen, in alle Teile der Donaumonarchie: »Der Wiener Adel kritisierte diese so wenig ›gut erzogene‹ Kaiserin scharf. Selbst Verwandte, wie Prinz Alexander von Hessen, hielten Sisi für schön, aber

dumm«, erzählt Brigitte Hamann über die schüchterne Braut, die selten den Mund aufmachte.
Vom Herrscherhaus und vom Wiener Hochadel ständig abgewertet, von der Bevölkerung beängstigend verehrt, hat Sisi nirgends Gelegenheit, einfach sie selbst zu sein, nicht einmal bei ihrem Mann, der ihre Empfindlichkeit nicht nachvollziehen kann.
Franz Joseph ist seit der Niederschlagung der Revolution von 1848 nicht beliebt in seinem Land, und die Menschen zeigen es ihm auf eine Weise, die nicht mißzuverstehen ist: »Das lastende Schweigen, das ihm entgegenschlägt, wo immer er auftritt, wirkt ärger als jeder Fluch, als drohend gereckte Fäuste. Um den Kaiser ist stets eine eisige Atmosphäre, eine Aura der Abwehr und Abneigung«, schreibt Johannes Thiele. Es war kein politischer Plan dahinter, als Franz Joseph seine Wahl traf, doch seine junge Frau macht durch ihre Schönheit und Natürlichkeit viel von dem Unmut wieder gut, der auf der Kaiserkrone lastet. Wie Diana besaß auch Sisi diesen unsichtbaren Zauberstab, der die Menschen für sie begeisterte und in ihnen das Gefühl erweckte, daß sie auf ihrer Seite sei. Wo immer sie auftrat, sammelten sich Menschenmassen, die bei jedem Wetter geduldig warteten, um einen Blick auf die schöne Kaiserin zu werfen. Die Presse lobte ihren ersten offiziellen Auftritt in Mähren als Landesmutter: Sie besuchte Waisenhäuser, Schulen, ein Armenspital und ließ »überall durch die huldvolle Herablassung und Milde den beglückendsten Eindruck zurück«, schrieb am nächsten Tag die »Wiener Zeitung«.
Für Sisi war diese ständige Beobachtung eine Qual. Franz Joseph, daran gewöhnt, stunden- und tagelang zu repräsentieren, erwartete von seiner Frau dieselbe Pflichterfüllung. Die unerfahrene Sechzehnjährige mußte Delegationen und Hilfesuchende empfangen und fühlte sich selbst krank und überfordert. Doch wie Diana lächelte sie tapfer, wahrte den Schein, und selbst wenn sie weinte, wurde sie in den Zeitungsberichten dafür gelobt: »Als aber der Herr Präsident in ergreifenden Worten die Armut der Gebirgsbewohner schilderte, da füllten die schönen Augen der lieblichen Landesmutter sich mit Tränen, und kaum vermochte Ihre Majestät die innere Bewegung zu bewältigen. Welch erschütternden Eindruck dieser neue Beweis von Engelsmilde unserer allgnädigsten Kaiserin auf die Anwesenden ausübte, läßt sich nicht wiedergeben, es war ein feierlicher Augenblick.«
Ein Engel auf Erden, endlich ein Mensch in dieser erstarrten Monarchie, ein Lichtblick, für den es lohnte, sich zu begeistern, der es wert war, daß man über

ihn berichtete, oder eine unfähige Kaiserin, die nicht einmal die einfachsten höfischen Regeln kannte. Gleichgültig, aus welchem Blickwinkel man sie betrachtete, seit ihrer Hochzeit stand Elisabeth ständig im Scheinwerferlicht, kommentiert von innen – aus der Sicht des Hofes – und von außen, von der Presse. In den ersten Jahren, als sie sich noch bemühte, es allen recht zu machen, waren sogar die Stimmen am Kaiserhaus manchmal positiv. Und selbst Schwiegermutter Sophie vermerkte anläßlich ihres Auftritts bei der Fronleichnamsprozession, der Sisi soviel Überwindung gekostet hatte: »Die Haltung der Kaiserin war entzückend, fromm, gesammelt, beinahe demütig.« Doch Image-Berater waren damals noch unbekannt, und so geschah es auch immer wieder, daß die Vertreter des Kaiserhauses den Unwillen des Volkes erregten:

In Österreichs oberitalienischen Provinzen herrschte 1859 ein militärisch wenig vorbereiteter Krieg. Napoleon III. hatte sich entschlossen, die Habsburger von der Apenninenhalbinsel zu verdrängen. Er unterstützte Viktor Emanuel II., König von Sardinien-Piemont, der für ein vereintes Italien kämpfte. Die Schlacht von Solferino im Juni war blutig und verlustreich und brachte den Franzosen den Sieg. »Mangelhafte strategische Fähigkeiten des Kaisers, verbunden mit überhasteten Entschlüssen zum Rückzug, waren hauptverantwortlich für die Niederlage«, schreibt Brigitte Hamann. »Das böse Schlagwort: ›Löwen von Eseln geführt‹, machte die Runde und traf in erster Linie den jungen Kaiser.« Erschüttert von dem unermeßlichen Grauen gründete Henri Dunant damals das internationale Rote Kreuz.

In der Donaumonarchie mußten neue Steuern erlassen werden, um die Kriegskasse zu füllen. Die Bevölkerung litt an Hungersnot, die Preise für Nahrungsmittel wurden immer mehr in die Höhe getrieben. Im Prater verfolgte Sisi mit Franz Joseph, begleitet von allen Erzherzögen und Erzherzoginnen in großer Toilette, begeistert die Pferderennen. Wie eine schöne Göttin stand sie da und übergab strahlend den Siegern die Staatspreise. Hätte es damals nicht eine scharfe Zensur der Presse gegeben, wäre ein Aufschrei durch die Zeitungen gegangen. So aber begnügte sich das Volk damit, zu murren und die Aktion für höchst unpassend zu halten. Dafür nahmen sich die ausländischen Zeitungen umso weniger ein Blatt vor den Mund und kritisierten das mangelnde politische Geschick Franz Josephs: »Friedrich Engels zum Beispiel bedachte ihn mit Ausdrücken wie ›arroganter Jüngling‹, ›jämmerlicher Schwächling‹ und schrieb, die tapferen österreichischen Soldaten seien ›nicht von den Franzosen geschlagen, sondern von dem anmaßenden Schwachsinn

ihres eigenen Kaisers‹«, der durch ein Ultimatum seine Gegner zum Handeln zwang.
Als Franz Joseph sich entschlossen hatte, seine Truppen in Oberitalien durch seine Anwesenheit zu motivieren, war es für Sisi und die Kinder ein herzzerreißender Abschied gewesen, der ebenfalls unter den Augen der Öffentlichkeit stattgefunden hatte. Die Kinderfrau Leopoldine Nischer beschreibt in ihrem Tagebuch eine dichte Menschenmenge, die sich um den Wagen sammelte, weinende Frauen und eine Kaiserin, deren »Fassungslosigkeit« alle Begriffe übersteigt.
Doch auch der Klatsch von Land zu Land funktionierte perfekt, ganz Europa wußte alsbald, daß die verzweifelte Elisabeth zur Ablenkung täglich stundenlang ritt und zudem eine Gewohnheit entwickelt hatte, die sich im 19. Jahrhundert für eine Frau nicht ziemte: »Sogar Königin Victoria in England hörte von der schockierenden Tatsache, daß die junge österreichische Kaiserin – ebenso wie ihre Schwester Marie von Neapel – rauche.«
Die politische Krise ging mit der privaten Krise des Kaiserpaares einher. Massive Gerüchte über Liebschaften Franz Josephs nach nur sechs Jahren Ehe machten die Runde und provozierten Sisis Widerstand. Diana und Charles hätten sich längst auf Seite eins der Regenbogenpresse wiedergefunden, in der Zeit der Donaumonarchie reichte es nur zum Scheinwerferlicht des Hoftratsches, der sich genüßlich in Details erging. Während Franz Josephs Ausritte milde Beurteiler fanden, machte man der Kaiserin den Vorwurf der Vergnügungssucht: »Sie, die es bisher strikt abgelehnt hatte, außer den offiziellen Veranstaltungen am Hof irgendwelche gesellschaftlichen Aktivitäten zu entfalten, organisierte nun im Frühjahr 1860 nicht weniger als sechs Bälle in ihren Appartements«, schreibt Brigitte Hamann über den Unmut, den Sisi hervorrief. Mit größtem Mißfallen und Erstaunen wurde registriert, daß sie, die sonst so zurückhaltend war, sogar »leidenschaftlich gern tanzte«. Selbst Privatbälle wurden nun mit der Anwesenheit der Kaiserin beehrt: »Vom Ball des Markgrafen Pallavicini zum Beispiel, so Hamann, kehrte sie erst um halb sieben Uhr morgens in die Hofburg zurück, als der Kaiser sich bereits auf die Jagd begeben hatte ...«
Im Juli 1860 kam es zu so schweren Differenzen, daß Sisi nach Possenhofen flüchtete. Dank der gutfunktionierenden Zensur ohne kritische Berichterstattung, obwohl sie die neue Bahnstrecke Wien–München vor der offiziellen Eröffnung benützte und damit die Feierlichkeiten völlig durcheinanderbrachte. Vor Franz Josephs Geburtstag kehrte sie pflichtschuldig zurück, um ein

noch größeres Aufsehen zu vermeiden, und verbrachte den 18. August an seiner Seite. Wie Diana mußte auch sie ihre Gefühlswelt der Staatsräson unterordnen und sich bei wichtigen Gelegenheiten mit ihrem Mann zeigen.
Wenn auch die Medien geknebelt waren, so verschlüsselten geübte Journalisten ihre Kritik am Kaiserhaus dennoch zwischen den Zeilen und verpackten ihre Ansichten geschickt in den Hofnachrichten: »Jeder kleine Spaziergang der Kaiserin in Kissingen, jede Bootsfahrt in Possenhofen boten Anlaß für Zeitungsmeldungen, meist mit Schilderungen der Kleider bis zur Farbe des Sonnenschirms. Gleich hinter diesen Hofnachrichten mit Festen, Praterausfahrten und Zirkusbesuchen der ›allerhöchsten Herrschaften‹«, schreibt Brigitte Hamann, »standen Nachrichten von Selbstmorden aus wirtschaftlicher Not, Arbeitslosigkeit und Verbrechen«. Das Nebeneinanderstellen der Nachrichten von Arm und Reich zeigte die Kluft noch krasser und war die einzige Möglichkeit, den Pomp am Kaiserhof zu kritisieren.
»Das erste Zugeständnis für die freiheitsdürstenden Österreicher war«, so Hamann, »das ›Oktoberdiplom‹ 1860, der Anfang einer Verfassung«. Franz Joseph schreibt beschwichtigend an seine Mutter, die in dem Schritt den »Ruin des Reiches« vermutete: »Wir werden zwar etwas parlamentarisches Leben bekommen, allein die Gewalt bleibt in meinen Händen, und das Ganze wird den österreichischen Verhältnissen gut angepaßt sein.«
Doch es bedurfte nicht unbedingt der Presse, um zu erfahren, was in der Welt geschah. Nie gab es einen ausführlicheren Klatsch, nie wurde in Briefen und Tagebüchern so detailgetreu jedes Ereignis breitgetreten wie zu jener Zeit. Ganz Wien wußte, daß die Ehekrise im Hause Habsburg nicht beizulegen war und daß Sisi deswegen aus Krankheitsgründen ins Ausland flüchten wollte. Ein Mitglied des Hofes schrieb empört: »Gestern war Tante Marie bei der Kaiserin; sie nahm ein großes Sacktuch mit, weil sie glaubte, viel zu weinen; indessen war die Kaiserin ganz lustig, sie freut sich unendlich, nach Madeira zu gehen.«
Ein äußerst unziemliches Benehmen für eine Frau, die gerade ihren Ehemann und ihre zwei Kinder verläßt, befand der Hof und somit ganz Europa. Jedenfalls war Königin Victoria über die schwache Gesundheit Sisis informiert, und da kein geeignetes Schiff zur Verfügung stand, schickte sie für die Reise ihre Privatjacht aus England.
Anschließend erging man sich genüßlich in Spekulationen über die Art ihrer Erkrankung, und das Gerücht tauchte auf, Franz Joseph hätte seine Frau mit einer Geschlechtskrankheit angesteckt.

Madeira war der erste Fluchtpunkt in einer endlosen Reihe von Reisen, die Sisi bis zu ihrem Tod fast ständig von Wien fernhalten sollten. Sie brauchte in all den Jahren keine Reporter, die sie so wie Diana verfolgten, es genügte der eigene Hofstaat. Jeder Satz, den sie sprach, wurde nach Wien berichtet, jede ungewöhnliche Handlung ausführlich in Briefen kritisiert.
Kaum war die Kaiserin auf dem Schiff, erzählten spitze Zungen, daß bei den starken Stürmen in der Biskaya zwar alle Passagiere, einschließlich der Ärzte, seekrank wurden, nicht jedoch die kranke Kaiserin.
Aus dem selbstgewählten Exil berichteten anstatt der Paparazzi die kaiserlichen Spione jedes Detail: »Die von Madeira zurückkommenden Kuriere können nicht genug erzählen, wie sehr man sich dort langweilt«, so Hamann. »Alles ist nach Stunden eingeteilt, selbst die Kartenspiele. Von 8–9 Schwarzer Peter, von 9–12 Halber Zwölf (ein weiteres beliebtes Kartenspiel). Niemand spricht, selbst die redselige Helene Taxis hat es aufgegeben.«
Die vielen Reisen der Kaiserin und die Gerüchte über ihre schwere Krankheit verunsicherten die Bevölkerung, die schwierige Stimmung schlug sich sogar trotz Zensur in den Zeitungen nieder und mündete, als Sisi wieder einmal zur Kur weilte, in einen handfesten Skandal. »Die Presse« berichtete, daß der Zustand der Landesmutter weiter sehr schlecht sei. »Außerdem hat der Aufenthalt in Kissingen auf die Kaiserin derart unliebsam gewirkt, daß sie dort leider mehrere ihrer schönsten Zähne einbüßte.« Es war nicht nur Majestätsbeleidigung, es war auch eine nicht zu übersehende Polemik, denn jeder wußte, daß Elisabeth ihren Mund beim Sprechen nicht öffnete, weil sie sich für ihre gelben Zähne schämte.
Für Julia Onken hat die häufige Erwähnung der kaiserlichen Zähne eine symbolische Bedeutung: »Wer Probleme damit hat, kann im wahrsten Sinne nicht zubeißen, sich nicht wehren.«
Nein, krank war sie nicht mehr, beobachtete ein Reporter der »Wiener Zeitung«, als Sisi trotz offensichtlichem Wohlbefinden noch immer in Bad Kissingen weilte: »Ich sah die Kaiserin, welche vor wenigen Wochen beinahe nur getragen werden konnte, wiederholt stundenlang am Kurplatze promenieren ohne auszuruhen, ohne ein einzigesmal zu husten, wiewohl sie zumeist im Gespräch begriffen war.« Der versteckte Vorwurf über die vernachlässigten Pflichten ihrem Volk gegenüber ist nicht zu überhören.
Von Bad Kissingen flüchtete sich Sisi wieder nach Possenhofen in die ungezwungene Umgebung ihrer Kindheit, und auch von hier wurde den Wienern ein genaues Bild von der bayrischen »Bettelwirtschaft« übermittelt: »Der

Lärm sei ohrenbetäubend, die Tischsitten unmöglich«, schreibt Hofdame Therese Fürstenberg. »Meine Kolleginnen, fünf an der Zahl, verdanken mit einer Ausnahme Köchinnen, Kaufmannstöchtern und dergleichen ihr Dasein«, sind also mit anderen Worten absolut unstandesgemäß. Außerdem wird Sisis Mutter Ludovika kritisiert, »die mit ihren Hunden lebt, stets welche auf dem Schoß neben sich oder unterm Arm hat und auf den Eßtellern Flöhe knaxt!«

Ein Machtwort des Herzogs Max in Bayern brachte die Tochter wieder dorthin, wo sie seiner Meinung nach hingehörte, nämlich zu ihrem Mann, der wieder einmal seinen Geburtstag feierte. Sisi wurde von der Presse gebührend empfangen, die in die Wiedersehensfreude gleich eine politische Botschaft verpackte: »Das Land freut sich der Genesung seiner Fürstin, möge auch die Fürstin bald Ursache finden, sich der vollen Genesung des Landes von all den Wunden, mit denen es noch behaftet, von all den Übeln, an denen es noch leidet, in gleichem Maße freuen zu können.«

Das Kaiserpaar, über das die Gerüchte nie verstummt waren, stand am Hof erneut unter strenger Beobachtung. So wie Diana und Charles waren sie ständig prüfenden Blicken ausgesetzt. War die Kaiserin noch kühl zu ihrem Mann, verehrte er sie noch, obwohl er seine Gunst immer wieder anderen Damen schenkte? Es hatte in den letzten zwei Jahren so viele Probleme in dieser Ehe gegeben, daß die erste Begegnung der beiden eine Flut detaillierter Berichterstattung auslöste: »Seinen Ausdruck, als er sie aus dem Wagen hob, werde ich nie vergessen. Ich finde sie blühend, aber nicht natürlich aussehend, den Ausdruck gezwungen und nervös au possible ...«, schreibt eine Hofdame über Sisis Rückkehr. Und Jahre später konstatiert eine andere, daß Franz Josephs Zuneigung trotz ihrer Kapricen unverändert sei: »Sie weiß ihn bei Athem zu erhalten mit tausenderlei. Und ihre Eigentümlichkeit, Eigenart, ist ihm vielleicht nicht immer bequem. Aber gelangweilt hat sie ihn sicher nie.«

Gelangweilt hat sich nie jemand mit dieser Frau, die sich für ihre Zeit so ungewöhnlich und schockierend benahm, daß sie ständig in aller Munde war. Das war wohl auch zum Teil die Faszination, der Franz Joseph erlag. Hier war ein lebendiges, unberechenbares Wesen, das seinen starren Alltag ständig durcheinanderbrachte. Klug, kreativ, mutig. Keine Eigenschaften, die das 19. Jahrhundert an Frauen schätzte. So kam es, daß das einzig Positive, das an Sisi vermerkt wurde, ihre ungewöhnliche Schönheit war. Sie ließ sich mit dem Rollenverständnis der damaligen Zeit vereinbaren. Alle anderen Vergnügungen der Kaiserin waren »männlich« und daher verpönt.

Vieles wurde ihr – so wie Diana auch – verziehen, weil ihr Aufbegehren mit einer umwerfenden Ausstrahlung gekoppelt war. Sogar der deutsche Kaiser Wilhelm war beeindruckt und schwärmte: »Sie setzte sich nicht, sondern sie ließ sich nieder, sie stand nicht auf, sondern sie erhob sich ...« Und ihre ergebene Hofdame Festetics schreibt: »Sie ist die Verkörperung des Begriffes Lieblichkeit. Einmal denke ich, sie sei wie eine Lilie, dann wieder wie ein Schwan, dann kömmt mir vor, eine Fee ...«

Als Sisi das einzige und erste Mal öffentlich in die österreichische Politik eingriff, den Ausgleich mit Ungarn schaffte und zur Königin von Ungarn gekrönt wurde, war es ein Großereignis für journalistische Berichterstattung, und alle Zeitungen des Landes beschrieben ihre Erscheinung in jedem Detail: »Auf dem Haupte die diamantene Krone, das leuchtende Symbol der Hoheit, aber den Ausdruck der Demut in der gebeugten Haltung und die Spuren tiefster Ergriffenheit in dem edlen Antlitze, so schritt oder vielmehr schwebte sie dahin, als wäre eines von den Bildern, welche die heiligen Räume schmückten, aus dem Rahmen gestiegen und wäre lebendig geworden.«

Sisi die Heilige. Aber nicht lange.

Zehn Monate nach der Krönung kam in Budapest der Kaiserin jüngstes Kind, Marie Valerie, auf die Welt, und am Wiener Hof hielt sich hartnäckig das Gerücht, daß Gyula Andrássy, der ungarische Freiheitsheld, der Vater sei. Erst später, als Marie Valerie Kaiser Franz Joseph sehr ähnlich sah, hörte die Diffamierung auf.

Die ausgedehnten Aufenthalte Elisabeths in ihrem Lieblingsland führten zu heftiger Kritik in den österreichischen Zeitungen, und das »Neue Wiener Tagblatt« höhnte, daß die Ansammlung »allerhöchster Gefühlsäußerungen« in den ungarischen Zeitungen vermuten ließe, daß »jede Unterbrechung des Residierens in der Hauptstadt Ungarns, daß jeder zeitweilige Aufenthalt in Wien von der kaiserlichen Familie wie eine Art Verbannung empfunden werde.«

Elisabeth gab sich immer weniger Mühe, ihre kaiserlichen Pflichten wahrzunehmen, und entging auch dabei nicht den detaillierten Beobachtungen ihrer Umgebung: »Sie hatte den kalten hochmütigen Ausdruck, den sie immer trug, wenn sie im ›Geschirr‹ war, wie sie dieses Cercle nannte«, schrieb ihre Nichte Gräfin Larisch-Wallersee über den Besuch in einem der böhmischen Schlösser. »So oft mein Blick den ihren traf, huschte ein kleines, verräterisches Zucken über ihr Gesicht, und die Teetrinkerei wurde ein ziemliches Fiasko, da die Kaiserin keine Anstalten traf, die achtungsvolle Steifheit der Gäste zu bannen.«

Sisi wußte um die falsche Freundlichkeit bei Hof und schrieb verbittert in einem ihrer Gedichte:

Oh, ich kenn' euer Gebaren!
Weiß, wie ihr mich schwer geschmäht
Schon seit meinen Jugendjahren
Und euch fromm dabei verdreht.

Ja, auf andere die Steine
Werfen könnt ihr meisterlich!
Unter falschem Heil'genscheine
Thut man dann so gütlich sich.

Was immer sie unternahm, die Augen aller folgten ihr, und so sehr sie am Hof kritisiert wurde, so beliebt war sie in der Bevölkerung. Manchmal war die Begeisterung der Massen so groß, daß sie ihn Panik geriet:

Es war bei einem Spaziergang auf der Ringstraße, anläßlich des fünfundzwanzigsten Regierungsjubiläums Franz Josephs im Dezember 1873. Marie Festetics, die sie begleitete, erzählte: »Sie wurde erkannt, angejubelt und umringt; im Anfang ging es. Sie lächelte, sie dankte. Aber von allen Seiten strömten die Menschen! – Es gab kein Vor- kein Rückwärts; eng und enger wurde es um uns – klein und kleiner der Kreis, wir waren in Todesgefahr; – ich bat, flehte, es ging ihr und mir der Atem aus.«

Die Zeitungen hatten kein Interesse an einer verschreckten Kaiserin, deren Hofdame um Hilfe rief. Das paßte nicht ins Bild der verehrten Ikone, also berichteten sie: »Die hohe Frau wurde vom Publikum erkannt und mit den lebhaftesten Hochrufen begrüßt. Ihre Majestät war durch die Ovationen sichtlich angenehm berührt und erfreut.«

Im Gegensatz zu Diana genoß Elisabeth das Bad in der Menge nicht.

Wo immer es ging, entzog sie sich der Pflicht, sich zu zeigen.

Während der Wiener Weltausstellung, die kurz vorher stattgefunden hatte, war sie nach einer Reihe von erschöpfenden Repräsentationsaufgaben einfach aufs Land geflüchtet, und nach dem Regierungsjubiläum ihres Mannes wagte es eine Zeitung sogar, sie »die seltsame Frau« zu nennen und ihre ständige Abwesenheit am Hof zu kritisieren.

Kaiser Franz Joseph nahm den Artikel zum Anlaß, die Presse zu rügen, und meinte, er habe »der Beseitigung der Schranken zugestimmt, welche der freien Meinungsäußerung hemmend entgegenstanden«, und hoffe nun, daß

sein Privat- und Familienleben von der kritischen Berichterstattung verschont bleibe.
Ein schwerer Reitunfall der Kaiserin machte diesen frommen Wunsch bald wieder zunichte, denn das »Wiener Tagblatt« kritisierte, daß der Reitsport ein Zeitvertreib der vornehmen Welt sei und sich für eine Kaiserin, die »dem ganzen Volk gehöre«, nicht zieme.
Doch auch auf dem diplomatischen Parkett gab es Ärger, weil Elisabeth Königin Victoria mehrfach brüskierte. Auf der Isle of Wight, wo Sisi während ihrer Jagd in England Zwischenstation bei der englischen Herrscherin machte, lehnte sie jede Erfrischung ab und dinierte anschließend im Hotel. »Statt die Queen noch einmal zu besuchen«, so Hamann, »fuhr Elisabeth in berühmte Gestüte, um sich englische Jagdpferde anzusehen«. Ein andermal bestand sie darauf, nicht nur in England, sondern auch in Irland zu reiten. Eine Provokation für die Queen, die den Besuch der katholischen Kaiserin als Unterstützung der aufständischen Iren sah. Die nationalistischen Zeitungen nützten Sisis mangelnde politische Zurückhaltung weidlich aus und griffen das britische Königshaus an, dessen Mitglieder sich in Irland nie sehen ließen. Doch nicht genug, besuchte Sisi, die keinen Jagdtag auslassen wollte, bei einem ihrer Aufenthalte die englische Königin an einem Sonntag, wo sie in die Kirche zu gehen pflegte und grundsätzlich keine Gäste empfing: »Der äußerst verwirrende und unhöfliche Besuch dauerte genau eine Dreiviertelstunde und war kaum geeignet, die Beziehungen der beiden Herrscherhäuser zu verbessern«, schreibt die Historikerin Brigitte Hamann.
Aber daran lag der Kaiserin ohnehin nicht viel. Ihr Ehrgeiz war es, die beste Parforce-Reiterin ihrer Zeit zu werden, und es gelang ihr auch. Natürlich nicht ohne Schlagzeilen. Bay Middleton, ihr Trainer, mit dem sie ihre Zeit verbrachte, wurde bald als ihr Liebhaber gehandelt und verursachte zwar kein Rauschen im Zeitungsblätterwald, aber einen ausführlichen Tratsch in ganz Europa.
»Augengläser, Fernrohre, voyeuristische Imaginerien einerseits, Couleurs, Fächer, Schirme, Schleier und Mauern andererseits – die Waffenarsenale der Gegner vervollständigen sich«, schreibt Juliane Vogel über Sisis vergeblichen Kampf um ihren Körper, der nicht ihr gehörte. Auch wenn sie in ihren letzten Jahren nicht mehr schön war, auch wenn das öffentliche Interesse an ihr nachgelassen hatte, sollte sie dennoch – so wie Diana – daran sterben:
Ihr Mörder war ein Anarchist, der für seinen Haß auf die »Königsmörderbrut« ein Opfer suchte. Prinz Henry von Orléans, den er dazu ausersehen

hatte, war leider nicht gekommen, und so las er mit Erleichterung in einer Genfer Zeitung, daß die Kaiserin von Österreich im Hotel »Beau Rivage« abgestiegen sei. Sie war unter falschem Namen angereist, aber jeder kannte sie in dieser Stadt, und das Hotel war schriftlich vorgewarnt, damit die Kaiserin ihre ganz speziellen Speisen zu sich nehmen konnte. Als der Tod sie ereilte, starb sie für ihren großen Namen, dessen sie längst überdrüssig geworden war.

15
Ehe zu dritt

Diana

Charles hatte seine Pflicht getan. Die zukünftige Königin war attraktiv, das Volk liebte sie, und in der Wiege lag der übernächste König von England. Der Thronfolger würde es zum Wohl der Monarchie aushalten, den Schein zu wahren. Er akzeptierte den Zusammenbruch seiner Ehe und tröstete sich dort, wo er immer Verständnis gefunden hatte: bei Camilla.

Die Frau von Major Parker Bowles hatte alles, was er sich von einer Beziehung erhoffte: Sie liebte ihn, konnte gut zuhören, hatte dieselben Interessen, war sexuell an ihm interessiert und besaß außerdem genug Pflichtgefühl ihrem Stand gegenüber, um sich an die gesellschaftlichen Regeln zu halten. Mit anderen Worten – eine ideale Königin.

Doch dieser Zug war leider ohne Charles abgefahren. Damals, als ihre Liebe begann, hätte er alle Chancen gehabt, mit Camilla an seiner Seite den Thron zu besteigen. Doch er war nicht bereit gewesen sich zu binden, und dann war es zu spät.

Je mehr die Ehe mit Diana sich zum Debakel entwickelte, desto mehr sehnte sich Charles nach einem Platz in seinem Leben, an dem er sich geborgen fühlen konnte. In seiner Familie hatte er die Liebe bisher nur als Macht von starken Frauen gespürt, deren Vorstellungen er nicht entsprechen konnte. Seine Mutter traute ihm nicht zu, daß er einen Teil der Staatsgeschäfte übernehmen konnte, seine Schwester Anne war der bevorzugte Liebling seines Vaters, der ihn ständig kritisierte, und Queen Mum war zu sehr den Traditionen verhaftet und im System eingebunden, um ihren einsamen Enkel zu trösten.

Es war ein Irrtum gewesen, Diana zu heiraten, und es war bitter, daß er sich das eingestehen mußte. Das Schlüsselerlebnis für die falsche Weichenstellung mag jener schöne Sommertag im Jahr 1980 gewesen sein, als Charles Diana bei einer Wochenendparty wiedersah, nachdem er vorher mit ihrer Schwester

Sarah befreundet gewesen war. Als ihr Mitgefühl über den Tod von Lord Mountbatten an sein Herz rührte, war der Grundstein für einen fatalen Irrtum schon gelegt.

Es war ihre eigene Traurigkeit, die Diana wahrscheinlich spürte, als sie über die Trauer des Prinzen sprach. Hier war ein Mann, der Zuwendung und Wärme brauchte. Sie würde ihm alles geben, was sie bisher selbst vermißt hatte, und von ihm alles bekommen, wonach sie hungerte. Ein Fehlschluß, dem Millionen Paare auf der ganzen Welt unterliegen, denn wir können einander ergänzen, aber nicht gegenseitig unsere Leere füllen.

Auch Dianas Vorstellungen von der Liebe hatten sich nicht erfüllt. Sie wollte einen Mann, der wie ein guter Vater war, der sie verstand, lobte und unterstützte. Statt dessen war sie in eine Ehe geraten, in der ihr so kalt war, daß sie sich verzweifelt mit Essen wärmen mußte, das sie dann wieder erbrach.

Camilla war der Sündenbock für alles, was schieflief in dieser Beziehung und – sie war schon von Anfang an dagewesen: »Das kalte Herz von Charles gehörte immer einer anderen. Sie ist älter als Diana, klüger und häßlicher. Sie riecht nach Sattelseife, Pulverdampf und war wohl als Frau die erste in Charles' Leben«, berichtet pathetisch eine der vielen Bild-Biographien, die nach dem Tod der Prinzessin den Markt überschwemmten. Später, als alles schiefgegangen war, gab es zahlreiche Statements von »Freunden«, die es immer schon gewußt hatten: »Fünf Tage vor der Hochzeit«, erzählt einer davon, »sagte Charles zu mir und Lord Romsey (dem Enkel Mountbattens), daß Camilla die einzige Frau sei, die er je geliebt habe. Er hat uns gesagt: ›Ich könnte für Diana nie das fühlen, was ich für Camilla empfinde.‹« Und ein ehemaliger Mitarbeiter des Thronfolgers analysiert: »Der Prinz von Wales mag keine Frauen, die ihn gefühlsmäßig fordern. Er liebt selbstsichere Frauen, die mitten im Leben stehen, die gut zuhören können, die ihn ermutigen. Wenn einer den anderen stützte, dann sie ihn. Das ist einer der Gründe, weshalb seine Ehe mit Diana nicht sehr gut funktioniert.«

Geheiratet wurde trotzdem, denn erstens wissen es nachher immer alle besser, und zweitens ging es um den Fortbestand der Monarchie und nicht um Liebe. Am Abend vor der Hochzeit versammelte sich die königliche Familie anläßlich des großen Freudenfeuerwerks auf dem Balkon des Buckingham-Palastes: Sieh her, Volk von England, hier ist der Thronfolger mit seiner zukünftigen schönen Frau, demonstrierten die Royals in seltener Einigkeit. Am Abend gab es einen Ball, zu dem der Hochadel geladen war.

Kitty Kelley war zwar nicht dabei, weiß aber dennoch, was anschließend geschah: »Diana verbrachte die Nacht nach dem Ball im Clarence House. Charles verbrachte die Nacht in den Armen seiner Geliebten. Später hat Camilla Parker Bowles ihrem Schwager anvertraut, daß sie mit dem Prinzen in dessen Suite im Palast geschlafen hatte. ›Sie fühlte sich wohl in dem Wissen, daß sie sein Herz besaß, als er Diana heiratete‹, sagte Richard Parker Bowles« viele Jahre später.

Diskretion gehört nicht zu den Tugenden des englischen Adels. Diana sah sich ständig mit Gerüchten konfrontiert, die ihren Verdacht bestärkten, daß sie in dieser Ehe zu dritt waren, und beklagte sich später in ihrem BBC-Interview, daß sie es »rather crowded« (ziemlich überfüllt) fand.

Doch schon vor der Hochzeit soll die Geliebte des Thronfolgers Diana begutachtet haben, schreibt Donald Spoto: »Er wollte ihre Meinung zu seiner zukünftigen Braut hören, und Camilla zeigte sich begeistert. Sie drängte Charles, Diana zu heiraten, weil sie, wie ihr Schwager meinte, ›Diana für dumm oder für verrückt hielt und deshalb glaubte, daß er sie leicht manipulieren könnte.‹« Sie war nicht die erste Frau, die ihr vorgeführt wurde. Schon Anna Wallace, ihre Vorgängerin, »hatte gewußt, was Diana zu spät entdeckte, daß die berühmte Art und Weise, wie Camilla Charles' Freundinnen auf Herz und Nieren prüfte, nicht so sehr darauf ausgerichtet war, wie weit sie als königliche Braut in Frage kämen, sondern um herauszufinden, welche Bedrohung sie für ihre Beziehung mit Charles darstellten«, beschreibt Andrew Morton die Vorrangstellung der »Vertrauten«.

Eine Ehe wird unter falschen Voraussetzungen geschlossen und endet in einer Katastrophe. Charles, von allen Seiten gedrängt, hatte keine Zeit, genauer zu prüfen, ob sich Diana so »formen« ließ, wie er es sich erwartete, Diana machte sich nicht die Mühe, den Mythos von der glücklichen Prinzessin zu hinterfragen. Hier kam ein Prinz, der ihre Sehnsucht stillen sollte, das genügte. Hätten die beiden auch nur annähernd gewußt, was sie wirklich in einer Beziehung brauchen, wären sie füreinander nie in Frage gekommen.

Doch auch Königin Elizabeths Haltung spielte in dieser verpfuschten Ehe wahrscheinlich eine Rolle. Sie gab ihrem Sohn keine sinnvolle Aufgabe, an der er gemeinsam mit seiner Frau hätte wachsen können. So wie viele andere Thronanwärter hatte er kaum etwas anderes zu tun, als sich bis zum Ableben der Regentin die Zeit zu vertreiben. Charles war ein unausgefüllter, unzufriedener Mann, der keine andere Wahl sah, als seine Grundbedürfnisse nach Verständnis und Bestätigung weiter bei Camilla zu befriedigen. Er trat in die

Fußstapfen seines Vaters. Auch Prinz Philip versuchte durch »Außenbeziehungen« sein Ego aufzupolieren.

Diana wählte unbewußt die Strategie vieler Frauen, die entäuscht von der Ehe sind, und stellte in Ermangelung eines Partners ihre Söhne an ihre Seite: »Sie bedeuten mir alles«, sagte sie. »Ich umarme meine Kinder, bis ihnen die Luft wegbleibt. Ich gehe abends mit ihnen zu Bett, umarme sie und sage: ›Wer liebt euch am meisten auf der ganzen Welt?‹, und sie sagen immer: ›Mummy‹.« William war schon als kleiner Junge ein besserer Tröster für seine Mutter als ihr Ehemann: »Während sie (nach einer Auseinandersetzung) noch um Fassung rang, schob ihr Prinz William eine Handvoll Kleenextücher unter der Badezimmertür durch. ›Ich hasse es, dich so traurig zu sehen‹, sagte er.« Ein anderes Mal brachte er ihr zum Trost Pralinen.

Die Männer, bei denen Diana zwischendurch nach Liebe und Verständnis suchte, hielten alle nicht, was sie versprachen. Sie wurde immer wieder neu enttäuscht und mußte damit fertig werden, daß ihre intimen Begegnungen entweder abgehört wurden oder freiwillig durch »Geständnisse« an die Öffentlichkeit gelangten.

Der Nebeneffekt war, daß die ganze Nation nicht nur ihren Kosenamen »Tintenfischchen« erfuhr, sondern daß die königliche Familie im Detail ins Bild gesetzt wurde, was sie von ihnen hielt. Sie beklagte sich, daß Charles ihr Leben »zur reinsten Tortur« gemacht hätte, daß sie sich nach allem, was sie für diese »Scheißfamilie« (fucking family) getan hatte, ungerecht behandelt fühlte.

Dazwischen lag ein Kampf gegen Windmühlen, der nicht zu gewinnen war. Denn selbst wenn sie ihren Mann hätte zwingen können, die Geliebte aufzugeben, hätte er mit Sicherheit wenig später eine andere genommen, um seine ungestillten Bedürfnisse zu befriedigen. Diana, die sich inzwischen ihre Streicheleinheiten durch öffentliche Erfolge holte, eignete sich nicht dazu, den Thronfolger emotional zu versorgen. Sie wollte selbst gehalten und geliebt werden, und so lebten sie immer mehr aneinander vorbei und machten sich später gegenseitig Vorwürfe. Jeder hielt den anderen für den Schuldigen, keiner der beiden war bereit, die eigene Beteiligung an dem Debakel einzugestehen.

Wie viele betrogene Frauen suchte die Prinzessin von Wales nach handfesten Beweisen für die Untreue ihres Mannes und wurde fündig. Naiv vertraute sie sich ihrem Leibwächter Barry Mannakee an, der wie viele andere aus der Umgebung des Ehepaares nicht diskret genug war, die skandalösen Neuigkeiten für sich zu behalten, und jedes Detail ausplauderte:

1985 – Diana und Charles waren erst vier Jahre verheiratet – kam sie an einem Wochende überraschend nach Highgrove und war erstaunt, ihren Mann nicht vorzufinden. Ein Diener gab an, daß er mit seinem Sportwagen kurz vor ihrer Ankunft, ohne ein Ziel anzugeben, weggefahren sei. Daraufhin drückte sie die Wiederholungstaste des Telefons und fand als letzte Nummer die von Camilla gespeichert. Sie überprüfte seinen Terminkalender und fand an diesem Tag ein »C« eingetragen, und schlußendlich durchwühlte sie auch noch seine Schubladen und fand Briefe von der Geliebten, die außerordentlich intim waren. Ihr Verdacht, den sie schon seit der Hochzeit hegte, war endlich bestätigt.

»Für Charles waren ihr wachsendes Mißtrauen gegen ihn und ihre Eifersucht auf Camilla Parker Bowles Zeichen von Unvernunft«, schreibt Kitty Kelley. »Er erwartete, ohne Widerspruch seiner Frau tun und lassen zu können, was er wollte. Ihre tränenreichen Ausbrüche über seine lange Abwesenheit führten nur dazu, daß er sie für psychisch labil hielt. Schlimmer noch: Sie langweilte ihn. Ihre Interessen – Kleider, Tanzen, Rock and Roll – tat er als trivial ab. Ihre Besuche von Krankenhäusern, so ätzte er, seien nur berechnend. Ihr Humor, den er einst als entzückend empfunden hatte, ging ihm auf die Nerven.«

»Es ist eine ganz normale Entwicklung jeder Beziehung«, meint Julia Onken, »daß genau die Eigenschaften des Partners, die wir am Anfang so lieben, weil sie so verschieden zu unserem eigenen Charakter und damit ergänzend sind, uns später am meisten mißfallen. Und hier fängt normalerweise Beziehungsarbeit an, oder die Trennung ist nicht mehr weit.« Doch der zukünftige König von England konnte sich nicht einfach trennen: »Sie waren wie zwei olympische Läufer, deren Füße in Zement steckten. Sosehr sie sich auch bemühten wegzulaufen, sie steckten fest – für immer«, schreibt Lady Colin Campbell über das unglückliche Paar.

Diana war bereit, um ihre Ehe zu kämpfen, aber ihr Appell zur Rettung war an die falsche Adresse gerichtet. Sie bestand darauf, daß Charles sie zur Geburtstagsparty von Camillas Schwester mitnahm, und stellte dort die Geliebte ihres Mannes zur Rede: »Die vierzig anwesenden Gäste hatten nicht angenommen, daß Diana Charles begleiten würde. Alle schauten überrascht auf, als sie hereinkam. Nach einiger Zeit fiel ihr auf, daß ihr Ehemann und Camilla nicht mehr anwesend waren. Sie ging nach unten und fand die beiden in ein Gespräch mit Gästen vertieft vor«, schreibt Andrew Morton über die bühnenreife Begegnung. Sie schickte alle anderen weg und blieb mit ihrer

Nebenbuhlerin allein. »Während Diana der Geliebten ihres Mannes gegenüberstand, brachen sieben Jahre aufgestauten Ärgers, unausgesprochene Eifersucht und Frustration aus ihr heraus.«
Danach verließ sie den Raum und sagte ihrem Mann, daß sie nach Hause wolle. Der fand die Szene peinlich und warf ihr vor, daß sie sich nicht benehmen könne und ihn in der Öffentlichkeit lächerlich mache. Von nun an versuchten die beiden Frauen, die nun schon seit Jahren in diese Dreiecksbeziehung verstrickt waren, einander aus dem Weg zu gehen. Dennoch drang an die Öffentlichkeit, daß Diana die Freundin ihres Mannes den »Rottweiler« nannte, weil sie nicht besonders hübsch war, und Camilla sprach von Diana als einer »lächerlichen Figur«.
Aber bald nahm nicht nur die feine Gesellschaft, sondern die ganze Nation über Vermittlung der Medien an dieser zerrütteten Ehe teil. Sie beobachteten das Paar und zählten die Tage, die Diana und Charles nicht zusammen verbrachten. Sie registrierten, daß der Thronfolger vorzeitig und allein von Familienferien zurückkam und daß die beiden, wenn sie gemeinsam auftraten, getrennt hinkamen und getrennt wegfuhren. Das Motto der Königsfamilie: »sich zeigen und schweigen«, war immer schwerer durchzuhalten.
Schon 1985, als Charles nach seinem Lieblingsgedicht des verstorbenen Poeten John Betjeman gefragt wurde, deklamierte er:

> Viel zu lang lassen wir unsere Körper aneinanderkleben,
> wir können den Ekel nicht verheimlichen.
> Überall die Gedanken, die aus dieser späten Blüte der Lust
> in uns aufkommen.

Noch waren die Botschaften fast zufällig und sehr versteckt, selbst wenn es zum Krach kam, wurde er vertuscht. Als Diana auf Highgrove im Zorn eine Teekanne nach Charles warf und heulend aus dem Zimmer lief, verkaufte ein Angestellter die Information an den »Daily Mirror«.
Der brachte die Meldung am selben Tag, an dem der »Daily Telegraph« ein Foto des strahlenden Ehepaares bei der Eröffnung einer Wohltätigkeitsveranstaltung zeigte. »In Wahrheit waren beide Geschichten richtig«, erklärt ein Butler des Königshauses. »Sie stritten sich und setzten dann für die Presse ihr professionelles Lächeln auf.« Vor der Öffentlichkeit hatten die beiden bis zum Showdown das Geheimnis ihrer zerrütteten Ehe, so gut es ging, für sich behalten: »Wenn wir ins Ausland reisten, hatten wir verschiedene Apparte-

ments und Zimmer im selben Stock. Das wurde dann aufgedeckt, und es gab wieder Komplikationen. Doch Charles und ich hatten unsere Pflicht zu erfüllen, das war das wichtigste. Wir waren in der Öffentlichkeit ein sehr gutes Team.«
Eine sommerliche Kreuzfahrt, absurderweise als »zweite Hochzeitsreise« angekündigt, sollte die Medien noch einmal auf eine falsche Fährte locken und an das Glück von damals erinnern, als die Welt auf der »Britannia« scheinbar noch in Ordnung war. Der Urlaub wurde zur Katastrophe. Diana zog sich die meiste Zeit zurück und hatte kaum Kontakt zu ihrem Mann. Sie schlief in ihrer eigenen Kabine und nahm die Mahlzeiten lieber allein mit den Kindern ein. »Warum gehst du nicht mit deiner Liebsten fort und beendest das Theater«, fragte sie Charles, als er wieder einmal mit Camilla telefonierte. Die Distanz zwischen den beiden war so offensichtlich, daß einer der Reisebegleiter, als sie das Schiff verließen, sagte: »Die Ehe ist zu Ende, es fehlt nur noch die Bekanntgabe.«
1992 – sie waren noch keine zehn Jahre verheiratet – ließ sich das Bild vom guten Team kaum noch aufrechterhalten. Als Diana Charles nach Indien begleitete, reisten sie in zwei verschiedenen Flugzeugen an und gingen getrennte Wege. Diana legte die ganze Symbolik ihrer frustrierenden Ehe in ein Foto vor dem Taj Mahal: Allein, mit dem Rücken zur Welt, sitzt sie sehnsuchtsvoll vor dem Tempel, der den Liebenden geweiht ist, und vermittelt der versammelten Presse: Seht her, wie einsam ich bin.
Ein anderes Foto zeigt sie vor den Pyramiden in Ägypten – wieder allein. Sie ließ wissen, daß ihr Mann währenddessen mit seiner Geliebten einen Urlaub in der Türkei verbrachte. »Die Distanz des Paares wurde auch unterstrichen«, schreibt Andrew Morton, »als sich die Prinzessin beim Versuch des Prinzen, sie nach einem Polomatch in Jaipur zu küssen, demonstrativ abwandte.« Die Schlagzeilen waren dementsprechend: »Die Mürrischen« und »Wie lange kann diese Tragödie noch weitergehen?« zeigten den wahren Zustand dieser Ehe. Und »obwohl der Hof versuchte, die Veröffentlichung solcher Fotos zu unterbinden«, so Kelley, »tauchten immer neue auf – wie Kröten aus dem Sumpf«.
Nun hielten auch die Angestellten nicht mehr dicht. Ein Wachposten von Highgrove enthüllte, daß das Ehepaar längst ein getrenntes Leben führte: »Sie sehen sich nur zu den Mahlzeiten, die meistens mit einem weithin hörbaren Streit enden.« Außerdem verriet er, daß Charles mit seinem Teddybären aus der Kinderzeit anstatt mit seiner Frau das Bett teile und daß sie sich in den

vier Jahren nur einmal einen Abschiedskuß gegeben hätten. »Niemals lächeln oder lachen sie, nichts unternehmen sie gemeinsam ...«
Nach dem Sprichwort »Der Krug geht solange zum Brunnen, bis er bricht« ließ sich der Schaden, als das Bild vom glücklichen Prinzenpaar endgültig zerstört wurde, nicht mehr reparieren. Während Franz Joseph und Elisabeth bis zum Tod der Kaiserin den Schein wahrten, zerfleischten Diana und Charles sich in aller Öffentlichkeit.
Es war am 7. Juli 1992, als die ersten Auszüge der Biographie von Andrew Morton in den Medien erschienen. Damals wußte noch niemand, daß Diana selbst das Tonbandmaterial zu diesem Buch geliefert hatte. Man nahm an, daß »gute Freunde« der Prinzessin die Bombe platzen ließen: Prinz Charles ein Ehebrecher, seine Frau magersüchtig und eine verhinderte Selbstmörderin – es war noch schlimmer, als die Queen befürchtet hatte.
Sie versuchte zu retten, was noch zu retten war, und lud demonstrativ Camilla Parker Bowles und ihren Ehemann nach Windsor zu einem Polospiel ein, wo sie sich solidarisch gemeinsam zeigten.
Für Diana war das ein neuer Affront, sie beschwerte sich: »Wenn sie mir helfen will, meine Ehe zu retten – warum benimmt sie sich dann nicht wie eine anständige Schwiegermutter?«
Die Monarchie war in der Krise. Als ein Zeitungsredakteur ihr Ende prophezeite, wenn das so weiterginge, meinte ein Tory-Politiker, daß es eine Schande sei, aber kein großer Verlust: »Die königliche Familie ist ja nur eine Bande blaßgesichtiger Deutscher.«
Das Buch von Andrew Morton war nur der Auftakt zum »längsten Scheidungsverfahren der Welt«, nach dem nichts mehr übrigblieb vom Image der heilen Familienwelt der Royals.
Aber noch gab die königliche Firma die Fiktion des Ehepaares, das für die Öffentlichkeit seine Rolle spielen sollte, nicht ganz auf. Wenn schon unübersehbar war, daß die beiden sich nicht mehr ausstehen konnten, dann sollten sie wenigstens offiziell zusammenbleiben. Bei einem Familientreffen in Schloß Balmoral wurde über einen Ausweg verhandelt. Diana sollte innerhalb der königlichen Familie ihr eigenes, getrenntes Leben führen können und mit Charles nur noch bei formellen Anlässen auftreten müssen. Die Prinzessin von Wales stimmte allem zu. Sie wollte ihre Stellung und den Titel »Königliche Hoheit« nicht verlieren und hatte Angst um ihre Kinder. Sie wußte, daß sie nach englischem Recht keinen Anspruch auf die Erziehung des Thronfolgers besaß: »Das war ihre größte Sorge, und sie war bereit, alles aufzugeben und

praktisch alles zu tun, um die Jungen zu behalten«, meint Andrew Morton. Die Scheidung ihrer Eltern, bei der ihre Mutter das Sorgerecht für sie und ihre Geschwister verloren hatte, war eine Warnung, die sie nicht vergessen hatte.
Am 9. Dezember 1992 sprach der Premierminister mit Grabesstimme vor dem Unterhaus: »Wie der Buckingham-Palast mit Bedauern bekanntgab, haben der Prinz und die Prinzessin von Wales beschlossen, sich zu trennen. Ihre königlichen Hoheiten planen keine Scheidung, ihre offiziellen Positionen bleiben unangetastet.« Nach einer kurzen Stille bemerkte ein Labourabgeordneter sarkastisch: »Die königliche Familie hat soeben auf den Knopf der Selbstzerstörung gedrückt.« In der Tat ergaben die Meinungsumfragen unmittelbar danach, daß drei von vier Briten glaubten, das Haus Windsor sei am Ende.
Charles war dennoch erleichtert über die Trennung, zog aus dem Kensington-Palast aus und fing an, Dianas ehemalige Räume in Highgrove für sich neu einzurichten: »Er befahl seinen Leuten«, so Kelley, »alle Sachen zu verbrennen, die sie nicht mitgenommen hatte, darunter das alte Spielzeug der Kinder. Oben auf dem Haufen brannte ein hölzernes Schaukelpferd, ein Geburtstagsgeschenk für William vom Präsidenten der Vereinigten Staaten.« Es war ein passendes Symbol. Von nun an würden die Eltern Gegner im Kampf um die Zuneigung ihrer Kinder sein.
Aber auch für die Angestellten von Diana und Charles bedeutete das neue Arrangement die Stunde der Wahrheit. Sie mußten sich entscheiden, welchem Lager sie sich zugehörig fühlten: Offiziell bestand zwar eine geschäftliche Partnerschaft, aber tatsächlich benahmen sich die beiden wie die Geschäftsführer zweier rivalisierender Firmen. Man mußte sich entscheiden, für welche Firma man arbeitete. Wer dieses unausgesprochene Gesetz mißachtete und nicht genau wußte, auf welcher Seite er in der königlichen Schlacht stand, hatte keine Überlebenschance.
Nach der Verlautbarung des Premierministers belagerten die Journalisten Camillas Haus. Doch sie blieb so diskret wie eh und je und gab an, nicht mehr als »der einfache Mann auf der Straße« zu wissen. »80 Kilometer entfernt verließ ihr Mann sein Londoner Appartement. Das Paar, seit neunzehn Jahren verheiratet, lebte in aller Diskretion getrennt, und sie trafen sich nur selten an den Wochenenden«, berichtet Kitty Kelley. Auf die Anschuldigung eines Reporters, seine Frau trage die Schuld am Scheitern der königlichen Ehe, verteidigte er sie und meinte: »Nein, das stimmt nicht. Wie oft muß ich's noch sagen? Diese Geschichten sind frei erfunden.«

Eine legale Trennung kam trotz aller Gerüchte nicht in Frage. Die Windsors hatten nicht umsonst viele Jahrhunderte die intakte Ehe auf ihr Banner geschrieben und jede Scheidung mit gesellschaftlicher Ächtung bestraft. Besonders die Königin-Mutter war der Meinung, daß solche losen Sitten der Monarchie den Todesstoß versetzen könnten: »In ihrer Familie tolerierte sie alle erdenklichen abnormen Verhaltensweisen«, so Kelley, »vom Alkoholismus bis zur Drogensucht, solange nur nach außen der Schein gewahrt wurde«. So wie die Königin gab auch die Königin-Mutter nie Interviews. Statt dessen »ließ sie ihre Hunde los«, die »Boten, durch die sie ihre Meinung der Presse mitteilte.« Einer davon, Lord Wyatt, galt als ihr »enger persönlicher Freund«, und so war jedem Leser der »Sunday Times« klar, wessen Meinung transportiert wurde: »Prinzessin Diana hätte nie einen Studienplatz an einer Universität ergattert. Aber sie eroberte einen Prinzen, und es mißlang ihr, ihn festzuhalten. Sie ist süchtig nach dem Rampenlicht, in dem sie seit ihrer Hochzeit steht. ... Um diese Sucht zu befriedigen, wird sie alles tun, selbst wenn sie den Thron vernichtet, den zu ehren sie feierlich geschworen hat.«
Diana war sehr betroffen von der Kampagne gegen sie. Eine ihrer Freundinnen meinte, die Royals »haben, auch wenn es ihnen nicht gelungen ist, die goldene Gans zu töten, die die goldenen Eier für die Medien legte, es mit Sicherheit geschafft, sie zu verwunden.«
Auch für Königin Elizabeth lag die Verantwortung für das Scheitern der Ehe ihres Sohnes einzig bei ihrer Schwiegertochter: »Sie hat mir gegenüber angedeutet«, sagte Diana, »mit unserer Ehe sei es deshalb bergabgegangen, weil Prinz Charles solche Probleme mit meiner Bulimie gehabt hätte. Sie hat darin die Ursache der Eheprobleme gesehen und nicht ein Symptom.«
»Wir nahmen zwei Mädchen aus kaputten Familien auf«, klagte die Königin bei einer anderen Gelegenheit verbittert über Diana und Fergie. »Und das ist nun der Dank.«
Nach Ansicht der Königin-Mutter war die Schuld sowieso schon in der vorigen Generation zu suchen. Die Mütter der beiden Mädchen hatten eine der wichtigsten Regeln des Hochadels gebrochen und ihre zerrütteten Ehen hinter sich gelassen, um das Glück an der Seite anderer Männer zu suchen, kein Wunder, daß der Apfel nicht weit vom Stamm fiel.
Es nützte nichts, der Prinzessin von Wales die Schuld zu geben. Das Image der Windsors als vorbildliche, anständige Familie war für immer zerstört: »Diana hat mit ihrer naiven Moral den Royals die Unterhosen ausgezogen«, meint Filmregisseur Erwin Kisser, der die TV-Dokumentation »Diana & Sisi,

die letzten Märchenprinzessinnen« produzierte. »Erst dadurch, daß sie in dieser Schein- und Heuchelwelt Liebe verlangt hat, wurde offenbar, daß hinter den Palastmauern nur gelogen wurde. Das war die eigentliche historische Leistung der Lady Diana. Die Windsors mit dieser unhinterfragten feudalen Repräsentation wird es nach ihr nicht mehr geben.«

Doch noch dachten »die Männer in den grauen Anzügen«, daß die Lösung des Problems die Entfernung der Nestbeschmutzerin sei: »Im Palast begann eine ernsthafte Flüsterkampagne gegen die Prinzessin, während die königliche Familie ihre Reihen Diana gegenüber fest schloß«, erzählt Andrew Morton über diese Zeit. »Sowohl Diana als auch die Herzogin von York gelangten zu der Überzeugung, daß es zahlreiche Intrigen und Verschwörungen gegen sie gebe – oft mit dem Ziel, Zustimmung und Unterstützung der Öffentlichkeit für die beiden jungen Frauen zu unterminieren.«

Die Selbstgerechtigkeit der königlichen Familie bekam erst einen Riß, als sich Charles im Januar 1993 lächerlich machte und Tonbänder an die Öffentlichkeit gelangten, in denen er sich in seiner Wunschrolle als Camillas Tampon outete. Die Abschrift des aufgezeichneten Gesprächs zwischen den beiden, das am 18. Dezember 1989 stattgefunden haben soll, wurde von einer Zeitung abgedruckt und ging als »Camillagate« in die englische Geschichte ein:

»Der zu später Stunde registrierte Anruf ließ die unvergängliche gegenseitige Zuneigung des Paares deutlich werden, nicht zuletzt durch die teilweise kindisch schlüpfrige Intimität«, schreibt Andrew Morton, der im folgenden Dialog die beiden nur als »Frau« und »Mann« tituliert und sie nicht mehr beim Namen nennt.

Der Mann: »Die Liebe zu mir ist deine größte Leistung. Du erträgst all diese Demütigungen und Foltern und Verleumdungen.«

Die Frau: »Für dich würde ich alles ertragen. So ist die Liebe. Das ist die Kraft der Liebe.«

Während Morton die peinlichsten Stellen ausläßt, vergnügt sich Kitty Kelley mit den Details:

»Ich möchte dich überall spüren, oben und unten, innen und außen ... Ich würde am liebsten in deinen Höschen wohnen oder sonstwo. Alles wäre viel einfacher ...« Als Tampon könnte er, ließ der Prinz, der sich ungestört glaubte, seiner Phantasie freien Lauf, so Kelley, »mit etwas Pech in die Toilette fallen und ständig an der Oberfläche umherwirbeln und niemals untergehen.«

Es war eine prophetische Aussage, denn der Wirbel, den er mit seinen Liebesschwüren verursachte, ging rund um die Welt und teilte England in zwei

Lager: »Sechs Minuten Liebesgeflüster könnten Charles den Thron kosten«, titelte die »Sun«, der »Evening Standard« dagegen fragte: »Ist es so schlimm, wenn ein König schmutziges Zeug redet?« Die Schriftstellerin Fay Weldon meinte sogar: »Er ist in meiner Achtung gestiegen, weil sich herausgestellt hat, daß er normale Emotionen hegt ...«

Sogar bis auf die fernen Fidschi-Inseln schwappte die Erregung über. Dort verkündete die Regierung, »sie werde Charles' Geburtstag nicht mehr mit einem Nationalfeiertag ehren, da sie den Prinzen nicht mehr respektieren könne«. In Australien drohte die Frau des Premierministers, sie werde fortan nicht mehr vor ihm knicksen, und der Vize-Premierminister schlug sogar vor, »man solle den Thronfolger nicht bitten, die Olympischen Spiele im Jahr 2000 zu eröffnen«.

Von der Krise erschüttert, ließ Charles von seinen Freunden das Gerücht ausstreuen, er werde von nun an im Zölibat leben. Doch nichts konnte die Spötter zum Schweigen bringen: »Eine Packung Charlies«, rief ein Londoner Verkäufer und bot so seine Tampons zum Kauf an.

Obwohl auch Diana mit ihrem »Tintenfischchen-Tonband« Schlagzeilen gemacht hatte, verlor sie dadurch nicht die Anteilnahme der Bevölkerung: »Innerhalb ihrer Familie brauchte die Königin keinen Wettschein, um zu erkennen, wer am besten im Schlamm lief und wer schwache Knie zeigte. Sie las die Ergebnisse der Meinungsumfragen, die ergaben, daß ihre entfremdete Schwiegertocher das Rennen gewann, während ihr Sohn auf dem Sattelplatz feststeckte«, schwelgt Kitty Kelley in Bildern.

Charles versuchte zu retten, was noch zu retten war, und engagierte, so Kelley, einen Journalisten, der seine Sicht der Geschichte vertreten sollte. Er hoffte, er »würde das Gekläff von Dianas Boulevard-Schoßhund übertönen«, und gab zu, daß er seine Frau betrogen hatte. Er bezeichnete seine Ehe als Geschäft und tat alles, um noch unsympathischer zu wirken. »Andrew Mortons Buch hatte nur an den Zeltstangen gerüttelt. Aber Jonathan Dimblebys Buch brachte das Zelt fast zum Einsturz«, meint Kelley. Als Charles seine Version der Ehe präsentierte, ignorierte er das weise Sprichwort »Wer Rache sucht, muß zwei Gräber schaufeln«. Selbst der gemäßigte »Economist« nannte die Monarchie »einen Gedanken, dessen Zeit vorüber ist«, und einer der Kommentatoren nannte den Thronfolger »bösartig« und meinte, er könne sich eigentlich nur noch umbringen.

Eine zweieinhalbstündige Fernsehdokumentation über den Prinzen machte die Sache auch nicht besser, und die Karikaturisten des Landes überboten sich in guten Einfällen. Man sah den Prinzen, die Krone schief auf dem Kopf, zwischen den beiden Frauen im Bett sitzen oder verzweifelt von einer steinernen Tafel das sechste Gebot »Du sollst nicht ehebrechen« abkratzen.

Doch die Schlammschlacht war noch lange nicht zu Ende. Diana, von der königlichen Familie ausgeschlossen und im Palast verhaßt, beschloß, die Flucht nach vorne anzutreten. In einem BBC-Interview im November 1995 beschuldigte sie Charles unter Tränen, daß er sie mit Camilla schon seit langem betrog: »Ich wußte das. Aber ich konnte einfach nichts dagegen tun. Ich hatte Hinweise von unterschiedlichen Leuten, die sich um unsere Ehe Gedanken gemacht haben. (Es war) erschütternd. Ich hatte das Gefühl, ich sei nichts mehr wert. Hoffnungslos, ein Versager. Mit einem Ehemann, der eine andere liebte.«

Es war ein Bild des Jammers, das sich der Nation bot, die sich fast vollzählig vor den Bildschirmen versammelt hatte. Ihre schöne, glückliche Prinzessin ein hohläugiges Wrack, bei dem sogar die Haare, Symbol der gepflegtesten Erscheinung Englands, nicht mehr richtig saßen. Später wird einer der Journalisten erzählen, daß Diana die professionellen Maskenbildner des BBC abgelehnt hätte und mit einem dicken schwarzen Lidstrich ihre Rolle als Opfer unterstrich. Was immer die Wahrheit ist, der Auftritt war wohl der genialste Schachzug im königlichen Rosenkrieg. Kalkuliert und dennoch mutig, denn die Seelenwäsche hätte auch nach hinten losgehen können.

Es gab ein paar kritische Stimmen aus der Umgebung des Palastes, die Diana eine »Zeitbombe« nannten, »die in den Gemächern der königlichen Familie tickt«, aber das war's auch schon. Die Leute auf der Straße waren begeistert und tief berührt. Hier sprach wieder »eine von uns«, eine betrogene, kranke Frau, die in einer Lage steckte, in die jede kommen konnte.

Die Scheidung war nur noch eine Frage der Zeit: »Nach fünfmonatigen erbitterten Streitigkeiten um fast jedes Detail legten beide ein Dokument vor, das so kompliziert anmutete wie der Vertrag zwischen zwei kriegführenden Nationen«, beschreibt Kitty Kelley das zähe Ringen um Titel, Macht und Geld.

Der Thronfolger war endlich frei und versuchte, den Engländern Camilla als zukünftige Königin schmackhaft zu machen. Doch er stieß auf Widerstand. Sie wurde das Stigma der Ehezerstörerin nie mehr los, und die Presse nannte sie weiterhin »den Rottweiler«, ein Spitzname, den sie Diana verdankte.

Als die Prinzessin von Wales starb, verlor Charles jede Chance, die Frau, die er liebte, zu heiraten. Die Medien zeigten wochenlang immer wieder dieselben Bilder: Diana, die Schöne, wie sie lächelt und alle Herzen gewinnt, und dann

Camilla, den guten Kumpel, mit dem man Pferde stehlen kann: im freien Gelände, im klassischen Reiterkostüm und auf der Fahrt im Auto zu ihrem Geburtstagsfest. Nein, sie war den Engländern nicht sympathisch. Sie besaß nicht das Charisma, mit dem die »Königin der Herzen« die Massen bezaubert hatte, und insgeheim machten sie die Frau, die ihren Thronfolger im Hintergrund unterstützt hatte, zur Mitschuldigen am Drama, das ganz England zum Weinen brachte.

Sisi

Kaiser Franz Joseph war ein einsamer Mann. Enttäuscht von seiner Frau, die er meist nur aus der Ferne bewundern konnte und die seine Erwartungen nicht erfüllte, war ihm nur die Pflichterfüllung geblieben. Die Mutter, mit der er sein Interesse für das Land teilen konnte, tot, die Kinder entfremdet, erfüllte er freudlos seine Aufgabe als erster Beamter des Staates. Kein Wunder, daß ihm jedes Lächeln, jede Zuwendung gefiel, die seinen harten Alltag belebte.
Katharina Schratt war nervös. Sie mußte sich – so wollte es die Tradition – beim Kaiser persönlich für ihre Ernennung zur Burgschauspielerin bedanken. Sie bat einen Freund um Rat und studierte mit ihm ihren Auftritt ein, jedenfalls erzählt es so eine Anekdote.
»Euer Majestät geruhten ...«, sagte sie zögernd und saß mit gekreuzten Beinen in ihrem Fauteuil. Alles falsch. Stehen muß man vor dem Kaiser und seinen Spruch aufsagen, wurde sie belehrt und hielt sich daran.
Franz Joseph war angetan von der jungen Frau und bat sie, Platz zu nehmen. Doch die Schratt hielt sich an ihr Programm und fing wieder an:
»Euer Majestät geruhten ...«
»Ja, warum wollen Sie sich nicht setzen?«
Katharina platzt heraus: »Der Paul Schulz hat mir's verboten.«
»Das Lachen des Kaisers soll bis in den Vorraum zu hören gewesen sein, zum größten Erstaunen der Adjutanten, Lakaien und vielen auf ihre Audienz Wartenden, die derartige Töne von ihrem Kaiser ganz und gar nicht gewöhnt waren«, erzählt die Historikerin Brigitte Hamann über die erste Begegnung der beiden.
Sie ist symbolisch für die Beziehung, die den Kaiser, der auf die sechzig zuging, so faszinierte. Hier war eine junge Frau, mit der er lachen konnte, die

herzerfrischend einfach war, im Gegensatz zu seiner kapriziösen Gattin, die er noch immer liebte, aber deren »Wolkenkraxeleien« er nicht verstand. Später wird er der »Freundin« schreiben: »Wenn man so manche Arbeit, Sorge, so manchen Kummer hat, wie ich, so ist ein zwangloses, offenes und heiteres Aussprechen eine wahre Freude und deshalb sind mir die Augenblicke, die ich mit Ihnen zubringen darf, so unendlich wert.«
Von nun an fiel auf, daß Franz Joseph noch öfter als sonst ins Theater ging und kein Stück versäumte, in dem seine neue Lieblingsschauspielerin zu sehen war. Elisabeth konnte das Interesse ihres Mannes nicht entgangen sein. Auch sie war enttäuscht von dieser Ehe, in der sie nicht gefunden hatte, wonach sie suchte. Franz Joseph war ein korrekter Diener seines Landes, der mehr Zeit über seinen Akten zubrachte, als seiner Beziehung gut tat. Gewohnt, seine Gefühle unter Verschluß zu halten, konnte er Sisi nicht die Wärme und Aufmerksamkeit geben, die sie – so wie Diana – schon als Kind vermissen mußte. Ihre Phantasie, ihre Interessen, alles lag brach in dieser Beziehung. Verklärt gedachte sie der Zeit, als sie noch jung waren und die Chance auf das Glück nicht vergeblich schien:

> Tief ermüdet geht Titania (Sisi) in dem Garten auf und nieder,
> Löst sich sinnend ihre Flechten, dichtet wandelnd neue Lieder,
> Und sie denkt der längstvergangnen Zeiten, wo sie hier geweilet;
> Sieht noch, wie im Mondschein dem Geliebten zu sie eilet –
> Hier auf dieser Bank, da saßen Arm in Arm wir lang verschlungen,
> Während draußen am Parterre musiziert wird und gesungen …

»Der Adel«, schreibt Biograph Karl Tschuppik im Jahr 1929, »der seine eigenen Freiheiten hat, Ehen zu erhalten, ohne sie zu halten, belächelt den Schmerz der Enttäuschten als sentimentale Romantik; sie selber ahnt nicht in ihrer Einsamkeit, daß sie das große Symbol aller unfreien bürgerlichen Frauen ist, die in liebesarmen Ehen ihre Tage und Nächte vertrauern.«
In einer Mischung aus Langeweile, Resignation und Widerstand lebt die Kaiserin längst an ihrem Mann vorbei, »er kommt keinem Menschen, keiner Sache nahe, zwischen ihr und ihm ist eine Glaswand.« Dabei hätte die Ehe der beiden, meint Julia Onken, durchaus eine Chance haben können: »Sie waren sehr verschieden und hätten voneinander lernen können. Franz Joseph, der in seiner Ordnung gefangen war, hätte von der phantasievollen, lebendigen Sisi erfahren können, wie man leichter, spielerischer lebt. Er hätte aus dem Vollen schöpfen, Grenzen aufweichen können. Seine Frau hätte von seinem

strukturierten Ordnungssinn profitieren können. Statt dessen hat jeder seine Position gefestigt: Er wurde immer noch kontrollierter, und sie sprengte immer noch mehr Grenzen, bis sie einander völlig entfremdet waren.«
Sisi hat schon vor Jahren aufgegeben, um ihr Eheglück zu kämpfen, und fördert die Begegnung zwischen dem Kaiser und Katharina Schratt. Sie war es vermutlich, die das ungewöhnliche Souper in Kremsier arrangierte, zu dem nach einer Galavorstellung für das russische Zarenpaar die Künstler nach der Aufführung geladen wurden und das allen höfischen Regeln widersprach. Bei dieser Gelegenheit wurde die junge Schauspielerin der Kaiserin offiziell vorgestellt. Kronprinz Rudolf erinnert sich in einem Brief an seine Frau: »Um acht Uhr Theater, dann Souper mit Wolter, Schratt und Fräulein Wessely; es war merkwürdig.«
Und in der Tat war es merkwürdig, wie sehr Elisabeth sich bemühte, damit die Schratt ohne Skandal die Freundin Franz Josephs werden konnte. War sie froh, daß der ernste Kaiser eine Frau gefunden hatte, mit der er lachen konnte? Beruhigte sie damit ihr schlechtes Gewissen, Franz Joseph über Monate wegen ihrer Reisen allein gelassen zu haben? Sah sie keine andere Chance und wollte wenigstens die Kontrolle über ein Geschehen behalten, das ihr unabwendbar schien? Wiederholte sie unbewußt ihre Kindheitssituation, als sie im »Dreieck« zwischen Mutter und Vater, die einander nicht mochten, hin- und hergerissen war? Spekulationen gibt es viele, sicher ist, daß Franz Joseph sich verliebt hatte und daß die Schwärmerei des Mittfünfzigers sich wahrscheinlich ohne die Unterstützung seiner Frau nicht in eine lebenslange Freundschaft zu Katharina Schratt ausgeweitet hätte. Ein Arrangement, das man heute als offene Ehe bezeichnen würde.
Im Mai 1886, etwa zwei Jahre, nachdem das Interesse ihres Gatten an der Schauspielerin erwacht war, setzte Elisabeth ein deutliches Zeichen und beschloß, dem Kaiser ein Porträt seiner Angebeteten zu schenken. Damit machte sie sich offiziell zur Schirmherrin dieser Liebe, die ihr noch genug Kopfzerbrechen bereiten sollte.
Auch für den Geliebten der verheirateten Katharina Schratt, Hans Graf Wilcek, fingen jetzt die Probleme an. Er schrieb nach des Kaisers Besuch im Atelier des Künstlers, wo sie Modell saß: »Schau, Katherl, ich bin ja eifersüchtig auf jedes Wort – welches du mit einem anderen sprichst – auf jeden Buchstaben, den du anderen schreibst – auf jeden Gedanken, der einem anderen gilt – also kannst du dir klar sein, was ich gerade diesem Mann gegenüber fühle – wenn du ihn auch nicht so gern hast wie mich!«

Elisabeth verbirgt ihre Gefühle besser, sie teilt sie ihrem Tagebuch mit, das der Nachwelt vorbehalten bleiben sollte. Nach dem Vorbild Heinrich Heines vergleicht sie den Kaiser bissig mit dem indischen König Wiswamitra, der eine Kuh liebt:

> Da weckt sie (Elisabeth) lautes Rasseln
> Im Tal aus ihrer Ruh;
> Der König Wiswamitra (Franz Joseph)
> Kehrt heim von seiner Kuh (Schratt)
> König Wiswamitra, welch ein Ochs bist du!

Katharina war nicht die erste längere Nebenbeziehung des Kaisers. Als sie in sein Leben trat, war er schon jahrelang aus seinem Schloß in eine Villa in der Maximstraße, direkt gegenüber von Schönbrunn, geschlichen, um sich diskret seiner körperlichen Leidenschaft für Anna Nahowski hinzugeben.
Annas Ehemann wurde für das Teilen seiner Frau mit dem Herrscher großzügig belohnt. Die Villa mit dem Park, die er finanziert hatte, betrat der Kaiser diskret durch eine Geheimtür in der Gartenmauer, zu der nur er den Schlüssel besaß. Von dieser Beziehung wußte Sisi nichts, weil Franz Joseph für seine eindeutigen Besuche die frühen Morgenstunden bevorzugte, damit er nicht überrascht werden konnte.
Im ersten Halbjahr 1886 beschwerte sich Anna in ihrem Tagebuch, daß ihr Geliebter sie vernachlässigt. Sie war eifersüchtig auf die Schratt, mit der sich inzwischen schon der Hoftratsch beschäftigte, und stellte den Kaiser zur Rede, der jede körperliche Beziehung bestritt.
Zwei Tage nach dem Besuch im Atelier des Malers Angeli schickte der Kaiser der verehrten Schauspielerin einen Smaragdring zum Dank dafür, daß sie so geduldig Modell gesessen hatte, und initiierte mit dieser Geste eine innige Verbindung, die sein ganzes Leben lang andauern sollte.
Die Begegnungen mit ihr unterschieden sich von Anfang an von den kurzen Vergnügungen, die Franz Joseph bei der dafür hochbezahlten Anna fand. Diese erhielt zwar genug Geld für ihre Dienste, doch nie irgendwelche Zeichen der Zuneigung wie Briefe oder kostbaren Schmuck. Es ist allerdings auch nicht nachgewiesen, daß Franz Joseph eine sexuelle Beziehung zur Schratt pflegte. Im Gegenteil: Ihre Familie betonte, daß Katharina, die es mit der ehelichen Treue nie so genau genommen hatte, enttäuscht war über die Zurückhaltung des Kaisers, der seine Besuche bei Anna bis zum Tod von Kronprinz Rudolf nicht aufgab. Auch der Psychotherapeutin Julia Onken

erscheint eine platonische Beziehung logischer: »Er war ein sehr ordentlicher Mann, fast zwanghaft, es ist wahrscheinlich, daß er seine Frau nicht als Schutzherrin dieser Liaison angerufen hätte, wenn er mit der ›Freundin‹ das Bett geteilt hätte.«
In der Moralvorstellung des 19. Jahrhunderts galt Sex als schmutzig und konnte kaum mit Liebe in Verbindung gebracht werden. Möglicherweise hat Franz Joseph hier Liebe (Katharina) und dort Sex (Anna) streng getrennt voneinander genossen. Aus einem Brief des deutschen Botschafters geht sogar hervor, daß die Schauspielerin in späteren Jahren dem Kaiser »zur Abwechslung« junge Mädchen verschaffte: »An den kleinen Essen bei Frau Kathi mit seiner Majestät nehmen neuerdings bisweilen die beiden hübschen Schauspielerinnen, Frau Reinhold-Devrient und Fräulein Kallina, teil pour varier les plaisirs. ... Bei den kleinen Diners denke ich sie mir wie zwei junge Katzen, während Frau Kathi als eine etwas alternde, edle, englische Hühner-Hündin dabeisitzt.«
Elisabeth ist großzügig und erhebt die Schratt, damit der Kaiser sie nicht heimlich treffen muß, offiziell in den Stand »einer Freundin der Kaiserin« und schenkt ihrem Mann ein weiteres Porträt der Verehrten in Franz Josephs Lieblingsrolle, der »Frau Wahrheit«. Insgeheim spottet sie jedoch in einem ihrer Gedichte über seine Anbetung des Gemäldes, das ausgerechnet in ihrem Refugium, der Hermesvilla, hing:

Aber in dem fernsten Zimmer,
Reich geziert mit Boiserien,
Liegt jetzt Ob'ron (Franz Joseph) auf den Knien,
Starrend auf ein Bild noch immer,

Winkend aus dem goldnen Rahmen,
Lächeln ihm zwei blaue Sterne;
Ach! Er hat sie nur zu gerne!
Flüstert leise ihren Namen.

Die neue Liebe läßt das heimliche Verhältnis zu Anna Nahowski etwas erkalten, die 1887 besorgt in ihr Tagebuch schreibt: »Die Zeit von einem Besuch zum anderen wird immer länger.« Und am 20 Juni: »Bei jedem Besuch klagt er über sein Alter.«
Trotz des offiziellen Wohlwollens seiner Frau hatte der verliebte Franz Joseph Schwierigkeiten, seine neue Freundin zu sehen:
Es war auf dem Concordiaball. Katharina war umringt von Verehrern, Franz

Joseph – ähnlich wie hundert Jahre später Charles – belagert von der Presse, die jedes seiner Worte, jede seiner Bewegungen verfolgte. Rundum in den Logen saßen die Ballgäste, ausgestattet mit Operngucker, um sich keine noch so kleine Begebenheit entgehen zu lassen. Der Kaiser wagt es nicht, sich der Schratt zu nähern, und schreibt ihr später bedauernd: »Ich habe mich nicht getraut, sosehr es mich auch zu Ihnen zog.«

Doch auch jetzt hilft ihm Sisi und lädt ihre Nebenbuhlerin, die offiziell keine ist, nach Schönbrunn ein. Es ist auch ihre Idee, daß das verliebte Paar sich in der Wohnung der Hofdame Ida Ferenczy treffen könnte, von da an besucht Katharina offiziell die Vorleserin und Freundin der Kaiserin.

Sisi geht sogar noch weiter in ihrer Vermittlungstätigkeit und führt die Schratt in die Wohnung ihres Mannes, der dankbar an seine Freundin schreibt: »Wie freue ich mich, Ihnen meine Zimmer und das gewisse Fenster von innen zu zeigen, auf das Sie so oft die Gnade hatten, Ihre Blicke von außen zu richten.«

Von nun wird der Schauspielerin, die nicht einmal adelig und zudem noch verheiratet ist, immer öfter die ungewöhnliche Ehre zuteil, am kaiserlichen Familienleben teilzunehmen. Am Hof wird getuschelt, und Erzherzogin Marie Valerie vertraut ihrem Tagebuch an: »Frau Schratt dinierte mit uns (zu viert), machte mit uns einen Spaziergang und blieb bis zum Abend. Ich kann nicht sagen, wie peinlich mir solche Nachmittage sind, wie unbegreiflich, daß Mama dieselben eher gemütlich findet.« Und als die Freundin des Kaisers auch nach Ischl eingeladen wird, beschwert sie sich: »Sie ist wirklich einfach und sympatisch, aber doch habe ich eine Art Groll, obwohl sie ja nichts dafür kann, daß Papa diese Freundschaft für sie hat, aber die bösen Menschen reden davon und können nicht glauben, wie kindlich Papa diese Sache auffaßt, wie rührend er auch hierin ist … und ich finde, Mama hätte darum diese Bekanntschaft nicht unterstützen sollen.«

Marie Valeries Tagebucheintragungen dokumentieren nicht nur ihre Verwirrung über diese seltsame Konstellation, sie erzählen auch über die Schwierigkeiten dieser Beziehung zu dritt, die die Kaiserin selbst eingefädelt hat.

In Ungarn, in der Ofener Burg, als das Ehepaar offenbar eine Auseinandersetzung wegen der Schauspielerin hat, zürnt sie: »Momente tiefster Bitterkeit, die ich bei meinen Eltern oft miterleben muß. Aber wenn mir selbst etwas verletzend erscheint in Papas Art gegen Mama, dann kann ich kaum einen förmlichen Groll bezwingen gegen ihn – mehr aber gegen die Schratt, die eben doch zwischen meinen Eltern steht.«

Katharina galt als warmherzig und war in Wien sehr beliebt, wenngleich sie den Kaiser dazu animierte, Unsummen für sie auszugeben, um ihre ständigen Schulden zu bezahlen. Der einzige Angriffspunkt, an dem Sisi sie treffen konnte, war ihre üppige Figur. Die Kaiserin verabsäumte nicht, ständig zu sticheln, und gab ihr gute Ratschläge für Abmagerungskuren. Auf Reisen mit dem Kaiser, von denen er der »gemeinsamen Freundin« eifrig schrieb, erkundigte sie sich nach ihrem Gewicht und ließ ihn fragen, »wie es Ihnen geht, ob Sie dicker geworden sind ...« Schratt nahm die Kritik ernst und suchte dieselben Kurorte auf wie ihre Gönnerin, um abzuspecken, was ihr nie wirklich gelang. Dafür genoß sie ihre Begabung, die Eigenheiten und Launen der Kaiserin so perfekt nachzuahmen, daß sie von den Kurärzten bald mit dem Titel »Kaiserin Numero zwei« geadelt wurde.

Die beiden Damen waren in ständigem Kontakt und veranlaßten den Kaiser, in seinen Briefen die jeweiligen Botschaften zu übermitteln, die nicht der Pikanterie entbehrten: »Ihren Handkuß habe ich der Kaiserin ausgerichtet. Sie grüßt sie herzlich und befahl mir, Ihnen beiliegenden Zettel zu schicken, auf welchem ihr Gewicht und dessen Abnahme bei der letzten Wägung notiert ist. Natürlich wollte sie gleich Ihre Gewichtsabnahme nach der Gletschertour wissen, und als ich ein Kilo meldete, fand sie das wenig.« Die Rivalität der beiden Frauen, die es offiziell nicht gab, wurde über Gewichtstabellen ausgetragen.

Wenn man bedenkt, mit welcher Verzweiflung Elisabeth auf die Affären des jungen Kaisers reagiert hatte, wird klar, wie grundlegend sich die Situation nach mehr als dreißig Jahren Ehe geändert hat: »Sie erwies sich als gute und großzügige Kameradin, agierte außerordentlich taktvoll, so zum Beispiel am Namenstag der Schratt im November 1887«, stellt Biographin Hamann der Kaiserin ein gutes Zeugnis als betrogene Ehefrau aus. Und Sisi schrieb, als ihre Ehe ein Vierteljahrhundert gedauert hatte und sie gerade einundvierzig Jahre alt war: »Wenn ich nicht daran dächte, daß die Wiener Geschäfte von der Silberhochzeit in finanzieller Hinsicht profitieren, würde ich lieber den 24. April irgendwo in einem stillen Nest verbringen, wo ich mich ganz meinen Gedanken über fünfundzwanzig vergeudete Jahre hingeben könnte.

Man hatte Sisi nicht nach Wien geholt, damit sie hier ihre Erfüllung finden kann: »Auf der Höhe des Throns bekommt das Gebot der Ehe einen imperativen Klang«, schreibt Karl Tschuppik. »Es sind wichtigere Dinge im Spiele als dein Glück; du hast Pflichten auf dich genommen, die dein Schicksal überragen! Das Ohr einer enttäuschten Frau hört nur den Befehl zum Entsagen, nicht den Appell an das soziale Gewissen.«

Die Kaiserin war ihrer Ehe müde – dennoch, die ironische Bitternis, mit der sie sich in ihren Gedichten über Franz Josephs Liebe äußert, läßt vermuten, daß ihr das Arrangement mit Katharina Schratt über den Kopf gewachsen war und daß sie versuchte, das Beste daraus zu machen.
Im Februar 1888, als die Beziehung des Kaisers zur »lieben guten Freundin« immer enger wird, versichern sich die beiden gegenseitig ihres korrekten Verhaltens: »Sie sagen, daß sie sich beherrschen werden, auch ich werde es tun, wenn es mir auch nicht immer leicht wird, denn ich will nichts Unrechtes tun, ich liebe meine Frau und will ihr Vertrauen und ihre Freundschaft für sie nicht mißbrauchen.«
Alle Sorgen der Schratt, ihr Naheverhältnis könnte die Ehefrau ungnädig stimmen, zerstreut Franz Joseph und schreibt beruhigend: »Die Kaiserin hat sich ... wiederholt auf das günstigste und liebevollste über Sie ausgesprochen, und ich kann Ihnen die Versicherung geben, daß sie Sie sehr lieb hat.«
So lieb, daß sie gehässig in ihr Tagebuch schreibt:

> Dein dicker Engel (Schratt)
> kommt ja schon im Sommer mit den Rosen.
> Gedulde dich, mein Oberon (Franz Joseph)
> Und mach nicht solche Chosen! ...
> Sie schnürt den Bauch sich ins Korsett,
> Daß alle Fugen krachen.
> Hält sich gerade wie ein Brett
> und ›äfft‹ noch andere Sachen.
> Im Häuschen der Geranien
> wo alles fein und glatt,
> dünkt sie sich gleich Titanien (Elisabeth),
> die arme dicke Schratt.

Sisi kann es sich nicht – so wie Diana – leisten, öffentlich Gehässigkeiten über ihre Nebenbuhlerin von sich zu geben, findet aber genügend andere Wege, um ihr ambivalentes Verhältnis zur Schauspielerin auszuleben. Auf der einen Seite will sie von ihrem Mann nicht in ihrer Reiseleidenschaft gestört werden und ist froh, daß er emotional versorgt wird, auf der anderen Seite fällt es ihr schwer zu akzeptieren, daß »die Freundin« so wichtig für ihn ist.
Franz Joseph ist seiner Frau noch immer zugetan und bemüht sich, nichts zu tun, was sie reizen könnte. Sisi behält dadurch ihre Macht im Spiel zu dritt und lädt die Schratt ein und wieder aus, wie es ihr gefällt:

Das Kaiserpaar verbrachte am Ende des Winters immer zwei Wochen an der französischen Riviera, auch Katharina Schratt pflegte sich gerne zur selben Zeit dort aufzuhalten. Franz Joseph, der seine beiden Frauen gern in Harmonie um sich versammelt sah, schlug vor, die »gemeinsame Freundin« in Cap Martin zu treffen. Zuerst stimmte Sisi zu, lehnte dann aber wieder ab, und der Kaiser mußte schweren Herzens absagen: »Nun besprachen wir gestern die Sache und fanden leider, nach Erwägung der Sachlage, daß es besser wäre, wenn Ihr Besuch unterbliebe. Von einem Incognito ist hier natürlich nicht die Rede, man ist von einer Menge Leute ständig beobachtet, es wimmelt von Neugierigen und von hohen Herrschaften, und wir fürchten, daß unsere Beziehungen zu Ihnen einer boshaften Kritik unterzogen werden könnten ...«
Zwei Jahre später wurde an der Riviera die »liebe Freundin« wieder zum Thema, diesmal, weil Elisabeth sie vermißte. Ist es die Wahrheit, weil ihre Beziehung mit Franz Joseph so grenzenlos langweilig geworden war, daß sie das Prickeln dieser Ehe zu dritt brauchte, oder ist es ein Spiel, bei dem die Qual des Leidens eine Rolle spielt? Jedenfalls schreibt der Kaiser erneut an die Schratt:
»Wie wir vorgestern zu zweien ... bei dem sehr guten und viel zu copiosen Frühstücke saßen, sagte die Kaiserin plötzlich: ›Mir geht etwas ab‹, und frug mich, ob mir nicht auch etwas abgehe, was ich verneinte, und auf meine Frage, was ihr denn abgehe, sagte sie: ›Die Freundin, die als dritte mit uns hier sitzen sollte.‹«
Die Strategie der Kaiserin, einmal Katharina Schratt wegzuschicken und dann wieder herbeizuholen, zieht sich wie ein roter Faden durch die Korrespondenz des Kaisers mit der Schauspielerin. Im Herbst 1896 zum Beispiel wurde sie gebeten, das Kaiserpaar in der Ofener Burg mit einem Kurzbesuch zu beehren. Plötzlich entschloß sich jedoch Elisabeth, ihre Haare zu waschen, und machte das Treffen damit zunichte: »Ich (der Kaiser) bin auf das heutige Kopfwaschen, welches daran schuld ist, sehr böse, aber wenn einmal für diese langmächtige Operation ein günstiger Tag freigesetzt ist, läßt sich nichts mehr machen.«
Bei Katharina fand der Kaiser auch ein offenes Ohr, wenn seine Frau auf Reisen war und er sich Sorgen machte: »Wie glücklich wäre ich, wenn ich meine Angst für die Kaiserin mit Ihnen besprechen und Trost bei Ihnen finden könnte.«
Später wird die Schratt auch diese Gepflogenheit der Kaiserin übernehmen und sie als Druckmittel gegen Franz Joseph einsetzen, wenn sie sich von ihm

zurückgesetzt fühlt. Es gibt Zeiten, in denen er gleich zwei Frauen sehnsüchtige Briefe nachschicken muß, und er beklagt sich bei seiner Ehefrau: »Ich bin recht traurig, daß ich von meinen beiden Schutzengeln so gar nichts erfahre.«
Sisi hat den Kaiser noch immer fest im Griff und beginnt ihre Briefe an ihn häufig mit der Anrede »Mein Kleiner«. Spiegelbildlich unterschreibt der Kaiser seine Briefe mit »Dein armer Kleiner«, »Dein einsames Männchen«, »Dein Männeken«. Sie stößt ihn weg, sie holt ihn her, so wie es ihr gerade gefällt oder ihre politischen Interessen in Ungarn es opportun erscheinen lassen. »Du gehst mir recht ab, mein Kleiner, die letzten Tage hatte ich Dich wieder so nett gezogen. Nun muß ich wieder von vorne mit der Erziehung anfangen.« Sie nannte das Demütigungsspiel »extinction du roi« (Auslöschung des Königs), schreibt der österreichische Journalist Günther Nenning in der »Zeit«.
Wie auch immer diese Ehe wirklich war, die Kritik bei Hof über die seltsamen Gepflogenheiten im Kaiserhaus will nicht verstummen, und Graf Hübner schreibt 1889: »Der Kaiser ist nach wie vor unter dem Charme einer Schauspielerin vom Burgtheater. Die Schratt, schön und blöd, die, wie man behauptet, anständig lebt in der Intimität des Kaisers. Die Kaiserin, die, wie man sagt, diese Liaison arrangiert hat, die man platonisch nennt, die aber in der Öffentlichkeit keineswegs so beurteilt wird und die auf jeden Fall lächerlich ist – und die junge Erzherzogin Valerie. Diese dumme Geschichte schadet dem Kaiser sehr in der Meinung der Bourgeoisie und des Volkes.«
Was Franz Joseph sich dennoch erlauben kann, ist seiner Frau auf jeden Fall verwehrt: »Was man der Königin zuruft, vernimmt mit andern Worten auch die Bürgersfrau: Ehre und Ansehen des Hauses sind wichtiger als dein Lebensglück; der Ruf der Firma verträgt keinen Eheskandal; der Name und der Kredit des Gatten fordern, daß du verzichtest«, schreibt Karl Tschuppik schon damals ganz modern und erinnert in seinem Vergleich mit der »Firma« ans englische Königshaus.
Franz Joseph läßt sich vom Klatsch nicht davon abhalten, seine tiefe Freundschaft zu Katharina Schratt zu pflegen. Wenn sie schmollt, vermißt er ihre Wärme und ihre Nähe und ist für seine Umgebung so schwer zu ertragen, daß selbst Elisabeth Vermittlungsversuche unternimmt, damit sich die Laune ihres Gatten wieder bessert. Am Hof weiß man auch warum: »Das lustige Geplauder von Frau Kathi über die großen und kleinen Miseren der Kulissenwelt, über die Hunderln und Vögerln und die Haushaltsereignisse seiner Freundin hat ihm gefehlt ... Er braucht auch die Attraktion der schönen Weiblichkeit

Frau Kathis, über die er in unschuldvollster Weise gebietet. Kurz und gut: es ging nicht länger ohne sie. Das scheint auch die Kaiserin behauptet zu haben, die bereits zweimal Ärgernisse ähnlicher Art, wie die jetzt eingetretenen, ausgeglichen hat.«

Je herzlicher die Beziehung Franz Josephs zu der Schauspielerin wird, desto weniger fühlt sich Elisabeth veranlaßt, in Wien zu bleiben. Nach dem Tod von Kronprinz Rudolf entzieht sie sich ganz: »Ich muß fort«, sagt sie zu ihrer Schwägerin. »Franz allein lassen – ausgeschlossen. Doch – er hat die Schratt – die sorgt für ihn wie sonst niemand und gibt auf ihn acht.« Und: »Bei der Schratt kann er sich ausruhen.«

Damit das Ausruhen bequemer wird, sucht Katharina eine Villa in der Nähe des Freundes und fragt ahnungslos ausgerechnet bei Anna Nahowski nach, die vom Kaiser nach dem Tod seines Sohnes großzügig abgefunden wurde. Voller Empörung beklagt sich die verlassene Geliebte: »Er würde im selben Zimmer sitzen, mit einer anderen.«

Im April 1889 findet die Schratt eine ähnlich luxuriöse Villa, ein paar Häuser weit von Schönbrunn entfernt, und der Kaiser ändert seine Gewohnheiten nur leicht: Anstatt heimlich um vier Uhr früh wie bei Anna erscheint er nun offiziell bei Katharina um sieben Uhr zum zweiten Frühstück.

Wie zerrissen Elisabeth in ihrem Wunsch ist, von allen Verpflichtungen dieser Ehe frei zu sein, und wie sehr sie gleichzeitig ihrem Glück mit Franz Joseph nachtrauert, zeigt sich in ihrem Gedicht »Legende vom Almsee«:

Und sie denkt der langen Jahre,
Wo sie alles ihm geweiht,
Nur für ihn gelebt, gelitten,
Jedes Opfer froh bereit.

Sieh', da kommt der kleine Sperber (Franz Joseph),
Und ihr Herz schlägt höher auf;
Doch sie ist ihm ungelegen,
Hindert heute seinen Lauf.

Und den Schnabel unbarmherzig
Stößt er in ihr liebend Herz,
Daß es, bis zum Tod getroffen,
Fest erstarrt zu kaltem Erz.

Elisabeth sieht sich, – wie Diana – nur als Opfer und beschuldigt den Kaiser, der sein Leben lang von ihr fasziniert bleibt, obwohl er sie nicht versteht.
Nach ihrem Tod findet er – so wie Charles bei Camilla – Trost bei Katharina Schratt, und Marie Valerie schreibt verlegen in ihr Tagebuch:
»Jeden Morgen macht Papa seinen Spaziergang mit der Schratt, die ich auch wiederholt sehen und umarmen mußte … Mit Angst denke ich an Mamas mir gegenüber oft ausgesprochenen Wunsch, wenn ich sterbe, solle Papa die Schratt heiraten. Ich will mich jedenfalls passiv verhalten, kann mich in Anbetracht Papas wahrer Freundschaft für sie nicht kalt gegen sie benehmen, … aber mitzuhelfen, finde ich nicht meine Pflicht.«
Die Kaiserin hatte ihren Schutzmantel über die beiden gebreitet, nun, da sie nicht mehr ist, kommt die Beziehung in ernste Schwierigkeiten. So wie bei Charles gibt es kein Verständnis in der Bevölkerung für eine neue Frau, die nicht einmal standesgemäß ist. Erzherzogin Valerie schreibt: »Lossagen wird er sich nie und nimmer von ihr, und heiraten kann er sie ja leider nicht, denn sie ist ganz rechtmäßig verheiratet.«
Zwei Jahre nach dem Tod Sisis kommt es zu einer ernsten Verstimmung zwischen dem Paar, weil die Schratt sich beklagt, daß sie das Gefühl habe, »ihre Stellung sei keine richtige«. Sie greift zu dem Mittel, das sich bei Sisi schon bewährt hat, und zieht sich schmollend in die Schweiz zurück. Daraufhin erscheint in der »Neuen Freien Presse« ein unverschämtes Inserat: »Kathi kehre zurück – alles geordnet – Zu Deinem unglücklich verlassenen Franzl.«
Kaiser Franz Joseph fühlt sich ohne seine Freundin einsam und appelliert nach einer dieser langen Trennungen ausgerechnet an »die Liebe zu ihr (Elisabeth), das Letzte, was uns noch verbindet«.
Bei Camilla und Charles ist das Ende der Geschichte noch nicht geschrieben, Katharina und Franz Joseph werden offiziell nie ein Paar. Als der Kaiser stirbt, vergißt er sogar, die »Freundin« in seinem Testament zu bedenken. Von nun an finanziert sie ihr Leben mit dem Verkauf ihrer in der »Kaiserzeit« angesammelten Geschenke.

16

Liebesgeflüster vor der Weltöffentlichkeit

Diana

Als die Prinzessin von Wales im späten Sommer 1986 das elegante Wohnzimmer im Stadtteil Mayfair betrat, unterbrach keiner der honorablen Gäste das oberflächliche Partygeplauder. In diesen Kreisen war es nicht üblich, die Freude über den hohen Besuch zu zeigen. Dennoch huschte ein zufriedenes Lächeln über die meisten Gesichter, zur rechten Zeit am richtigen Platz zu sein. James Hewitt beobachtete unauffällig die schöne Frau des Thronfolgers, wie sie aus ihrem Glas trank, wie sie Hände schüttelte und großzügig jedem ihr hinreißendes Lächeln schenkte. Vom ersten Augenblick an, noch ehe der Captain ihr vorgestellt wurde, spürte er ein »überwältigendes Gefühl von Vertrautheit. Sie sahen einander ungläubig an, es war ein Schock. Doch es gab keinen Zweifel; sie wußten es beide. Und plötzlich war jede Nervenspitze rauh und gefährlich lebendig«, beschreibt Biographin Anna Pasternak Hewitts erste Begegnung mit der attraktiven Prinzessin.

»Ja, ich liebte ihn, und ich habe ihn angehimmelt. Es ging mir sehr schlecht«, gestand Diana 1995 der Weltöffentlichkeit in ihrem BBC-Panorama-Interview. »Er war ein guter Freund in einer schwierigen Zeit. Er war immer da und half mir. Und ich war am Boden zerstört, als dieses Buch veröffentlicht wurde, ich vertraute ihm, und jetzt macht er Geld mit mir.« Der Reitlehrer Hewitt scheffelte Millionen mit seinen Memoiren über das Bettgeflüster mit der Prinzessin, das mit Unterbrechungen mehrere Jahre dauerte.

Die Mischung aus mangelndem Selbstwert, einer unglücklichen Ehe und der Sehnsucht nach einem Menschen, bei dem man sich anlehnen kann, ist meistens kein guter Ratgeber bei der Partnerwahl. Bedürftigkeit anstatt Gleichwertigkeit verstellt den Blick auf die Qualität einer Beziehung. Diana hatte sich mit sicherem Gespür wieder einen Mann ausgesucht, mit dem sie auf keinen Fall glücklich werden konnte.

»Ich kenne mich überhaupt nur mit Pferden und mit Sex aus«, war einer der Sprüche des Kavallerieoffiziers, der sich als Gentleman verkleidete und mit Vorliebe doppelreihige Blazer, Seidenkrawatten, goldene Manschettenknöpfe und Gucci-Slipper trug. Er spielte Polo, betonte seine guten Manieren und hörte sich Aufnahmen der Reden von Winston Churchill an, um seine Aussprache zu verbessern. Mit seinen blauen Augen, dem welligen rostbraunen Haar und seinen vollen Lippen brachte er es zum Frauenschwarm, und als er auf dieser Cocktailparty auf die vereinsamte Diana traf, hatte der siebenundzwanzigjährige Junggeselle ein leichtes Spiel.

Es dauerte nur eine halbe Stunde, bis die beiden eine Gemeinsamkeit fanden, die ihnen erlaubte, ihr Tête-à-Tête unter den Augen der Öffentlichkeit zu arrangieren. Er war ein guter Reiter, was lag näher für Diana, als ihm von ihrer Furcht vor Pferden zu erzählen? Sie war als Kind vom Pony gefallen und litt darunter, daß sie in der königlichen Familie, in der alle ritten, nicht mithalten konnte. James packte die Gelegenheit beim Schopf und meinte, »daß es für ihn kein größeres Vergnügen gäbe, als ihr zu helfen, ihr Selbstvertrauen wieder aufzubauen«.

Die Liebesaffäre entwickelte sich langsam in den Stallungen der Kaserne von Knightsbridge. »Beide, Diana und James, spürten, daß es der Anfang eines Abenteuers war, und es erregte sie. ... Sie wußte, daß er sie begehrte. Doch anstatt ihn wie eine Fliege, die sich irrtümlich auf ihren Arm gesetzt hatte, zu verscheuchen, wie sie es normalerweise getan hätte, fühlte sie sich dadurch gestärkt«, läßt Pasternak uns über die Romanze wissen.

Während der ersten zwei Monate erschien Diana noch eskortiert von einem Sicherheitsbeamten und einer Hofdame zur wöchentlichen Reitstunde. Dann blieb die Hofdame zu Hause, und ihr Bewacher zog sich diskret ins Haus zurück, während die Prinzessin von Wales glücklich lachend und plaudernd mit ihrem Verehrer durch den Park ritt und ihre Angst vor Pferden überwand.

Wenn sie zurückkamen, ließen sie sich entspannt auf das alte Chintz-Sofa im Reitstall fallen und tranken miteinander eine heiße Tasse Kaffee.

Am Tag, an dem die Frau des Thronfolgers ihrem Reitlehrer zum ersten Mal ihr Herz ausschüttete, war sie zutiefst deprimiert: »Unfähig, sich noch eine Sekunde länger zurückzuhalten, lehnte sich Diana zu ihm hinüber«, so Pasternak, und erzählte ihm die ganze Wahrheit über ihre Ehe. Über die Qual, die sie empfand, über den Schein, den sie und ihr Mann wahrten. Endlich konnte sie sich gehen lassen: »Sie spürte seine Wärme für sie. Es war wie der erste Schwall von Feuchtigkeit, der dich trifft, wenn du in ein heißes Land kommst. Es war, als ob sie die kalte, künstliche Luft des Flugzeugs verlassen hätte und, für einen Augenblick geblendet, in das reiche, goldene Licht getreten wäre ...« Biographin Anna Pasternak bemüht pathetische Bilder, wenn sie von der großen Liebe erzählt, die Diana – zumindest aus der Sicht von James – überfallen hat. »Ich bin umgeben von Menschen«, ließ sie die Prinzessin klagen, »aber so allein«. Dann nahm sie seine Hand, und er antwortete sanft: »Du bist nicht allein, du hast mich.«

Es war ein Abstieg in eine andere Gesellschaftsklasse, den Diana wagte, als sie den Offizier zu sich in den Kensington-Palast einlud. Sie nannte ihn ihren »Seelenverwandten«, und Biographin Kitty Kelley skizziert bissig die Gemeinsamkeiten: »Beide waren elegante Sportler mit Lust am eigenen Körper; beide waren, was die äußere Erscheinung anging, ungewöhnlich eitel. Sie putzten sich heraus und verbrachten Stunden damit, sich vor dem Ausgehen zurechtzumachen. Beide waren Verführer, die es verstanden, aus ihren Reizen Kapital zu schlagen.«

Der Abend im Palast endete nach einem gebührenden Vorspiel dort, wo beide hinwollten – im Bett:

»Sie kam und setzte sich zu ihm aufs Sofa, und sie sprachen über Nichtigkeiten. ... Es waren die ungesagten Worte, die sie erregten. Sie erzählte ihm von dem Windstoß, der fast ihre Autotüre mit ihren Fingern dazwischen zugeschlagen hätte, ... er sah auf ihre weichen weißen Hände, und der Anblick ihrer abgebissenen Fingernägel machte ihn traurig. ... Er wußte, daß sie ihn begehrte, daß sie ihm den Weg ebnete, die Kontrolle zu übernehmen, aber wie sollte er sich ihr nähern?« fragt Hewitts Biographin.

Nach dem romantischen Abendessen zu zweit, sie waren schon beim Kaffee angelangt, ergriff Diana endlich die Initiative. Sie war die Prinzessin von Wales, kein Mann konnte sie einfach verführen und seinen Gefühlen folgen. Was für Sisi vor hundert Jahren noch unmöglich gewesen war, schaffte sie mühelos: »Mit der Leichtigkeit einer Tänzerin, die sich in gewohnten Bahnen bewegt, stand sie auf, durchquerte den Raum und setzte sich auf seinen Schoß«, erzählt Pasternak, die durch Hewitts Augen dabeigewesen ist. »Als sie auf ihm landete und ihre Arme um seinen Nacken schlang, war James überrascht und gleichzeitig verrückt vor Begehren.«

Es war der Beginn einer Liebe, in der Diana endlich das bekam, wonach sie sich sehnte: Zuwendung und Aufmerksamkeit. Später lag sie in seinen Armen und weinte über all die Jahre, in denen sie sich einsam und zurückgewiesen gefühlt hatte: »Als er sie betrachtete und liebevoll eine Haarsträhne aus ihrer Stirn strich«, so Pasternak, »war er überwältigt von der Stärke seiner Gefühle, von ihrer Verletzlichkeit, mit der sie schutzlos vor ihm lag«.

Die unglückliche Prinzessin, ständig auf der Jagd nach der Liebe, die sie als Kind vermißt hatte, traf genau den Mann, der wie ein Spürhund auf der Suche nach bedürftigen Frauen war, so wie er es aus seiner Kindheit gewöhnt war: »Er spürte schon als kleiner Junge, daß seine Mutter verletzt war, ... und fühlte sich zu ängstlichen Frauen hingezogen. Es geschah so instinktiv wie atmen. Er kannte Dianas Bedürftigkeit, bevor sie davon sprach, berührte ihren tiefen inneren Schmerz, noch bevor er ihre Hand berührte. Und genauso wie er sich weigerte anzuerkennen, daß er seine Mutter so liebte, daß es weh tat, genauso mußte er seine Liebe zu Diana verleugnen«, beschreibt Pasternak ein Muster, das viele Männer, die vor der Liebe weglaufen müssen, kennzeichnet.

»Menschen, die tief im Inneren Angst vor Nähe haben, weil sie als Kinder energetisch als Partnerersatz mißbraucht wurden«, erklärt die Psychotherapeutin Julia Onken, »landen häufig in Beziehungen, in denen der andere nicht wirklich verfügbar ist, damit sie sich nicht wirklich einlassen müssen. James hatte sich in die Frau des zukünftigen Königs verliebt, eine sichere Garantie dafür, daß er seine Zuneigung nicht in der Enge einer Ehe beweisen mußte.«

Die Prinzessin liebte ihn, vertraute ihm und öffnete ihrem Reitlehrer alle geheimen Türen zu ihrem Inneren. Sie erzählte ihm von ihren Kindern, die sie »meine kleinen Ritter im Strahlenhemd« nannte, sie sprach von ihrer Bulimie, den Selbstmordversuchen, ihrem Unglück mit Charles und gestand, daß sie längst von Tisch und Bett getrennt lebten. Es gab nichts, was James Hewitt nicht von ihr wußte.

Der Kavallerieoffizier war kein Gentleman und verriet seine Affäre mit der unglücklichen Prinzessin der ganzen Welt. Ausgebreitet auf fast 200 Seiten ließ er Ghostwriterin Anna Pasternak jeden Seufzer, jeden Gedanken breittreten und seine Aufgabe im Leben der Prinzessin definieren: »Seine Pflicht war es, sie mit Liebe und Hoffnung zu füllen, bis sie davon bis zum Rand voll war, und ihr dabei zu helfen, ihre unglückliche Vergangenheit zu vergessen.« James Hewitt als Retter, der in seinen Memoiren damit prahlt, daß Diana ihm ihr neues Selbstbewußtsein verdankt.

Der Captain lernte William und Harry kennen, die ihn bald »Onkel James« nannten, sie lachten und spielten zusammen, und manchmal waren sie fast so etwas wie eine fröhliche Familie: »Bevor sie zu Bett gingen, kamen sie ins

Wohnzimmer, um gute Nacht zu sagen, meistens frisch gebadet in ihren gemütlichen, altmodischen Pyjamas und Schlafmänteln. Diese glücklichen Familienszenen beeindruckten und erfreuten ihn«, schreibt Pasternak über den Mann, der das geliehene Familienleben genoß.

Diana hatte endlich, wenn auch im geheimen, ein warmes Nest, in dem sie sich sicher fühlen konnte. Der Mann, den sie liebte, stellte sie seinem Vater vor, der in Cornwall lebte, und auch hier spürte sie diese Wärme, dieses Aufgenommensein, das sie so magisch anzog. Ein langersehnter Traum schien in Erfüllung zu gehen.

Es gab nichts Schöneres für die Prinzessin von Wales als die seltenen Wochenenden in Highgrove, wenn sie mit ihrem Geliebten und den Kindern den königlichen Alltag vergaß. Sie schlief in seinen Armen ein, wachte mit ihm auf und saß mit James und ihren Söhnen am Frühstückstisch. Für ein paar Stunden fühlte sie sich wie eine ganz normale Frau, die von ihrem Mann geschätzt und geliebt wird.

Für die Angestellten spielte Diana die Gastgeberin-Gast-Komödie, mit »Guten Morgen, haben Sie gut geschlafen« und all dem, was Frauen, die ihre Männer betrügen, für die Außenwelt produzieren, wenn sie nicht ertappt werden wollen. Natürlich war allen klar, warum der junge Offizier immer an den Wochenenden eingeladen wurde, an denen Charles verreiste.

Der Thronfolger schien auch nach einem Jahr von der Liebe Dianas zu ihrem Reitlehrer noch nichts zu wissen, spielte mit James Polo und erkundigte sich nach den Fortschritten seiner Frau zu Pferd.

James lag auf seinem harten Metallbett in der Kaserne von Windsor. Ein Wochenende mit Diana lag hinter ihm, eines von vielen, an denen er sich mit ihr verstecken mußte. Er durfte mit niemandem über seine Liebe sprechen und fühlte sich traurig und isoliert und dachte über seine Zukunft nach: »Was, wenn er ihr das Gefühl gab, ganz und heil zu sein, ihre Weiblichkeit erweckte und sie sich dann einem anderen Mann zuwandte?« schreibt Anna Pasternak über die Gefühlslage ihres Helden und übersieht dabei, daß Hewitt wahrscheinlich mit einer »freien« Frau ganz schön überfordert gewesen wäre.

Langsam wurde die Geschichte für ihn eng. Diana war sehr an ihn gebunden, er sah keinen Ausweg, und als er die Chance erhielt, für zwei Jahre als Kommandeur eines Panzerbataillons nach Deutschland versetzt zu werden, griff er zu. Er freute sich über die Beförderung, doch die Prinzessin fühlte sich allein gelassen und war zutiefst verletzt.

Diana nach dem Fitneßtraining

Diana mit ihren Söhnen William (rechts) und Harry im Sessellift auf dem Weg zum Kriegerhorn, Österreich

Diana in einem aufregenden Kleid auf dem Weg zu einem Gala-Diner

Elisabeth trägt auf dieser Aufnahme wahrscheinlich die berühmte Perlenkette, die ihr Franz Joseph zur Geburt des Kronprinzen Rudolf am 21. August 1858 schenkte.

Elisabeth mit ihrem Lieblingshund »Houseguard«

Elisabeth in ihrem vielbeachteten hautengen Reitkostüm beim Hürdenritt in England

James hatte eine Lücke in Dianas Leben hinterlassen, die sie füllen mußte. Das Leben im Palast erschien ihr jetzt noch unerträglicher, sie vermißte die Stunden voller Aufregung und Zärtlichkeit.
Der Neue hieß wieder James und sollte später als »Tintenfischchen-Mann« in die Geschichte eingehen. Diana vergaß alle Vorsicht, und als sie eines Abends Mr. Gilbey in seinem Appartement besuchte, wurde sie nach ein Uhr morgens von einem Paparazzi erwischt, als sie das Haus verließ. Bis zu den abgehörten Telefongesprächen im Dezember 1989 war es nicht mehr weit. Doch noch war die Welt des Thronfolgerpaares nach außen in Ordnung, und niemand wagte es, das intime Geflüster der Prinzessin abzudrucken.
Achtzehn Monate nach seiner Versetzung nach Deutschland kam Hewitt für das Weihnachtsfest nach England zurück. Und wie zwei Süchtige, die ihre Droge viel zu lang vermißt hatten, stürzten sich Diana und James in die nächste Runde der Beziehung und folgten damit wahrscheinlich wieder ihrem Familienmuster – notorischer Beschützer, der sich in Wahrheit nicht binden will, sucht bedürftige Frau mit Angst vor Nähe, die er retten kann.
Das Märchen von der unglücklichen Prinzessin, die sich in ihren Reitlehrer verliebt und mit ihm glücklich wird, endet nur in den Romanen, die Diana als Kind gelesen hatte, gut. Ein Klatschblatt schrieb, daß Soldat Hewitt, der während des Golfkriegs in der Wüste seinen Dienst tat, regelmäßig Post und Geschenke von der Frau des Thronfolgers erhielt. Das heimliche Liebes- und Familienleben war vorbei, sie sahen sich den Augen der Welt ausgesetzt, und ihnen wurde klar, daß das der Anfang vom Ende war: »Sie wußten beide, daß diese große Passion kein Happy-End hatte, daß diese Liebe so groß und überwältigend war, daß sie nicht andauern konnte. Sie hatte im geheimen überlebt, und jetzt, als sie dazu stehen sollten, hatten sie Angst. Es war nicht die Angst, sich auszusetzen, es war die Furcht, daß das, was sie erlebt hatten, zu schön war, um die tägliche Routine des Alltags zu überleben«, schreibt Anna Pasternak über das programmierte Finale der Geschichte.
James Hewitt konnte dem Drang nicht widerstehen, sich mit seiner königlichen Liebe zu brüsten, und leistete »seinen Beitrag zu einem atemlos geschriebenen, dünnen Buch«, schreibt Biograph Donald Spoto: »Diana und Hewitt wirkten wie einer zweitklassigen Erzählung von D. H. Lawrence entsprungen und bildeten ein schönes Gegengewicht zu Charles und Camilla.«
Die einsame Prinzessin hatte die Liebe gefunden und wieder verloren. Alles, was vorher war und nachher kam, schien bedeutungslos, selbst wenn die Presse sich lustvoll auf jeden Mann stürzte, der als Liebhaber in Frage kam.

Drei Jahre, nachdem sich Diana kurzfristig mit James Gilbey über ihre verlorene Liebe zu Captain Hewitt getröstet hatte, tauchten Abschriften von abgehörten Telefongesprächen auf, »Squidgygate« erschütterte die Nation. Sie sprachen über Masturbation und Dianas Sorge, schwanger zu werden, und turtelten im Vertrauen darauf, daß sie allein mit sich und ihrem Telefonhörer waren:

»Küß mich, Squidgy (Gilbeys Kosename für Diana) ... O mein Gott! Welch himmlisches Gefühl, findest du nicht?«

»Ich liebe es, ich liebe es«, antwortete die Frau des Thronfolgers, und ganz England hörte mit, wenn auch etwas zeitverzögert.

Gezählte dreiundfünfzigmal nannte James seine Angebetete »Darling«, vierzehnmal wurde sie mit »Squidgy« (Tintenfischchen) tituliert, zählte die hämische Presse mit. Das Jahr 1992 war ein gefundenes Fressen für Voyeure. Kaum war Fergie von den Medien kompromittiert worden, weil sie sich von ihrem Verehrer John Bryan im Urlaub in Südfrankreich die Zehen lutschen ließ, erfuhr auch schon die ganze Welt von »der pikanten und unverbildeten, wenngleich geschwätzigen und etwas jugendlich-unreifen Unterhaltung« der Frau ihres zukünftigen Königs, berichtet Andrew Morton.

Die meisten Männer, mit denen Diana ihr frustrierendes Palastleben für ein paar Stunden zu vergessen suchte, hielten sich an den weisen Wahlspruch: »Ein Gentleman genießt und schweigt.« Was nicht immer etwas nützte, denn wenn schon die ganze Welt daran interessiert war zu erfahren, was die Frau des Thronfolgers zum Frühstück aß, wie konnte man es den Reportern verdenken, daß sie wie Spürhunde herauszufinden versuchten, wen sie liebte: Diana schmiegte sich eng an ihn, fuhr ihm zärtlich durchs Haar und kniff ihn in die Wange. Er war ein großer, dunkelhaariger, attraktiver Typ, und am nächsten Tag berichteten die Zeitungen über ihn. Sie hatten die ganze Nacht auf einer Hochzeit miteinander getanzt und sich nicht um die neugierigen Blicke gekümmert. Er hieß Philip Dunne, war Bankier und mit einer anderen Frau verlobt. Im Winter hatte er das Ehepaar Wales nach Klosters zum Schilaufen begleitet, aber jetzt schien die Geschichte wohl etwas aus dem Ruder zu laufen.

Die Gelegenheit war passend. Kurz nach ihrem siebten Hochzeitstag, den sie getrennt verbracht hatten, mußten Charles und Diana gemeinsam die Opfer einer katastrophalen Flut in Wales besuchen. Noch war der Damm der Berichterstattung über die verlogene Ehe nicht ganz gebrochen, aber jeder konnte sehen, wie wenig die beiden füreinander empfanden. Charles war von

Balmoral gekommen, wo er den letzten Monat ohne seine Frau verbracht hatte. Sobald der offizielle Auftritt vorüber war, flog er zurück und machte sich nicht einmal die Mühe, so zu tun, als ob er gerne Zeit mit Diana verbringen wollte.

Die Gerüchte um Philip Dunne hatten immer noch Hochsaison, und der Palast fühlte sich bemüßigt einzuschreiten. Man teilte dem Bankier mit, er solle aufhören, sich mit der Frau des Thronfolgers zu treffen. »Ist erst einmal Publicity hergestellt worden, kommt es immer zu schwierigen Situationen«, erklärt ein Klatschkolumnist die Lage der beiden, die »nur gute Freunde« waren.

Während Charles nicht nur eine »Vertraute«, sondern gleich mehrere hatte, wurde Diana dasselbe Recht nicht zugestanden. Der Presserummel war so groß, daß Philip untertauchen mußte und die Beziehung endete. Das englische Königshaus und mit ihm das ganze Land lebte noch in der guten alten Tradition, in der Ehemänner sich vergnügen durften und die Frauen geduldig dabei zusahen.

Diana hatte keine Chance, auch nur eine Spur von Privatleben zu genießen. Die Medien wußten der Welt fast wöchentlich von einem neuen Begleiter zu berichten, dem sie angeblich ihre Gunst schenkte.

Einer davon, glaubte Diana, hat ihre Zuwendung mit seinem Leben bezahlt: Sergeant Barry Mannakee war ein stattlicher, attraktiver Mann und außerdem ihr Leibwächter. Er gehörte dem »Royal Protection Department« an und begleitete Diana, sobald sie das Haus verließ. Die Sicherheitsbeamten der königlichen Familie müssen viele Fertigkeiten besitzen. Neben Feingefühl und diplomatischem Geschick gehört zu ihrem Berufsprofil Schifahren, Segeln, Reiten, Jagen und eine gute äußere Erscheinung: »Die Jungs dieser Schutzeinheit gehen zu einem teuren Friseur. Sie tragen Hemden von Turnbull & Asser. Sie sehen gut aus, sind liebenswürdig und verführerisch«, schreibt Kitty Kelley über die Erotik der königlichen Polizisten.

Barry war verheiratet und hatte zwei Kinder, er »war ein überwältigend lebhafter, unbekümmerter Mensch«, erinnerte sich die Haushälterin von Highgrove. »Er war lustig und bei allen beliebt. Er war der ideale persönliche Sicherheitsbeamte für die Prinzessin. Sie hing an seinen Lippen, flirtete ungeniert mit ihm und nahm ihn auf eine Art und Weise auf den Arm, die darauf hindeutete, daß die beiden sehr eng miteinander waren.«

Endlich jemand, mit dem Diana Spaß haben konnte. Er eskortierte sie geduldig von Boutique zu Boutique, begleitete sie auf ihren langen Spaziergängen

durch die Hügellandschaft von Balmoral, sie weinte an seiner Schulter, wenn sie Kummer hatte, und behandelte ihn in manchen Augenblicken wie einen aufmerksamen Ehemann:
Diana trug eines dieser Kleider, die ihm jedes Mal den Atem raubten. Sie kam aus ihrem Appartement und lächelte ihn an:
»›Wie seh' ich aus Barry? Sind das die richtigen Ohrringe? Was meinen Sie?‹
›Perfekt‹, erwiderte er. Sie wirbelte vor seinen Augen herum, strich sich das Abendkleid glatt und trug mehr Lippenstift auf.
›Sind Sie sicher?‹ wollte sie wissen, während sie sich im Spiegel betrachtete. ›Sehe ich wirklich gut aus?‹
›Sensationell. Das wissen Sie doch‹, rief er lachend. ›Es wäre durchaus möglich, daß ich selbst Gefallen an Ihnen fände.‹
›Aber das tun Sie doch bereits, oder etwa nicht?‹«
Er war ein Mann für gute und schlechte Zeiten und hatte immer ein offenes Ohr für sie. Leider fehlte auch ihm eine wichtige Qualität, nämlich Diskretion: »Einmal hörte sie gar nicht mehr auf mit Klagen, sie wisse nicht weiter, und brach in meinen Armen einfach zusammen. Ich habe sie umarmt und dafür gesorgt, daß sie nicht mehr weinte. Was sonst hätte ich denn tun sollen?« erzählt der Angestellte, der gleichzeitig ihr Tröster war.
Sollte er vielleicht wegschauen, wenn eine schöne, unglückliche Prinzessin weinte?
Nach einer heftigen Auseinandersetzung mit Charles schüttete sie gerade Barry weinend ihr Herz aus, als ihr Ehemann hereinplatzte. Er war schockiert über diesen unglaublichen Mangel an Diskretion. Er durfte alle seine Sünden seinem Kammerdiener beichten, aber Diana tränenüberströmt mit ihrem Leibwächter, das war zuviel!
Der Beamte, der von 1985 an ein Jahr lang Beschützer und Tröster für die Prinzessin gewesen war, wurde umgehend versetzt, und ein Reporter erhielt die Auskunft, daß der Grund dafür die »übertriebene Vertrautheit« der beiden gewesen sei.
Acht Monate später starb Barry Mannakee bei einem Verkehrsunfall, bei dem sein Motorrad von einem Auto gerammt wurde. Diana war sicher, daß der britische Geheimdienst ihn umgebracht hatte, weil er zuviel wußte, und fühlte sich schuldig an seinem Tod.
Der Mann, mit dem sie sterben sollte, hieß Dodi al-Fayed und nährte für kurze Zeit ihren Traum von einem sicheren Platz, an dem es alles gab, was sie vermißte: Liebe, Verständnis, Sicherheit. Doch auch mit ihm, meint die Psy-

chotherapeutin Julia Onken, hätte die Prinzessin von Wales ihr Glück wahrscheinlich nicht gefunden: »Die Tragik ist, daß sie immer wieder versucht hat, mit Männern eine Liebesbeziehung aufzubauen, die sie enttäuscht haben, weil ihr Blick bei der Wahl vernebelt war. Ihr Vater hat sich einen Sohn gewünscht und sie daher nicht um ihrer selbst willen geliebt. Unbewußt empfindet sie das als Verrat und wiederholt mit ihren Männern ständig dieses Muster. Durch ihren Tod ist Diana eine weitere Enttäuschung erspart geblieben.«

Sisi

Deinem guten Herrn Gemahl
Hast die Treue du gekündigt,
Stießest ihm ins Herz den Stahl;
Ja, du hast dich schwer versündigt.

Harte Worte fand Sisi für ihre Schwester, die sich mit vierzig in einen verheirateten Arzt verliebt hatte. Nun saß sie im Irrenhaus, und die Kaiserin von Österreich unternahm nichts, um ihr zu helfen. Sophies Affäre war nicht geheim geblieben, die Ehefrau ihres Geliebten drohte mit Scheidung und Skandal, das Paar war nach Meran geflüchtet. Als schließlich auch noch die geheime Korrespondenz der beiden gefunden wurde, war klar, daß die Herzogin von Alençon verrückt geworden sein mußte. Die Polizei war auf seiten des betrogenen Gatten, Ehebrecherinnen gehören hinter Gitter, denn die freie Liebe war nur Männern gestattet.

Du bist im Irrenhaus, du bist gefangen,
Ein Opfer deiner tollen Leidenschaft;
Es bricht mein Herz, denk ich der wilden, bangen
Verzweiflung, die dich packt in deiner Haft.

Mitleidig, aber nicht nachsichtig, geht Sisi mit der armen Sophie um. Was sie sich selbst nicht erlauben kann, wird bei der Schwester streng geahndet. Damit erübrigen sich wahrscheinlich alle Spekulationen, ob die Kaiserin mit einem ihrer vielen Verehrer im Bett gewesen ist:

Du wolltest Mann und Kinder schnöd' verlassen,
Mit dem Verführer in die Weite zieh'n;

Doch muß dein sündhaft Hoffen nun erblassen,
Wo du jetzt weilst, gelinget kein Entflieh'n.

Auch Sisi ist unglücklich mit ihrem Mann. Er versteht sie nicht, und »die Geste der Bereitwilligkeit und Bejahung, die dennoch verrät, daß man dem andern nicht die Ernsthaftigkeit zugesteht, ist viel verletzender als ein Bekenntnis der Abneigung«, schreibt Biograph Tschuppik. »Was liebt er eigentlich an ihr, da ihr Wesen, ihr Geschmack, ihr Urteil wie die Launen eines Kindes, einer Kranken behandelt werden?«

Elisabeth weiß, daß Franz Joseph sein altes Leben wieder aufgenommen hat, »er entflieht der Atmosphäre seines Heims; er meidet nicht mehr die frühere Gesellschaft; er ist viel auf der Jagd; er ist nicht allein«, erzählt Tschuppik. »Es hat nicht daran gefehlt, der isolierten jungen Kaiserin das banalste Gift der Eheküchen durch die verschlossenen Türen zu träufeln.«

Sisi kann nicht mit einem anderen Mann weglaufen, so wie ihre Schwester. Sie ist die Kaiserin, sie flüchtet allein.

Und umgab sich, wo immer sie lebte, mit Verehrern, die von ihrer Ausstrahlung und Schönheit angezogen waren. Erhört hat sie wohl keinen, sie beschränkte sich aufs »cock-teasing«, wie die Engländer es nennen. In der deutschen Sprache gibt es kein passendes Wort für die Kunst, einen Mann zu erregen, ohne ihn dann zu erhören:

Die Kaiserin sah das russische Kriegsschiff im Hafen liegen und spürte plötzlich wieder die Langeweile, an die sich schon gewöhnt hatte. Sie war vor den Liebschaften ihres Mannes und der Kälte am Wiener Hof im November 1860 nach Madeira geflüchtet. Und jetzt kam auf dieser gottverlassenen Insel, auf der die größte Aufregung im Verlieren beim Kartenspielen bestand, endlich Abwechslung in ihr Leben. Sie lud die Besatzung des Schiffes ein, ihr Gesellschaft zu leisten. Beim Diner und dem anschließenden Tanz für die entzückten Seefahrer verliebte sich »jeder der eingeladenen Offiziere, gleich ob jung oder alt«, in die schöne Frau im freiwilligen Exil, die erst dreiundzwanzig Jahre zählte. Doch auch ihr Gefolge war für ihre Ausstrahlung empfänglich:

Graf Imre Hunyády war ein attraktiver junger Mann und einer der »Ehrenkavaliere« der Kaiserin. Seine Aufgabe war es, ihr Ungarisch-Lektionen zu erteilen. Doch die ständige Nähe zu der schönen Dame erweckte seine Leidenschaft, und bald blieb es niemandem mehr verborgen, daß er seine Blicke nicht von ihr wenden konnte. Bevor er die Chance hatte, die Grenzen

des Anstands zu überschreiten, wurde der verliebte Galan nach Wien zurückgeschickt.
Es gab nichts, was im verborgenen blühen konnte. Der Klatsch wurde per Schiff und Kutsche umgehend zum Kaiserhof transportiert und – damit der Unterhaltungswert stieg – wahrscheinlich auch noch ausgeschmückt. Die Abreise des verliebten Grafen war offenbar für Sisi kein großer Verlust, denn sie schrieb spöttisch in ihr Tagebuch, das erst nach ihrem Tod veröffentlicht wurde:

> Der erste (Verehrer, Hunyády) war
> ein hübsches Tier,
> Nur Ohren über Maß;
> Doch über seine Schönheit schier
> vergaß ich ganz auf das.
> Ich hielt ihn mir im Tropenland,
> bekränzt ihn mit Granat;
> Bananen fraß er aus der Hand;
> doch wurd' ich ihn bald satt.

Die Kaiserin hatte so wenig gemeinsame Interessen mit ihrem Ehemann, daß sie zu den Männern, die ihre Neigungen teilten – wenn auch manchmal nur kurzfristig – eine innige Beziehung entwickelte. Sogar ihr fünfundzwanzig Jahre jüngerer griechischer Lehrer und Vorleser Constantin Christomanos verfiel seiner Schülerin, die er vom ersten Augenblick an heiß verehrte: »Was wir alles gesprochen haben? Wenn ich mich daran erinnern will, erstickt das einzelne gleichsam in einer dichten Wolke von etwas unsäglich Beglükkendem. So fühlt, wer aus dem Schlaf erwacht bis in die tiefsten Fasern seines Wesens beseligt ...« Von nun an füllt er sein Tagebuch, das der Nachwelt erhalten bleibt, mit seiner Schwärmerei und läßt keinen Zweifel daran, daß er die Kaiserin durch eine rosarote Brille sieht.
Er trug die Locken wild, und seine Taille und seine Hüften waren schmal. Ein kühner Reiter, ein kluger Stratege, der für die Befreiung Ungarns kämpfte, ein Mann, der jeder Frau den Kopf verdreht. Er war ein Revolutionär, dessen Erotik schon darauf beruhte, daß er in seiner Abwesenheit zum Tod verurteilt worden war: »Wie ein Lauffeuer hatte sich die Nachricht von der ›Hinrichtung‹ des schönen Grafen in Paris verbreitet, und überall, wo Andrássy auftauchte, in den eleganten Salons und bei den opulenten Soupers, scharten sich die Damen noch mehr als sonst um ihn. Sie wollten einen Blick, ein Wort

oder eine kurze Berührung von einem Gehenkten«, schreibt Sigrid-Maria Grössing über die Faszination des Bohémien.
Elisabeth, Herzogin in Bayern, war damals vierzehn Jahre alt und ahnte noch nicht, daß sie in diesem Mann, der sie zur Königin von Ungarn machen wird, einen Freund fürs Leben findet.
Acht Jahre nach seiner Verurteilung wurde Gyula Andrássy begnadigt und versprach, dem österreichischen Kaiser von nun an loyal zu dienen. Der Weg zu der Frau, die ihn bei der Befreiung seines Landes unterstützen wird, ist frei, das Schicksal braucht nur noch eine Vermittlerin, damit sich der ungarische Graf und die österreichische Kaiserin kennenlernen können:
Ida Ferenczy hieß die kleine Ungarin, die überwältigt von der Pracht und eingeschüchtert vom Zeremoniell, von einem Diener mit gepuderter Perücke in die Gemächer Elisabeths geführt wird. Es war der Anfang einer langen Freundschaft und der Beginn des politischen Engagements der Kaiserin für Ungarn. Denn nicht nur die Sprache, auch die politische Haltung ihrer neuen Vorleserin gefällt der bayrischen Prinzessin, die sich am Hof eingesperrt fühlt. Freiheit will sie, Freiheit wollen die Ungarn. Wer könnte das besser verstehen als sie! Und je mehr Ida von dem wilden, weiten Land mit seinen Rinder- und Pferdeherden erzählt, von seinen Menschen und von Graf Andrássy und seinen Ideen, um so begeisterter fühlt Sisi mit den Unterdrückten. Sie kennt seine feurigen Augen und seinen Charme, noch ehe sie ihm begegnet, sie ist fasziniert von seiner Redegabe, noch ehe sie mit ihm spricht. Bei einem Fest am Hofe ist es endlich so weit. Die beiden, die schon so viel voneinander gehört haben, sollen sich Auge in Auge begegnen:
Die Flügeltüren öffnen sich, Elisabeth hört die laute Stimme des Zeremonienmeisters, und dann sieht sie ihn, in seiner pelzbesetzten Uniform, die dunklen Augen auf sie gerichtet, bevor er in eine tiefe Verbeugung sinkt: »In dieser Stunde, mit den ersten Worten, die die Kaiserin an Gyula Andrássy richtete, hatte sie sein Innerstes berührt. Der Graf fühlte instinktiv«, so Grössing, daß diese Frau es sein würde, die sein und das Schicksal Ungarns nachhaltig beeinflussen würde, sie würde die »›schöne Vorsehung‹ für sein Land sein.«
Und so war es dann auch. Sie werden Partner im Kampf um die Befreiung Ungarns, sie werden enge Freunde, die sich der körperlichen Liebe entziehen, obwohl es zwischen den beiden so knistert, daß es für einen Großbrand ausgereicht hätte. Andrássy ist verheiratet, wenn auch ein Frauenheld, und hält sich wahrscheinlich zurück, weil man eine Kaiserin nicht ohne Komplikationen ins Bett schleppen kann. Es gab zuviel zu verlieren. Er wäre aus dem

Rausch erwacht und hätte vielleicht die Unterstützung für sein Land verloren. Der Kaiser, den er als Verbündeten brauchte, von ihm zum Hahnrei gemacht? Das konnte nicht gutgehen.
»Elisabeth lebt wie eine geschiedene Frau, die mit ihrem Gatten in gutem Einvernehmen geblieben ist. Sie hat ihre Entschlußfreiheit, willfährt aber den Wünschen des Kaisers, vor der Welt und bei den seltenen Anlässen der Repräsentation den Schein der Ehe aufrechtzuerhalten«, schreibt Karl Tschuppik. Sie hat die körperliche Liebe mit ihrem Mann wohl kaum als Befriedigung erlebt und lehnt ihren Frauenkörper ab, den sie ihr ganzes Leben lang knabenhaft schlank erhält. Sisi wagt es nicht, ja ist vielleicht sogar nicht daran interessiert, sich in die Niederungen der ausgelebten Lust zu begeben.
»Frauen, die in Beziehungen leben, in denen ihr Partner sie nicht versteht, kommen selten in den Genuß einer voll erwachten Sexualität«, meint Julia Onken. »Wenn dann der Mann im Bett noch ungeschickt ist, dann ziehen sie sich total zurück. Franz Joseph hat seine Frau als Wesen nie wirklich angenommen. Ich bin überzeugt, daß Sisi liebesfähig war und daß sie ihre Leidenschaft mit ihrem wahnsinnigen Training bezwungen hat, damit sie nicht in Versuchung gerät.«
Gulya Andrássy war wahrscheinlich der wichtigste Mann in Elisabeths Leben, auch wenn sie nie mit ihm geschlafen hat. Bei seinem Tod wird die Kaiserin sagen: »Ja, das war eine treue treue Freundschaft, und sie war nicht durch die Liebe vergiftet.« In ihr Tagebuch schreibt sie:

> Der zweite (Verehrer, Andrássy)
> ach! Wie war der lieb!
> Der hat mir treu gedient;
> Wenn so etwas auf Erden blieb,
> Der hätt' Bestand verdient!

Bestand hatte auf jeden Fall die freundschaftlich-erotische Beziehung zwischen den beiden. Es gab genug Gründe und auch Gelegenheiten, Zeit miteinander zu verbringen. Sie ritten aus, sie besuchten Feste, sie besprachen die politische Lage und erregten die Gemüter am Wiener Hof. Diese »Affäre« mit dem Revolutionär war zuviel! Nicht nur daß die Kaiserin kaum mehr anwesend war, ließ sie sich mit einem Ungarn ein, der nur mit Müh' und Not dem Henker entkommen war, weil er sich gegen das absolutistische Regime aufgelehnt hatte!
Doch Wien ist weit und die platonische Liebe heiß. Sisi fühlt sich begehrt,

geschätzt und verstanden. Und so wie Diana nimmt sie dafür in Kauf, ihren guten Ruf aufs Spiel zu setzen. Sie reitet nicht nur mit einer Meute von Verehrern über Stock und Stein, sie vermag es auch, ihren Freund eifersüchtig zu machen, der an Ida Ferenczy aus Ungarn schreibt: »Die Königin sieht sehr gut aus – Ihr könnt Euch vorstellen, mit welcher Begeisterung die jungen Reiter ihr zusehen. Sie drücken ihre Gefühle damit aus, daß sie ganz nah bei der Königin bleiben, wie die Delphine am Schiff. Man kann gar nichts dagegen tun.«

Viele Jahre später, Andrássy ist schon vom Tod gezeichnet und Elisabeth eine enttäuschte, verbitterte Frau, schreibt er an einen langjährigen Freund: »Du weißt, welch hohe Meinung ich immer von ihrem Geist und Herzen hatte ... Eines betrübt mich jedoch, und das ist, daß nur wenige Menschen wissen, was sie ist. Ich möchte wünschen, daß die ganze Welt davon Kenntnis habe und sie so bewundere, wie es eine so seltene Persönlichkeit verdient.«

Als der treue Verehrer wenige Tage nach dem tragischen Selbstmord von Kronprinz Rudolf an einem Blasenleiden stirbt, schreibt Marie Valerie, die Tochter Elisabeths, in ihr Tagebuch: »Graf Andrássy ist heute Nacht gestorben, nach langem, schweren Leiden. Wenn auch kein unerwarteter, so ist das doch ein neuer bitterer Schlag für Mama, die mit wahrer und unerschütterlicher Freundschaft an ihm hing wie vielleicht an keinem anderen Menschen. ›Mein letzter einziger Freund‹ sagte sie heute.«

Wohl kaum eine der Männerbeziehungen Elisabeths hatte diese Seelentiefe, und einige dienten wahrscheinlich eher der Selbstbestätigung oder entsprangen ihrer Sehnsucht nach der Linderung ihrer tiefen Einsamkeit:

> Der dritte (Verehrer, Friedrich Pacher von Theinburg),
> nein, war der ein Viech!
> Ein ganz gemeines Beast;
> Kahl war er auch, dazu noch schiech,
> Gehört nur auf den Mist.

Böse Worte einer verletzten Frau, die nicht bekam, was sie wollte. Denn angefangen hatte alles ganz anders:

Die Nacht war erfüllt von Lachen und frohem Lärm. Tiefvermummte Gestalten schritten im Licht der Laternen beschwingt aus den Toren, bestiegen erwartungsvoll die Kutschen und verschwanden irgendwo in der Anonymität eines Festes.

Ein Domino, in einem Kostüm aus schwerer gelber Seide, das Gesicht hinter

einem dichten Schleier aus schwarzer Spitze verborgen, verläßt unerkannt die Hofburg. Wie ein beflissener Schatten folgt ein zweiter Domino in Rot, der nicht von seiner Seite weicht.
Im goldenen Saal des Musikvereins herrscht an diesem Faschingsdienstag schon ausgelassenes Treiben. Die Herren im eleganten Frack werden von übermütigen Damen angesprochen, die sich endlich so benehmen können, wie es im 19. Jahrhundert nur Männern zugestanden wurde: Es wird eine heiße Nacht der hemmungslosen Flirts, der unverbindlichen Liebeleien, der Versprechungen, die nicht bis zum Morgen halten müssen.
Für Sisi war es ein merkwürdiges Gefühl, sich in dieses Gewühl zu stürzen. Niemand machte ihr Platz, niemand wich zur Seite, niemand verbeugte sich. Die Kaiserin, der man huldigte, hatte sich verborgen. Doch trotz ihres Dominokostüms fühlte sie sich ausgeliefert und flüchtete vom überfüllten Saal auf die Galerie. »Gabriele«, so nannte sie sich heute abend, wollte sich trotzdem amüsieren und wählte sich sorgfältig aus dem Getümmel einen gutaussehenden Mann, den Ida, der rote Domino, ihr zuführen sollte.
Friedrich Pacher von Theinburg war willig, dem Postillon d'amour zu folgen, und stellte erstaunt fest, daß die Frau, die ihn erwählt hatte, nicht in der Lage war, eine frivole, freizügige Konversation zu führen, wie er es von den anderen Masken gewohnt war. Aber gerade die vornehme Zurückhaltung reizte ihn, und als sie nach einer Weile fragte, was er von der Kaiserin hielte, schöpfte er Verdacht. Elisabeth war sechsunddreißig, das Alter und die Figur stimmten mit dem überein, was er sah. Doch es war unmöglich, wie konnte die hohe Dame hierher gelangen? Als Sisi genug von dem Geplänkel hatte und gehen wollte, verstellte der Kavalier ihr den Weg. Sie war schockiert! Noch nie hatte ein Untertan es gewagt, ihren Anordnungen zu widersprechen. Doch sie war hier nicht die Frau eines Herrschers über ein großes Reich, sondern ein Domino unter vielen.
Es wurde eine Nacht, von der sie noch lange schwärmen wird: »Wahrscheinlich konnte Fritz Pacher niemals ahnen, welchen Eindruck dieser Abend auf die Kaiserin gemacht hatte. Sie war ausgebrochen aus ihren Konventionen, hatte sich, nachdem sie ihre Hemmungen abgeworfen hatte, frei und ungezwungen im Faschingsrummel bewegt, war wie eine gewöhnliche Frau an der Seite eines feschen jungen Mannes, den sie sich selber ausgewählt hatte, flaniert, hatte mit ihm gelacht, gescherzt, war bewundert worden, nicht als Kaiserin, sondern als schöne Frau, als bezaubernde Gabriele«, schreibt Sigrid-Maria Grössing über den sensationellen Ausflug.

Je weiter der kleine Faschingsflirt zurücklag, desto verklärter wurde er in ihrer Erinnerung.
Sisi fing mit ihrem Verehrer einen Briefwechsel an, in dem sie »Gabriele« sehnsüchtig fragen ließ: »Träumst Du in diesem Moment von mir oder sendest Du sehnsuchtsvolle Lieder in die stille Nacht hinaus?« Und ein andermal: »Ich habe mich eingeflochten in Dein Leben, unbewußt und ungeflissentlich. Sage mir, willst Du die Bande lösen. Jetzt geht es noch, und später wer weiß!« Die Liebesbriefe ließ sie nicht in Wien aufgeben, sondern in allen Teilen Europas, damit Pacher keinen Verdacht schöpfen konnte.
Er war zehn Jahre jünger als die Kaiserin, er war nicht unerfahren, aber das hatte er noch nicht erlebt. Eine Frau, die er nicht einmal geküßt, deren Körper er nie gestreichelt hatte, maß dieser flüchtigen Begegnung soviel Gewicht bei! Er mußte endlich das Geheimnis lüften und Klarheit schaffen, wer hinter diesem seltsamen Domino steckte. Er schrieb zurück, daß er langsam Zweifel daran hätte, ob ihr wahrer Name nicht »Elisabeth« sei, und beendete damit abrupt das süße Spiel.
Sisi bekam Angst und verlangte ihre Briefe zurück, die Pacher ihr verweigerte. Von nun an hüllte sie sich beleidigt in Schweigen.
Die kaiserlichen Liebesbriefe blieben elf Jahre wohlverwahrt in seiner Schreibtischlade, er heiratete und nannte seine älteste Tochter Elisabeth.
Plötzlich tauchte der gelbe Domino wieder auf, entschuldigte sich brieflich für sein langes Schweigen und wünschte sich ein Foto als Erinnerung an die schönen Stunden. Wieder verlangte Pacher, daß die Kaiserin ihre Identität lüfte, wieder verweigerte sie und schrieb in ihr Tagebuch die bösen Zeilen vom dritten Verehrer, der ein »gemeines Beast« war.
Es vergingen zwei Jahre, bis der Zorn Sisis verraucht war. Im Juni 1887 schickte sie Pacher ein Gedicht, das gleichzeitig ihr Abschied aus seinem Leben war:

> Denkst du der Nacht noch im leuchtenden Saal?
> Lang, lang ist's her,
> Wo sich zwei Seelen getroffen einmal ...
> Wo unsere seltsame Freundschaft begann,
> Lang, lang ist's her!
> Denkst du der Worte, so innig vertraut ...
> Die wir getauscht bei der Tanzweisen Laut? ...

Bay Middleton eignete sich nicht für romantische Gedanken: »Was bedeutet mir schon die Kaiserin«, anwortete er ruppig, als Lord Spencer, der ehemalige Vizekönig von Irland und Vorfahre Dianas, ihn bat, sie zu trainieren. »Sie wird mich nur behindern. Sie wissen doch, daß ich meinen eigenen Weg reiten muß.« Er hatte eine Abneigung gegen zickige Frauen, liebte derbe Späße, kleidete sich übertrieben stutzerhaft und scheute kein noch so gefährliches Abenteuer. Mit seinem leuchtend roten Haar sah man ihn hinter der Meute übers Land sprengen, er war einer der kühnsten Reiter Englands.
Bay Middleton hielt nichts von reitenden Damen, er war ein Macho, aber kein Kostverächter, und suchte sein Vergnügen, wo immer es sich bot.
Sisi war auf der Höhe ihrer Schönheit. Mit siebenunddreißig Jahren sah sie noch immer hinreißend aus, und Königin Victoria von England, die schon eine mollige Matrone war, schrieb: »Mit ihrem herrlichen kastanienbraun schimmernden Haar, das sie wie ein Diadem in Zöpfen um den Kopf geflochten trägt, sieht sie wirklich reizend aus – ein wunderschönes Bild ... Ihre Taille ist schmäler, als man sich vorstellen kann, und ihr Gang ist von großer Anmut.«
Die Kleidung, die die Kaiserin beim Reiten trug, unterstrich ihre delikate Erscheinung. Sie ließ sich einen ungewöhnlichen »Body« aus feinstem Rehleder nähen, den sie selbst entworfen hatte. Darüber trug sie keinen der vorgeschriebenen steifen Unterröcke, sondern gleich einen langen, engen Rock. Sie war geradezu »nackt« unter ihrem Reitkostüm, die Engländer fanden das »shocking«.
Bay Middleton war entzückt. Endlich eine Lady nach seinem Geschmack! Doch noch war es nicht soweit. Zuerst mußten die gegenseitigen Vorurteile überwunden werden:
Sisi wußte, daß ihr der Ruf, die schönste Frau Europas zu sein, bis nach Althorp, dem Besitz von Lord Spencer – auf dem Diana begraben liegt – vorausgeeilt war, und plante für die Jagd, die ihr zu Ehren stattfand, sorgfältig ihren Auftritt. In einem blauen Kostüm mit goldenen Knöpfen, die in der Sonne glänzten, den kessen Hut mit Feder schief auf ihr prachtvolles Haar gesetzt, empfing sie den widerborstigen Trainer, der nichts mit ihr zu tun haben wollte. Sie zeigte ihr reserviertes, verschlossenes Gesicht, seine Unmutsäußerungen waren wohl bis zu ihr gedrungen.
Bay Middleton betrat stolz den Raum, die durchtrainierten Beine in blendend weißen Lederhosen, die braunen Stulpenstiefel blank geputzt, der rote, leuchtende Frack unterstrich seine gute Figur. Auch er ließ sich nicht anmerken,

daß er beeindruckt war. Er kannte Sisis Schwester, Marie, die Königin von Neapel, das reichte. Noch eine verwöhnte, verweichlichte Dame aus dieser Familie war zuviel!

Es war ein wilder Ritt über Stock und Stein, mit dem die Kaiserin ihrem Trainer bewies, daß er sie mit keiner anderen Frau vergleichen konnte. Sie sprang über die tiefsten Gräben, die höchsten Hecken und zeigte eine Unerschrockenheit, der nicht einmal ihr Pferd gewachsen war. Es stürzte völlig erschöpft samt seiner Reiterin in einen Graben. Das Eis war gebrochen, der erotischen Freundschaft stand nichts mehr im Wege.

Nein, sie haben wahrscheinlich nicht miteinander geschlafen. Der Standesunterschied und die Zeit waren gegen sie. Sie lebten ihre sexuellen Begierden auf dem Rücken der Pferde aus, eine Sublimation ihres Begehrens, das Elisabeth schon aus ihrer Beziehung zu Andrássy gut kannte. Mit Bay Middleton vergaß die beste Parforce-Reiterin der Welt alles. Daß sie Kaiserin war, daß sie Kopfschmerzen hatte, daß sie fasten wollte. Sie wurde zu einer ganz normalen Frau, die lachte, scherzte und am Abend bei den ausgedehnten Soupers mit großem Appetit von den köstlichen Speisen aß. So wie Diana genoß sie die Unbeschwertheit des galanten Reitlehrers, der ihr mit jedem Blick zeigte, daß er sie begehrte. Er saß beim Essen an ihrer Seite, ein Bruch des Protokolls, der zu ausführlichen Kommentaren Anlaß gab.

Franz Joseph konnte die Vorliebe seiner Frau für den »gewöhnlichen Stallmeister« nicht verstehen. Sisi kümmerte sich nicht um die Animositäten und brachte ihren Trainer mit nach Gödöllö. Vom frühen Morgen bis in die späte Nacht gab es keinen anderen Mann für sie als Bay, dem sie in ihrer Privatmanege Zirkuskunststücke vorführte, ihn beeindruckte, weil sie fechten konnte wie ein Musketier und mit ihm durch die Pußta ritt. Nur wenn der Kaiser zu Besuch kam, hielt sie sich vorübergehend ans Protokoll und spielte kurzfristig die brave Gattin »im Geschirr«.

Kronprinz Rudolf war eifersüchtig auf den Mann, der seiner Mutter so viel bedeutete. Als Sisi wieder in Mittelengland ritt, besuchte er sie und ignorierte Bay Middleton, als wäre er nicht vorhanden. Die Gerüchte, die über die Kaiserin kursierten, verletzten ihn, er fand ihr Benehmen ungehörig.

Der schottische Captain war mit einer reichen Frau verlobt, was für ihn einen gesellschaftlichen Aufstieg bedeutete. Doch er liebte die Kaiserin von Österreich, wollte ihr ungehindert zu Diensten sein und die köstliche Liaison nicht durch die Banalität einer Heirat zerstören. Er ließ seine zukünftige Frau oft

allein, um Sisi auf ihren Jagden zu begleiten, und zögerte die geplante Heirat immer wieder hinaus.
Als Elisabeth beschloß, von nun an in Irland zu reiten, war er wieder dabei und kam auch beim nächsten Ausflug, der sie nach Comermere Abbey in der englischen Grafschaft Cheshire führte, mit.
Langsam hatte seine Langzeitbraut genug von ihrem Liebsten, der in den letzten sechs Jahren mehr mit der österreichischen Kaiserin als mit ihr zusammengewesen war. Sie war es müde, von den Gerüchten zu hören, die von der großen Liebe ihres zukünftigen Mannes erzählten, der Tag und Nacht dieser fremden Frau zur Verfügung stand. Er mußte sich entscheiden.
Elisabeth mochte es nicht, daß Menschen, die ihr wichtig waren, für andere da sein sollten, und hatte die meisten ihrer Hofdamen überredet, nicht zu heiraten. Bei Bay Middleton wagte sie es nicht.
Es war das Ende einer Liebe, in der es nicht nur um Pferde ging. Als Elisabeth das nächste Mal nach England kam, stand der Trainer ihr nicht mehr zur Verfügung, er hatte seinen Hochzeitstermin mit Charlotte Baird, die 20.000 Pfund mit in die Ehe brachte, festgesetzt: »Obwohl er sie hatte verlassen müssen, obwohl sie längst nicht mehr in seiner Nähe war – er konnte ihre Gestalt und ihr Gesicht, ihr Lächeln und ihre sanfte melodiöse Stimme, er konnte sie ein Leben lang nicht vergessen«, schreibt Sigrid-Maria Grössing über die bittersüße Liebesgeschichte. Sisi ging es wohl genauso. Sie hatte die Lust an der Jagd verloren, und ihre Nichte Larisch-Wallersee schrieb in ihren Aufzeichnungen, daß ihre Tante noch zwei Jahre lang Bay Middleton heimlich an diversen Orten getroffen habe. Unter anderem in Heidelberg, wo sie ein Gedicht schrieb, das ihm zugeordnet werden könnte. Anderen Quellen zufolge war es an einen jungen Unbekannten in Zandvoort in Holland gerichtet. In jedem Fall zeigt es ihre unterdrückte Leidenschaft:

Nur fort, nur fort von dir,
Ich kann's nicht mehr ertragen;
Das tolle Herz will schier
Den kranken Kopf erschlagen.

Die Augen drück' ich zu,
Ich will dich nicht mehr sehen.
Um jeden Preis nur Ruh',
Eh' alle Sinne gehen.

Denn heut, als ich dich sah,
Mußt ich schon an mich halten,
Um nicht, als wär' Gott nah'
Die Hände hoch zu falten …

Nein, die Kaiserin von Österreich hatte kein Glück mit Männern. Die sie begehrte, konnte sie nicht erhören, weil sie weit über ihnen stand. So wie Diana litt auch sie darunter, daß jeder ihrer Schritte, jede ihrer erotischen Begegnungen von der Öffentlichkeit beobachtet und kommentiert wurde. Und so blieben ihr nur die Toten und die Sagengestalten, denen sie sich verbunden fühlte und mit denen sie in ihren einsamen Stunden sprach: der Dichter Heinrich Heine und der Held Achill. Nach ihm hatte sie das »Achilleon«, ihr Refugium in Korfu, benannt.
Verbittert teilte sie ihrer Nachwelt mit:

Für mich keine Liebe,
Für mich keinen Wein;
Die eine macht übel,
Der and're macht spei'n …

17
Die Krankheit Schlankheit

Diana

»Meine Damen und Herren, ich glaube, Sie haben großes Glück, daß Ihre Schirmherrin heute bei Ihnen ist. Eigentlich müßte ich den größten Teil des Tages mit dem Kopf in der Klomuschel stecken, und ich müßte, sobald ich diesen Raum verlasse, von Männern in weißen Kitteln weggebracht werden. Aber wenn es Ihnen recht ist, dachte ich, verschiebe ich meinen Nervenzusammenbruch noch ein bißchen.« Die Gäste der Wohltätigkeitsveranstaltung »Well Beeing«, die sich mit dem Wohlbefinden von Frauen beschäftigt, spendeten begeistert Applaus. Es war ein Coming-out, das die Popularität der Prinzessin von Wales noch erhöhte. Millionen Frauen auf der ganzen Welt fühlten sich solidarisch und gleichzeitig verstanden. Wieder hatte Diana ein Signal gesetzt: Ich bin eine von euch. Ich habe, so wie ihr, jahrelang aus Kummer Essen in mich hineingestopft und dann wieder erbrochen. Ich fühle mit euch, ich leide mich euch, und ich will mich nicht länger damit verstecken. Diana wurde zur Identifikationsfigur für alle Frauen, die unter dem Druck der Gesellschaft, in der sie lebten, oder der Umstände, in denen sie aufgewachsen waren, unter Eßstörungen litten und bisher aus Scham geschwiegen hatten.

Auch sie hatte lange zu denen gehört, die sich bemühten, ihre Krankheit zu vertuschen. Ihr war klar, daß eine zukünftige Königin von England, die über der Klomuschel hing und sich erbrach, kein Verständnis bei den Royals finden konnte, also spielte Diana der Öffentlichkeit ein sonniges Wesen vor, das es in der Realität nicht gab: »Ich habe, was auch meine Mutter hat. Geht es dir noch so dreckig, kannst du den anderen immer noch vorspielen, wie wunderbar glücklich du bist. Meine Mutter ist Expertin darin, und ich habe das von ihr übernommen. So habe ich es geschafft, mir die Wölfe vom Leib zu halten.« Und eine enge Freundin sagte: »Ihre öffentliche Seite unterschied sich sehr

von ihrer privaten. Die Leute wollten, daß eine Märchenprinzessin kommt und sie berührt und alles in Gold verwandelt. Sie haben kaum gemerkt, daß das Individuum dahinter sich schrecklich für sie abquälte.«
Die Geheimhaltung gehört zum Bild der Krankheit. Betroffen sind zu 90 Prozent Frauen, denen man ihr Drama meist nicht ansieht, weil sie normalgewichtig bleiben. Sie kommen häufig aus zerrütteten Familien, in denen es Konflikte oder Scheidungen gab. Als Kinder haben sie zuwenig Wärme, Vertrauen und Anerkennung gefunden und wurden emotional vernachlässigt. Sie lernen früh, ihre Gefühle zu kontrollieren und sich selbst nicht wichtig zu nehmen. In der Pubertät werden sie von ihren Vätern meist in ihrer weiblichen Rolle nicht bestätigt und fühlen sich noch mehr zurückgewiesen. Oft waren diese Frauen gute, fügsame Kinder, die auch noch als Erwachsene versuchen, durch Leistung Liebe und Anerkennung zu erringen. Ein Widerspruch in sich, weil sie sich nichts mehr wünschen, als um ihrer selbst willen geliebt zu werden. Sie sind sehr begabt darin, andere so zu versorgen, wie sie selbst gerne versorgt werden möchten, und entwickeln ein fürsorgliches Verhalten ihrer Umwelt gegenüber. Ein Verhalten, das sich auch bei Magersüchtigen findet. »Während Anorektiker ihr Frau-Sein grundsätzlich ablehnen, handelt es sich bei der Bulimie um eine Ambivalenz dem Frau-Sein gegenüber. Bulimie tritt auch häufig erst nach der Pubertät auf«, meint die Ärztin Daniela Russ, die in ihrer Praxis Patientinnen mit Eßstörungen behandelt. »Ich will eine Frau sein, aber nicht so, wie ihr es von mir erwartet«, ist die Botschaft. »Als Folge davon neigen Betroffene zu widersprüchlichen Reaktionen. Auf der einen Seite sind sie äußerst kontrolliert und leben für Leistung und Perfektion. Auf der anderen Seite neigen sie zu Zügellosigkeit, die sich unter anderem in unkontrollierten Freßanfällen ausdrückt.«
Auf Diana trifft jedes Detail dieser Diagnose zu. Sie war schon bei ihrer Geburt entwertet worden, weil sie als Mädchen nicht erwünscht war. Ihre Eltern hatten einen offenen Krieg gegeneinander und um die Gunst der Kinder geführt. Sie lebte im Wohlstand und war dennoch emotional verwahrlost. Sie betreute fürsorglich ihren kleinen Bruder und versorgte ihr Leben lang Arme und Kranke. Sie litt schon als Kind an Eßstörungen und war im Internat berühmt-berüchtigt für ihre »Freßorgien«, die dazu führten, daß sie als Jugendliche eher rundlich war.
Doch schon vor der Hochzeit begann ein Kreislauf aus Essen und Erbrechen, aus dem Diana jahrelang nicht mehr entkommen konnte: »Als man zum erstenmal die Maße für mein Hochzeitskleid nahm, da hatte ich eine Taillen-

weite von 73,5 Zentimeter. Am Hochzeitstag waren es knapp 60 Zentimeter. Ich war von Februar bis Juli auf ein Nichts zusammengeschrumpft.« Diana verlor die Kontrolle über ihr Eßverhalten, wenn sie unter Druck geriet oder sich einsam und »leer« fühlte. Sie stopfte Nahrungsmittel in sich hinein, um diese Leere zu füllen, dann fühlte sie sich für einen Augenblick sicher und wohl, um sich im nächsten sofort für ihre Schwäche zu verurteilen. »Es war, als ob sie die Zügel für einen Augenblick vollkommen losließ, um sie gleich darauf durch ihr Erbrechen wieder fest anzuziehen«, erklärt Daniela Russ.

»Die bulimische Frau ist meist normalgewichtig, gepflegt, attraktiv und sozial unauffällig«, schreibt das »Frankfurter Zentrum für Eßstörungen« in seiner Broschüre. »Sie wirkt kontaktfreudig, selbstbewußt und ist oft erfolgreich im Beruf. ... Das perfekte Äußere der Betroffenen verbirgt den Kampf, der in ihr tobt, der nicht nach außen dringen darf.«

Ihrem Anspruch, alles richtig zu machen, konnte Diana unter der Last der neuen, widersprüchlichen Aufgaben nicht mehr gerecht werden. Einerseits wurde sie ins Wasser geworfen und sollte selbständig schwimmen, andererseits war sie gezwungen, sich ihrem Mann und dem Hof völlig unterzuordnen. Sie lebte in einem unvorstellbaren Luxus in einem Schloß und bekam dennoch nicht das, wonach sie wirklich hungerte: Anerkennung und Liebe. Ein Kreislauf, in dem sich viele Frauen wiederfinden, die sich wertlos fühlen und den Ansprüchen der Karrierefrau, der Mutter und der Geliebten nicht gerecht werden können. Der Körper als Schauplatz für einen Krieg, in dem es nur Verlierer geben kann.

Die ersten Jahre von Dianas Leiden fanden im geheimen, hinter den Mauern des Palastes, statt. Nicht einmal ihre Familie wußte Bescheid: »Meine Schwester Jane kam, um nach mir zu sehen, nachdem ich fünf Jahre verheiratet war. Ich hatte einen Pulli mit V-Ausschnitt und Shorts an. Sie sagte: ›Duch (Dianas Spitzname als Kind), was ist denn das für ein Kratzer auf deiner Brust?‹ Ich sagte: ›Ach, das ist nichts.‹«

Am Abend vorher hatte Diana versucht, mit Charles über ihr Unglück zu reden. Als er nicht zuhörte, war sie so verzweifelt, daß sie sich selbst verletzte: »Also nahm ich ein Taschenmesser von seiner Frisierkommode und ritzte mir heftig die Brust und die Schenkel auf. Es gab viel Blut, aber er reagierte überhaupt nicht darauf.«

Auf der Weltausstellung in Kanada wurde es offensichtlich, daß mit Diana etwas nicht stimmte. Sie fiel im amerikanischen Pavillon in Ohnmacht und mußte ins Hotel gebracht werden, während Charles pflichtbewußt seinen Rundgang fortsetzte, als wäre nichts geschehen: »Wir waren seit vier Stunden herumgegangen, ... und vermutlich hatte ich seit Tagen nichts gegessen. Wenn ich das sage, dann meine ich damit Essen, das nicht wieder hochkam. Ich habe mich nicht getraut, jemandem zu sagen, wie schlecht mir war, weil ich glaubte, sie würden mich für eine Jammerliese halten. Ich legte meinem Mann den Arm auf die Schulter und sagte: ›Darling, ich glaube, ich falle gleich um‹, und dann sank ich schon zu Boden.« Für den Thronfolger war die Störung des Protokolls so ein Streß, daß er seine Frau auch noch rügte: »Er sagte, ich hätte irgendwo anders unauffällig umkippen können, hinter einer Türe.« Am Abend wollte Diana im Hotel bleiben, aber das hätte Aufsehen erregt, also verfügte Charles, daß sie mitzugehen hätte: »Sie muß heute Abend ausgehen, sonst denken die Leute, daß etwas furchtbar Dramatisches passiert ist und daß sie wirklich ernsthaft nicht in Ordnung ist.«

Man kann dem Königssohn aus dem Hause Windsor seine Haltung nicht vorwerfen, er hatte von Kind an gelernt, daß es das Wichtigste ist, den Schein zu wahren. Und auch die Queen, die ein Leben lang ihr eigenes Wohlbefinden der Krone untergeordnet hatte, war entschlossen, die Krankheit ihrer Schwiegertochter zu ignorieren: Ein paar Monate nach der Geburt von William fragte sie Diana: »Fühlst du dich nicht wohl? Du siehst ein bißchen spitz aus.« Diana lächelte und meinte, sie fühle sich müde. Elizabeth sagte, das käme sicher vom Stillen, und beließ es dabei. Es gab keine weiteren Fragen, obwohl Diana viel zu dünn war und ganz offensichtlich medizinische Hilfe brauchte.

Vielleicht wollte die Königin nicht an ihre eigenen Probleme erinnert werden: »Es war alles sehr beunruhigend«, schrieb Geoffrey Bocca in einer frühen Biographie über Elizabeths Aufenthalt in Malta im Jahr 1950, wo Philip stationiert war. »Da hatte das Empire eine Prinzessin, die es glühend verehrte, gleichzeitig aber auch eine Prinzessin, die sowohl überfressen als overdressed war ... Als Nichtraucherin half ihr natürlich auch kein Nikotin, die Pfunde im Zaum zu halten ... folglich verzichtete sie auf sämtliche kalorienreichen Speisen und nahm sogar Appetitzügler – eine blaue Pille zum Frühstück, mittags eine grüne und abends eine schokoladenfarbene.« Sie ließ sich die Medikamente heimlich von einem Diener besorgen, denn ein Mitglied der königlichen Familie hat keine Probleme.

Das galt auch für die Prinzessin von Wales. Jeder im Kensington-Palast wußte, daß sie in die Speisekammer schlich und die Vorratsschränke plünderte, aber niemand nahm Notiz davon. Erst als ein Dienstmädchen, das Dianas Suite

säuberte, berichtete, daß sich die Prinzessin ganz offensichtlich im Badezimmer erbrach, war die Wahrheit kaum noch zu übersehen.
In Großbritannien leiden offiziell nur etwa zwei Prozent aller Frauen an Bulimie, es war also keine Volkskrankheit, die Publicity verdiente. Obwohl das ärztliche Bulletin des englischen Verbraucherverbandes bekanntgab: »Die Bulimia nervosa ist eine ernste, unterschätzte, potentiell chronische und gelegentlich tödliche Störung, die viele junge Frauen, aber selten Männer befällt«, kam keiner auf die Idee, Dianas Probleme ernst zu nehmen: »Sie konsultierte im Buckingham-Palast eine ganze Reihe von Ärzten und Psychologen. Diese verschrieben ihr unterschiedliche Tranquilizer, um sie ruhigzustellen«, schreibt Andrew Morton über die Vertuschungsstrategie.
Diana schämte sich und wollte vor den königlichen Ärzten nicht zugeben, daß sie an ernsthaften Eßstörungen litt. Nach der Geburt von Harry nahm sie Abführmittel, um nicht zuzunehmen, trank manchmal Salzwasser und steckte sich den Finger in den Hals, um leichter zu erbrechen.
Schon vor der Weltausstellung in Vancouver fing die Presse an, über Dianas »bleistiftdünne Figur« zu diskutieren. Ihr Aussehen hatte sich in den letzten Jahren durch die Bulimie so stark verändert, daß es sogar Gerüchte gab, sie hätte sich die Nase operieren lassen. »Sie hatte Glück, daß ihr nicht die Haare ausfielen und sie keine Probleme mit den Zähnen bekam, wie viele andere Erkrankte, denn die Übersäuerung der Mundhöhle mit Magensaft greift häufig die Zähne an«, so die Ärztin Daniela Russ.
Ihr Körper war durch den Kreislauf von Essen und Erbrechen perfekt schlank geworden, und je mehr sie sich innerlich hohl und ausgelaugt fühlte, desto strahlender präsentierte sie sich nach außen – wie eine schöne Fassade, hinter der sich ein tiefes, unausgefülltes Loch verbirgt. Diana wurde wieder nicht für ihr Wesen, sondern für ihre Leistung als königliches Fotomodell gelobt. Ihr Leben war eine einzige Verwirrung: Sie sah ihr Gesicht täglich in der Zeitung, auf der Straße jubelten ihr die Menschen zu, die öffentliche Meinung machte sie zur Ikone. Zu Hause gab es von ihrem Mann und seiner Familie mehr Kritik als Lob. Sie fühlte sich nicht geschätzt, sie fühlte sich nicht geliebt, es gab kein Verständnis für diese Frau, die innerlich zutiefst unsicher war und die selbst nicht an ihre Schönheit glaubte.
Als sie ihr Image von der glücklichen, zufriedenen Prinzessin in der berühmten BBC-Fernsehsendung am 20. November 1995 endgültig zerstörte, war sie von der Krankheit, die ihr das Leben zur Hölle gemacht hatte, schon geheilt.

Eine Freundin, Carolyn Bartholomew, die sich immer größere Sorgen um sie machte, hatte ihr 1988 ein Ultimatum gestellt. Sie drohte der Frau des Thronfolgers, ihre Erkrankung an die Öffentlichkeit zu bringen, wenn sie nicht sofort einen Spezialisten konsultierte: »Von dem Moment an, da der Arzt ihren Salon im Kensington-Palast betrat, wußte Diana, daß er ein verständnisvoller Mann war, dem sie Vertrauen schenken konnte«, erzählt Andrew Morton. »Er verschwendete keine Zeit mit Höflichkeitsfloskeln, sondern fragte rundheraus, wie oft sie versucht habe, sich das Leben zu nehmen. Obwohl sie diese direkte Frage schockierte, war ihre Antwort doch offen: »Vier-, fünfmal.«

Das Ende des Versteckspiels war der Anfang einer Heilung in kleinen Schritten: »Im Lauf der nächsten Monate kam Dr. Lipsedge einmal wöchentlich in den Palast«, so Morton. »Er ermutigte sie darüber hinaus, Bücher über Bulimie zu lesen. Obwohl sie sie heimlich lesen mußte, damit ihr Mann und die Bediensteten nicht aufmerksam wurden, halfen sie ihr doch, die Dinge in einer ganz neuen Perspektive zu sehen. ›Das bin ich, genau ich, ich bin nicht die einzige‹, erzählte sie Carolyn.«

Die Abstände zwischen den Anfällen wurden immer größer und reduzierten sich von viermal täglich auf einmal alle drei Wochen.

Charles war in seiner Hilflosigkeit keine große Unterstützung bei Dianas Bemühen, wieder gesund zu werden: »Er sah ihr beim Essen zu und erkundigte sich mehr als einmal: ›Kommt das gleich wieder raus?‹« beschuldigt Morton den Thronfolger.

1995, im Jahr »horribile«, in dem alles an den Tag kam, was bisher hinter den Palastmauern verborgen war, beantwortete Diana in ihrem Fernsehinterview die Frage, ob sie an Eßstörungen gelitten habe, ehrlich. Sie brach damit endlich ein Tabu und sprach offen über eine Krankheit, die Millionen Frauen auf der ganzen Welt hinter einer glücklichen Fassade verstecken:

»Ja, das stimmt. Ich hatte mehrere Jahre lang Bulimie, das ist ja eine Art geheime Krankheit. Man fügt sich das selber zu, weil man sich schlecht fühlt und weil man meint, daß man keinen Wert hat. Man füllt den Magen vier-, fünfmal am Tag, manchmal sogar öfter, und man fühlt sich währenddessen gut. Das ist, als würde einen jemand umarmen, aber das hält nur eine gewisse Zeit an. Und dann ekelt man sich vor seinem gequollenen Bauch, übergibt sich. Und das wiederholt sich immer wieder – eine Zerstörung des eigenen Ichs. ... Ich weinte, ich schrie um Hilfe, aber mit den falschen Signalen. Und die Leute bezeichneten meine Bulimie als Etikettenfehler ...«

Von nun an war Diana Botschafterin für eine Krankheit, die nur mit Verständnis für die Ursachen geheilt werden kann. Sie besuchte eine Klinik für seelisch und geistig Kranke und berichtete in einer Gesprächsrunde mit Patienten von ihren eigenen Erfahrungen. Sie ließ die Menschen wissen, daß sie schon als Jugendliche miterlebte, wie ihre Schwester Sarah magersüchtig wurde: »Ich habe nie verstanden, wie wir zwei Schwestern so ähnliche Krankheiten bekommen konnten.«
Sie erzählte von ihren Problemen mit der königlichen Familie, in der sie nicht liebevoll aufgenommen wurde: »Die Umgebung, in der ich und mein Mann auf Balmoral und Sandringham lebten, war alles andere als angenehm. Niemand war nett zu mir. Ich war dort so unglücklich, daß die Bulimie immer schlimmer wurde.«
Seit 1994 habe sie keinen Rückfall gehabt, machte die Prinzessin von Wales den Frauen Mut und gab dennoch ihrer Sorge Ausdruck: »Aber wie jede Abhängigkeit kann sie eines Tages wieder da sein. In meinem Kopf ist sie immer da, und ich könnte ihr wieder erliegen, aber ich will nicht. Ich lenke meine Kraft in andere Kanäle.«
Die Ratschläge, die Diana ihren Leidensgenossinnen gab, kamen aus tiefstem Herzen: »Sie müssen lernen, mit der Wut in Ihrem Innersten umzugehen. Sie haben Wut auf die, die Sie lieben – Ihre Eltern oder Ihre Partner, die ihre Ängste nicht verstehen. Eßstörungen kommen nicht daher, daß man in ein enges Kleid passen will – ihre Ursache liegt im Kopf.«
Durch eine Indiskretion eines Patienten gelangte das Gespräch an die Öffentlichkeit, und so nahm das ganze Land mit Hilfe der »Daily Mail« an ihrem Innenleben teil. Für die königliche Firma war es ein neuerlicher Schock, für die Engländer ein Grund mehr, Diana als »Prinzessin des Volkes« zu feiern.

Sisi

Die beiden Frauen standen vor dem Spiegel, die langen Röcke hochgeschürzt, und nahmen an ihren Waden Maß. Spieglein, Spieglein an der Wand, wer ist die Dünnste im ganzen Land. Kaiserin Elisabeth von Österreich oder Kaiserin Eugénie von Frankreich. Sie hatten alle Türen hinter sich zugesperrt, um sich ungestört dem Vergnügen der freundschaftlichen Konkurrenz zu widmen. Die beiden Frauen mochten einander und fühlten sich solidarisch in einer

Welt, in der es für ihresgleichen keinen Platz gab. Aufmüpfige, freiheitsliebende, politisch denkende Herrscherinnen waren nicht erwünscht.
Für Sisi gehörte die Kontrolle ihrer Waden zum täglichen Ritual. Der delikate »Vermessungsdienst« oblag ihrer Friseuse Franziska Feifalik, die jeden Morgen und jeden Abend Taillen-, Waden- und Schenkelumfang der Kaiserin in ein eigens dafür angelegtes Buch auf Listen schrieb. Das Gewicht wurde sogar zweimal täglich notiert, und bei der geringsten Abweichung nach oben legte Elisabeth einen Fasttag ein und hielt so bei einer Größe von 172 Zentimetern ihr Gewicht von fünfundvierzig bis höchstens fünfzig Kilo extrem niedrig.
Die Methoden, derer sie sich bediente, um abzunehmen, waren vielfältig und wurden zum Kult erhoben. Eines ihrer bevorzugten Mittel war warme Kuhmilch, die sie nur von eigens für sie gehaltenen Kühen aus einem ganz bestimmten Deckelglas trank: »Während eines Ausflugs hatte Kaiserin Elisabeth eine schwarze Kuh außerordentlich gut gefallen. Kurz entschlossen kaufte sie das Tier und gab dem Bauern den Namen Comtesse von Hohenembs an«, schreibt Biographin Ingrid Haslinger. »Als dieser die Kuh im Grandhotel ablieferte, staunte er nicht wenig, daß die neue Besitzerin des Tieres die Kaiserin von Österreich war, die auf allen ihren Reisen Kühe sammelte.« Die Tiere begleiteten die Kaiserin sogar auf ihren Schiffsreisen. Manchmal nahm sie auch eine Ziege mit, über die sie sagte: »Sie macht die Reise ohne jede Begeisterung für das Schöne. Aber sie hat Pflichtgefühl, denn sie ist eine Engländerin.«
In Bad Ischl oder in ihrer Heimat rund um den Starnberger See pflegte sie bei Bauern und auf Almen einzukehren, und wenn die Kühe ihr gesund erschienen, trank sie gern ein Glas Milch. Oft war es das einzige Nahrungsmittel, das sie den ganzen Tag zu sich nahm. An anderen Tagen aß sie nur Orangen oder trank ein paar Gläser Fleischsaft, der täglich frisch aus einem Kalbsschlegel mit einer speziellen Entenpresse aus Frankreich zubereitet wurde. Am Ende ihrer kargen Mahlzeiten rauchte sie meist noch eine Zigarette oder manchmal sogar eine Zigarre.
Wie viele Frauen mit Eßproblemen konnte sich Sisi bei Süßigkeiten nicht beherrschen: »Im Aktenbestand des Staatsarchivs finden sich zahlreiche Rechnungen von Demel, Gerstner, Pischinger und Gerbeaud, die diese Vorliebe belegen«, schreibt Haslinger. »Sogar nach Korfu ließ sie sich Spezialitäten von Cabos nachschicken; von dieser Firma bezog Sisi u. a. auch häufig Andrássy Biskuit. Stieg sie in Hotels ab, erkundigte man sich über das Küchenpersonal, besonders eingehend aber über den Pâtissier.«

Nach solchen »Sünden« mußte natürlich wieder streng gefastet werden, jedes Gramm mehr auf der Waage verdarb der Kaiserin für den ganzen Tag die Laune.
Manchmal, wenn Elisabeth glücklich war – es kam nicht häufig vor – konnte sie mit Vergnügen ganz normal essen: »Im Restaurant, in einer gemütlichen Nische, wurde soupiert«, schreibt ihre Nichte Marie Larisch von einem Aufenthalt in London, bei dem sich die Kaiserin mit ihrem geliebten Reitlehrer Bay Middleton verabredet hatte. »Tante Sissi speiste zu dieser vorgerückten Abendstunde außer Brathuhn italienischen Salat, trank Champagner und vertilgte eine beträchtliche Menge feinen Gebäcks, Dinge, die sonst bei ihr verpönt waren.«
Nach dem Essen stand immer ein ausgedehnter Spaziergang auf dem Programm. Sie lief so schnell, daß ihre Hofdamen Mühe hatten, der Kaiserin zu folgen, obwohl bei ihrer Auswahl längst nicht mehr Rang und Namen, sondern gesunde Füße und eine gute körperliche Verfassung zählten: »Ich werde auch niemals müde«, sagte sie. »Man muß bei jedem Schritt, den man tut, von dem früheren sich ausruhen können, sowenig wie möglich sich über die Erde schleifen. Nur ein Beispiel sollen wir uns vor Augen halten: die Schmetterlinge.« Ihr Vater, der von derselben Rastlosigkeit erfüllt war wie seine Tochter, hatte ihr das Wandern beigebracht. Nicht selten kam es zu Problemen, weil die im Laufschritt dahineilenden Damen Aufsehen erregten. Es war damals nicht üblich, daß adelige Frauen sich so frei bewegten, noch dazu so unstandesgemäß. Elisabeth trug derbe Schuhe und im Sommer das Kleid ohne Unterröcke auf dem nackten Körper. Bei einer der stundenlangen Gewalttouren beobachtete ein Polizist die beiden und glaubte, sie würden von einem Verbrecher verfolgt. Er wollte sie beschützen, und als er erkannte, daß es sich um seine Kaiserin und deren Hofdame Marie Festetics handelte, folgte er ihnen keuchend bis ins Schloß. Sie waren oft mehr als sechs Stunden ohne Essen unterwegs, und der Kaiser empfing die erschöpfte Begleiterin seiner Frau nach einem dieser Märsche mit den mitleidigen Worten: »Leben Sie denn noch, Gräfin? Das hat ja schon keinen Namen.«
Als Elisabeth sich durch solche Ereignisse immer mehr gestört fühlte, fing sie an, bei Nacht zu wandern. Einmal rannte sie zum Beispiel um Mitternacht von Zell am See auf die Schmittenhöhe und ließ sich von Bergführern die Laternen tragen.
Damit alle Muskeln trainiert wurden und trotz der ständigen Diät nicht erschlafften, ließ Elisabeth an fast jedem Ort, an dem sie sich aufhielt, einen

Turnsaal installieren, in dem sie täglich ihre Übungen absolvierte. Der griechische Vorleser der Kaiserin, Constantin Christomanos, schrieb in sein Tagebuch: »Ich traf sie gerade, wie sie sich an den Handringen erhob. Sie trug ein schwarzes Seidenkleid mit langer Schleppe von herrlichen schwarzen Straußenfedern umsäumt. ... Auf den Stricken hängend, machte sie einen phantastischen Eindruck wie ein Wesen zwischen Schlange und Vogel.«

»Magersüchtige versuchen Hunger und Appetit zu überwinden und setzen Kontrolle an Stelle des menschlichen Grundbedürfnisses zu essen«, schreibt das »Frankfurter Zentrum für Eßstörungen«. »Sie reduzieren das Essen auf ein Minimum und kontrollieren ständig die Gewichtsabnahme, die sie häufig durch Abführmittel unterstützen. Auch der Sport dient diesem Ziel: Magersüchtige betreiben exzessives Muskeltraining, um möglichst viele Kalorien zu verbrauchen. Häufig verbringen sie Stunden mit Trainingsformen wie Hantelübungen, Liegestützen, Kniebeugen, Joggen, Aerobic oder Radfahren.«

Die strengen Fastenkuren, der übermäßige Bewegungsdrang der Kaiserin, das alles paßt zu ihrem Krankheitsbild, das erst 1873 als »Magersucht« definiert wurde. Zu spät für Elisabeth, deren Symptome nicht erkannt wurden: »Ich fand bei der sonst gesunden Frau ziemlich starke Hautanschwellungen, besonders an den Knöcheln«, schrieb Dr. Viktor Eisenmenger, der sie in den neunziger Jahren untersucht hatte. »Ein Zustand, den die Ärzte damals sehr selten zu sehen bekamen und der erst im Krieg zu einer traurigen Berühmtheit kam. Hungerödem!« Eine Kammerdienerin bestätigt die Diagnose und schreibt von einem der zahllosen Kuraufenthalte an Ida Ferenczy: »Ihre Majestät wird ja nicht stärker, nur ist ihre Majestät leider so aufgetrieben, besonders des Morgens, auch sind die Augen wieder so angeschwollen und so ist der ganze Körper, ich bin manchmal schon ganz desparat, hoffe jedoch, wenn die Karlsbader Cour vorüber sein wird, alles besser ist.« Und in einem anderen Klagebrief: »Dr. Kerzl (der kaiserliche Leibarzt) sagt immer, wenn nur diese verdammte Waage nicht wäre, wer die ihrer Majestät angeraten hat, soll dieser und jener holen, einen solchen Zorn hat er über die Waage, no dagegen erreicht er nichts, die ist und bleibt.«

Mahlzeiten in Gesellschaft sind für Magersüchtige eine Belastung, der sie möglichst zu entkommen versuchen. Die Panik, etwas essen zu müssen und dadurch die mühsam errungene Kontrolle zu verlieren, läßt sie vor der Gemeinschaft fliehen. Auch Sisi nahm nach einiger Zeit kaum noch an den Diners bei Hof teil und zog es vor, auf ihrem Zimmer zu speisen: »Der Husten, unter dem die Kaiserin ständig zu leiden schien, äußerte sich in vielen Fällen vor allem dann, wenn sie zu Tisch gehen sollte«, entnehmen wir dem Kochbuch »Tafeln mit Sisi«. Franz Joseph ist besorgt und entschuldigt seine Frau immer wieder bei seiner Mutter: »Sisi ist nicht ganz wohl, und es kommt deshalb Hofrat Fischer. Sie hat sich wahrscheinlich verkühlt, und es wurde ihr bei dem ersten Diner für den König von Preußen nicht gut.« Aber selbst wenn sie sich überwindet und bei Tisch erscheint, hält sie sich zurück: »Sie ißt schrecklich wenig, so daß auch wir darunter leiden müssen, denn das Essen, vier Speisen, vier Desserts, Kaffee etc. dauert nie länger als fünfundzwanzig Minuten«, beschwert sich einer der kaiserlichen Kuriere von einem Aufenthalt in Madeira.

Der Kampf um die Kontrolle über den Körper und seine Bedürfnisse ist ein Kampf um persönliche Autonomie. Frauen, die an Magersucht leiden, haben häufig ihre Mutter als unglückliche Frau erlebt, abhängig in einer Männerwelt, in der sie keinen würdigen Platz finden konnte. Sie wollen dieses traditionelle Frauenbild nicht übernehmen, wissen aber nicht, wie sie eine andere Rolle finden können, und lehnen ihren weiblichen Körper ab. Als Kinder haben sie meistens in einer nach außen harmonischen Familie gelebt, in der Konflikte nicht ausgetragen wurden und in der es wenig Raum für persönliche Entwicklung gab. Wut, Ärger, Neid und Eifersucht sind keine anerkannten Gefühle und müssen unterdrückt werden. Oft hatten diese Frauen in ihrer Jugend »Bündnisprobleme« und standen zwischen Mutter und Vater. Sie konnten diese Koalitionen aber nur heimlich leben, weil sie zu beiden loyal sein mußten. In dieser Beziehung »zu dritt« agierten die Töchter als Trösterinnen und Stütze. Die Ehe der Eltern war meist geprägt von unterschwelligen Eheproblemen und einem weitgehenden Verzicht auf Sexualität.

Auf Sisi treffen all diese Kriterien zu. Ludovika war eine unglückliche Frau, die ihren Töchtern nicht vermitteln konnte, das Frau-Sein zu genießen. Nach außen herrschte in Possenhofen ein liberaler Geist, der sich allerdings hauptsächlich auf die Freiheiten ihres Vaters, Max in Bayern, bezog und damit sehr geschlechtsspezifisch war. Das Märchen von der glücklichen Kindheit der bayrischen Prinzessin deckt sich wahrscheinlich nicht mit der Realität. Gespalten zwischen Mutter und Vater, die sich nichts zu sagen haben, will Sisi es beiden recht machen und lebt in einem ständigen Konflikt.

Sie war noch kaum der Pubertät entwachsen, als sie in ein neues System gelangte, in dem sie wieder hin- und hergerissen war. Diesmal zwischen Neigung und Pflicht, denn auch am Wiener Hof ging es nur um Schein anstatt um Sein. Auf den extremen Druck, dem Elisabeth sich ausgesetzt fühlt, reagiert sie mit Eßstörungen, die wohl bemerkt und ausführlich kommentiert werden, aber nicht als Hilferuf ihrer Seele verstanden werden. »Wenn ich schon im Leben keinen Platz bekomme, dann werde ich dünner und immer dünner«, heißt die Botschaft dieser Frauen, meint Daniela Russ. »Es ist ein versteckter Tod, und im Gegensatz zu Bulimie, bei der weniger Todesgefahr besteht, sterben immer wieder Magersüchtige an Unterernährung.«

Sobald die Kaiserin nach ihren Fluchtversuchen ins Ausland wieder an den Hof zurückkehrte, wie aus Madeira zum Beispiel, fingen die gesundheitlichen Probleme sofort wieder an. Sie war stets in Tränen aufgelöst und suchte die Einsamkeit. Sogar der Außenminister schrieb über die Situation in Wien von der »tiefen Betrübnis des Kaisers«, vom schlechten Gesundheitszustand seiner Frau und von der »gedrückten Stimmung« am Hof: »Die Kaiserin hat seit ihrer Rückkehr den tiefsten Abscheu vor jeder Nahrung. Sie ißt nichts mehr, und ihre Kräfte erschöpfen sich umso mehr, als der Husten andauert und starke Schmerzen ihr den Schlaf rauben, der ihre Kräfte noch erhalten könnte.«

Elisabeth reist daraufhin nach Korfu, wohin ihr der Kaiser, den sein schlechtes Gewissen plagt, weil er seine Frau betrogen hat, Graf Grünne nachschickt, der für ihn bei ihr vermitteln soll. Der Hoftratsch erzählt, daß sie dem Grafen nicht verzeihen konnte, daß er Franz Joseph die Liebesabenteuer vermittelt hatte, die Versöhnung kam nicht zustande. Die Aufregungen brachten jedenfalls wieder Elisabeths Eßstörungen in den Vordergrund. Sie weigerte sich, etwas zu sich zu nehmen, und wurde schwer depressiv. Wie viele Frauen, die sich zu dick fühlen, nahm auch die Kaiserin Abführmittel, weil ihr Darm vom vielen Fasten träge geworden war.

In Krisenzeiten konnte die Kaiserin nichts essen, und meistens wollte sie auch nicht. Ihre schlanke Taille wurde zur Obsession, die sie bis zu ihrem Tod nicht verlor. Die Feile Luchenis traf eine Frau ins Herz, die längst für sich entschieden hatte, daß sie, wenn sie schon auf dieser Welt keinen Platz finden konnte, lieber so dünn sein wollte, daß sie fast verschwand.

18

Der Preis der Schönheit

Diana

Die Prinzessin von Wales hatte es geschafft. Aus der rundlichen, ungeschliffenen Kindergärtnerin, die im biederen Kostüm bei ihrer Verlobung verschämt den Kopf senkt, war eine professionelle Schönheit, ein Gesamtkunstwerk geworden. Von jedem Kiosk lächelte sie uns zu, und jedes Mal trug sie ein Kleid, das uns den Atem raubte. Seitlich geschlitzt, schulterfrei, einmal bodenlang, dann wieder ganz kurz. Jeder edle Stoff, der sich an ihren perfekten Körper schmiegte, unterstrich das Wunder, an dem wir alle teilhaben durften: Das unscheinbare Entlein war zum attraktivsten Schwan im Teich der Reichen und Schönen geworden.

Diana wurde in kürzester Zeit zur meistfotografierten Frau der Welt, neben ihr wirkten alle anderen Royals wie Mitglieder der »Muppets Show«. Aber selbst das spielte keine Rolle mehr, weil sie ohnehin nicht beachtet wurden. Hatten sich früher die Journalisten in ihrer Berichterstattung auf die unmöglichen Hüte der Queen und auf ihre ewig gleiche, langweilige Handtasche gestürzt, so wurde das altmodische Utensil höchstens noch erwähnt, weil es der nonverbalen Verständigung diente. Stellte Elizabeth sie auf den Boden, bedeutete es, »Hilfe, holt mich hier raus, ich möchte gehen«.

Dianas Beziehung zu den Medien war zu einer Haßliebe geworden, in der es nicht genügte, die Handtasche auf den Boden zu stellen, um gerettet zu werden. Wie Bienen auf dem Honig klebten die Journalisten nun schon seit mehr als einem Jahrzehnt an ihr und ließen sich auch am 3. Dezember 1993 nicht beeindrucken, als sie in einem schwarzen Kostüm mit Tränen in den Augen offiziell ihren Rückzug aus der Öffentlichkeit bekanntgab: »Als ich vor zwölf Jahren mein öffentliches Leben begann, ahnte ich nicht, welch eine überwältigende Aufmerksamkeit ich erregen und wie dies meine Privatsphäre in einer Weise beeinflussen würde, die ich kaum ertrug. ... Ich hoffe, daß Sie mir aus tiefstem Herzen den Raum und die Zeit geben werden, die mir in den vergangenen Jahren so sehr gefehlt haben, und dafür danke ich Ihnen von ganzem Herzen.«

Was für ein naiver Wunsch, was für ein sinnloser Dank! Es war noch nicht lange her, da hatte der »Sunday Mirror« einem Fotografen 400.000 DM bezahlt, damit seine Leser Diana im Gymnastikdreß im Fitneßclub beim Training begutachten konnten. Mit einem guten Schnappschuß von dieser Frau verdiente man mehr als mit der normalen Arbeit eines ganzen Jahres! Wie konnte sie annehmen, daß die Paparazzi von nun an auf diesen lukrativen Verdienst verzichten würden?

Früher, als sie einander noch mochten, hatten die Journalisten sich über ihre amüsanten Bemerkungen gefreut: »Oh, Sie sind von der ›Financial Times‹? Die hatten wir daheim. Ja, ich glaube, wir benutzten sie als Unterlage im Käfig unseres Wellensittichs.«

Die meisten Fotografen kannte sie schon aus der Zeit, als sie mit neunzehn aus Verzweiflung über den Presserummel vor ihrer Wohnung in Coleherne Court in Tränen ausgebrochen war. Zu manchen war das Verhältnis fast freundschaftlich, auch wenn ihr Lieblingsfotograf von der »Sun« sich keinen großen Illusionen über die Gründe hingab: »Wahrscheinlich, weil 13 Millionen Leser sie von der besten Seite sehen werden. Komischerweise war Diana am kooperativsten, wenn sie mit den auflagenstärksten Zeitungen zu tun hatte«, meint Arthur Edwards. Wenn sie besonders schön war, machte er ihr ein Kompliment, und wenn sie in einem Kleid auftauchte, das er schon kannte, klagte er: »Oh, nicht schon wieder dasselbe!« »Arthur«, antwortete keck die Frau des Thronfolgers, »ich glaube, Sie würden es vorziehen, wenn ich nackt auftrete.«

Und nun sollte diese intime, lukrative Nutzgemeinschaft plötzlich vorbei sein? Es war wie bei einer Scheidung, mit der einer der Partner nicht einverstanden ist.

Doch es spielte ohnehin keine Rolle, ob Diana mitspielen wollte oder nicht, ob sie sich als »öffentlich« deklarierte oder sich zurückzog. Sie war als Privatperson genauso interessant. Man konnte sie um so besser jagen, noch seltenere Schnappschüsse erhaschen, wenn sie ohne den Schutz des Protokolls den Linsen der Fotografen ausgeliefert war. Zuviele Jahre hatte sie das Katz-und-Maus-Spiel selbst gefördert und vielleicht auch genossen.

Als sie erschöpft war, gab es kein Entrinnen mehr:

Wo immer auf der Welt sie sich aufhält, ihre Verfolger sind Tag und Nacht dabei. Sie sitzen hinter den Büschen, klettern über Mauern und riskieren Kopf

und Kragen für ein Stück ihrer nackten Haut, das ihnen Millionen bringt. Der Friseur, bei dem sie einmal im spanischen Urlaubsdorf vorbeigeschaut hat, ist schon interviewt und hat vor den Kameras von der Natürlichkeit der Prinzessin geschwärmt, die Touristen haben sich vor die Linsen gedrängt, jetzt fehlt nur noch sie selbst, der Star der Inszenierung.
Die »Ware« Diana verläßt mit gesenktem Kopf in einem hellblauen Kostüm eilig das Ferienhaus, in dem sie sich erholen wollte. Eine Fotografenmeute und ein Kamerateam warten schon. Schützend hält sie die Hand auf das kleine Stück nackter Haut am Halsausschnitt und steigt schnell in das Auto ein, das sie zum Flughafen bringen soll. Verfolgungsjagd auf der Autobahn. Sie versucht sich vor den Kameras zu schützen und hält ihre Jacke vors Fenster. Vor der Abflughalle kann sie der Meute nicht mehr entkommen. Wieder läuft sie mit gesenktem Kopf, so schnell sie kann, und hält sich ihr Tennisracket vors Gesicht. Ein kleines Mädchen überreicht ihr Blumen, sie besteigt hastig den Lift und sieht die Fotojäger vor sich, die sich in den Aufzug drängen wollen. »Out, out here«, schreit ein Sicherheitsbeamter und hält seine Hand in die Kamera.
Wir kennen diese Szene auswendig. Nach ihrem Tod wurde sie uns viele Male vorgeführt. Als Symbol für die Gier der Medien, jeden Augenblick ihres Lebens für uns festzuhalten. Wir haben mitgefühlt mit der gehetzten Frau, die sich als königliches Pin-up-Girl so gut verkauft hat, und sind dennoch auch Täter. Denn wer wollte diese Bilder sehen, wenn nicht die Zeitungskonsumenten und das Fernsehpublikum. Wir konnten sie bemitleiden für den Mangel an Intimität, durften gleichzeitig ungestraft selbst Voyeure sein, konnten uns mit diesen Bildern trösten, die uns bewiesen, daß es vielleicht doch gut ist, nicht so reich und nicht so schön zu sein.
Sie erfuhr eine Verehrung, wie sie bisher nur Rockstars gegolten hatte, ihre Fans waren unbeeindruckt von ihrem Flehen nach privater Würde. Wer schön und berühmt ist, gehört den Massen, und die interessieren sich nicht dafür, daß man den Preis dafür nicht mehr bezahlen will. Sogar die amerikanischen Medien brauchten die Prinzessin aus Übersee, und ein literarisch unbegabter Redakteur dichtete nach ihrem Rückzug aus der Öffentlichkeit sogar:

> Zerknirscht ruft die Reportermeute:
> O Di,
> Bleib deiner Rolle treu!
> Dich ärgert unsre Rüpelei.
> Damit ist's jetzt vorbei.

Wir brauchen dich. Warum wohl Di?
Wir alle meinen, Charles sei
Nicht interessant für unsre Leser, Di.
Und deshalb flehn'n wir – steh uns bei!

Diana als Wirtschaftsfaktor. Jedes Magazin, auf dem ihr Foto prangte, wurde besser verkauft, die kleinste Meldung über sie erhöhte die Auflage.

Es gab einmal eine Zeit, da war sie berauscht vom Erfolg: »Jeden Tag bekam sie Zeitungsausschnitte, in denen etwas über sie stand. Sie studierte jedes einzelne Wort, hielt inne, um das Lob zu genießen, und regte sich über jede Kritik auf. Sie prüfte jedes einzelne Foto, als hätte sie noch nie ein Foto von sich gesehen. Sie war wie besessen von der Frage, wie sie aussah. Kleider und Hüte mußten fotogen sein. Sie mußten sie hübsch und vor allen Dingen schlank aussehen lassen«, meint Lady Colin Campbell.

Was ihre Kritiker am Hof damals noch nicht wußten, war, daß sie die Reaktion einer zutiefst verunsicherten jungen Frau schilderten. Diana glaubte nicht an ihre Schönheit und an ihren Wert: »Ich habe mich selbst so gehaßt, daß ich nicht geglaubt habe, gut genug zu sein ..., die Zweifel hörten einfach nicht auf«, sagte sie viele Jahre später. »Viele glauben immer noch, Eßstörungen seien einfach nur der Ausdruck weiblicher Eitelkeit – man paßt nicht in ein Kleid Größe 36 und reagiert darauf frustriert. Eßstörungen zeigen jedoch, wie ein Mensch die Ernährung seines Körpers in einen schmerzhaften Angriff gegen sich selbst verwandeln kann.« »Beide Frauen, Diana und Sisi«, meint Julia Onken, »haben in ihrem Schönheitskult die letzte Möglichkeit gesehen, sich doch noch zu zeigen, weil sie als Frauen in ihrem Wesen nicht beantwortet wurden. Das ist der größte Schmerz, der einem Menschen wiederfahren kann. Die Flucht in die Schönheit ist ein beliebtes Mittel. Dann müssen die Männer herschauen, man zwingt sie in die Knie. Aber das läßt die Frauen erst recht mit leeren Händen dastehen, weil sie wieder nicht bekommen, wonach sie sich sehnen. Nicht weil sie schön sind, wollen sie geliebt werden, sie suchen eine Beantwortung ihres inneren Wesens. Diana und Sisi müssen beide völlig vereinsamte junge Frauen gewesen sein, die verzweifelt signalisiert haben: ›Hallo, es gibt mich auch noch, seht her, wie schön ich bin.‹«

Diana konnte sich mit den Models auf dem Laufsteg messen, die in ihr wichtigstes Kapital Zeit und Geld investieren. Das blieb auch der Prinzessin von Wales nicht erspart. Besuche im Fitneßstudio gehörten zum Alltag – immer begleitet von der Meute. Mit Leitern stiegen die Fotografen über die

Mauer, in Trauben hingen sie vor der Tür des Schönheitstempels. »Sie hat ein Emblem am Hintern«, schrie einer aufgeregt, »vielleicht kriegen wir das groß.« Am nächsten Tag erfreute sich die Welt am Allerwertesten der Prinzessin in Großaufnahme. »Die königlichen Dolche sind gezückt«, hieß es als Bildunterschrift, passend zur Ehekrise, obwohl Diana sich wohl kaum etwas dabei gedacht hatte, als sie mit dem Outfit eines Modeschöpfers, der als Markenzeichen gekreuzte Schwerter führt, das Haus verließ. Sogar an ihrem fünfunddreißigsten Geburtstag ließ sie ihr Training nicht aus und versuchte, so wie an jedem anderen Tag, den »Chelsea Harbour Club« mit einem Sprint zu erreichen, damit sie den Fotolinsen, die auf sie lauerten, entkam.
Auch Dianas Sohn war nicht entgangen, daß der Ruhm und die Schönheit ihren Tribut verlangten. Er erklärte den Hofbeamten: »Mummy mußte einen sehr hohen Preis bezahlen.«
Und ihre Kinder mit ihr. Während die anderen königlichen Familien weitgehend unbeachtet Urlaub machten, warf sich Diana für ihre Söhne auf der Schipiste vor die Kamera und flehte um Gnade vor der ständigen Verfolgung: »Als eine Mutter bitte ich Sie, den Freiraum meiner Kinder zu respektieren.« Es war bewegend, aber noch bewegender für die Paparazzis war ihre makellose Brust im anliegenden weißen Pulli, die sie in Nahaufnahme umgehend einem Millionenpublikum zeigten.
Eine Brust, die sie nicht zuletzt ihrem konsequenten Training verdankte. So wie Sisi liebte Diana das Wasser und schwamm täglich um sieben Uhr morgens im Buckingham-Palast diszipliniert zwanzig Runden, genau wie Frauenzeitschriften es von ihrer überforderten, berufstätigen Leserinnenschar fordern. Sie beschäftigte eine Tanzlehrerin, die zu ihr in den Palast kam, und entwikkelte mit den Jahren eine Anmut, die jede ihrer Bewegungen für den Betrachter zum Vergnügen machte.
Wie sie stand, wie sie ging, wie sie die Hand hob, wie sie sich zu den Armen und Kranken beugte, es gab keinen Anlaß, bei dem Diana das Bild zerstörte, das sie von sich selbst mit so großer Mühe geschaffen hatte. Und wenn, dann paßte es zur Gelegenheit. So wie bei dem berühmten BBC-Interview, in dem sie der Nation als Häufchen Elend das Leid ihrer Ehe klagte.
Wie alle Stars, die ihren Kopf täglich in die Kameras halten, war sich Diana bewußt, daß jedes Mal, wenn sie den Palast verließ, die kleinste Veränderung ihrer Optik zu Diskussionen führte. Die Folge davon war ein fast sklavisches Leben, in dem die Friseure eine Hauptrolle spielten. Ob in den Flitterwochen oder im Palast, jeden Tag standen dienstbare Geister bereit, den blondglän-

zenden Schopf der Prinzessin in ein Ereignis zu verwandeln, über das sich zu berichten lohnte.

Zum perfekten Styling gehörte rund um die Uhr ein professionelles Make-up, am besten wasserdicht, damit es selbst die Kanufahrten mit ihren Söhnen überstehen konnte. Wie die Kaiserin von Österreich war sie zur Kultfigur für guten Geschmack und Schönheit avanciert und mußte diesen Standard halten. Es gab keine Gelegenheit, und sei sie noch so banal, bei der Diana sich nicht über jedes Detail ihrer Kleidung Gedanken machte. Wenn Jeans, dann Edelmarke, wenn weiße Bluse, dann blendend sauber und edler Schnitt. Jeder Ausflug mit den Kindern wurde zum »Besser-Leben-Event« und fand sich millionenfach vervielfältigt in bunten Magazinen wieder. Wahrscheinlich hat sie insgeheim jede Frau beneidet, die einfach unbeschwert das Haus verlassen konnte, jede, über die kein weltweit kommentiertes Urteil gefällt wird, weil sie achtlos Streifen mit Karos mischt oder mit einer Laufmasche spazierengeht.

Jede private Krise, die die Prinzessin von Wales durchlebte, wurde in der Öffentlichkeit diskutiert, und eine der ersten Fragen, auf die die Menschen von den Medien eine Antwort wollten, war: »Ist sie immer noch schön?« Und so wie im Musical »Elisabeth«, in dem dieselbe Frage gestellt wird, gab es kaum etwas Wichtigeres als den Blick in ihr Gesicht auf der Suche nach den Spuren des Unglücks.

Diana war längst Meisterin der öffentlichen Darstellungskunst, ein oszillierendes Fabelwesen, ein Kunstprodukt, dem sie verpflichtet war. Man würde sie nicht weinen sehen, nur weil ihr Mann sich zum Liebesleben mit einer anderen Frau bekannte. Im Gegenteil:

Es war der 29. Juni 1994, ein warmer Abend in London. Im Hauptabendprogramm tritt Charles vor sein Volk und nennt Camilla zum ersten Mal mit Namen. Währenddessen steigt Diana in einem atemberaubenden, schulterfreien, hautengen Kleid aus dem Auto und begibt sich strahlend und gelöst zur Eröffnung einer Ausstellung. Es war ein Traum aus schwarzem Chiffon, der ihren Körper mehr enthüllte als verdeckte. Ein Bild von der ebenfalls tiefdekolltierten Camilla wird eingeblendet, der Kommentator fällt das Urteil: Diana hat Camilla mit den Waffen einer Frau geschlagen. Niemand spricht darüber, was es für eine Anstrengung kosten muß, die Wut zu schlucken und immer nur zu lächeln.

Dem Klischee entsprechend, wurde Diana, weil sie schön war, für dumm erklärt. Die Prinzessin von Wales war der attraktivste Kleiderständer der

Nation und litt darunter: »Früher habe ich immer geglaubt, die Leute würden nur meine Kleider ansehen, und ich habe mich verzweifelt bemüht, auch meine andere Seite zu zeigen und zur Geltung zu bringen, und ich wußte nicht, wie ich das anstellen sollte.«
Mit steigendem Selbstbewußtsein, als sie es immer öfter wagte, ihre eigenen Interessen zu verfolgen, stellten die Engländer überrascht fest, daß man mit ihr nicht nur über Designer sprechen konnte: »... und die Leute sagen: ›Tai-chi – was wissen Sie über Tai-chi?‹ Und ich sage: ›Ein Energiestrom‹ und all das, und sie sehen mich an und denken im Stillen: Das ist also das Mädchen, das angeblich die ganze Zeit nur Shopping und Kleider im Kopf hatte.«
Das Mädchen, von dem man dachte, sie hätte nur ihre Kleider im Kopf, arbeitete inzwischen hart daran, ihre Schönheit in den Dienst der Wohltätigkeit zu stellen und kämpfte um ihre Anerkennung als Person. Dabei vollführte sie ständig einen Eiertanz zwischen notwendigen Ausgaben für ihre Garderobe und verdammenswerter Verschwendung. Auf der einen Seite verlangte ihr Image als moderne Märchenprinzessin immer wieder neue, aufsehenerregende Modekreationen, auf der anderen Seite nahm ihr die Presse übel, daß sie Millionen in ihre optische Erscheinung investierte. Wenn die Stimmen zu laut wurden, versteigerte Diana ihre Kleider für gute Zwecke und ließ so ihre Kritiker wieder verstummen.
Im Sommer 1993 nannte sie sich noch selbst die »größte Prostituierte der Welt« und machte sich keine Illusionen über ihre Aufgabe als Aushängeschild der »königlichen Firma«. Sie fühlte sich herumgereicht wie »eine Rolle Smarties«, wie eine Marionette, ohne Eigenleben. Vor ihrem Tod war sie längst zur »Botschafterin der Herzen« geworden und setzte ihre Schönheit zum Wohle all jener Menschen ein, die auf andere Weise genauso am Rand des Glücks standen wie sie selbst.

Sisi

Der Schah weigerte sich abzureisen. Er hatte die Frau, für die er zur Weltausstellung nach Wien gekommen war, noch nicht gesehen. Die Kunde von Sisis Schönheit war bis nach Persien gedrungen, er würde in Laxenburg ausharren, bis sie kam. Gleichgültig, wie lange es dauerte.

Nasr-es-Din brachte die Kultur seiner Heimat mit und schockierte damit den Hofstaat. Mit seinen zwei »Ladies of pleasure«, einem bunten orientalischen Gefolge und vierzig Hammeln hatte er es sich in Schloß Laxenburg gemütlich gemacht. Man würde sehen, wer den längeren Atem hatte. Die störrische Kaiserin, die sich den Repräsentationspflichten durch ihre Flucht aufs Land entzogen hatte, oder er, der »Mittelpunkt des Weltalls«.
»Mitten in den kaiserlichen Gemächern war eine Küche mit offenem Herd installiert, um dort die gesegneten, für den Schah bestimmten Hammel am Spieß zu braten. Ein angrenzendes Kabinett diente als Schlachtbank, wo täglich der Schlächter in Gegenwart des Schahs ein Lamm schlachtete. Auf den Parkettböden wurden Feuerstellen für die Nargilehs (große Pfeifen, die Kohlenglut erforderten) eingerichtet. In letzter Minute noch wurde ein Hühnerstall installiert, weil der Schah täglich bei Sonnenaufgang eigenhändig drei fette Hühner zu schlachten pflegte«, beschreibt die Historikerin Brigitte Hamann die Unannehmlichkeiten, die dem Gastgeber durch »das Gesindel« erwuchsen, weil seine Frau nicht willig war, sich wie eine Ware von Blicken betasten zu lassen. Die Macht der Schönheit hatte einen hohen Preis. Nicht nur daß Elisabeth ständig daran gemessen wurde, war sie, so wie Diana, das wichtigste Ausstellungsstück der Monarchie, und sogar der Polizeiminister schrieb in sein Tagebuch, »daß die Schönheit der Kaiserin Elisabeth viele Personen zu Hofe ziehe, die sonst ausgeblieben wären.«
Nasr-es-Din siegte. Er verletzte alle Regeln bei Hof, hielt seine Termine nicht ein, wenn sein Astrologe die Sterne nicht für günstig hielt, näherte sich auf unverschämte Weise jeder Frau, deren er habhaft werden konnte, und das »Neue Wiener Tagblatt« kommentierte fremdenfeindlich den ungewöhnlichen Lebensstil: »Es dünkt uns wenig ritterlich, wenn ein Fürst eigenhändig Hammel schlachtet und die Prachtgemächer, an denen historische Weihe haftet, mit Blut besudelt. Die Mysterien des Schah und seines Hofes sind so unreinlich, so anwidernd, daß es am Platze war, der lauten Entrüstung Worte zu verleihen.«
Elisabeth entschloß sich, unter dem Druck des Skandals nach Wien zurückzukommen. Die Hofdame Marie Festetics berichtet über die Begegnung: »Es war sehr amüsant, als das erste Mal er ihrer ansichtig wurde. Er blieb ganz paff vor ihr stehen, nahm seine goldenen Augengläser hervor und schaute sie ganz ruhig vom obersten Lockerl bis zum Fußspitzerl herunter an – ›ah qu'elle est belle‹ fuhr es ihm heraus.«
In der Tat, die Kaiserin von Österreich war schön. Anziehender als alle

anderen Herrscherinnen ihrer Zeit, wurde berichtet, auch wenn Königin Victoria von England in einem Brief an ihre Tochter ein etwas differenzierteres Urteil fällt: »Ich kann sie nicht eine große Schönheit nennen. Sie hat eine schöne Haut, eine herrliche Figur, und hübsche kleine Augen und eine nicht sehr hübsche Nase. Ich muß sagen, daß sie in grande tenue (großer Aufmachung), wenn sie mit ihrem schönen Haar zu sehen ist, was zu ihrem Vorteil ist, viel besser aussieht.«

Die Kaiserin hält sich wohl auch selbst nicht für schön. Ihr Selbstwertgefühl wurde, so wie das Dianas, bereits in ihrer Kindheit erschüttert, und auch bei ihr steckten Entbehrungen und harte Arbeit hinter dem Bild, das sie der Öffentlichkeit präsentierte.

Ihr Tag begann mit einem Frühstück, vor dem sich die meisten ihrer Zeitgenossen geekelt hätten: Mineralwasser, Fleischbrühe und schwarzer Kaffee. Kaum zeigte die Waage ein paar Gramm mehr, geißelte sie sich mit einer erneuten Drosselung der Nahrungszufuhr. Doch selbst wenn Sisi an festlichen Mahlzeiten teilnehmen mußte, »nahm sie meist nur etwas Bouillon, ein Stück Weißbrot und einige Früchte. Selten trank sie ein Glas Wein dazu. Ihr Nachtisch bestand oft aus kleinen Eisstückchen, auf die Orangensaft geträufelt war.« Die ungesunde Lebensweise führte später nicht nur zu Hungerödemen an den Beinen, sondern auch zu Verstopfung, schon aus den fünfziger Jahren ist bekannt, daß Sisi Abführmittel nahm.

Kaiser Franz Joseph machte sich ständig Sorgen um seine Frau und schrieb verzweifelt: »Ich ängstige mich so für Dich, weil Du gar nicht ißt und schläfst; ich beschwöre Dich, tue beides und erhalte Dich mir zu lieb recht wohl und kräftig.«

Die Nächte, in denen die Kaiserin ihren Mann ohnehin meistens von ihrer Türe wies, gehörten ebenfalls der Schönheit:

Elisabeth liegt nach ihrem heißen Ölbad flach auf ihrem harten Bett mit einer dreiteiligen Roßhaarmatratze. Die aufgelösten Haare sorgfältig um den Kopf drapiert, versucht sie sich nicht zu bewegen, damit die dünngeschnittenen Kalbsschnitzel auf Wangen, Stirn und Dekolleté nicht verrutschen. Die Hüften in feuchte Tücher gewickelt, verbringt sie die Nacht regungslos auf dem Rücken liegend.

Wieviele Stunden ihres Lebens hatte sie schon stillgelegen, damit die Wirkstoffe der Natur ihre Haut beleben konnten. Im Frühsommer strich sie frische zerdrückte Erdbeeren auf ihr Gesicht, zu anderen Jahreszeiten waren es ebenfalls Zutaten aus der Speisekammer, mit denen sie sich pflegte: Mandelöl, Quittenkerne, Leinsamen, Bienenhonig, Joghurt, Topfen, Milch und Eier. Sie war der Meinung, was dem Magen gut tat, war auch gut für die Haut.

So sehr die Damen der feinen Gesellschaft versuchten, Sisis Schönheitsrezepte und ihren Stil nachzuahmen, so wenig vermochten sie ihrer Figur nachzueifern, weil sie die Torturen, die dafür notwendig waren, entweder nicht kannten oder sich ihnen nicht unterziehen wollten. Das Programm ist vielfältig, die Disziplin unglaublich, und während die Monarchinnen anderer Länder, die in ihrer Jugend einst schön gewesen waren, zeitgemäß zu würdigen Matronen altern, nimmt Elisabeth die Qual auf sich, ihre Schönheit möglichst lange zu erhalten.

Das Fitneßstudio war noch nicht erfunden, die Turnsäle, die Elisabeth überall errichten ließ, wo sie sich aufhielt, erregten Verwunderung und festigten das Bild der Egozentrikerin. Die Minimumausstattung waren Ringe, die sie an den Türstöcken ihrer Privaträume anbringen ließ, aber es gab auch Matten, Sprungseile, Barren und meist eine Sprossenwand.

In Feldafing am Starnberger See ließ sie sogar im Hotel, in dem sie wohnte, ein eigenes Turnzimmer einrichten, und wenn es gar nichts gab, dann hatte sie auf jeden Fall ihre Hanteln und Gewichte dabei:

Sisi hält in jeder Hand eine Keule am schlanken Ende. Locker steht sie da, schwingt jeweils einen Arm zurück und federt mit den Knien nach. Dann hebt sie beide Arme und führt sie mit den Keulen nebeneinander über den Kopf. Strecken, senken, strecken, senken. Die Vorturnerin, die die Kommandos schreit, fehlt, die Übung scheint dennoch ein Vorgriff in eine Fitneßstunde des 20. Jahrhunderts zu sein. Dann kommen die Hanteln dran. Sie hält sie fest in jeder Hand und stößt sie im Wechsel bis zur Schulterhöhe. »Dieselbe Übung, jedoch die Arme von den Seiten im Halbkreis nach vorn«, heißt es in den »geheimen Schönheitsrezepten der Kaiserin«, führt Elisabeth so aus, »daß sich die Hanteln berühren ...«

Das Meer hat »die Frau vom See« schon immer angezogen. Auch hier bricht sie ein Tabu des 19. Jahrhunderts, liegt am Strand und schwimmt, obwohl es sich für eine Dame ihrer Gesellschaft nicht geziemt, und regt die Phantasie der Biographen an: »Und schon wachsen Sonnenschirme aus dem Sand, ... und mit den Sonnenschirmen die leimfesten Frisuren, teigig geschminkten Gesichter, Brustfleisch in Miedern, und schon die weiten Reifröcke, von denen gleichfalls der Sand abrieselt: die Hofdamen sitzen im Kreis um Elisabeth herum, auf Falthockern, die unter den Reifröcken nicht sichtbar sind.

Während die Frauen sich mit Taschentüchern Sand von der Ausschnitthaut schlagen, sprechen sie, was Elisabeth, auf dem Rücken liegend, nicht deutlich hört. ... Wie schnell ein Ruck durch den Körper gehen kann, darüber ist sie selbst erstaunt: der Rücken in der Sonne, im Sand, wieder in der Sonne, erneut im Sand, so geht das ungefähr ein dutzendmal, und die Hofdamen packen die Falthocker, die Sonnenschirme, weichen vor der rasch heranrollenden Elisabeth aus, mit schaukelnden Reifröcken.«

Niemand ist sicher vor ihrem Bewegungsdrang, und wenn die Kaiserin ins Wasser will, dann werden am Meer von Sassetôt in Frankreich zum Schutz vor neugierigen Augen Zeltwände aufgebaut und ganze Strandstücke gesperrt.

Doch all das nützt nichts. Wo immer sie sich aufhält, ist Sisi – so wie Diana – ein begehrtes Objekt der Neugierde und kann sich vor fremden Blicken nicht wehren: »Die Kaiserin nahm ihr Bad. Ich hatte das Glück, sie das Wasser verlassen zu sehen, geschmeidig und schäkernd einen Moment lang mit nackten Füßen über die Kiesel schreiten zu sehen – in die Arme der Frau des Bademeisters – und in dem aus Segeltuch gefertigten Verbindungsgang zu verschwinden, den man zwischen dem Wasser und der Kabine aufgezogen hatte«, schreibt genüßlich ein Beobachter.

Gefastet, geturnt, geschwommen, gewandert – jetzt ist es Zeit für die Haarpflege, ein Ritual, inszeniert wie ein Bühnenstück, das täglich mehr als zwei Stunden in Anspruch nimmt. Passend dazu wählt sie sich »Fanny«, eine Friseuse aus dem Burgtheater, der von nun an die intime Handlung obliegt, die Haare der Kaiserin zu frisieren:

»Hinter dem Sessel der Kaiserin stand die Friseuse in schwarzem Kleid mit langer Schleppe ...«, berichtet der griechische Vorleser Constantin Christomanos. »Mit weißen Händen wühlte sie in den Wellen der Haare, hob sie dann in die Höhe und tastete darüber wie über Samt und Seide, wickelte sie um die Arme wie Bäche, die sie auffangen möchte, weil sie nicht rinnen wollten, sondern fortfliegen ...« Die Wellen werden zu kunstvollen Zöpfen, die Zöpfe zu einer Krone, und die Aufführung endet, wie sie begonnen hat – dramatisch:

»Dann brachte sie auf einer silbernen Schüssel die toten Haare der Herrin zum Anblick, und die Blicke der Herrin und jene der Dienerin kreuzten sich eine Sekunde – leisen Vorwurf bei der Herrin enthaltend, Schuld und Reue der Dienerin kündend. Dann wurde der weiße Mantel aus Spitzen von den fallenden Schultern gehoben, und die schwarze Kaiserin entstieg gleich einer göttlichen Statue der bergenden Hülle. Die Herrscherin neigte dann den

Kopf – die Dienerin versank in den Boden leise flüsternd: ›Zu Füßen Eurer Majestät ich mich lege‹ – und so ward die heilige Handlung vollendet.«

Die geschickte Fanny war aus ihrer Zeit am Burgtheater daran gewöhnt, kapriziöse Damen zufriedenzustellen, und kannte allerlei Tricks. Wenn Sisi zuviele Haare verlor, dann ließ sie sie heimlich unter ihrer Schürze an einem Klebeband verschwinden und zeigte triumphierend einen sauberen Kamm.

Macht und Ohnmacht zugleich. Die Laune der Kaiserin war von Fanny Feifalik abhängig. Wenn sie schmollte und aus Rache erkrankte, quälten Elisabeth ungeübte Hände, und sie flehte ihre Friseuse an, wieder zurückzukommen: »Nach einigen solchen Frisiertagen bin ich wieder ganz mürbe. Das weiß jene und wartet auf eine Kapitulation. Ich bin die Sklavin meiner Haare.«

Sisi hatte sich selbst gekrönt, die Last der Kaiserkrone abgelehnt und sich eine eigene Krone geflochten, mit der sie Triumphe feierte: »Was Frauen nicht durch Klugheit oder politisches Kalkül erreichen konnten, das vermochten sie oft mittels ihrer Schönheit«, schreibt die Historikerin und Soziologin Lisa Fischer. Und die galt es zu verteidigen, denn »zu bedrohlich erschien die Vorstellung, das Mittel von Anerkennung und Verehrung wieder zu verlieren – zu unbestimmt war die Möglichkeit, daß ihr Selbstbewußtsein allein den gleichen Triumph verschaffen könnte.«

Den Schutz dieser Schönheit benützte Sisi, wahrscheinlich unbewußt, »um dahinter die für Frauen als häßlich geltenden Eigenschaften des Intellekts auszubauen.« Sie war klug, sie war gebildet, politisch interessiert, sie war nach heutigen Maßstäben eine Spitzensportlerin, alles Eigenschaften, die sich für eine Frau des 19. Jahrhunderts nicht geziemten. Ihre Begabung, sich als »schönes Weib« zu inszenieren, machte die Untugenden wieder wett.

Der Preis war hoch, denn allein das Einschnüren in ihre Kleider – oft mehrmals am Tag – nahm eine Stunde in Anspruch. Sie unterzog sich für ihre berühmte Wespentaille einer Tortur, die ihre inneren Organe so zusammenpreßte, daß sogar die Ärzte davor warnten. Eingenäht in ihre Roben, haßte sie ihre Auftritte im »Geschirr« und versuchte später immer häufiger, den öffentlichen Aufgaben zu entkommen. Wo immer die »Feenkaiserin« sich sehen ließ, begeisterte sie die Bevölkerung, deren Annäherungsversuche sie in Panik versetzten: »Einmal, als sie zu Fuß den Stephansdom besuchen wollte, drängten sich so viele Menschen um sie, daß sie Angst bekam und sich nicht anders zu helfen wußte, als weinend in die Sakristei zu flüchten«, schreibt Brigitte Hamann über die Verehrung der Massen, die Sisi im Gegensatz zu Diana nicht genießen konnte.

In ihrem Tagebuch beklagte die Kaiserin sich bitter über »die Gaffer«:

Ich wollt', die Leute ließen mich
In Ruh' und ungeschoren,
Ich bin ja doch nur sicherlich
Ein Mensch, wie sie geboren.

Es tritt die Galle mir fast aus,
Wenn sie mich so fixieren;
Ich kröch' gern in mein Schneckenhaus
Und könnt' vor Wut krepieren.

Gewahr' ich gar ein Opernglas
Tückisch auf mich gerichtet,
Am liebsten sähe ich gleich das
Samt der Person vernichtet.

Die Kunde von ihrer überirdischen Erscheinung gelangte sogar bis nach Übersee, denn der amerikanische Gesandte in Wien schrieb an seine Mutter: »Die Kaiserin ist, wie ich Dir schon öfter erzählte, ein Wunder der Schönheit – hoch und schlank, wunderschön geformt, mit einer Fülle von hellbraunem Haar, einer niederen griechischen Stirn, sanften Augen, sehr roten Lippen mit süßem Lächeln.«

Welch eine Aufgabe, welch eine Verpflichtung, diesem Ruhm ständig gerecht zu werden. Und je größer er wurde, desto belastender wurden auch die kritischen und neugierigen Blicke und der Neid. Jeder noch so kleine Toilettenfehler wurde mit Spott bedacht, jede leichte Müdigkeit als schwindende Schönheit kommentiert. Ihre Feindinnen, allen voran Pauline Metternich, die Enkelin des Staatskanzlers, ließen keine Gelegenheit aus, die Kaiserin schlecht zu machen. Doch auch Elisabeth hatte für die stark aufgeputzte erste Dame der Wiener Gesellschaft nichts übrig und höhnte in einem ihrer Gedichte:

Ihr Antlitz, wie soll ich's beschreiben?
Als würden hundert Affen drin
Ihr tolles Wesen treiben,
So war's als es vor mir erschien.

Mit weißer Farb war's überzogen,
und hinter keck geschwärzten Brau'n

Da war, mir freundlich nicht gewogen,
Ein boshaft Augenpaar zu schau'n …

Doch selbst Elisabeths Nichte Marie Larisch kritisierte den Körperkult ihrer Tante: »Sie betete ihre Schönheit an wie ein Heide seinen Götzen und lag vor ihr auf den Knien. Der Anblick der Vollkommenheit ihres Körpers bereitete ihr einen ästhetischen Genuß; alles, was diese Vollkommenheit trübte, war ihr unkünstlerisch und zuwider … Sie sah ihre Lebensaufgabe darin, jung zu bleiben, und all ihr Sinnen drehte sich um die besten Mittel zur Erhaltung ihrer Schönheit.«

Eine einsame Herausforderung, die die Aura der Unerreichbarkeit um die Kaiserin wachsen ließ: »Diamantensterne im Haar, die hohe schmale Gestalt in die prunkvollsten Kleider gehüllt, die europäische Schneider ersinnen konnten, stand sie inmitten des höfischen Trubels und Glanzes ›nicht als wäre sie im Ballsaal unter all den Menschen, sondern stünde einsam auf einem Felsen im Meer, so verloren blickte sie ins Weite‹ – so unnahbar und unwirklich« kommt sie ihrer Nichte Marie Larisch-Wallersee vor, schreibt Brigitte Hamann. Und als sie ihre Tante bewundernd mit Titania, der Elfenkönigin vergleicht, antwortet Sisi bitter: »Nicht Titania, sondern die Möwe, die gefangen ist und im Kastel sitzt.«

Mit den Jahren kümmerte sich Elisabeth immer weniger darum, was andere von ihr dachten. Sie wurde die »Kaiserin hinter der Meute« und galoppierte in England als Parforce-Reiterin über Stock und Stein, sie lernte Fechten, stieg auf Berggipfel – es gab kaum eine ungehörige Beschäftigung, der sie sich in ihrer Rebellion gegen den Kaiserhof nicht verschrieb. Die gesundheitlichen Schäden, die daraus resultierten, waren damals kaum zu heilen. Rheuma, Ischias und Gliederschmerzen wurden im Alter ihre ständigen Begleiter und schränkten ihre Bewegungsfreiheit ein.

Mit achtunddreißig wurde Elisabeth die schönste Großmutter der Welt und tat nach wie vor alles, um es auch zu bleiben, denn das Alter machte ihr Angst: »Ein Mensch mit vierzig Jahren löst sich auf, verfärbt sich, verdunkelt sich wie eine Wolke«, sagte sie. Später, als alle Anstrengung nicht mehr half und sie dennoch verblühte, verbarg sie ihr Altern hinter Schleiern, Fächern und Kutschenfenstern. Sie erlaubte nicht, daß das Bild ihrer jugendlichen Schönheit durch Fotografien entzaubert wurde: »Sobald ich mich altern fühle, ziehe ich mich ganz von der Welt zurück. Es gibt nichts ›Grauslicheres‹, als so nach und nach zur Mumie zu werden und nicht Abschied nehmen zu

wollen vom Jungsein. ... Vielleicht werde ich später immer verschleiert gehen, und nicht einmal meine nächste Umgebung soll mein Gesicht mehr erblicken.«
Als die Kaiserin tot war, sahen die Menschen in ihrem Reich wieder ihr Gesicht. Es lächelte von ihrem Sterbefoto, so jung und schön, wie sie Elisabeth in Erinnerung hatten. Sie war damals einunddreißig gewesen, als dieses letzte Bild von ihr entstand. Nun war sie sechzig und hatte erfolgreich die Zeit angehalten. Ein Mythos wird geboren, eine Frau verehrt, die sich dem normalen Alterungsprozeß entzieht. Wen die Götter lieben, den lassen sie jung sterben – und sei es nur zum Schein.

19

Die Rebellion

Diana

Es war im »Annus horribilis«, wie die Queen das Jahr 1992 zu nennen pflegte, als Diana nicht länger bereit war, ihr Unglück hinter den Palastmauern zu verstecken. Schloß Windsor, das Symbol der Dynastie, brannte, die Steuerzahler murrten, weil sie den Wiederaufbau nicht finanzieren wollten, und Andrew Morton hinterließ, was das Image der königlichen Familie anlangte, mit seiner Biographie ebenfalls verbrannte Erde. Die Gerüchte wollten nicht verstummen, daß »Deep Throat«, der Informant für die Ungeheuerlichkeiten, die in »Diana, her true Story« (Diana, ihre wahre Geschichte) preisgegeben wurden, die Prinzessin von Wales selbst gewesen sei. »Es war, als würde man gebannt auf eine Blutlache starren, die langsam unter der verschlossenen Tür hervorquoll«, schilderte ihr Privatsekretär die Stimmung im Palast. Diana schwieg zu allen Vorwürfen, und Morton gab erst Jahre später zu, daß er eine unverdächtige Mittelsperson in den Kensington-Palast eingeschleust hatte, um die Tonbandinterviews mit der Frau des Thronfolgers zu führen. »Sie sah sich als Gefangene in der Falle einer auf bittere Weise unerfüllten Ehe: an ein gefühlloses königliches System gekettet und an ein vollkommen unrealistisches öffentliches Image ihres Lebens gefesselt«, rechtfertigt der Biograph die endgültige Zerstörung des Mythos über die glücklichen Königskinder. »Soweit es sie selbst betraf, war ihr ganzes Leben nämlich eine einzige groteske, unerbittliche Lüge.« Ein Märchen, das die Welt bewegte, wurde zeitgemäß umgeschrieben. Kein glückliches Ende, sondern ein ganz gewöhnliches Unglück ohne Ende. Eine zerbrochene Beziehung, wie es Tausende im Land gibt.

Wenn der Schrank, in dem die Familiengeheimnisse aufbewahrt werden, einmal geöffnet wird, dann gibt es kein Halten mehr: Im März dieses schicksalsträchtigen Jahres, in dem die Königin aus gegebenem Anlaß alle großen

Feste absagt, wird die Trennung von Fergie, einer engen Freundin Dianas, und Andrew, Herzogin und Herzog von York, bekanntgegeben. Im April läßt sich Anne von ihrem Ehemann scheiden, im Mai berichtet die Presse schon über eine neue Liebesaffäre der Prinzessin mit ihrem Angestellten Timothy Laurence. Im Juni muß Prinz Edward erneut bestreiten, daß er homosexuell ist, im August zeigt sich Fergie in Südfrankreich oben ohne mit ihrem neuen Geliebten und läßt ihn an ihren Zehen lutschen. Wenige Tage später wird ein Tonbandgespräch Dianas mit James Gilbey, einem ihrer Verehrer, der als »Tintenfischchen-Mann« in die Geschichte eingehen wird, veröffentlicht. Sie beklagt sich bei ihm, daß die königliche Familie sie schlecht behandelt: »Mein Leben ist eine Qual. Eine gräßliche Hölle ...«
Im November schließlich geschieht für die Königin »das Schlimmste«. Ihr geliebtes Schloß Windsor, in dem sie einen Teil ihrer Kindheit verbracht hat, brennt unversichert nieder.
Inmitten all dieser Katastrophen erscheint im Juni 1992 das Buch über Diana und schlägt wie eine Bombe ein. Die Fiktion dieser Märchenehe, in der sie sich fühlte, »als würde der Sarg immer fester verschlossen werden, in dem sie lag«, war zu Ende. Und »wie eine Gefangene, die für ein Verbrechen büßen mußte, das sie gar nicht begangen hatte«, so Morton, »verspürte Diana das dringende Bedürfnis, der Welt die Wahrheit über ihr Leben zu sagen. ... Sie wollte die Freiheit, so zu reden, wie es ihr paßte, ... damit sich die Leute ihr eigenes Urteil bilden konnten.«
Andrew Morton ergreift eindeutig für die Prinzessin Partei und läßt kein gutes Haar an Charles, der die Rolle des Monsters spielt, das ihr Glück auf dem Gewissen hat. Ein kalter Mann ohne irgendeinen sympathischen Zug wird uns vorgestellt, ein königlicher Versager im Eheleben. Selbstreflexion ist noch nicht Dianas Stärke. Sie ist das Opfer, er ist der Täter. Punkt. Die viel zu hohen Erwartungen, die sie an ihren – durch die königliche Erziehung – emotional eingeschränkten Ehemann stellt, die unerfüllbare Forderung, endlich den »guten Vater« zu finden, bucht sie nicht auf ihr Schuldenkonto, wenn es schon so etwas wie Schuld geben muß. Ihr Hunger nach Liebe und Anerkennung, den auch der einfühlsamste Mann nicht stillen könnte, kommt nicht vor. Erst drei Jahre später sagt sie in ihrem BBC-Fernsehinterview: »Ich nehme 50 Prozent der Verantwortung für das Scheitern der Ehe auf mich, aber nicht mehr.«
Es war wahrscheinlich eine Mischung aus Rache und Verzweiflung, die Diana heimlich in ihrer Wohnung im Kensington-Palast die von Morton schriftlich

vorbereiteten Fragen ehrlich beantworten ließ. Es ging um ihre Selbstmordversuche, um ihre Eßstörungen, um Charles, der sie seit Jahren mit Camilla betrog: »Zum ersten Mal, seit sie im Kreis der königlichen Familie lebte«, so Morton, »hatte sie das Gefühl, Macht zu haben. Endlich sollte ihre Stimme gehört und die Wahrheit gesagt werden ...« über das »dunkle Zeitalter«, wie sie ihr Leben mit Charles und seinen Verwandten nannte. Doch nicht nur Rache und Verzweiflung waren die Motive für diese offene Rebellion. Diana hatte Angst. Der Palast stufte sie als Sicherheitsrisiko ein, und ein enger Freund von Charles erklärte, sie befände sich »im fortgeschrittenen Stadium von Paranoia«. Sie galt als »irrational«, und aus ihrer Sicht war Charles dabei, die Welt davon zu überzeugen, daß sie nicht geeignet sei, die Thronfolger aufzuziehen: »Freunde auf seiten meines Mannes meinten, ich sei wieder seelisch instabil und krank, ich soll in irgendein Heim gebracht werden, um mich zu erholen.« Schon zu Sisis Zeiten war es üblich, daß Frauen, die sich nicht im vorgegebenen Rahmen ihrer Gesellschaftsschicht bewegten, in einer geschlossenen Anstalt landeten.

Die Flucht nach vorne schien für Diana der einzige Weg zu sein, um dem Zugriff dieser mächtigen Familie zu entkommen.

Fünf Selbstmordversuche, die wohl mehr Selbstverstümmelungsversuche waren, um endlich die Aufmerksamkeit ihrer Umgebung zu erlangen, waren genug. Ihr Ehemann war endgültig zu seiner Geliebten zurückgekehrt, was hatte sie zu verlieren? Die Rebellion gegen das System, in dem sie groß, schön und noch einsamer geworden war, als sie es ohnehin schon war, galt auch ihrem alten Ich. Eine Frau, die verzweifelt Halt bei ihrem Ehemann suchte, die einen Mythos heiratete, den Märchenprinzen, der ihr das Unglück abnehmen sollte, fing an, ihren eigenen Weg zu gehen.

Sie würde einen Platz in der Welt finden, der ihr allein gehörte. Zum ersten Mal in ihrem Leben forderte sie mit aller Kraft, wahrgenommen zu werden. Die Wut, mit der sie sich gegen alle Regeln wandte, die in der königlichen Familie wichtig waren, verriet auch ihre Angst, daß sie es nicht schaffen könnte, sich zu befreien.

Sie hatte es satt, daß es überall im Kensington-Palast versteckte Kameras gab, die jeden ihrer Schritte überwachten, daß im Restaurant ständig ein Leibwächter am Nebentisch saß und jedes ihrer Worte mithörte, sie wollte nicht mehr gerügt werden, nur weil sie bei einem Konzert Lederhosen trug. Die Prinzessin von Wales wollte Prinzessin bleiben, aber sie war nicht mehr bereit, dafür einen so hohen Preis zu bezahlen. Sie wollte mit ihren Kindern ein ganz normales Leben führen, in dem alles Platz hatte, was für Diana immer wichtiger wurde. Und sie würde ihren Sohn darauf vorbereiten, ein guter König zu werden:

Adrian hatte Aids. Diana wußte es, und als ihr Freund, den sie im Rahmen ihres Engagements für die Aids-Hilfe kennen- und schätzengelernt hatte, im Sterben lag, besuchte sie ihn immer wieder in seinem Appartement in Mayfair und brachte eines Tages auch ihre Kinder mit. Sie wollte, daß William und Harry Mitgefühl mit Menschen, die dem Tod geweiht waren, entwickeln konnten. Sie wollte, daß der Thronfolger verstand, wie wichtig es war, Tabus zu brechen und Kranke zu unterstützen, die von der Gesellschaft verachtet wurden. Bei einer nationalen Aids-Konferenz hielt die Prinzessin von Wales eine Rede und zog sich damit den Unmut des Hofes zu: »Es ist doppelt schwierig«, sagte sie, »in einem Land wie Großbritannien mit Aids zurechtzukommen, wo immer noch ein verständliches Widerstreben besteht, emotionale Themen frei und offen zu diskutieren. Wir müssen lernen, diese Hemmschwelle zu überwinden ...«

Die Prinzessin von Wales hatte es nicht einfach, ihren eigenen Weg zu gehen. Ihre Feinde im Inneren des Palastes sahen sich durch ihren »Verrat« noch mehr dazu aufgerufen, alles zu kontrollieren, was sie unternahm: »Wenn Diana der Star der Windsors im königlichen Hoftheater war, dann fungierten die Spitzen der Hofbürokratie als die Produzenten, die hinter den Kulissen nur darauf warteten, jeden kleinen Fehler sofort kritisieren zu können«, analysierte Andrew Morton das Minenfeld, in dem die Prinzessin sich von nun an bewegte. Es ist nicht belegt, ob sie bei ihrem Schritt in die Freiheit Berater hatte. Was für jeden Mann in hoher Position selbstverständlich ist – ein gutes »Coaching« im Hintergrund – fand nicht statt oder wurde verheimlicht. Wer möchte schon bei einer Palastrevolution, die auch schiefgehen kann, seinen Kopf hinhalten.

Jetzt, wo die Frau des Thronfolgers von ihrem Ehemann getrennt war, gab es keinen Grund mehr, ihre Präsenz in der Öffentlichkeit zu unterstützen. Im Gegenteil, es mußte etwas geschehen, um Dianas Beliebtheit einzudämmen: »Ein Medienforschungsinstitut stellte fest, wie viele Zeitungsspalten den beiden in den ersten sechs Tagen des März 1993 gewidmet waren, und gab die Zahlen in Zoll an. Diana kam auf 3603 Zoll, Charles nur auf 275«, schreibt Kitty Kelley über die Zurücksetzung des Prinzen von Wales, der jetzt noch mehr darunter litt, daß die Frau, die er nicht einmal mehr schätzte, ihm vor der Sonne stand.

Das Ehepaar Wales war nur noch durch die Pflicht verbunden, es gelang kaum noch, das Ausmaß ihrer Abneigung gegeneinander zu vertuschen. Sie benützten nicht einmal mehr ein gemeinsames Briefpapier. Das Experiment, einer »Fremden« das Traditionsbewußtein von Jahrhunderten beizubringen, war gescheitert. Die Royals hatten sich bisher erfolgreich vom »normalen« Leben abgeschottet. Sie waren in Palästen groß geworden und kannten nichts anderes als Disziplin der Krone gegenüber: »Und trotz aller Privilegien waren sie immer Gefangene der Erwartungen, die die Gesellschaft an sie stellte, und Marionetten des Systems. Pflicht- und Verantwortungsgefühl und Opferbereitschaft wurden bei ihnen vorausgesetzt. Persönliches Glück, wie es Prinzessin Margaret, die Schwester der Queen suchte, als sie Captain Townsend, einen geschiedenen Mann, heiraten wollte, mußte auf dem Altar der Monarchie geopfert werden«, schreibt Morton. Diana machte kein Hehl daraus, was sie davon hielt. Sie nannte die Monarchie eine »zerfallene Institution« und meinte, »daß die Familie sich in ein paar Jahren wird fragen müssen, warum sie ihre Daseinsberechtigung verloren hat, wenn sie sich nicht ebenfalls ändert«.

Doch vorläufig dachten die Royals gar nicht daran, etwas zu verändern, sondern bemühten sich, den Störenfried zu ignorieren. Diana wurde nicht mehr zu den offiziellen Veranstaltungen eingeladen. »Trooping the colors«, die wichtigste Fahnenparade des Jahres, fand ohne sie statt, und als ihr die Königin keine Einladung zum Rennen in Ascot schickte, fuhr sie mit ihren Söhnen in einen Freizeitpark. Am nächsten Tag bewunderten die Engländer eine liebevolle Mutter in Bluejeans, die sich mit ihren Kindern amüsierte, und bekamen auf dem Foto nebenan die steife königliche Familie serviert, die ihren Untertanen hoheitsvoll aus Karossen zuwinkte. Im Gegenzug wurden Dianas öffentliche Auftritte immer mehr eingeschränkt. Als sie zu einem Gedenkgottesdienst für zwei Kinder, die bei einem Bombenattentat der IRA ums Leben gekommen waren, nach Nordirland fahren wollte, untersagte ihr der Hof die Teilnahme, »damit sie nicht als Engel der Barmherzigkeit« auftreten konnte, und schickte statt dessen Prinz Philip hin. Auf einer Reise nach Nepal verhinderten die Royals, daß für sie die Nationalhymne gespielt wurde, und die Flüge erster Klasse waren ebenfalls gestrichen.

Diana hatte sich freiwillig aus dem Schutz der mächtigsten Familie des Landes in die freie Wildbahn begeben. Sie würde schon sehen, daß der Wind, der draußen wehte, rauh war: »Sie war angreifbar, emotional, auf sanfte Weise respektlos und spontan. Für eine Institution, in der man weiße Handschuhe trug, mit steifer Oberlippe herumlief und in der ein großes Schild mit der Aufschrift ›Berühren verboten‹ an der Krone hing, war die Prinzessin von Wales in der Tat eine Bedrohung«, schreibt Andrew Morton in seiner Biographie.

Die Bedrohung lag auf jeden Fall schon in der Flut der Berichterstattung, die Mortons Klage über die arme Prinzessin weltweit in Gang gesetzt hatte. Die Engländer stellten die Monarchie auf den Prüfstand und erlaubten sich die Frage, wozu sie denn überhaupt eine königliche Familie brauchten, wenn die sich nicht besser benehmen konnte als ihre Nachbarn von nebenan: »Man zweifelte sogar am Pflichtgefühl der Königin, die ihren Hunden und Pferden mehr Aufmerksamkeit schenkte als ihren Kindern«, die – wie man sah – dementsprechend mißraten waren.

Mit ihrer Trennung von Charles im Dezember 1992 war Diana am Hof endgültig isoliert und suchte neue Verbündete: das Volk von England. »Laßt sie meine Richter sein«, sagte sie über die Frauen und Männer »draußen« und machte sie zu ihren Helfern, als die königliche Familie sich endgültig von ihr abwandte: »Dieses Buch«, meint Morton über seine Biographie, »war für Diana zugleich Rettungsboot und Freibrief, ... das persönliche Testament einer Frau, die sich während der Entstehungszeit als sprach- und machtlos erlebte.«

Sisi

Nein, es ist kein Gerücht. Die Kaiserin von Österreich und Königin von Ungarn ließ sich in ihre Schulter einen Anker tätowieren. Der Obduktionsbericht aus Genf listet »das Bild auf ihrer Haut« neben anderen Details ihrer körperlichen Verfassung minutiös auf.

Es soll im Jahr 1888 in einer Hafenspelunke in Korfu gewesen sein. Sisi spürte die Nadel auf ihrer Haut und wußte, daß sie sich wieder einen Schritt von ihrem Ehemann entfernte. Der Anker, Symbol dafür, daß ihr Heimathafen sie selber war, erschien dem Kaiser als neuer Affront, und er fragte erschüttert die gemeinsame Tochter Marie Valerie, »ob sie über diese Tatsache schon geweint hätte«. Elisabeth ließ sich ihre Tätowierung wie einen Stempel einritzen, meint die Soziologin Lisa Fischer: »Der in der Außenwelt empfundene

Schmerz über das Unverstandensein wurde durch das Zeichen auf der Schulter körperlich spürbar, er ging ihr unter die Haut, er war ihr eigen, unwiderrufbar und unveränderbar festgeschrieben.« Ein neuerlicher Beweis ihrer Rebellion, ihres Andersseins, ihrer Verachtung für die Gesellschaft, in der sie lebte. Fischer zitiert den berühmten Architekten Adolf Loos, der 1908 schreibt: »Die tätowierten, die nicht in haft sind, sind latente verbrecher oder degenerierte aristokraten. Wenn ein tätowierter in freiheit stirbt, so ist er eben einige jahre, bevor er einen mord verübt hat, gestorben.«
Es hätte der Tätowierung nicht mehr bedurft, um Sisis Ruf zu ruinieren und ihr Außenseitertum zu dokumentieren. Waren die ersten Regungen des Widerstands noch gut getarnt, machte sie sich später keine Mühe mehr, ihre Forderung nach Freiheit und Autonomie zu verbergen.
Doch zurück zu den Anfängen: Man muß schon krank sein, wenn man als Frau eines Kaisers im 19. Jahrhundert rebellieren will. Der Ausweg, den Sisi in den ersten Jahren gewählt hat, ist die Flucht in die Krankheit. Weit weg wollte sie von diesem Hof, an dem es nichts mehr gab, was sie hielt. Der Kaiser ein Ehebrecher, der sich mit hübschen Mädchen vergnügte, die Kinder unter Verschluß bei der Schwiegermutter. Madeira, die Blumeninsel im Mittelmeer, schien ihre Rettung zu sein.
Aus ihrem Refugium schickte Elisabeth provokante Fotos, die in Wien von Hand zu Hand gingen und den Unmut über die unmögliche Kaiserin noch mehr schürten: Inmitten der üppigen Vegetation sitzt sie in einem weißen Matrosenhemd mit Krawatte und spielt versonnen Mandoline. Ihr zu Füßen hält ihre Kammerzofe Helene Taxis, ebenfalls im Matrosenlook, im linken Arm einen kleinen Pintscher, die rechte Hand ist malerisch ausgestreckt nach einer Blütenranke. Im Hintergrund blicken die beiden anderen Hofdamen sinnend in die Landschaft, wie auf einem Faschingsfest ebenfalls mit Matrosenhüten und passenden Blusen bekleidet. »Die kleinen Kinder waren ohne Mutter, der Gatte ohne Frau, das Reich ohne Kaiserin«, schreibt Biographin Hamann über soviel Unverfrorenheit. Die politische Lage war außerdem ernst, und da saß diese Frau auf einer fernen Insel und klagte über ihr persönliches Schicksal: »Moralisch ist aber die Kaiserin schrecklich gedrückt, beinahe melancholisch, ... sie sperrt sich oft beinahe den ganzen Tag in ihrem Zimmer ein und weint«, berichtet einer der Kuriere nach Wien. Und das, obwohl sie in einem landschaftlichen Paradies lebt: »Alle Gewächse Indiens und Südamerikas gedeihen auf dieser von der Natur so gesegneten Insel. Denke Dir Bosketts von 30 Schuh hohen Kamelienbäumen mit Tausenden

Blüten und Knospen. 25 Schritte vor dem Hause das hohe felsige Ufer der See, aus jeder Steinritze ein Kaktus wuchernd.«
Flucht aus dem tristen Alltag ist noch keine Garantie für Glück, man muß auch mit den Folgen fertig werden: Die Einsamkeit in einem fremden Land, das Wissen, daß die Kinder sich immer weiter entfremden, die Ruhe und Stille, in der die innere Verzweiflung um so lauter wird, all das mußte Elisabeth zuerst ertragen lernen. Und ähnlich wie Diana wächst sie an ihrem Leid und kehrt noch schöner und endlich selbstbewußt nach Wien zurück. Aber das Wohlbefinden dauert nur kurz. Sie wird unter dem Druck bei Hofe sofort wieder krank und flüchtet nach Korfu, um ihrem Leben als Kaiserin zu entgehen.
Von nun an war ihr Leben ein ständiger Kampf, ein zäher Widerstand gegen alles, was ihr in ihrer Rolle als Kaiserin aufgezwungen wurde. Sie entzog sich ihren lästigen Pflichten, so oft es ging, durch Reisen und mannigfaltige Unpäßlichkeiten von der Migräne bis zur Magenverstimmung, oder bemühte sich nicht einmal, den Schein der beflissenen Gastgeberin zu wahren. Als die deutsche Kaiserin Augusta, »eine lächerliche, schwülstige, geschwätzige Zierpuppe, mit einer Totenstimme« – wie Graf Crenneville sie charmant beschrieb – zur Weltausstellung kam, klagte er über Elisabeth: »Neben ihr macht Sisi den Eindruck einer gelangweilten Taubstummen«. Der Aufforderung, mit der russischen Großfürstin in der Kutsche zur Parade zu fahren, kam sie erst gar nicht nach und ließ sich entschuldigen, weil sie ausschlafen mußte. Crenneville berichtet vorwurfsvoll : »Sisi machte gelangweilte Gesichter und ist steif.« Auch der König von Italien bekam die Kaiserin nicht zu sehen: »Viktor Emanuel konnte Sisis Bekanntschaft nicht machen, es ist richtig Magen Catarrh, an dem sie leidet.«
Selbst die Menstruation, die heute noch zu den Tabus gehört, war der Kaiserin recht, wenn es darum ging, sich langweiligen Aufgaben zu entziehen: Die Daten ihres »Leidens« waren am Hof bekannt und mußten bei allen Veranstaltungen am Hof selbstverständlich berücksichtigt werden.
Umso vergnügter war Elisabeth, wenn es um Freunde ging, die ihrem Geschmack entsprachen. Sie liebte ihren Vetter, König Ludwig II., der als »absonderlich«, später als geisteskrank galt und im Starnberger See ertrank. Gern kokettierte sie mit ihrer Seelenverwandtschaft: »Ich weiß, ich werde mitunter für verrückt gehalten«, sagte sie zu Marie Larisch, und »dabei lächelte sie spöttisch, und in ihren goldbraunen Augen zuckte es wie Wetterleuchten in verhaltenem Mutwillen«, erinnert sich später ihre Nichte. Auch

Fürst Eulenburg wies auf die Gemeinsamkeiten zwischen den beiden hin: »Die etwas sehr eigentümlich angelegte, sehr begabte Kaiserin hatte stets mehr Verständnis für ihren Vetter gehabt als andere Sterbliche. Wenn sie stundenlang in ihrem Salon in einer Art Zirkuskleidung am Trapez arbeitete oder plötzlich – nur mit einem langen Regenrock über Trikotkleidung angetan – von Feldafing nach München zu Fuß ging, eine Strecke von etwa 50 Kilometern, so ist es begreiflich, daß sie die Extravaganzen ihres Vetters ... ›erklärbar‹ fand.«

Nach seinem Tod sprach Elisabeth oft davon, daß König Ludwig ihr »erschienen« sei und mit ihr gesprochen habe.

Die größte Extravaganz, die sich die Kaiserin von Österreich aber erlaubte, war ihre fast ständige Abwesenheit vom Hof. Je selbstbewußter sie wurde, desto seltener kam sie vorbei, um ihren Mann beim Repräsentieren zu unterstützen. Kaum war zum Beispiel die Weltausstellung vorbei, reiste Sisi in ihr damals bevorzugtes Refugium, nach Gödöllö, und schrieb an ihre Mutter: »Hier lebt man so ruhig ohne Verwandte und Seccaturen ...« Von Ruhe konnte allerdings kaum die Rede sein. Es herrschten ganz andere Gesetze als am Hof:

Der Pusztasand fliegt unter ihren Hufen weg, Elisabeth prescht mit ihrem Pferd an der Spitze ihrer Eskorte schöner, junger Männer durch eine urwüchsige, wilde Landschaft, die wie geschaffen ist für ihren Freiheitsdrang. Ihre Besucher sind nicht nach Rang und Namen, sondern nach ihren Reitkünsten und ihrem Charme ausgesucht und bereit, sich den Hals zu brechen, um der wilden, schönen Kaiserin zu folgen. Ihre Nichte, Marie Larisch-Wallersee, schreibt begeistert: »Ich genoß in vollen Zügen die langen Ritte mit der Kaiserin, die bisweilen Gefallen daran fand, sich als Knabe zu verkleiden. ... Elisabeth bildete sich ein, daß diese verrückte Laune in Gödöllö nicht allgemein bekannt war; in Wahrheit sprach jedermann darüber.«

Aber es gab noch viel mehr zu reden. Das Leben auf dem ungarischen Schloß war eine einzige Provokation. Wie einst ihr Vater Max in München, ließ Sisi sich eine Manege bauen. Dort ritt sie Hohe Schule und arbeitete mit Zirkuspferden. Lehrmeisterin dieser Kunststücke war Elise Petzold, die berühmte Kunstreiterin vom Zirkus Renz, die zu ihrer Vertrauten wurde. Elisabeth war stolz auf diese unstandesgemäße Freundschaft und beschenkte die Freundin großzügig mit einem teuren Pferd.

Doch das war noch gar nichts gegen ihre Vorliebe für Zigeuner. Sie liebte ihre wilde, süße Musik und lud sie nach Gödöllö auf ihr Schloß ein, wo sie für ihre

Darbietungen köstlich bewirtet und mit Nahrungsmitteln beschenkt wurden. Was für ein Kontrast – die feingekleidete Hofgesellschaft neben diesen einfachen Frauen und Männern, die das kaiserliche Personal als »lichtscheues Pack bezeichnete« und nach Wien von vor »Schmutz starrenden, in Fetzen gehüllten« Menschen berichtete.

Die Zigeuner, die Zirkusreiter, das war ihre Welt, in der sie sich zu Hause fühlte. »Eine Möwe bin ich von keinem Land, meine Heimat nenne ich keinen Strand ...«, schrieb sie in ihr Tagebuch.

Weiter, weiter, schien ihre innere Unruhe zu verlangen, als der Reiz der Neuheit von Gödöllö dem Alltag Platz gemacht hatte. Sie wollte mehr. Die Jagdsaison war zu kurz, die dichten Wälder bei den wilden Ausritten lästig, es gab keine hohen Hindernisse, so wie in England.

Also auf nach England:

> Der große Wunsch dem größeren weicht,
> Nie zieht ins Herz Genügen ein.
> Und wenn du je dein Glück erreicht,
> So hört es auf, dein Glück zu sein,

schrieb die rastlose Kaiserin.

Marie von Neapel, ihre Schwester, besaß ein Gut in den Midlands und fand für Sisi in der Nähe von Althorp, dem prachtvollen Landsitz des fünften Earl of Spencer, ein passendes Jagdhaus. In Dianas Heimat kreuzen sich, wenn auch um ein Jahrhundert verschoben, die Wege der beiden Frauen, deren Schicksal so ähnlich ist. Die Prinzessin von Wales liegt hier begraben, die Kaiserin von Österreich fand hier eine neue Liebe und wurde zur besten Parforce-Reiterin ihrer Zeit. Der Titel einer Kaiserin war ihr nichts wert, sie wollte lieber die »Königin hinter der Meute« sein. Und so war es dann auch. Sie sprang im Wettbewerb mit rauhen Männern über hohe Holzbarrieren, Weidezäune und riskierte dabei, ohne zu zögern, täglich ihre Gesundheit und manchmal sogar ihr Leben. Es waren oft mehr als hundert Reiter, die ihr Glück auf diesen wilden Jagden versuchten, meist kam nur ein halbes Dutzend ans Ziel, unter ihnen Elisabeth.

Am Ende der Jagdsaison gab die Kaiserin ein großes Fest und brach wieder alle Regeln. Vom Stallmeister bis zum Stallburschen waren alle geladen, die sie begleitet hatten, und aßen und tranken mit der Herrscherin, die gelöst und fröhlich war wie selten. Ganz im Stil heutiger Wettbewerbe stiftete Sisi den nach ihr benannten »Hohenembs-Cup« und überreichte ihn dem glücklichen

Gewinner – Bay Middleton. Sie waren ein gleichwertiges, schönes Paar: er, der beste Reiter im ganzen Land, sie, die beste Frau, die je zu Pferd gesessen hatte. Wahrscheinlich wäre Sisi heute Olympiasiegerin.

In Wien sieht man den Kaiser währenddessen oft gegen Abend allein nach Laxenburg fahren, um im Park spazierenzugehen. Was ist das für eine Frau, die ihren Mann so lang allein läßt, fragen sich die Menschen in seiner Umgebung. Graf Hübner schreibt in sein Tagebuch: »Diesen Fürst, für das Familienleben geschaffen, sieht man auf die Einsamkeit reduziert durch die Abwesenheit der Kaiserin, die er immer noch leidenschaftlich liebt.« Für Sisi gibt es kein Verständnis. Eine Frau, die mehr sein will als Kaiserin, die ihren Mann verläßt, nur weil er sie nicht versteht, die ihren »Wolkenkraxeleien« lebt, kann nicht auf Milde hoffen.

Der Empfang bei ihrer Rückkehr nach Wien war dementsprechend kühl. Die Kritik über ihr unziemliches Leben und die Geldverschwendung bei ihren ausgedehnten Reisen wurde immer lauter. Die Gattin des belgischen Botschafters schreibt: »Diese Frau ist wirklich verrückt. Wenn sie nicht die Republik in Österreich herbeiführt, dann sind dessen Bewohner noch sehr brave Leute. Sie lebt ausschließlich für ihr Pferd. Es wäre ein Glück, wenn sie einen Arm bräche, daß er unheilbar bliebe.« Nicht nur Diana, auch Sisi schafft es, daß man die Monarchie durch ihr Verhalten in Frage stellt.

Es war kein Armbruch, der Elisabeths Reitleidenschaft, die fast ein Jahrzehnt währte, ein Ende setzte. Ihr eigener Körper rebellierte und zwang sie durch Rheuma und Gicht vom Pferd. Statt dessen lernte sie nun Fechten, einen Sport, der damals für Frauen durchaus nicht üblich war.

Mit siebenundfünfzig, Sisi ist gerade Urgroßmutter geworden, ist sie noch immer so gelenkig wie ein junges Mädchen: »Um dies der Gräfin Sztáray zu beweisen, macht sie ihr einmal auf einem Ausflug, als keine Seele sonst in der Nähe ist, plötzlich mit großer Grazie ein Turnerstückchen vor, das einem jeden Turnlehrer zur Ehre gereicht hätte«, schreibt Conte Corti über diese ungewöhnliche Frau.

Doch nicht nur die exotischen Hobbys der Kaiserin provozierten den Hof. Sie fand ständig neue Möglichkeiten, sich außerhalb der Norm zu bewegen. So umgab sie sich gern mit Tieren, die ungewöhnlich waren. Am Anfang ihrer Ehe sprach sie mit ihren Papageien, dann hielt sie sich riesige Wolfs- und Windhunde, und eines Tages kam sie mit einem Makako-Affen an, mit dem Valerie spielen sollte. Der Affe wurde allerdings bald aus dem Dienst entlassen, weil er onanierte und mit seinem Geschrei die Nerven der Kaiserin strapazierte. Doch der nächste Skandal war schon vorprogrammiert. Diesmal trat Sisi in die Fußstapfen ihres Vaters, sie hielt sich »Rustimo«, einen zwergenhaften verkrüppelten Schwarzen, den sie in weiße Pluderhosen, in eine blaue Jacke und einen Fez mit langer Quaste kleiden ließ. Es war unschicklich, daß ihre Tochter mit einem »Heiden« spielte, also wurde er getauft, und zwar ausgerechnet auf den Namen des Kronprinzen: »Heut war Rustimos Taufe in Valeries Salon«, schrieb Sisi an ihre Mutter. »Rudolf war Pate. Es war feierlich und lächerlich, es wurde geweint und gelacht.«

Gar nicht zum Lachen fand der Hof, daß die Kaiserin hochgebildet war: »Elisabeths Bildungseifer, ihre philosophischen, literarischen und historischen Interessen entfernten sie erst recht von ihrem Mann und dem Wiener Hof«, schreibt Brigitte Hamann. »Die Wiener Gesellschaft war in dieser Zeit nicht nur ungebildet, sondern bildungsfeindlich. ... In einer solchen Umgebung war Elisabeth ... mehr als ein Kuriosum, sie war eine Provokation.«

Sie suchte sich Freundinnen, die ihre Vorliebe für die Literatur teilten, und fand eine Verbündete in der Königin von Rumänien, Carmen Sylva, von der der Kaiser sagte, sie »habe seine Nerven angegriffen«, weil er sich in der Gesellschaft gebildeter Frauen unwohl fühlte. Elisabeth war begeistert von ihr und schrieb anläßlich eines Aufenthalts in Rumänien:

> Nicht den Hof wollt' ich besuchen,
> Auch zur Königin nicht gehen,
> Nur die Dichterin zu sehen
> Kam ich, Carmen Sylva zu besuchen ...

Dichter waren ihr mehr wert als Könige, darüber ließ sie bei Hof niemanden im Zweifel.

Ihre Gedanken waren den Menschen ihrer Zeit fremd, ihre Interessen unverständlich, wenn nicht gar anstößig. Sie las Heinrich Heine, sie konnte aus Shakespeare frei zitieren und garnierte die Neujahrswünsche für den Kaiser mit einem Schopenhauer-Zitat.

Außerdem war Sisi eine Naturschützerin, wenn auch ihr Unmut über die Verschandelung der Landschaft nur Befremden erregte. In ihrem Gedicht über den Tegernsee beklagte sie die vielen neuen Villen am Ufer und zog gleich auch noch über den Adel her:

Statt der reichgezierten Villen,
Die hier mein Gestad' umstehn,
Waren kleine, fromme Hütten
Armer Fischer nur zu seh'n.

Besser waren auch die Fischer,
Ehrlich, arbeitsam und schlicht,
Als das Heer Aristokraten,
Das auf fauler Haut hier liegt.

Es war kein einzelner großer Eklat, den Elisabeth, Kaiserin von Österreich und Königin von Ungarn, provozierte. Sie lebte ihren Widerstand in vielen skandalösen Details und lehnte es ab, sich wie eine Frau ihres Standes und ihres Jahrhunderts zu benehmen. Doch was immer sie inszenierte, durch ihre starke Ausstrahlung wurde sie nie lächerlich. Daß sie sich für eine große Dichterin hielt, war allerdings eine Fehleinschätzung.
Sisi wagt es nicht, ihren Unmut über die Gesellschaft, in der sie lebt, öffentlich zu machen. Sie vergnügt sich im geheimen und verschließt ihre Gedichte für die »Nachgeborenen« im Sommer 1890 in einer Stahlkassette, die erst sechzig Jahre später geöffnet werden darf:

Ich aber web euch Kappen
Und näh auch Schellen dran;
Als Narren geht ihr dann herum,
Man schaut sich lachend nach euch um;
Und seid ihr längst begraben,
Sie klingeln selbst noch dann.

20

Auf der Suche nach dem Glück

Diana

Es war im Dezember 1992. Diana stand inmitten ihres begehbaren Schuhschranks und zeigte auf eine ganze Reihe von Schuhen mit flachen Absätzen. »Diese Dinger, die einen Zwerg aus mir machen sollten, können Sie jetzt wegwerfen«, sagte sie zu ihrer Zofe. »Jetzt brauche ich sie nicht mehr.« Bisher durfte sie den Thronfolger von England nicht überragen und hatte bei gemeinsamen Auftritten stets darauf Rücksicht genommen. Jetzt war sie endlich von ihm getrennt und würde von nun an ihre Schränke mit hochhackigen Schuhen füllen. Sie ließ das Schlafzimmer neu streichen und entfernte das Doppelbett aus Mahagoni, das sie vor vielen Jahren mit Charles geteilt hatte. Neue Türschlösser, eine neue Telefonnummer, es gab kaum noch Erinnerungen an ihr altes Leben. Die »architekturlastigen« Gemälde des Thronfolgers machten beruhigenden Landschaften und Tanzszenen Platz, auf den Sesseln lagen bedruckte Kissen, auf denen zu lesen war: »Man muß eine Menge Frösche küssen, um einen Prinzen zu finden« und »Gute Mädchen kommen in den Himmel, böse überall hin.«

Frei sein. Endlich erlöst sein von diesem Mann, den sie nicht mehr schätzte, allein im Kensington-Palast, den sie nicht hinter sich lassen konnte, weil ihr Sohn der Erbe des Hauses Windsor war.

Diana suchte nach einer neuen Rolle. Auf der einen Seite mußte sie offiziell dem Königshaus verbunden bleiben, auf der anderen Seite war sie eine geächtete Verräterin, die als einziges Pfand nur noch ihre Kinder besaß. Die Situation war für niemanden einfach, und Diana schwankte zwischen Optimismus und Verzweiflung. Der Astrologe Felix Lyle meinte dazu: »Sie neigt zu Depressionen. Sie ist eine Frau, die sich leicht von charakterstarken Menschen besiegen und beherrschen läßt. Diana hat eine selbstzerstörerische Seite in ihrem Wesen. Sie könnte jeden Augenblick sagen: ›Schert euch doch alle zum Teufel!‹ und sich aus dem Staub machen. Das Potiential ist da. Sie ist eine Blume, die noch auf das Erblühen wartet.«

Früher hatte Diana ihre Rebellion gegen die Familie ihres Mannes im kleinen gelebt: »Sie nahm an Festen des Personals teil, brachte Schallplatten mit und forderte Diener zum Tanz auf«, schreibt Kitty Kelley. »Sie machte keinen Unterschied zwischen Autobahnarbeitern und Staatsoberhäuptern.« Sie besuchte Popkonzerte und hatte Spaß daran, ihre Leibwächter abzuhängen und sich in Restaurants unters gewöhnliche Volk zu mischen. Ihre Freunde waren nicht nach ihrem Adelstitel ausgewählt, aber sie konnten dafür gut zuhören, singen, tanzen oder schöne Kleider entwerfen. Nun mußte sie sich nicht mehr rechtfertigen, der Widerstand gegen das Hofzeremoniell beanspruchte keine Energie mehr. Das Korsett, das vielleicht auch eine Stütze gewesen war, fiel plötzlich weg.

Diana konnte ihre neue Freiheit nicht wirklich genießen. Im Palast sägten die »Männer in den grauen Anzügen« an ihrem Image und nannten sie eine »loose Cannon«, eine Anspielung auf sexuelle Abenteuerlust und die Sprengkraft ihres Lebenswandels, wenn sie aus ihrer Haustür trat, wartete schon die Pressemeute auf sie. Die Königin hielt ihre schützende Hand nicht mehr über sie, mehr denn je war die entlassene Prinzessin Freiwild für die Medien:

Diana mit gespreizten Beinen, in einer kniefreien Gymnastikhose und einem engen türkisen Trikot. Der Unterleib einer Frau wird an Millionen preisgegeben. Sie sitzt auf einem der Marterinstrumente in ihrem Fitneßclub. Die Bilder waren mit einer versteckten Kamera aufgenommen worden und hatten dem Fotografen ein Vermögen eingebracht. Der königliche Biograph Brian Hoey erklärt, daß niemand gewagt hätte, sie zu veröffentlichen, hätte sich Diana nicht vom Thronfolger getrennt.

Ihr Mann war aus der gemeinsamen Wohnung ausgezogen, sie blieb, wie viele andere Frauen in ihrer Lage, nach einer gescheiterten Ehe allein zurück und hatte die Chance, aber auch die Schwierigkeit, sich selbst zu finden.

Geld und Zeit können sehr nützlich sein, wenn man sich auf Entdeckungsreise ins eigene Ich begibt. Sie konsultierte, so wie in den letzten Jahren schon, Therapeuten, Astrologen, Hellseher, beschäftigte sich mit Hypnotherapie, Aromatherapie, Akupunktur und Tarot und glaubte, so wie die Schauspielerin Shirley McLaine, immer mehr an eine spirituelle Welt, die ihr half, ihr angeknacktes Selbstbewußtsein wiederzufinden. Diana vertraute auf die heilende Kraft der Kristalle und versuchte durch Meditiation Körper, Geist und Seele harmonisch zu verbinden. Für die Würdenträger des Landes und der Kirche

war ihre Beschäftigung mit dem Übersinnlichen nicht leicht zu verdauen. Als sie dem Bischof von Norwich erzählte, daß sie die reinkarnierte Seele eines Menschen aus früherer Zeit sei, reagierte der Bischof nach ihrer eigenen Aussage mit dem Ausdruck des Entsetzens. Als die Prinzessin von Wales ihm auch noch erklärte, daß die Geister Verstorbener sie schützten, war er endgültig alarmiert. Auch Sisi hatte sich mit den Seelen im Jenseits gut verstanden und war dafür, so wie Diana, belächelt worden.
Ihre Bemühungen, mit ihrem Leben klarzukommen, wurden von Charles und den Medien, die kurzfristig auf seiner Seite standen, nicht honoriert. Ihr Noch-Ehemann bezeichnete sie als mäßig intelligent und fernsehsüchtig und verkündete, daß es ihr einziges Lebensziel sei, sich auf seine Kosten die Schränke zu füllen. Wenige Tage später wurden in den Zeitungen ihre Jahresausgaben veröffentlicht. Allein die Ausgaben für Astrologen, Medien und ganzheitliche Beratungen beliefen sich auf 105.000 DM. Dazu kamen noch 32.000 DM für Psychotherapie, insgesamt 60.000 DM für Fitneßtrainer, Chiropraktiker, Osteopathen, Ganzkörpermassagen usw. Die Gesamtsumme der aufgelisteten Ausgaben belief sich auf fast 700.000 DM. Eine ihrer Freundinnen meinte auf den Vorwurf der Verschwendungssucht trotzig: »Hätte der Prinz sie nicht so schäbig behandelt, würde sie keine teuren Therapeuten brauchen.«
Bei jedem Menschen, bei dem Diana Hilfe suchte, lief sie Gefahr, daß ihre intimsten Geheimnisse der Öffentlichkeit preisgegeben wurden: »Sobald Diana erfuhr, daß ihre Kosmetikerin, ihre Handleserin und ihre Reflexzonentherapeutin Bücher schrieben, verzichtete sie auf ihre Dienste«, schreibt Kitty Kelley und läßt eine Freundin der ausgenützten Prinzessin sagen: »Sie ist allein, sie ist so einsam. Sie weiß nicht, wem sie vertrauen kann.«
Doch auch die Liste der Journalisten, die Gutes über sie berichteten, wurde immer kürzer, selbst ihr Engagement für Arme und Kranke wurde kritisiert. Man nannte sie eine »Supermärtyrerin«, sie fand sich mit der Schlagzeile »Prinzessin in sich selbst verliebt« konfrontiert und wurde beschuldigt, ständig anderen Frauen die Ehemänner auszuspannen. Die Frau des Rugbyspielers Will Carling, mit dem sie ausgegangen war und dessen Ehe wenig später zerbrach, beklagte sich sogar in der Öffentlichkeit über die »Wiederholungstäterin«, die angeblich vorher den Galeristen Oliver Hoare belästigt hatte.
»Die Tür zum goldenen Käfig stand offen. Jetzt mußte sie den Willen finden, sich ein neues Leben zu erschaffen. Doch statt dessen schien sie in reduzierter

Form das alte zu leben«, beschreibt Andrew Morton die Geburtswehen einer Frau, die nach ihrer Identität sucht.

Die Kinder waren auch keine große Stütze mehr. Sie lebten während der Woche im Internat, und an den Wochenenden mußte sie ihre Söhne mit Charles teilen. Die Feiertage waren am allerschlimmsten. Da gab es dann auch noch ihre Schwiegermutter, die ein Recht auf die Weihnachtsferien mit ihren Enkeln hatte. Ein Jahr nach der Trennung von ihrem Ehemann flog Diana am Tag nach dem Heiligen Abend für eine Woche nach Washington und erzählt später: »Ich habe den ganzen Hinweg und den ganzen Rückweg geweint, so leid habe ich mir selbst getan.«

»Ihr zunehmend einsames Leben versetzte ihren schwindenden Freundeskreis in Besorgnis, und die weltweite Bekanntheit der Prinzessin verstärkte dieses Gefühl emotionaler Isolation«, schreibt Andrew Morton über diese Zeit, in der sie im Palast wie in einem »Goldfischbecken« lebte.

Der Rückzug aus der königlichen Familie ging einher mit ihrem Rückzug aus der Öffentlichkeit. Im Dezember 1993 hielt sie eine fünfzehnminütige Rede und wird später über diese Zeit sagen: »Der Druck war damals unerträglich geworden und zog meine Aufgaben, meine Arbeit in Mitleidenschaft. Ich war es der Öffentlichkeit schuldig zu sagen: ›Vielen Dank, ich verschwinde eine Weile, aber ich komme zurück.‹«

Doch noch war von einem Comeback nicht die Rede. Die Tatsache ließ sich nicht verbergen, schreibt Andrew Morton, »daß sich Dianas Leben in einem Schwebezustand befand. Sie lebte offiziell getrennt von ihrem Gatten, war aber nicht geschieden; sie gehörte offiziell zur königlichen Familie, war aber weder willens noch willkommen, an deren Leben Anteil zu nehmen. So hatte sie eine Welt ohne klare Vorstellung verlassen, wohin sie aufbrach.« Sie konnte aus der vorgegebenen Rolle der Prinzessin von Wales nicht einfach aussteigen, ohne Ablehnung zu provozieren. Man war gewöhnt, einen strahlenden Star zu sehen, und weil Diana nun häufig legere Sachen trug, warf die Zeitschrift »Tatler« ihr vor, sich wie eine Vorstadthausfrau zu kleiden.

Nach der Phase des Selbstmitleids über ein verpfuschtes Leben tauchte sie wie der Phönix aus der Asche wieder auf – noch schöner, noch selbstbewußter, noch begehrter – und beschloß, ihren Namen als »Prinzessin von Wales« in »Prinzessin für die Welt« umzuwandeln. Nun galten ihre Auftritte vornehmlich nicht mehr den königlichen Pflichten. Sie setzte ihre Begabung, die Massen zu begeistern, von nun an immer mehr für wohltätige Zwecke ein.

Es war ein Leben zwischen Gianni Versace und Mutter Teresa, das Diana führte, und sie beherrschte den Spagat zwischen den beiden Welten perfekt. Sie aß mit den Reichen und sammelte dabei Geld für die Armen, sie lebte im Luxus, und doch glaubte ihr jeder vom Leben Benachteiligte ihr Mitgefühl. Bei Dianas Beerdigung folgte dem Sarg ein langer Zug von Rotkreuzhelfern, Klinikangestellten, Minenopfern, Aids-Kranken, Obdachlosen, Suchtkranken und vielen anderen, deren Rechte sie in den letzten Jahren ihres Lebens verteidigt hatte.

Ihr Engagement für neue Ziele bedeutete zwangsläufig eine Vernachlässigung anderer gesellschaftlicher Aufgaben. Nach der Rüge des Vorstands eines Ballettkomitees, dem sie früher ihre Zeit gewidmet hatte, sagte die Prinzessin: »Im Leben gibt es Wichtigeres als Ballett, es gibt Menschen, die auf der Straße sterben«, und zog es vor, im Winter Obdachlosenheime zu besuchen.

Bald sah man Diana im engen Hautkontakt mit den Ausgestoßenen der Gesellschaft. Sie besuchte demonstrativ Aids-Krankenhäuser und zeigte der Nation, daß man vom Mitgefühl nicht infiziert wird:

Der Mann, auf dessen Bett sie sich setzt, liegt im Sterben. Als sie mit ihm spricht, fängt er an zu weinen und hält verzweifelt ihre Hand. Bisher hatte die Prinzessin nur kleine Kinder geküßt oder alten Menschen über die Wange gestreichelt. Was jetzt geschieht, geht einen Schritt weiter: »Und ich dachte: Diana, tu's doch, tu's einfach, und ich nahm ihn fest in die Arme, und es war so rührend, weil er sich an mich klammerte und weinte.« Ihre eigenen Tränen hält Diana gut unter Verschluß. Man kann zwar nicht satt werden, indem man anderen gibt, was man vermißt, aber es hilft, den Schmerz zu lindern.

Der Zwang, mit Charles trotz ihrer Trennung den Schein des berufstätigen Ehepaares für die Krone aufrechtzuerhalten, wird mit der Zeit immer drükkender. Sie sind Gegner im Kampf um die Liebe ihrer Kinder, Feinde im Buhlen um die Gunst des Publikums. Im Sommer 1994 versucht der Thronfolger sein Image in der Öffentlichkeit aufzupolieren und gibt ein Fernsehinterview, in dem er zwei Stunden über sich, die Krone, über die gescheiterte Ehe mit Diana und seine Liebe zu Camilla spricht. Selbstfindung im Angesicht der ganzen Nation. Seine gekränkte Ehefrau schlägt zurück und entblättert ein Jahr später ihr Innenleben noch detaillierter als ihr vergleichsweise zurückhaltender Ehemann. Sie traf sich mit Martin Bashir und seinem Kamerateam von BBC heimlich im Kensington-Palast und zeichnete die Geschichte ihres Leidens auf. Sie hatte den Hof nicht um Erlaubnis gebeten und die

Königin erst kurz vor der Ausstrahlung des Interviews über die Sendung informiert.

»Am Abend des 20. November 1995 versammelten sich 22 Millionen Briten vor ihren Fernsehapparaten, um den Auftritt der Prinzessin zu beobachten«, schreibt Morton über das Interesse an der königlichen Schlammschlacht. Zweihundert Millionen Menschen in hundert Ländern sind ebenfalls dabei und kennen von nun an die geheimsten Ängste und Sorgen der Frau, die ab jetzt »Botschafterin der Herzen« sein möchte.

Nein, sagt sie, sie hat damals nicht gewußt, was auf sie zukommt, als sie die Frau des Prinzen wurde: »Im Laufe der Jahre erkennt man plötzlich, daß man nur ein gutverkäufliches Produkt ist. Daß Leute mit einem Geld machen wollen.«

Warum sie sich selbst verstümmelt hat? »Wenn einem keiner zuhört, passiert alles mögliche in einem. Man fühlt Schmerz in sich, versucht sich äußerlich zu verletzen, weil man Hilfe haben will.«

Ein Hilferuf, der von den Mitgliedern des Königshauses nicht verstanden wird, zumal die Eßstörungen der Prinzessin nicht sichtbar sind: »Das Tükkische ist, daß man weder zu- noch abnimmt«, sagt sie. »Man kann so tun, als wär' alles ganz normal.«

Hatte der Prinz Verständnis für ihre Interessen? Natürlich nicht: »Ich glaube, ich durfte gar keine haben. Man hat mir das nicht erlaubt. Ich war immer die Achtzehnjährige, mit der er sich verlobt hatte. Wachsen wurde mir nicht erlaubt. Aber ich mußte wachsen und wuchs auch. Niemand hat mich je gelobt, aber wenn ich einen Fehler machte, habe ich die ganze Kritik abbekommen.«

Und weil es sich nicht um eine objektive Diskussion, sondern um die einseitige Sicht einer betrogenen Ehefrau handelt, trugen Camilla und Charles am Zerbrechen der Beziehung die Schuld.

Als es nichts mehr zu retten gab, kamen die Tröster, und auch da nimmt sich Diana kein Blatt vor den Mund: »James (Gilbey) ist ein sehr liebevoller Mensch«, sagt sie über den Mann, mit dem sie die »Tintenfischchen-Affäre« überstehen mußte, »aber wir hatten keine ehebrecherische Beziehung.« Den anderen James hat sie dafür auch körperlich geliebt und ist enttäuscht von Hewitt, der mit seinen Memoiren über die rührende Liebesgeschichte zur einsamen Prinzessin Millionen scheffelte.

Jetzt war alles gesagt. Zuviel, um diese Ehe, die nur noch auf dem Papier bestand, fortführen zu können.

Am Freitag, den 4. Juli 1996, dem amerikanischen Unabhängigkeitstag, schickten die Anwälte von Charles die Scheidungsdokumente an die Rechtsvertreter von Diana. Am selben Abend nimmt sie an einer Wohltätigkeitsveranstaltung teil, deren Erlös einem Krankenhaus in Pakistan gespendet wird. Für ihr eigenes finanzielles Wohl ist gut gesorgt. 42 Millionen DM ist Charles seine Freiheit wert, nicht eingerechnet das Wohnrecht im Kensington-Palast. Ende August ist die Scheidung rechtskräftig, Diana verliert den Titel »Königliche Hoheit« und ist von nun an »nur noch« Prinzessin von Wales, Countess of Chester, Duchess of Cornwall, Duchess of Rothesay, Countess of Carrick und Baroness Renfrew. Und – die Mutter der Kinder des zukünftigen Königs. Der Hof wünscht, daß man sie möglichst bald vergessen soll, und gibt bekannt, daß ihr Name nicht mehr im »Court Circular«, einer Liste der offiziellen Verpflichtungen der königlichen Familie, genannt wird. Umsonst. Diana ist die attraktivste alleinerziehende Mutter der Welt und ihre Popularität ungebrochen.
»Immer im Licht der Öffentlichkeit zu stehen, gibt mir eine besondere Verantwortung«, meinte sie und nutzte von nun an jeden Fototermin gezielt zur Übermittlung von gesellschaftlich wichtigen Botschaften oder suchte Orte auf, die die meisten Menschen lieber mieden. Man sah sie in Afrika, mit aidskranken Kindern auf dem Arm, sie sprach in Angola und Bosnien mit Opfern von Landminen, betete auf dem Kriegsopferfriedhof von Sarajevo, umarmte in Indien Leprakranke, besuchte mit Mutter Teresa die New Yorker Slums und fuhr dazwischen für Gianni Versaces Herbstkollektion nach Italien: »Man könnte vielleicht sagen, Diana hatte zwei dringende Bedürfnisse: Sie wollte ein glamouröses und aufregendes Leben, und zugleich wollte sie sich durch ihr Engagement für die wirklich wichtigen Dinge und Probleme über dieses Leben erheben«, versucht Biograph Donald Spoto die Widersprüche im Leben der Prinzessin zu erklären. »Mit einem Fuß stand sie in der Welt des Glamour (der Welt narzißtischer Selbstliebe), mit dem anderen fest auf dem Boden des bedingungslosen Mitleidens (der Welt der göttlichen Liebe). Zum Zeitpunkt ihres Todes kämpften, wie wohl bei allen Menschen, die beiden Seiten in ihr um die Vorherrschaft.«
Doch nicht nur ihre Biographen, auch Diana versuchte den Menschen ihre Persönlichkeit zu erklären: »Ich halte mich nicht an Regeln, ich agiere aus dem Herzen, nicht aus dem Kopf. Und wenn ich damit Probleme geschaffen habe, verstehe ich das. Aber man braucht jemanden, der Menschen liebt und das auch zeigt. ... Man sieht mich im Königshaus als Bedrohung. Dabei will ich

Gutes tun, ich bin kein destruktiver Mensch. Jede starke Frau in der Geschichte mußte einen ähnlichen Weg gehen, und es ist die Stärke, die Verwirrung und Angst auslöst. Warum ist sie so stark? Woher schöpft sie ihre Kraft? Was wird sie damit tun?«

Die Queen hat dem Mädchen, das sie zur Königin formen wollte, nie verziehen. Die abtrünnige Prinzessin, beschließt das Oberhaupt der anglikanischen Kirche, soll von nun an von Gott nicht mehr beachtet werden: »Die Staatskirche hat am Donnerstag eine entsprechende königliche Verfügung in Kraft gesetzt«, melden am 21. November 1996, drei Monate nach der Scheidung, die offiziellen Nachrichtenagenturen. »Danach wird in den Gebeten für die Mitglieder des Königshauses nur noch ›Charles Prinz von Wales‹ allein genannt.«

Sisi

Nicht soll Titania unter Menschen gehen,
In diese Welt, wo niemand sie versteht,
Wo hunderttausend Gaffer sie umstehen,
Neugierig flüsternd: »Seht, die Närrin, seht!«
Wo Mißgunst neidisch pflegt ihr nachzuspähen,
Die jede ihrer Handlungen verdreht;
Sie kehre heim in jene Regionen,
Wo ihr verwandte schön're Seelen wohnen.

Es war eine lange Reise, die die Kaiserin von Österreich unternahm, um sich selbst zu finden. Gezeichnet von der Einsamkeit, mit der alle Menschen, die nicht verstanden werden, ihr Anderssein bezahlen. Sie ist »Titania«, die Feenkönigin aus Shakespeares »Sommernachtstraum«, die in einer anderen Welt lebt und nirgends ein Zuhause findet, ja vielleicht auch gar nicht finden will: »Denn zu fliehen die Familie, war mein Drang von jeher doch«, schreibt sie in einem ihrer Gedichte, und zu ihrem Vorleser Constantin Christomanos meint sie: »Die meisten Mädchen heiraten überhaupt nur aus Sehnsucht nach Freiheit.«

Dort, wo die Suche nach Freiheit anfängt, im ländlichen Schloß am Starnberger See, in dem die bayrische Prinzessin ihre Jugend verbringt, geht es bereits

Lady Diana
mit Mutter Teresa

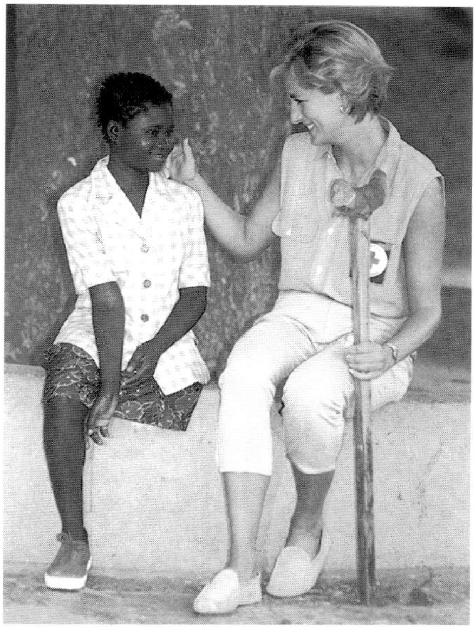

Diana mit Minenopfer Sandra
in Angola

Dianas politisches Engagement für das Landminenverbot, Angola

Porträt von Dodi al-Fayed

Porträt von Lady Diana

Charles, William und Harry vor dem Blumenmeer am Kensington-Palast

Sisi bei ihrer silbernen Hochzeit

Sterbebild und Original:
Als Vorlage für das Sterbebild der Kaiserin diente die letzte Atelierfotografie der Kaiserin mit 31 Jahren von Ludwig Angerer.

Zur frommen Erinnerung im Gebete

an unsere allgeliebte Monarchin

Kaiserin Elisabeth

geb. zu **Possenhofen** in Bayern am
24. December 1837
gest. zu **Genf** am **10. September 1898**

„Selig sind, die ein reines Herz haben, denn sie werden Gott anschauen. Selig sind, die Hunger und Durst haben nach der Gerechtigkeit, denn sie werden gesättigt werden. Selig sind die Barmherzigen, denn sie werden Barmherzigkeit erlangen. (Matth. 5, 1–12.)

R. I. P.

Verlagshandlung „St. Norbertus" in Wien.

»Die Kaiserin verbirgt sich vor den Photographen«, druckte man vorwurfsvoll unter diese Aufnahme.

um die Flucht vor Zwängen. Die junge Elisabeth will »träumen und Gedichte schreiben oder reiten mit dem Wind«, und leben wie ihr Vater, der sich allen Verpflichtungen durch seine Reisen entzieht.
Doch das Schicksal hat anderes mit ihr vor. Der Mann, der sich in sie verliebt, nimmt sie mit in seine »Kerkerburg« und spannt sie in »das Geschirr« einer Kaiserin ein. Sisi befreit sich nach anfänglich lautlosem Unglück aus der Rolle, in die sie hineinwachsen soll, aber nicht will.
Madeira, die Insel im Atlantik, ist die erste Station einer ganzen Serie von Reisen, die die Kaiserin auf der Flucht vor den Zwängen des Hofes allein unternimmt. Hier gibt es wenig Ablenkung vom eigenen Ich: »Die Einwohner beiderlei Geschlechts, gelbledern und von einer unerlaubten Häßlichkeit, die Stadt Funchal schmutzig, mit kleinen Steinen gepflastert, zum Flanieren ungeeignet. Kaufläden ärmlich ausgestattet. Geselliger Umgang keiner«, schreibt Graf Nobili, einer ihrer Begleiter, frustriert nach Wien.
Für Elisabeth ist es ein Neuanfang nach der schwierigen Zeit am Kaiserhof: »Sie war als schönes Dummerl behandelt und beiseitegeschoben worden, wenn es um ernste Dinge ging. Hier auf Madeira erholten sich nicht nur ihre Lungen, sondern vor allem ihr Selbstbewußtsein. Hier wurde sie sich ihrer Schönheit und ihrer Ausstrahlung auf so gut wie jeden Mann bewußt«, beschreibt die Historikerin Brigitte Hamann ihre Wandlung zur reifen Frau. Sicher waren es nicht nur die »Kurschatten«, die sie aufblühen ließen. Die strenge Schwiegermutter und das langweilige Zeremoniell am Hof waren fern, sie konnte über sich und ihre Zeit bestimmen und wurde durch nichts eingeschränkt.
Nach sechs Monaten kommt Sisi erholt zurück, um sofort wieder krank zu werden, kaum ist sie mit dem ungeliebten Alltag konfrontiert. Die Husten- und Fieberanfälle werden so schlimm, daß Gerüchte sie als Todgeweihte beschreiben. Die Kaiserin tritt erneut die Flucht an, und ihre Schwiegermutter umarmt weinend die Kinder, »weil sie einem großen Unglück entgegensehen, dem Verlust ihrer armen Mutter«. Diesmal ist das Ziel die Insel Korfu, und kaum vom Hofleben befreit, geht es Sisi wieder besser: »Die Nachrichten von der plötzlichen Heiterkeit der Kaiserin waren Anlaß für mißgünstige Kommentare in Wien«, so Hamann. »Die Idee, daß sie mehr nerven- als brustkrank ist, erhebt sich wieder«. Selbst der Kaiser, der ihr geduldig einen banalen Liebesbrief nach dem anderen schreibt, wird ungehalten und beklagt sich bei seiner Mutter über »die Zeit, die mir die Korrespondenz mit Korfu wegnimmt.«

Die Erkenntnisse der Psychosomatik sind noch fern, niemand versteht, daß der Körper auf das Unglück der Seele reagiert, Sisi gilt als Egozentrikerin, die wahrscheinlich simuliert. Ihr Vorleser Constantin Christomanos, der sie auf dieser Reise begleitet, dokumentiert ihre depressive Grundstimmung in seinem Tagebuch. Als er mit ihr über das Licht spricht, das sich an den Klippen bricht, sagt sie: »Ich bin wie eine Klippe. Es wagt sich nicht an mich heran. Und wenn es auch käme – es gibt Finsternisse, an denen alle Lichtstrahlen zerfließen, die alles Licht aufsaugen und nie wieder zurückgeben.« Später sagt sie: »Die Leute wissen nicht, was sie mit mir beginnen sollen, weil ich in keine ihrer Traditionen und längst anerkannten Begriffe hineinpasse. Sie wollen nicht, daß man ihre Schubladenordnung störe.«
Nur in der Entfernung hatte die Kaiserin das Gefühl, »sich ganz zu gehören«, also blieb sie Wien insgesamt zwei volle Jahre fern.
Als sie zurückkehrt, ist sie eine andere. Schöner, bestimmter, selbstbewußter, fordert sie Rechte, die ihr bisher verwehrt wurden. Franz Joseph hat Angst, daß sie bei der ersten Kleinigkeit wieder die Flucht ergreift, und behandelt seine Frau wie ein rohes Ei. Er beschwert sich sogar bei seinem Generaladjutanten über die Bespitzelung, die Sisi nicht ausstehen kann: »Ich bitte sie, dem uns umgebenden uniformierten und dem geheim sein sollenden Überwachungssystem, das sich wieder besonders blühend entwickelt, erneuert Einhalt zu tun.«
Die neue Freiheit, die sich die Kaiserin nimmt, drückt sich auch in ihrem Kunstgeschmack aus: »Großes Aufsehen erregte Elisabeth, als sie am 26. Dezember 1862 in Wien ein Konzert des als ›Zukunftsmusiker‹ verhöhnten Richard Wagner besuchte und ihm demonstrativ applaudierte«, berichtet Hamann.
Ungeniert nahm sie wieder ihre ausführlichen Wanderungen auf und ritt aus, wann immer es ihr beliebte, was wieder zu kritischen Kommentaren Anlaß gab: »Wenn man überhaupt nicht den inneren Frieden besitzt, so meint man, die Bewegung mache das Leben leichter, und daran ist sie jetzt nur zu sehr gewöhnt«, schreibt eine ihrer Hofdamen. Sie wanderte allein durch den Palast und die Gärten und lehnte immer häufiger jede Begleitung ab, ein Skandal zu ihrer Zeit: »Denn eine Kaiserin«, schreibt Hamann, »mußte jeden Augenblick Kaiserin sein, mit angemessenem Gefolge, und durfte nicht wie ein scheues Reh allein durch die langen Flure der Hofburg huschen.«
Sisi war in ihren ersten Jahren beim Volk beliebt, das große Erwartungen in sie setzte. Aber im Gegensatz zu Diana war sie an ihrer Wirkung nicht

interessiert. Sie betrachtete sich als Privatperson und glaubte, der Monarchie, die sie ohnehin verachtete, nichts schuldig zu sein. Wenn sie Gutes tat, kam sie meistens nicht als Kaiserin, sondern als Mensch: »Ja, in späteren Jahren liebte sie es, wie eine gute Fee heimlich Geld in bescheidene Hütten zu legen und zu verschwinden, bevor sie jemand bemerkte«, erzählt Brigitte Hamann über ihre wenig spektakuläre Wohltätigkeit. Im Gegensatz zu Diana wußte bei Sisi kaum jemand davon, wenn sie, nur von einer Hofdame begleitet, Verletzte pflegte oder zu den Kranken und Armen ging. Ihre Feindin Pauline Metternich trumpfte mit ihrem Engagement dafür groß auf. Ein satirisches Blatt durchschaute die Lage und kam der diffamierten Kaiserin zu Hilfe:

> Die seltsame Frau
> Wahrlich, die Frau ist sonderbar,
> Die ohne Scheu vor der Gefahr
> Von Menschenliebe nur bewegt,
> Trost in das Haus des Unglücks trägt.
> Die, heiklich auf ihre Schönheit nicht,
> Auch mit den Blatternkranken spricht,
> Tränenden Blick's an Sterb'bett eilt,
> Dort bei Verlassenen verweilt.
>
> Ihr Patronessen, seht euch an,
> Wie still man auch human sein kann,
> Nicht bloß bei der Musik von Strauß –
> Auch einsam in dem Krankenhaus.
> Dort Tränen trocknen, wo der Tod
> In allerlei Gestalten droht:
> So edlen und humanen Sinn,
> Lernt ihn von unsrer Kaiserin!

Doch selbst wenn Sisi Krankenhäuser besuchte, war sie getrieben von innerer Rastlosigkeit: »Es geschah, daß sie an einem einzigen Tage acht bis zehn solcher Besuche an den vier Ecken der Hauptstadt abstattete, gleich als ob sie einholen wollte, was sie während der Zeit ihrer Abwesenheit versäumt hatte, gleich als ob sie ihre Barmherzigkeitspflichten mit einem Schlage los zu sein wünschte«, heißt es in der Biographie von Ludwig Merkle. »Und doch war sie gut: sie unterstützte bis zu ihrem Tode unzählige Unglückliche und Notleidende. Auch in Wien suchte sie unerkannt die Höhlen des Elends auf,

wenn allerdings nicht so häufig wie in Budapest. Aber die Wiener wußten im allgemeinen nichts von den Liebeswerken, die sie im Verborgenen übte; es fiel ihnen niemals ein, daß die gutherzige Dame, die ihre Notleidenden mit Wohltaten überhäufte, die stolze Kaiserin sei, die von Hoch und Niedrig als herzlos und der Not anderer gegenüber als gleichgültig verschrieen wurde.«
In Krisen, bei denen es nicht um – in ihren Augen – sinnloses Repräsentieren geht, ist Elisabeth sofort zur Stelle, wie nach der großen Schlacht von Königgrätz 1866, die mit schrecklichen Verlusten endete. Die Folge des Gemetzels ist am Nordbahnhof zu sehen. Täglich kommen Züge mit Opfern an, Elisabeth ist von früh bis abends unterwegs, spendet Trost und kümmert sich um Verletzte: »Die Kaiserin erbaut und erstaunt alle Welt durch die wahrhaft mütterliche Art, mit der sie sich der Pflege der Verwundeten und der Spitäler annimmt; es war Zeit, daß sie sich die Herzen der Öffentlichkeit zurückgewinnt, sie ist auf dem besten Wege«, schreibt lobend Gräfin Fürstenberg.
Doch das Engagement Sisis beschränkt sich eindeutig auf Krisenmanagement. Im Alltag wird sie immer mehr als Egozentrikerin abgestempelt, weil sie ständig die Regeln bricht, denen eine sittsame Frau ihres Standes und ihres Jahrhunderts unterworfen war. Sie unternimmt – im Gegensatz zu Diana – nicht die geringste Anstrengung, um ihren schlechten Ruf aufzupolieren. Im Gegenteil.
Sie verehrt angefeindete Künstler wie Heinrich Heine und Richard Wagner. Sie unternimmt ausgedehnte Bildungsreisen, obwohl Bildung bei einer Frau angeblich sogar zu Haarausfall führt. Sie reitet wie ein Mann und akzeptiert ihre vorprogrammierte Rolle als Frau, die sich dem Ehemann unterordnet, überhaupt nicht.
Ja, sie nimmt sich sogar – wie Diana – die Freiheit, mit den Geistern im Jenseits zu kommunizieren. Ihre Münchner Jugendfreundin, Gräfin Paumgarten, ist ein »Schreibmedium«, ihre Hand wird, glaubt Sisi, von Energien aus der spirituellen Welt geführt. Sie findet Trost im Kontakt mit Verstorbenen und erklärt: »Mir gewährt es eine große Befriedigung und eine tiefe Beruhigung in so mancher Stunde, daß ich mit jenseitigen Geistern in Verbindung treten kann. Doch die Menschen, mit geringen Ausnahmen, verstehen das nicht. Und was unwissende Menschen nicht verstehen, das erklären sie für Unsinn.«
Ihre treue Hofdame Marie Festetics macht sich Sorgen um die unzufriedene, rastlose Kaiserin und schreibt: »Sie ist eine Schwärmerin, und ihre Hauptbeschäftigung ist das Grübeln. Wie das gefährlich ist. Sie möchte alles ergründen

und sucht zu viel herum, ich möchte sagen, daß der gesündeste Sinn unter dieser Art Leben leiden muß. Sie bräuchte eine Beschäftigung, eine Position, und da die einzige, die sie hätte, ihrer Natur zuwider ist, liegt in ihr alles brach.«
Jedenfalls alles, was im 19. Jahrhundert für Frauen als sinnvoll erachtet wurde. Es galt nichts, daß sie mehrere Sprachen perfekt beherrschte, es war unpopulär, daß sie gebildet war. Ihre Reisen, bei denen sie mehr von der Welt sah als die meisten ihrer Zeitgenossen, verstärkten nur das Bild von der neurotischen Kaiserin, der man sogar Irrsinn unterstellte: »Denn sie führte sich auf ihren Reisen derart ungewöhnlich auf«, schreibt Brigitte Hamann, »daß unbeteiligte Beobachter leicht auf den Gedanken kommen konnten, es mit einer Verrückten zu tun zu haben, wenn sie ihr auf ihren ständigen Fluchtwegen begegneten oder gar ihr zu folgen versuchten.«
Elisabeth bleibt ihr Leben lang unverstanden. Sie ist Kaiserin in einer alten Zeit, die sich unwillig auf das Neue vorbereitet: »Sie ist eine Übergangsfrau«, schreibt die Soziologin Lisa Fischer, »aufgeschlossen für den Zeitgeist und doch auch in alten Traditionen verhaftet, von denen sie sich nicht wirklich lösen kann. ... Gleichwohl wird ihr Ringen zukunftsweisend. An der Schwelle zur Jahrtausendwende ist ihre oft einsame Reise zur Selbstbestimmung nach wie vor für viele Frauen Motor, die Grenzen des Systems zu erweitern.«
In ihren letzten Jahren irrt Elisabeth durch ganz Europa, nennt ihre Einsamkeit eine »starke Nahrung« und ist sich bewußt, daß sie für ihre Freiheit teuer bezahlen muß: »Hundertmal unglücklicher, hundertmal mehr leidet, wer sich auflehnt.«
Der Kaiser weiß oft nicht, wohin er seine Liebesbriefe an die begehrte, weil ferne Frau senden kann: »Meine Gedanken suchen Dich, ohne zu wissen, wo sie Dich finden sollen, aber in Liebe und Sehnsucht denke ich beständig an Dich.«
»Franz Joseph lebte zwischen seinen Schriftstücken am Schreibtisch, in der ewigen Hoffnung, daß ihm Elisabeth seine Einsamkeit abnehmen würde«, schreibt Lisa Fischer. »In dieser Eigenverantwortung hatte sie ihn jedoch zurückgelassen.«
Die Frau, die sich wehrte, eine Kaiserin zu sein, und viele Wege fand, dieser Last zu entkommen, sucht das Glück vergeblich: »Die Kaiserin ist lieb und gut«, schreibt Marie Festetics in ihr Tagebuch, »aber sie macht sich alles zur Qual, und was für andere eine Quelle reiner Freude ist, wird bei ihr zum Quell des Unbehagens«.

Zwei Jahre vor ihrem Tod nimmt Elisabeth am feierlichen Millenniumsempfang des ungarischen Reichstages teil: »Dort sitzt sie im Thronsaal der königlichen Burg in ihrem schwarzen, mit Spitzen durchwirkten ungarischen Gewand«, beobachtet ein Zeitgenosse. »Alles, alles an ihr ist düster. Von dem dunklen Haar wallt ein schwarzer Schleier herab. Haarnadeln schwarz, Perlen schwarz, alles schwarz, nur das Antlitz ist marmorweiß und unsagbar traurig ... Sie ist es noch, doch der Kummer hat seine Spuren in dieses Antlitz gegraben. Es ist noch dasselbe Bild, aber wie in einen Nebel gehüllt. ... Still und unempfindlich sitzt sie da, als sähe und höre sie nichts. Nur die Seele scheint weit in die Ferne zu schweifen.« Wenige Wochen später macht sie ihr Testament. Zu ihrer Tochter Marie Valerie sagt sie: »Ich ersehne den Tod, ich fürchte mich nicht.« An manchen Tagen ist sie so müde, daß sie nicht einmal mehr den Wunsch hat, im Meer begraben zu werden und nur noch zu ihrem Sohn Rudolf in die Kapuzinergruft möchte: »Ich sehne mich so sehr, dort zu liegen in einem guten, großen Sarg, und nur Ruhe zu finden, nur Ruhe. Mehr erwarte und wünsche ich nicht. Weißt du, Valerie, dort, wo gerade oberhalb das Fenster liegt, doch ein wenig Licht und Grün in die Gruft hereinblickt und man die Spatzen zwitschern hört.«

21

Politik durch die Hintertüre

Diana

»Warum soll sie Millionen bekommen, wenn alte Menschen in diesem Winter erfrieren und verhungern werden? Und sehen sie sich das an«, der Labour-Abgeordnete schwenkte im Parlament empört eine Liste, auf der die dreiunddreißig Angestellten der Königin-Mutter verzeichnet waren. »Was zum Teufel tun sie alle? Wie groß ist dieses Schlafgemach? Gut und schön, die Königin-Mutter ist eine Pensionistin, und wir sagen: ›Gewiß, sie schenkt uns immer ein freundliches Lächeln. Aber mein Gott, wenn meine Frau ein solches Gehalt bekäme, würde sie gar nicht mehr zu lachen aufhören.‹«

Der Unmut des Volkes galt allen Mitgliedern der königlichen Familie, denn Queen Elizabeth hatte gerade eine Gehaltserhöhung verlangt, eine Frivolität angesichts von mehr als einer Million Arbeitslosen, die 1972 das Land belastete. Damals hatte die Kritik am Königshaus angefangen und hörte nicht mehr auf. Die erste Familie des Landes war massiv ins Kreuzfeuer geraten und mußte unbedingt ihr Image aufpolieren.

Neun Jahre später sah es so aus, als ob die Krise ein Ende gefunden hätte. Traumhochzeiten eignen sich gut zur Beschwichtigung des Volkes. Als Charles 1981 Diana zum Traualtar führte, wurde ein Märchen wahr, das an alle Herzen rührte, und das Murren verstummte für einige Zeit.

1995, fast fünfzehn Jahre später, war die Monarchie erneut in einer schweren Krise. Das scheue junge Mädchen, das auf seinen Hochzeitsfotos seinen Kopf so entzückend schief gehalten hatte, war zu einer Gefahr geworden und rüttelte durch seine verzweifelte Offenheit an den Festen des Königshauses. Dianas Mann ein Ehebrecher, die Royals eine eiskalte Sippe, die sie in die Bulimie getrieben hatte, es gab nichts mehr, wofür man die Windsors loben konnte.

»Sind Sie schuld, daß heute die Monarchie wankt?« fragte BBC-Reporter Martin Bashir die Prinzessin von Wales in seinem Fernsehinterview, das den

Alltag der königlichen Familie in die Nähe der Seifenopern »Dynasty« und »Denver Clan« rückte.
»Nein, ich glaube nicht. Ich will nicht die Zukunft meiner Kinder zerstören. Ich glaube, was mir am meisten am Herzen liegt bei der Diskussion um die Monarchie ist, daß die Leute nicht indifferent und gleichgültig werden. Das ist ein Problem. Meine Kinder müssen einmal die Monarchie verändern.«
Die erste Veränderung geschah nach Dianas Tod. Das Volk zwang die Royals, ihre starre Routine zu durchbrechen, und erreichte, daß die Queen öffentlich Trauer zeigte und die Fahne auf dem Buckingham-Palast entgegen dem Protokoll auf Halbmast wehte: »Sie war ein außergewöhnlicher und begabter Mensch«, sagte die Königin in ihrer Fernsehansprache über die ungeliebte Schwiegertochter. »Ich achte und bewundere sie für ihr Engagement anderen gegenüber und besonders für die Hingabe, mit der sie sich um ihre beiden Jungen kümmerte.«
Es war das wichtigste Ziel der Prinzessin von Wales gewesen, ihre Söhne auf eine politische Rolle vorzubereiten, die ihnen ermöglichen sollte, den Engländern ein warmherziges Vorbild zu sein. Zum ersten Mal in der Geschichte des Königshauses verließ ein Thronfolger seinen goldenen Käfig und mischte sich unters Volk. William besuchte Obdachlose und Aids-Kranke, er wußte über den Schmerz, die Tränen und die Träume der einfachen Leute Bescheid. Er sah seine Mutter engagiert für die Armen und Bedürftigen kämpfen, er würde alle Chancen haben, es ihr gleichzutun: »Diana hat bei öffentlichen und privaten Anlässen stets klargemacht, daß William und Harry nicht in der gefühlskalten und autoritären Tradition der väterlichen Familie aufwachsen sollten, die Wärme und Menschlichkeit weitgehend verdrängt hatte«, beschreibt Biograph Donald Spoto ihren ungewöhnlichen Erziehungsstil. Es war eine gezielte, wirkungsvolle Politik durch die Hintertüre, die sie betrieb. Wo, wenn nicht ganz oben, sollte die Veränderung geschehen, die die immer unpopulärer gewordene Familie Windsor vor dem Untergang retten konnte?
Nein, Diana wollte die Monarchie nicht zerstören. Sie war eine echte Spencer von altem Adel und keine Republikanerin mit dem Ziel, das Königshaus abzuschaffen. Sie wollte Englands Thron für ihre Söhne erhalten, bevor die Borniertheit und die Erstarrung alles ruiniert hatte, was über Jahrhunderte aufgebaut worden war.
Auch Sisi hatte vor mehr als hundert Jahren ihrem Sohn eine liberale Erziehung angedeihen lassen. Zu früh vielleicht, denn Rudolf sollte an der Einsamkeit scheitern, die seine Außenseiterrolle mit sich brachte. William wird

wahrscheinlich diese einsame Position erspart bleiben. Seine Mutter hat ihm vorgelebt, daß man Gefühle ausdrücken kann, daß sie wichtig sind und daß man letztendlich genau für diese Fähigkeit vom Volk geliebt wird.
Diana hatte ihre Karriere als Kindergärtnerin angefangen, und böse Zungen behaupteten, sie sei damals so ungebildet gewesen , daß sie Afghanistan für eine Käsesorte hielt. Ihr anfänglich scherzhaft gemeintes Bonmot »Ich habe einen Prinzen geheiratet und einen Frosch bekommen« wurde für sie schon am Anfang ihrer Ehe Wirklichkeit, nun ging es darum, ihren eigenen Weg zu finden. Während die legendäre Queen Victoria noch im 19. Jahrhundert geklagt hatte, daß eine Frau »körperlich und moralisch die Sklavin ihres Mannes« sei, hatte die Frau des Thronfolgers am Ende des 20. Jahrhunderts aufgrund ihrer privilegierten gesellschaftlichen Stellung wenig Mühe, ohne die Unterstützung ihres Gatten erfolgreich zu sein.
Wenn es auch am Anfang Startschwierigkeiten gab: »Diana ist allem Anschein nach guten Willens, doch gibt es in ihrem Leben keine erkennbare Perspektive, und wenn sie nicht gerade eine Wohltätigkeitsveranstaltung besucht, erweckt sie den Eindruck einer beängstigend orientierungs- und ziellosen Frau«, schrieb Biograph Donald Spoto über ihre erste Zeit als Galionsfigur der Monarchie.
Dennoch hat sie schon damals politischen Spürsinn bewiesen:
Die Frau des Thronfolgers winkt auf dem Balkon von Caernarvon Castle, wo Charles vor zwölf Jahren zum Prinzen von Wales geschlagen wurde, der begeisterten Menge zu. Die Waliser sind gerührt, daß ihre neue Herrin sich in Rot und Grün, den Farben ihres Landes präsentiert, und als sie eine kleine Rede in der Landessprache hält, hat sie die Herzen der Menschen schon gewonnen. So wie Sisi, die sich in ungarische Landestracht kleidete und perfekt Ungarisch sprach, verstand es auch Diana, durch kleine symbolische Gesten die Emotionen zu wecken.
Die politische Rolle, in die die Prinzessin von Wales mit den Jahren hineinwuchs, war sicher nicht strategisch geplant, dafür aber um so wirkungsvoller. Das Rezept lautete: Nimm deine Schönheit und deine Ausstrahlung, mach' sie zu deinem Kapital und setze sie gezielt für politische Zwecke ein.
Als in England die Zahl der Obdachlosen anstieg, zeigte Diana ihre Solidarität mit den Ärmsten der Armen, besuchte Slums und schrieb: »Es ist üblich, in der Adventszeit an die zu denken, die weniger Glück hatten als wir. Obdachlosigkeit ist allerdings kein Problem, das auf wunderbare Weise am ersten Advent auftaucht und danach wieder verschwindet, es gibt sie die ganze Zeit.«

Auch die Alten, die in der Werteskala der Gesellschaft nur wenig vor den Kranken und Armen rangieren, fanden eine Fürsprecherin in ihr. In einer Rede in Rimini, wo sie einen Preis für ihr humanitäres Engagement entgegennahm, sagte sie: »Jede neue Generation ist versucht zu glauben, daß sie alle Antworten weiß und daß die Ansichten der Älteren überholt sind. Doch das Alter als Krankheit zu betrachten, wie es viele tun, bedeutet, eine unserer größten Ressourcen zu verschwenden. Wenn wir verächtlich auf die Älteren herabsehen, weil sie nicht mehr ganz auf dem laufenden sind, mißachten wir die Quellen der Weisheit und Erfahrung.«

Die Prinzessin von Wales hatte Verständnis für Menschen, die aus der Gesellschaft ausgestoßen waren. Sie erinnerten sie an ihr Schicksal in der königlichen Familie, auch wenn ihre eigenen Lebensumstände ungleich luxuriöser waren als die der Alkoholkranken, Drogenabhängigen und Aids-Infizierten, denen sie ihre Aufmerksamkeit schenkte. Vielleicht war sie sich dessen nicht sofort bewußt, aber jeder Drogensüchtige, mit dem sie sprach, jeder Aids-Kranke, den sie umarmte, erhöhte das Verständnis der Bevölkerung für diese Randgruppen, mit denen niemand etwas zu tun haben wollte.

In einer Gesellschaft, in der Todgeweihte abgesondert werden, damit wir uns nicht an unsere eigene Sterblichkeit erinnern müssen, besuchte Diana demonstrativ Sterbestationen und Krankenhäuser und sagte: »Todkranke sind viel wahrhaftiger als andere Menschen. Auf den Sterbestationen habe ich Menschen von ihrer verletzlichsten Seite kennengelernt. Das hat mir viel bedeutet, denn sie haben mich vieles gelehrt.«

Aus der Frau, die in schönen Kleidern ihre Rolle spielte, der ihr Make-up als Maske diente, war eine moderne Mutter Teresa geworden, die aus ihrem Engagement die Anerkennung bezog, die ihr die königliche Familie verwehrte: »Ich muß irgendwo hingehen, eine Sterbeklinik oder ein Kinderkrankenhaus besuchen, damit ich spüre, daß ich gebraucht werde.«

Immer besser gelang es Diana, ihre Schönheit und ihren Ruhm geschickt dort einzusetzen, wo sie die Welt bewegen kann, wo es ihr sinnvoll erscheint:

Die Prinzessin von Wales verstand etwas von versteckten Fallen. Sie hatte ihr Leben oft mit dem eines Soldaten verglichen, der sich seinen Weg durch ein mit Landminen verseuchtes Gebiet bahnen muß. Die Metapher des Minenfeldes wurde zur Realität, als sie im Januar 1997 für das britische Rote Kreuz nach Angola reiste, in ein Land, das nach zwanzig Jahren Bürgerkrieg vollständig mit den heimtückischen Waffen vermint war.

Die Straßen waren voller hinkender Kinder und verkrüppelter Erwachsener. Sie würde nicht ruhen, bis die ganze Welt davon wußte. Mit ihr trafen sechzig Journalisten ein, die sich das humanitäre Engagement der meistfotografierten Frau der Welt nicht entgehen lassen wollten. Darunter ein BBC-Filmteam, das eine 40minütige Dokumentation mit der Prinzessin als Hauptdarstellerin drehte.
Die Bilder gehen um die ganze Welt: Diana, leger in einer weißen, kurzärmeligen Bluse und in cremefarbenen Jeans. Der Kopf der Prinzessin ist attraktiv geschützt. Eine durchsichtige Schutzhülle unterstreicht ihre Schönheit, fast so, als wäre sie in eine gläserne, transparente Bonbonnierenschachtel verpackt. Sie trägt eine kugelsichere Weste und lächelt, die Hände in die Hüften gestützt, für die Fotografen. Anschließend durchquert sie ein Minenfeld. »Ich möchte weltweit das Bewußtsein für das durch diese schlimmen Waffen verursachte Leid der Menschen schärfen«, sagt Diana und zieht sich den Unmut der britischen Regierung zu. Ein ehemaliger Verteidigungsminister nennt sie »ein Großmaul, schlecht unterrichtet und mit einer unrealistischen Vorstellung von Außenpolitik«. Die Prinzessin zeigt sich nicht beeindruckt: »Eine solche Auseinandersetzung ist unnötig. ... Ich wollte mehr tun als nur Statistiken lesen.«
Auf den ersten Blick ist es eine friedliche Idylle: Wie ein Mädchen vom Land sitzt sie in Jeans und weißer Bluse auf einem Baumstamm. Rechts und links von Diana zwei Männer mit ihren Kindern. Es könnte ein Foto fürs Familienalbum sein. Erst auf den zweiten Blick sieht man, daß die Beine der Männer merkwürdig weiß sind, daß sie anstatt Kniescheiben unter ihren Hosenbeinen runde Plastikstücke tragen, an denen die künstlichen Gliedmaßen befestigt sind. Opfer von Landminen, denen die Unterschenkel weggerissen wurden.
»Diana ist die Prinzessin des Friedens«, sagt ein zweiundzwanzigjähriger beinamputierter Patient in einem angolanischen Krankenhaus. »Ich wußte nicht, wer sie war. Ich war nur glücklich, daß jemand kam, um mit mir zu sprechen.«
Später sehen wir die Prinzessin in einer Turnhalle. Eine Gruppe Beinamputierter spielt Volleyball. Sie kriechen am Boden herum und fangen ihren Ball im Sitzen. Peinliches Schweigen ihrer Begleiter über soviel Leid. Diana setzt sich zu den Männern auf den Boden, gibt jedem die Hand, fragt sie nach ihren Namen und spielt mit.
Szenenwechsel:
Silbern glänzende Trompeten kündigen mit einer lauten Fanfare den Ehren-

gast an. Die Prinzessin von Wales erscheint unter Blitzlichtgewitter in einem hinreißenden nachtblauen Kleid von Dior auf einer Benefiz-Gala in New York. Dreitausend Gäste haben je 125 Dollar für ein Abendessen bezahlt. Weitere neunhundert greifen noch tiefer in die Tasche und geben 1000 Dollar dafür aus, um ihr die Hand zu schütteln.

»Ich wäre gerne eine Botschafterin dieses Landes auf der ganzen Welt«, sagt sie im letzten Winter ihres Lebens. »Ich würde Großbritannien gerne überall mit seinen besten Seiten vertreten – mit seiner Toleranz und seinem Engagement.« Und Mutter Teresa lobt Diana, als die Prinzessin sie in New York in ihrem Aids-Hospiz besucht: »Sie ist eine bemerkenswerte Frau, die die Armen in ihrem Elend liebt. Sie ist wie eine Tochter für mich ...«

»Sie lebt jetzt, wie sie leben will«, sagt ihre beste Freundin Rosa Monckton. »Sie ist viel zufriedener mit sich, und sie ist ruhiger. Und bei der karitativen Arbeit, die sie machen will, geht sie alles viel konkreter an. Diese Arbeit ist ihr viel wichtiger, als sich für eine Filmpremiere in Schale zu werfen.«

Diana hatte zwar noch immer nicht ihr privates Glück, dafür aber ihren Platz im politischen und gesellschaftlichen Leben gefunden. Anstatt wie Sisi die Flucht vor der Welt zu ergreifen, war sie zur »Prinzessin der Welt« geworden. Für Zweifler, die sich fragen, ob sie vielleicht nur aus Sucht nach Bewunderung und eigener Bedürftigkeit wohltätig war, liefert Biograph Donald Spoto eine plausible Anwort:

»Ob sie nur aus Nächstenliebe karitativ tätig war oder zur Befriedigung eigener emotionaler Bedürfnisse, ist eine törichte Frage. Wer handelt schon immer nur aus altruistischen Motiven? ›Nur Gott ist Liebe und nichts als Liebe‹, lautet ein berühmter Satz von Thomas Morus. Wir Menschen handeln immer aus einer Vielzahl von Gründen, wenn wir versuchen, den Eigennutz der Nächstenliebe zu unterwerfen.« Was immer ihr Motiv war: die Spuren, die Diana in der politischen Landschaft hinterlassen hat, sind so wie sie selbst: beeindruckend.

Sisi

Die riesige Kaiserkrone aus Kristallglas zersprang mit einem lauten Knall in tausend Stücke. Sie zierte das Prunkfloß, das den Kaiser und seine Frau an Bord ihres Schiffs bringen sollte. Niemand im Hafen von Triest glaubte im

Winter 1856 an einen Zufall. Jeder wußte, daß es sich wahrscheinlich um Sabotage handelte.
Sisi kennt ihre Rolle bei diesem Staatsbesuch. Sie weiß, daß der Kaiser sie braucht, um die Stimmung im Land positiv zu wenden, und weicht nicht von seiner Seite, auch wenn ihnen Haß und Verachtung entgegenschlagen. Bisher hatten sie auf ihren Reisen durch die Kronländer der Monarchie nur Jubel und Verehrung erlebt. Die Italiener wollen sich aus der Umklammerung der Donaumonarchie befreien, sie leiden unter der Militärherrschaft der Österreicher und bescheren dem Kaiserpaar einen frostigen Empfang.
Die Reise geht nach Venedig weiter, und hier kommt es zur nächsten Panne. Der kaiserliche Palast mußte instandgesetzt werden, der in Rot und Weiß gehaltene Speisesaal brauchte einen neuen Teppich. Geheimnisvolle Kräfte sind am Werk, denn erst als die Arbeit beendet war, fiel den Behörden auf, daß irrtümlich grünes anstatt rotes Tuch verwendet worden war und der Saal nun in den Farben der italienischen Freiheitskämpfer prangte.
Widerstand und Boykott an allen Ecken und Enden. Die meisten adeligen Familien bleiben den Empfängen fern, von den hundertdreißig Patriziern erscheinen nur dreißig, um dem Kaiser ihren Respekt zu erweisen: »Die schönen Frauen mit den großen historischen Namen sind gezwungen, nach dem Aussteigen aus den Gondeln in ihren prachtvollen Hoftoiletten noch zweihundert Meter durch dichtgedrängte Massen Volkes zu gehen, bevor sie die Tore des Palastes erreichen. Dabei bekommen sie die bittersten Beleidigungen und Schimpfworte zu hören«, beschreibt Egon Caesar Conte Corti die Ablehnung der Italiener. Auch im berühmten Theater La Fenice bleiben bei der Festvorstellung für das Kaiserpaar die meisten Logen leer.
Mag die Aristokratie die hohen Besucher mit Verachtung strafen, wenn Sisi mit ihrem Mann durch die engen Straßen und Gassen von Venedig geht, dann murmeln die Menschen begeistert: »Com' è bella«.
Elisabeth, die sich in Wien vor jedem Empfang gern drückt, hält ihr Programm eisern durch, begleitet Franz Joseph trotz aller Warnungen vor Attentaten bei allen offiziellen Anlässen und macht mit ihrer Schönheit Furore:
Wir haben das Bild noch aus den Sisi-Filmen in Erinnerung. Die schöne Kaiserin schreitet in einem blauen, mit Zobel besetzten Samtkleid anmutig über den Markusplatz von Venedig, an ihrer Hand die kleine Tochter Sophie. Fast wider Willen spendet ihr das italienische Volk am Straßenrand Beifall. Franz Joseph schreibt aus Venedig seiner Mutter, daß sich die Stimmung der Italiener sehr gebessert habe, vor allem durch »den guten Eindruck«, den seine

Frau hier macht: »In Wien wurde bald der kaiserliche Ausspruch kolportiert, daß die Schönheit Sisis sein ›Italien besser eroberte, als es seine Soldaten und Kanonen hätten tun können‹«, erzählt Brigitte Hamann über den Erfolg der schönen Kaiserin.

Es war ein guter Anfang, und die neunzehnjährige Elisabeth hätte von ihrer Veranlagung her, genauso wie Diana, in die Rolle einer »Kaiserin der Herzen« hineinwachsen können. Daß ihre Entwicklung in eine völlig andere Richtung ging, lag am starren Wiener Hofzeremoniell, dem geringen Spielraum, den sie in der »Kerkerburg« hatte und an ihrer Schwiegermutter Sophie, die, geprägt durch ihre eigene Geschichte, nichts von Volksnähe hielt und jede Ambition Sisis im Keim erstickte. Ihre Bewegungsfreiheit war durch das Protokoll so eingeschränkt, daß es größter Anstrengungen bedurft hätte, sich daraus zu befreien. Ihr Engagement war nur in Krisenzeiten erwünscht. Dabei bewies die junge Kaiserin sehr wohl, daß sie Verantwortung übernehmen konnte und sich zum Wohle ihres Volkes einsetzte:

Sisi war entsetzt von dem Krieg, der 1859 Österreich mit 62.000 Kranken und Verwundeten überflutete. Die Briefe Franz Josephs aus Italien, in denen er über militärische Einzelheiten berichtete, beunruhigten sie noch mehr: »Es ist so erbittert gekämpft worden, daß ganze Haufen von Toten gelegen sind. Der große Abgang von Offizieren wird schwer zu ersetzen sein.« Die Ausrüstung der Armee hatte viel Geld gekostet, für die Opfer der kriegerischen Auseinandersetzung mit Piemont-Sardinien, dem Frankreich zu Hilfe eilte, hatte niemand Vorsorge getragen. In Eile mußten Klöster, Kirchen und Schlösser in Krankenhäuser umgewandelt werden, und der junge Kaiser, der mit neunundzwanzig Jahren seine erste schwere Niederlage erlitten hatte, schrieb verzweifelt: »Gebe die Verwundeten, wohin Du willst, in alle Häuser von Laxenburg. Sie werden sehr glücklich sein unter Deiner Obhut. Ich kann Dir nicht genug dafür danken.« Für kurze Zeit hatte seine Frau eine Aufgabe gefunden, bei der sie sich nützlich fühlen konnte, die ihr sinnvoll erschien.

Elisabeth informierte sich ausführlich in den Zeitungen über die politische Lage. Es war klar, daß die Monarchie, die sich so stark mit ihrer militärischen Macht identifizierte, eine solche Niederlage nicht unbeschadet überstehen konnte. Nie in seinem Leben war Franz Joseph so unbeliebt wie nach der verlorenen Schlacht von Solferino, und der Ruf nach seiner Abdankung wurde laut. Sisi machte ihrem Mann keine direkten Vorwürfe, aber sie identifizierte sich immer mehr mit dem »Volk« und stellte sich damit gegen das

absolutistische Regime, an dem auch ihre ungeliebte Schwiegermutter festhielt, der sie die Schuld an Franz Josephs starrer Haltung gab.
Die einundzwanzigjährige Kaiserin versuchte, den Kaiser politisch zu beraten und bat ihn, er solle doch so bald wie möglich Frieden machen. Doch Franz Joseph hörte nicht auf seine Frau, obwohl der Krieg längst verloren war, und wiegte sich in der falschen Hoffnung, daß Preußen ihm zu Hilfe eilen würde. Der Schaden der falschen strategischen Entscheidung war nicht mehr gutzumachen, der Schweizer Gesandte berichtete: »Der Nimbus, welcher den Kaiser bis jetzt umgeben, ist selbst in den untersten Schichten des Volkes gefallen. Seit zehn Jahren werden die furchtbarsten Anstrengungen gemacht, um das kostbare Militärwesen zu erhalten und auf den höchsten Grad der Perfektion zu bringen und nun sieht man ein, daß Millionen und Millionen hinausgeworfen wurden, um ein Spielzeug und eine Waffe für den Ultramontanismus und die Aristokratie zu erhalten.«
Elisabeth teilte diese Einschätzung, aber ihre Ansichten waren nicht gefragt, Franz Joseph gab sich keinerlei Mühe, sie in seine politischen Überlegungen einzubeziehen. Er besprach jede Entscheidung mit seiner Mutter, seine Frau sollte sich um die Kinder kümmern und sich dem Volk zeigen, damit es sich beruhige.
Wenn auch ihre Stellung am Hof unbedeutend war, die Leute auf der Straße mochten sie. Denn seit ihrer Traumhochzeit mit dem österreichischen Kaiser wehte ein etwas wärmerer Wind in diesem Land, in dem das Volk unter der strengen Herrschaft murrte. Politische Gefangene wurden vorzeitig entlassen oder amnestiert, das Spießrutenlaufen wurde abgeschafft, und »der Volksmund wollte wissen«, so Hamann, »daß es die junge Elisabeth war, die sich die Abschaffung dieser Tortur von ihrem Gemahl als Hochzeitsgeschenk erbat«. Auch die Aufhebung der Kettenstrafe in den Verliesen wurde ihrem Einfluß zugeschrieben.
Die Kaiserin wurde zur politischen Hoffnung aller Menschen, die unter dem starren Regime der Donaumonarchie litten, die Liberalen sahen sie als Verbündete gegen das Konkordat, das seit 1855 der katholischen Kirche politische Kompetenzen übertrug, die zu ständiger Willkür führten. Es war Sophies Wunsch gewesen, der Kirche die Macht über die Ehegerichtsbarkeit und die Schulen zu übertragen, eine Kampfansage an alle Nichtkatholiken. Und so wie Diana machte Sisi keine großen Worte, sondern setzte Taten mit Symbolgehalt: Die Kaiserin mochte die kleine Kirche am Attersee, auch wenn sie evangelisch war. Als der Pastor der Gemeinde an sie herantrat und um Geld für einen

Kirchturm bat, zögerte sie nicht lange und half mit einer großzügigen Spende: »Mein seliger Großvater (König Maximilian von Bayern) ließ den Protestanten aus Staatsmitteln die schöne Kirche auf dem Karlsplatz in München bauen«, sagte sie. »Bayern ist ein erzkatholisches Land, aber die Protestanten haben sich bei uns gewiß nicht über Zurücksetzung oder Schmälerung zu beklagen.« Mit dieser Geste machte sich Sisi zur Verbündeten der unterdrückten Religionsgemeinschaften und stellte sich gegen die mächtige katholische Kirche.

Doch das Klischee, daß schöne Frauen dumm sein müssen, traf Elisabeth ebenso wie Diana. Noch heute wird ihr politischer Verstand abgesprochen und ihr Engagement für Ungarn als Auswirkung einer Liebesgeschichte diskreditiert. Nicht ihrem Kopf, sondern dem Kribbeln in ihrem Bauch verdanken die Magyaren ihre Hilfe, wird ihr unterstellt, und Sisi wird gerügt, daß sie sich angeblich von Graf Andrássy dazu überreden ließ, für die Freiheit Ungarns zu kämpfen, und damit dem Zerfall der Donaumonarchie Vorschub leistete.

Zweierlei Maß: Männer machen Politik und nehmen als Randerscheinung erotische Eroberungen mit. Frauen machen erotische Eroberungen und geraten angeblich durch blinde Liebe zufällig in die Politik.

Ungarn hatte nach der Niederschlagung der Revolution von 1848 alle Sonderrechte verloren und seine alte Verfassung verwirkt. Es wurde zentral von Wien aus verwaltet und blieb fast zwanzig Jahre lang eine unruhige, aufrührerische Provinz, die nur mit Militärgewalt regiert werden konnte. Die Magyaren hielten an ihrer Forderung fest, Franz Joseph zum König von Ungarn zu krönen und damit wieder ihre alten Rechte zu erlangen. Das bedeutete eine Schmälerung der Macht des absolutistischen Herrschers und ein Zugeständnis an den ungarischen Adel, der sich vehement dafür stark machte.

Als 1859 die Lombardei für Österreich verloren ging, wurde Franz Joseph klar, daß eine kriegerische Auseinandersetzung mit Ungarn genauso in einem Debakel enden könnte wie der Italienkrieg, und er fing an, über eine mildere Politik nachzudenken.

Sisi liebte Ungarn, vielleicht anfänglich sogar weil ihre Schwiegermutter es haßte, und setzte 1863 gegen den Willen der kaiserlichen Familie durch, daß sie regelmäßig in Ungarisch unterrichtet wurde. »Bisher hatte man am Hof Elisabeths mangelnde Sprachkenntnisse gerügt. Vor allem ihre eingelernten französischen und italienischen Sätzchen bei den höfischen ›Cercles‹ dienten der Wiener Aristokratie jahrelang zur Belustigung«, berichtet Hamann. Um so erstaunter war Franz Joseph über den Lerneifer seiner Frau.

Die raschen Fortschritte verdankte die Kaiserin vor allem einem einfachen Mädchen aus ungarischem Landadel, das sie 1864 zu sich nach Wien geholt hatte. Ida Ferenczy war eine Schlüsselfigur im Kampf um die ungarische Freiheit. Die Vorleserin, die vier Jahre jünger war als ihre Herrin, wurde nicht nur Sisis Vertraute, sie war auch mit Graf Gyula Andrássy und Franz Deák eng verbunden. Andrássy war nach der Revolution von 1848 in Abwesenheit zum Tode verurteilt und später begnadigt worden und setzte sich nach wie vor für die alten Sonderrechte seines Landes ein.
Ida war erst ein Jahr die Freundin der Kaiserin, da fuhr Franz Joseph nach monatelangem Drängen seiner Frau nach Budapest und fing an, Zugeständnisse zu machen. Zu kleine, um die Ungarn zufriedenzustellen. Er hob die Militärgerichtsbarkeit auf und erließ eine Amnestie für Pressevergehen.
Elisabeth war noch nicht zufrieden. Sie wußte, daß nur eine Neueinsetzung der ungarischen Verfassung und eine Krönung die Unruhen beenden konnten. Andrássy wurde ihr Vertrauter und Berater und brachte die Kaiserin politisch und privat noch mehr in eine Außenseiterrolle. In seiner Heimat war er ein Nationalheld, am Wiener Hof galt er als Schurke. Graf Hübner schrieb in sein Tagebuch: »Persönlich ist er nicht antipathisch, er hat etwas von Bohémien und Cavalier, von Sportsman und Spieler. Er sieht aus wie ein Verschwörer und doch im selben Moment wie ein Mann, der alles sagt, was ihm durch den Kopf geht. Er ist der kühnste Lügner seiner Zeit und gleichzeitig der indiskreteste aller Großsprecher.«
Kein Wunder, daß Sisi von ihm fasziniert war. Neben ihrem langweiligen Ehemann, der so gar nichts Kühnes an sich hatte, der ihre Gedankenflüge nicht verstehen konnte, fühlte sie sich von dem heißblütigen Ungarn magisch angezogen. Ihr liberales Gedankengut nur dieser Freundschaft zuzuschreiben, ist eine unzulässige Vereinfachung und beleidigt die Intelligenz dieser Frau, die sich von Anfang an – mit den bescheidenen Möglichkeiten, die sie zur Verfügung hatte – gegen die absolutistische Herrschaft ihrer Familie gewehrt hat.
Als die schöne Kaiserin und der Revolutionär sich 1866 kennenlernen, ist sie achtundzwanzig und Andrássy zweiundvierzig. Der ungarische Graf betritt den Audienzsaal und sieht eine Märchenkaiserin vor sich. Sie trägt ungarische Nationaltracht, allerdings in einer luxuriösen Variation: ein weißes Seidenkleid mit einem schwarzen Mieder, dessen Verschnürungen aus Perlen und Diamanten sind, eine weiße Spitzenschürze, auf dem Kopf ein ungarisches Häubchen, über der Stirn eine Diamantenkrone: »Sie stand unter dem Thron-

himmel, umgeben von ihrer Obersthofmeisterin und acht ausgewählten – meist ungarischen – Palastdamen; jeder Zoll Königin«, schreibt Brigitte Hamann über die erste Begegnung der beiden.
Zur Verblüffung der versammelten Gesellschaft bedankt sie sich für den Empfang in fehlerfreiem Ungarisch und wird mit enthusiastischen Eljen-Rufen geehrt. Auch hier die Parallelen zu Diana, die in die Farben von Wales gekleidet in der Landessprache eine Rede hielt und Begeisterung erntete.
Am Abend auf dem Ball zu Ehren des Kaiserpaares spricht Elisabeth zum ersten Mal mit Andrássy: »Sehen Sie, wenn des Kaisers Angelegenheiten in Italien schlecht gehen, so schmerzt es mich; wenn aber das gleiche in Ungarn der Fall ist, so tötet mich das.« Es war eine klare Botschaft an den Politiker und vielleicht auch an den Mann.
Tatsächlich warf die Kaiserin alles in die Waagschale, was sie besaß, sogar sich selbst, und schenkte dem Kaiser für die Versöhnung mit Ungarn 1868 ein drittes Kind, Marie Valerie.
Doch noch ist es nicht so weit, denn wieder wird das Engagement Elisabeths als Krankenschwester gefordert, denn am 15. Juni 1866 beginnt ein neuer Krieg. Diesmal kämpft Preußen gegen Österreich: »Es ist der blutigste Krieg, den die Geschichte kennt«, schreibt Landgräfin Fürstenberg über die entscheidende Schlacht bei Königgrätz. Die Österreicher »waren so von Kugeln übergossen, daß sie scharenweise niederfielen, es war, als werfe man ihnen Sand ins Gesicht; es muß ein grauenhaftes Blutbad gewesen sein.«
Wieder kommen täglich Züge mit Verwundeten an, wieder engagiert sich Elisabeth, wenn auch nicht zu übersehen war, »daß sich die Kaiserin bei ungarischen Soldaten länger und öfter aufhielt als bei Angehörigen anderer Nationalitäten«, schreibt Hamann über die Eifersucht, die Sisis Ungarnliebe am Hof hervorrief.
Die preußischen Truppen rücken täglich näher gegen Wien vor, und wieder setzt die Kaiserin einen bemerkenswerten politischen Akzent: Sie verläßt Wien und fährt nach Budapest. Erzherzogin Sophie ist empört. Daß gerade die verhaßten Ungarn ihrer Schwiegertochter Zuflucht gewähren sollen, findet sie unpassend.
Sisis Reise nach Ungarn ist ein kluger politischer Schachzug. Sie wird von dem Volk, das Franz Joseph jetzt dringend als Verbündeten braucht, heiß verehrt, und setzt, so wie Diana, ihre Schönheit für politische Zwecke ein. Beim Abschied auf dem Bahnhof vollzieht die Kaiserin eine aufsehenerregende Geste: »Sie küßte ihrem von allen Seiten gedemütigten Gemahl öffentlich die

Hand«, berichtet Brigitte Hamann. Ihr Mann war wieder einmal am Tiefpunkt seiner Beliebtheit, und es fiel sogar der Satz: »Sollen nur kommen, die Preußen, wir werden ihnen goldene Brücken bauen.« In dieser Situation hielt die sonst so kritische Ehefrau liebevoll und demonstrativ zu ihm.

Aus Ungarn setzt Elisabeth ihren Mann mit täglichen Briefen unter Druck. Nie in ihrem Leben hat sie sich so angestrengt, die Gunst des Kaisers für sich und ihre Sache zu gewinnen: »Zum letzten Mal bitte ich Dich im Namen Rudolfs, versäume den letzten Moment nicht«, beschwört sie ihn.

Gegen den Willen seiner Mutter und seiner Minister gibt Franz Joseph nach und empfängt Andrássy in Wien. Der Kaiser wurde in diesen Tagen von allen Seiten bedrängt. Am Hof waren die Ungarn nach wie vor verhaßt, seine Frau setzte sich vehement für die Versöhnung ein, und die Preußen standen schon bei Preßburg.

Der verzweifelte Ehemann fühlt sich hilflos und unterschreibt seine Briefe in kindlicher Sprache, die seine Unsicherheit, aber auch seine Verletzlichkeit zeigt: Statt »Dein Dich liebender Franz« hieß es nun »Dein treues Männchen«, »Dein Mäneken«, »Dein Dich ungeheuer liebender Kleiner«.

Österreichs Vormachtstellung in Deutschland ist nach der verlorenen Schlacht von Königgrätz beendet. Franz Joseph berichtet an seine Frau: »Aus Deutschland treten wir jedenfalls ganz aus, ob es verlangt wird oder nicht …« Und Landgräfin Fürstenberg jammert: »Ach Gott, nun muß man vergessen, daß man Deutsche ist! Der Gedanke, da heraus zu müssen, tut einem doch weh; es ist ein trauriges Ende des alten Vaterlandes …«

Sisi kümmert sich wenig um die anderen Probleme, die die Donaumonarchie belasten, ihr Interesse gilt nach wie vor nur der »ungarischen Lösung«. Die böhmischen Dörfer und Felder sind nach den Schlachten verwüstet, es herrschen Krankheit, Hunger und Not, der Friede mit Italien ist noch nicht geschlossen, die Verhandlungen mit Preußen sind noch im Gang, die ungarische Legion schürt den Aufruhr im Land.

Franz Joseph appelliert an ihr Verständnis und schreibt, »daß es gegen meine Pflicht wäre, mich auf Deinen ausschließlich ungarischen Standpunkt zu stellen und diejenigen Länder, welche in fester Treue namenlose Leiden erduldeten und gerade jetzt der besonderen Berücksichtigung und Sorgfalt bedürfen, zurückzusetzen«.

Mitte Februar 1867 setzen die Ungarn den »Ausgleich« durch, und Graf Gyula Andrássy wird Ministerpräsident. Die Kaiserin honoriert die Erfüllung ihres Willens mit ehelicher Zuneigung, ihre Briefe aus dieser Zeit sind voller Zärtlichkeit: »Mein geliebter Kaiser! Auch heute bin ich noch sehr traurig, ohne Dich ist es unendlich leer hier. Jede Minute glaube ich, Du mußt hereinkommen oder ich zu Dir eilen. Doch hoffe ich bestimmt, daß Du bald zurückkommst ...«

Man schrieb den 8. Juni 1867. Die Frauen der ungarischen Magnaten waren schon in der Nacht mit ihren Schneidern und Friseuren beschäftigt, um sich schön zu machen, um pünktlich gegen sechs Uhr früh in der langen Wagenkolonne zur Matthiaskirche nach Ofen zu fahren. Am Abend vorher hatte Sisi noch einmal ihr weiß-silbernes, mit Edelsteinen übersätes Brokatkleid probiert. Als der Krönungszug sich um 7 Uhr in Bewegung setzt, ist der unbestrittene Mittelpunkt die schöne Kaiserin, die nun Königin von Ungarn werden soll: »Tränen treten ihr in die Augen, als die hochragende Gestalt Andrássys in seiner Eigenschaft als stellvertretender Paladin unter Assistenz des Fürstprimas dem Herrscher in der Kathedrale die Krone aufs Haupt setzt und den Mantel des heiligen Stephan um die Schultern legt«, beschreibt Conte Corti den historischen Augenblick.

Es ist vollbracht. In Ungarn wird Sisi von nun an wie eine Heilige verehrt, in Österreich als Verräterin verachtet.

Kronprinz Rudolf ist seiner Mutter ähnlich, die sich vehement für seine liberale Erziehung eingesetzt hat. Vielleicht zu liberal für seine Zeit. Der Widerstand gegen den absolutistischen Herrschaftsstil seines Vaters geht ihm in Fleisch und Blut über, er gehört zu keiner der beiden Welten. Weder kann er seine ferne Mutter erreichen, noch seinen erstarrten Vater, der die Monarchie verteidigt. Als er auch in seiner Ehe unglücklich wird, wählt er den Freitod und schreibt in seinem Abschiedsbrief an seine Frau. »Du bist von meiner Gegenwart und Plage befreit, werde glücklich auf Deine Art. ... Ich gehe ruhig in den Tod, der allein meinen guten Namen retten kann.«

Sisi hat so wie Diana versucht, aus ihrem Sohn einen guten Kaiser zu machen, und ist daran gescheitert. Sie wird sein frühes Sterben nie überwinden, zieht sich gänzlich von jedem politischen Engagement zurück und nennt die Monarchie »ein Skelett vergangener Pracht«. Für die Nachwelt dichtet sie:

> Ihr lieben Völker im weiten Reich,
> So ganz im geheimen bewundre ich euch:
> Da nährt ihr mit eurem Schweiß und Blut
> Gutmütig diese verkommene Brut.

22

Der Mythos

Diana & Sisi

Am Ende ihres Lebens stand eine Reise, Symbol für die Ruhelosigkeit und den Drang nach Freiheit, der beiden Frauen gemeinsam war. Die Leiche der Kaiserin von Österreich wurde mit dem Zug von Genf nach Wien gebracht, die der Prinzessin von Wales hundert Jahre später im Flugzeug von Paris nach London geleitet. Und noch ehe sie in der Heimat ankamen, hatte ihr Sterben jede Kritik an ihrem Leben ausgelöscht: »Als der Kondukt die Mariahilfer Straße in Wien hinunterzog, begleitete ihren gewaltsamen Tod nicht nur das Verzeihen ihrer Pflichtversäumnisse, sondern auch das Verständnis ihres Aufbruches«, schreibt Biographin Lisa Fischer über Elisabeths Empfang in der Stadt, die sie in den letzten Jahren gemieden hatte.

Die Zeitungen sind nach ihrer Ermordung voll der Lobeshymnen: »Für uns Wiener aber lebt die edle Kaiserin fort als jene Lichtgestalt, wie sie in unsere Stadt gekommen. Wir sehen sie noch in ihrer hohen Schönheit und Anmut, die uns alle begeistert hat, in ihrer Liebenswürdigkeit, die uns entzückt hat, ihrem Edelmute, der uns wohl getan, ihrer hohen geistigen Begabung, die wir bewundert haben. Für uns ist sie die wunderschöne, liebe Kaiserin, die beglückend für Österreich gewirkt hat!«

Worte, wie sie hundert Jahre später etwas weniger verschnörkselt für die Prinzessin von Wales gefunden werden, begleitet von einer wochenlangen täglichen Präsenz Dianas in allen Zeitungen und auf allen Fernsehkanälen. Wir sehen stunden- und tagelang, wie schön sie war, wie klug sie war, wie wohltätig. Nur selten mischen sich Bilder und Kommentare darunter, die ihre Schattenseiten beleuchten.

Das Eintreffen der beiden Märchenprinzessinnen in ihrer Heimat ist ein bewegendes Ereignis, das hier wie dort das Land erschüttert.

Der englische Schriftsteller Mark Twain, der sich nach Sisis Tod zufällig in Wien aufhält, beschreibt ihre Rückkehr mit Worten, die auch für Diana gelten könnten:

»Zweimal zog die Kaiserin in vollem Ornat in Wien ein. Das erste Mal kam sie 1854 als Braut von sechzehn Jahren, mit Fanfarenklängen und maßlosem Pomp an jubelnden Menschen-Mauern entlang. Das zweite Mal kam sie am vergangenen Mittwoch, als sie die Stadt in ihrem Sarg betrat, dieselben Straßen entlang und erneut zwischen Mauern von Menschen. Aber diesmal herrschte Schweigen – ein Schweigen, das noch unheimlicher wirkte durch die gedämpften Hufschläge der langen Kavalkade und durch das leise Schluchzen grauhaariger Frauen, die ihre erste Ankunft vor vierundvierzig Jahren miterlebt hatten, als sie noch jung waren und nichts ahnten vom Lauf der Geschichte.«

In Wien hält der erschütterte Bürgermeister Dr. Lueger eine Ansprache:

»Wo in aller Welt, so fragte ich mich, ist eine Menschenseele, der unsere Kaiserin Schmerz zugefügt hätte? Wo auf aller Welt ist ein Menschenherz, das sie gebrochen hätte? Wann hätte unsere gute Kaiserin jemals etwas getan, das den Neid oder gar die Rache eines Menschen herausgefordert hätte? – Nie in ihrem ganzen Leben! Sie hat vielmehr Segen gespendet, wo sie konnte, der Menschen Leid gemildert, wo es ihr möglich war. ... In der Hülle einer Kaiserin war sie eine barmherzige Schwester. Und dennoch traf ihr Herz des Mörders Dolch!«

In England findet Premierminister Tony Blair berührende Worte und erhebt Diana in den Adel einer »Prinzessin des Volkes«:

»Ich bin wie alle Menschen in diesem Land fassungslos. ... Die Prinzessin war ein wundervoller, warmherziger Mensch, obwohl ihr eigenes Leben oft von Tragik überschattet war. Trotzdem hat sie in das Leben unzähliger anderer Menschen in Großbritannien und der ganzen Welt Freude und Trost gebracht. ... Gemeinsam mit den Kranken, den Sterbenden, den Kindern, den Bedürftigen erinnern wir uns daran, wie sie mit nur einem Blick oder einer Geste, die soviel mehr sagten als Worte, uns alle die Tiefe ihres Mitgefühls und ihrer Menschlichkeit spüren ließ.«

Alles, was Diana und Sisi auf der Suche nach ihrer eigenen Identität, in ihrer Rebellion gegen die Monarchie vorgeworfen wurde, war mit einem Schlag verziehen und ausgelöscht.

Ein Mythos, der das Unglück braucht, um wachsen zu können, ist geboren. Der Tod hat die beiden Frauen gewaltsam aus dem Leben gerissen und damit für die Ewigkeit aufbewahrt: »Ihr Sterben hat diese Figuren abgerundet«,

meint die Psychotherapeutin Julia Onken im Film »Diana & Sisi. Die letzten Märchenprinzessinnen«. »Es ist eine Tragik, die sie dem normalen Lebensablauf enthebt. Sie altern nicht, sie werden nicht gebrechlich, sie werden dadurch unsterblich, nicht der Vergänglichkeit unterworfen. Sie bleiben ewig so.«
Während sich in beiden Monarchien die Floristen für das beste Geschäft ihres Lebens rüsten, steht die Welt unter Schock und fragt sich, warum das Schicksal gerade mit diesen schönen, berühmten Frauen so grausam umgegangen ist. Diana war jung, sie starb mit sechsunddreißig, Sisi war sechzig und hat dennoch vermocht, bis zu ihrem Tod das Bild der »schönsten Frau der Welt« im Gedächtnis der Menschen aufrechtzuerhalten. Sie war noch nicht vierzig, da fror sie ihr Bild für immer ein und versteckte ihr Gesicht hinter Fächern, Schleiern und Kutschenfenstern. Die Fotografen sahen sich gezwungen, mit großer Kunst wenigstens ein Paar Fältchen in ihre Jugendbilder zu retouchieren.
Jedes Drama braucht seine Schuldigen. Nicht weniger als 16.000 Unterschriften trägt ein Brief, der Luigi Lucheni in seinem Gefängnis erreichte: »Mörder, Bestie, Ungeheuer, reißendes Tier«, heißt es da, »die Frauen und Mädchen von Wien seufzen danach, Dein furchtbares Verbrechen, das Du an unserer geliebten Kaiserin begangen hast, zu rächen.«
Auch Dianas Tod ruft nach Sühne. Stellvertretend für die Medien, die uns mit dem füttern, wonach wir verlangen, werden die Paparazzi auf die Anklagebank gesetzt und beschuldigt, die Prinzessin in den Tod getrieben zu haben.
Der Zeit entsprechend war die Trauer um Sisi kein weltumspannendes Ereignis, die »Globalisierung« der Gefühle noch nicht so weit fortgeschritten, daß, so wie bei Diana, via Fernsehen drei Milliarden Menschen ihrem Sarg folgen konnten. Die Begräbnisfeierlichkeiten waren einander dennoch ähnlich:
Es ist ein Samstag, der 17. September 1898, als Elisabeth, Kaiserin von Österreich und Königin von Ungarn, zu Grabe getragen wird. Die Donaumonarchie erlebt die bewegendste Trauerkundgebung, die Wien je gesehen hat. Die Glocken läuten, allen voran die berühmte »Pummerin« des Stephansdoms. Die ganze Stadt ist in Schwarz gehüllt, Ehrengäste aus allen Teilen des Reichs sind angereist. Noch vor sechs Uhr morgens setzt der Menschenstrom zur Hofburg ein. Um elf Uhr ist das Gedränge schon so groß, daß der Platz rund um die Kaisergruft abgesperrt werden muß. Tausende und Abertausende von Menschen säumen die Straßen oder folgen um sechzehn Uhr dem Trauerzug, der durch die Innere Stadt zur Kapuzinerkirche am Neuen Markt führt. Die Journalisten haben Hochsaison und sind an allen Ecken und Enden

postiert, um noch in der Abendausgabe eine lückenlose Berichterstattung über die Ereignisse liefern zu können.
Wenn auch das erstarrte kaiserliche Zeremoniell die Feierlichkeiten beherrscht, für Sisi, die ihr ganzes Leben lang eine Zerrissene war, wird jetzt eine Ausnahme gemacht, die Symbolgehalt hat: Der Tradition entsprechend müssen die Herzen der Habsburger in der Augustinerkirche und die Eingeweide im Stephansdom aufbewahrt werden. Im Tod ist sie zum ersten Mal »heil und ganz« und darf ihren Körper, der ihr so wichtig war, unzerstückelt behalten.
An Sisis Grab weinen Tausende, die sie nie verstanden haben. Tränenüberströmt sagt Marie Festetics, eine der wenigen Getreuen: »Viel werden wir noch zusammen trauern, Ida (Ferenczy), uns gehört das Beste. Lange, lange haben wir ihre Seele, ihr Herz genossen. – Das wird uns niemand rauben, es ist ein Juwel – wir liebten sie immer, nicht wie viele, die erst daraufkamen, als der Dolch ihr Herz durchbohrte.«
Es ist ein Samstag, der 6. September 1997, als Diana, Prinzessin von Wales, zu Grabe getragen wird. Ein Meer von Trauernden hat die Nacht in Schlafsäcken auf den Straßen verbracht, um möglichst nahe am Ort des Geschehens zu sein. Die größte Trauerkundgebung in der Geschichte Großbritanniens bringt Millionen Menschen in die Hauptstadt, zehntausend Tonnen Blumen werden vor die königlichen Paläste gelegt. Der letzte Weg der »Prinzessin des Volkes« in die Kathedrale von Westminster Abbey muß verlängert werden, damit sich die Massen auf Londons Straßen besser verteilen können.
Auch für Diana wird das traditionelle Begräbniszeremoniell der Windsors durchbrochen. Ihrem Sarg folgen Menschen in Rollstühlen und auf Krücken, Minenopfer, Aids-Kranke, Obdachlose, Drogensüchtige und Krebskranke, die all jene repräsentieren, denen sie im Leid geholfen hat. »Ich muß irgendwo hingehen, eine Sterbeklinik oder ein Kinderkrankenhaus besuchen«, hatte sie gesagt, »damit ich spüre, daß ich gebraucht werde.«
Jede Minute des weltbewegenden Ereignisses wird von den Medien mitdokumentiert, das Lied, das Elton John bei Dianas Beisetzung singt, wird wenige Wochen später zum meistverkauften Song der Welt.
Auch bei Dianas Beisetzung fallen, ähnlich wie bei Sisi, kritische Worte derer, die sie liebten: »Ich glaube nicht, daß sie je verstand, warum die Medien ihre aufrichtig guten Absichten verspotteten, warum sie ständig bemüht schienen, sie herunterzumachen«, sagte Charles Spencer über seine Schwester. »Meine einzige Erklärung ist, daß wahrhafte Güte auf Menschen am anderen Ende des moralischen Spektrums bedrohlich wirkt.«

Beide, Diana und Sisi, vermochten den Menschen zu vermitteln, daß sie sich dem »einfachen Volk« zugehörig fühlten, obwohl sie dem Hochadel angehörten, beide haben scheinbar die Klassenschranken aufgehoben:
»Es gibt aber Menschen, die mir so angenehm sind wie die Bäume und das Meer«, sagte Elisabeth ihrem griechischen Vorleser Constantin Christomanos. »Das sind die Fischer, die Landsleute und die Dorfnarren, Leute, die wenig unter den vielen Menschen sich bewegen und viel mit den ewigen Dingen verkehren: sie geben mir mehr als ich ihnen je als Kaiserin geben könnte ...«
Über Diana sagt nach ihrem Tod ihr Kindermädchen Mary Clarke: »Das Besondere an ihr war, daß sie zu jedermann eine Beziehung aufbauen konnte, egal welche Rasse, Religion oder sozialen Status die Menschen hatten. Für sie waren alle gleich, und so behandelte sie die Menschen auch. Deshalb ist sie ein Mythos und wird es immer bleiben. Weil sie ein so aufrichtiger Mensch war, berührte sie die Herzen der Menschen, und man spürte, daß ihre Gefühle unverfälscht waren.«
»Ich glaube nicht, daß das einfache Volk sie so widerspruchslos geliebt hat«, meint Filmregisseur Erwin Kisser. »Beide, Diana und Sisi, haben aus einer privilegierten Position heraus die Sehnsucht nach einem Ideal des einfachen, überschaubaren Lebens mit klaren Glücksstrukturen gehabt – umgekehrt hat sich das einfache Volk nach dem privilegierten Prinzessinnendasein gesehnt. Ihr Unglück war ein Symbol dafür, daß reich und schön allein nicht glücklich macht.«
Zwei Frauen, denen wir durch ihren Tod plötzlich nahe sind, geben Millionen Menschen auf der Welt das Gefühl, ein ähnliches Schicksal zu erleiden: »Der falsche Ehemann, die böse Schwiegermutter, das Versagen in der königlichen Firma, der Versuch der Emanzipation, die Befreiung, die große Arie wie im Musical – ›ich gehöre nur mir‹ – die Flucht in den Sport, die unglückliche Liebe der beiden, dieses bürgerliche Muster«, meint der Biologe und Großneffe von Sisis Hofdame Marie, Antal Festetics, im Film »Diana & Sisi«, »machen die beiden zum Mythos«.
Zwei Frauen, reich und schön, durch ihren Tod endgültig zu Opfern geworden, haben die Märchen von Aschenputtel und Dornröschen umgeschrieben und in eine neue, zeitgemäße Form gebracht:
Die Geschichten fangen noch so an, wie wir sie aus den Büchern kennen. Der gute Prinz kommt und erlöst Aschenputtel aus ihrem harten Leben und Dornröschen aus seinem Schlaf.

Doch dann lebten sie leider nicht glücklich bis an ihr Ende. Diana und Sisi rebellieren gegen die Regeln ihres Standes, sie fügen sich nicht in die Rolle der Frau, die durch ihren Mann glücklich zu werden hat. Sie sehen nicht tatenlos zu, wie ihre Männer sie betrügen, und bestehen darauf, als eigenständige Persönlichkeiten wahrgenommen zu werden. Sisi entzieht sich Franz Joseph durch jahrelange Reisen, weil sie sich nicht scheiden lassen kann. Diana erzwingt die Trennung und verliert den Schutz der mächtigsten Familie des Landes. Beide Frauen ringen um ihre Identität, finden ihren eigenen Weg und zahlen einen hohen Preis dafür.

Es war ein spektakulärer gewaltsamer Tod, einer, der notwendig ist, damit Mythen entstehen können. Sisi wird mit einer Feile erdolcht, Diana stirbt nach einer Verfolgungsjagd in den Trümmern eines Autos.

»Zu sterben, weil man nicht fotografiert werden möchte! Gibt es etwas Absurderes?« fragt der Schriftsteller Salman Rushdie in der »Zeit«, eine Frage, die sich nicht nur für Diana, sondern auch für Elisabeth stellt. Ihr Wunsch, nicht erkannt zu werden, unbewacht durch die Straßen zu schlendern, hat sie letztendlich getötet.

Die Medien haben die Rolle der Märchenerzähler übernommen, und weil sie sich durch unsere Neugierde ständig gezwungen sahen, immer neue Geschichten aus dem Leben der schönen Prinzessinnen zu erzählen, mußten Diana und Sisi sterben. »Wir leben in einem Zeitalter«, schreibt Rushdie, »in dem Berühmtheiten durch die Intensität unseres Blickes in Waren verwandelt werden – eine Transformation, die oft mächtig genug war, um sie zu zerstören.«

Sisi reiste als Gräfin Hohenembs, um sich der Neugierde zu entziehen, und wurde dennoch von einem Reporter erkannt, der in einer Genfer Zeitung über die Ankunft der Kaiserin im Hotel Beau Rivage berichtete und damit Luigi Lucheni, der ein Opfer aus einem Herrscherhaus suchte, auf ihre Spur lenkte. Diana fuhr den Teleobjektiven der Paparazzi davon: »Betrachten Sie es mal so«, meint Salman Rushdie in seinem Kommentar über den Tod der Prinzessin. »Das Objekt der Begierde, die Schöne, die Blonde (Diana), ist wiederholt dem unerwünschten Interesse eines hartnäckigen Freiers (der Kamera) ausgesetzt, bis der schneidige, glamouröse Ritter (der Chauffeur) mit ihr davonbraust. Die Kamera mit ihrem phallischen Objektivrohr nimmt die Jagd auf. Und die Geschichte erreicht ihren tragischen Höhepunkt, weil nicht der Held das Auto steuert, sondern ein plumper Säufer. Man sollte kein Vertrauen in Märchen und galante Ritter setzen.«

Das Vertrauen der Menschen in ein Märchen ist zu Ende und macht einer Trauer Platz, wie sie noch nie dagewesen ist. Millionen auf der ganzen Welt weinen. Um die Prinzessin? Oder weinen sie die vielen Tränen, die sich in all den Jahren angesammelt haben, um ihr eigenes Leben? Die Frauen und die Männer über ihre Einsamkeit und ihre kaputten Beziehungen, die Mütter und Väter um ihre verstorbenen Töchter und Söhne und alle um ihr verlorenes Glück. Wir sind dazu erzogen worden, unser Leid zu verstecken. Endlich gab es eine Gelegenheit, im Kollektiv traurig zu sein und sich der eigenen Sterblichkeit zu erinnern. Was ist das für ein Leben, wenn nicht einmal die Prinzessin und der Prinz glücklich werden? Wonach sollten wir uns noch sehnen, wenn die, die alles hatten, genauso litten wie wir selbst und der Nachbar von nebenan?

Aber war das schon Grund genug, daß sich der Bogen der Trauernden vom Punk bis zum Politiker spannte? Was hatte die Menschen dazu gebracht, bis zu fünfzehn Stunden geduldig Schlange zu stehen, um sich in die Kondolenzbücher einzutragen?

»Menschen, die sie für eine törichte und belanglose Frau hielten – wenn sie überhaupt etwas von ihr hielten –, legten sich Samstag nacht schlafen, und als sie an jenem Sonntagmorgen aufwachten, wurden sie hinterrücks von ihren eigenen Emotionen überfallen«, schrieb die »Zeit« über den 31. August, den Tag, an dem Diana starb.

Die Psychologen und Kolumnisten setzten zu Erklärungsversuchen an und verbrauchten Tonnen von Papier, um ein Phänomen zu beschreiben, das letztendlich ein Geheimnis bleiben wird:

»Wie Volkslieder haben Mythen keinen Autor, wie große Kunstwerke haben sie ein Rätselnest«, schreibt Robert Menasse in seinem Märchenbuch über Diana. »Einmal in die Welt gesetzt, kann kein Kritiker sie mehr aus der Welt schaffen, und keine Interpretation kann sie vollständig erklären.«

Doch so einfach kann man sich nicht geschlagen geben, und vom kollektiven Unbewußten, das die Welt gemeinsam weinen ließ, bis zu der von den Medien geschürten Massenhysterie reichen die Begründungen.

»Selbst eine Tageszeitung wie die ›Frankfurter Allgemeine Zeitung‹, die keineswegs in dem Rufe steht, ein Boulevardblatt zu sein, brachte in der Woche zwischen Lady Dis Tod und ihrer Beerdigung fast achtzig Beiträge über die Ereignisse rund um die Prinzessin von Wales«, schreibt die Politwissenschafterin Rebekka Habermas, die in einer Ringvorlesung an der Universität von Berlin »Diana und Maria, die Geschichte einer Verehrung« dokumentiert und die Prinzessin damit in den Rang einer Heiligen erhebt. Persönliche Ausstrahlung, gepaart mit Engagement und Mitgefühl, sind wichtige Elemente auf dem Weg zur mythologischen Figur.

Das Wort »Mythos« stammt aus dem Altgriechischen und heißt »Äußerung« oder »Aussage«. Der Psychoanalytiker C. G. Jung vertritt die Auffassung, daß Mythen die seelischen Tendenzen einer Gesellschaft zeigen, daß in ihnen die Widersprüche und die Probleme der Menschen ausgetragen werden. Der Tod Dianas hat gezeigt, daß Frauen, die bisher durch ihre »Gefühlsanfälligkeit« als politikuntauglich galten, diese Gefühle in der Politik plötzlich einforderten. Eine Königin wird fast abgesetzt, weil sie nicht öffentlich trauern kann, ein Premierminister gewinnt durch seine Betroffenheit das ganze Land. Schon Aristoteles hat die psychologische Funktion der Mythen als Katharsis, eine Art seelische Reinigung durch das Mitleben mit den Schicksalen anderer, beschrieben. Die Sehnsucht nach Ruhm und Reichtum, aber auch die Angst vor Verdrängtem, Tragischem, wird geweckt.

»Diana und Sisi haben mit ihrem Schicksal beides erfüllt«, meint Filmregisseur Erwin Kisser: »Sie betören zuerst durch die Erfüllung eines Traums. Sie sind jung, schön, reich und glücklich, heiraten die besten Partien ihrer Zeit und zeigen uns die schönste Utopie für das ewige Glück. Gleichzeitig zerstören sie diese phantastische Wunschvorstellung wieder und leben uns das alltägliche Scheitern vor: das Zerbrechen ihrer Beziehungen, die damit verbundenen Tragödien, das dramatische Ende.«

Mythen gibt es seit Menschengedenken, ihr Ursprung liegt in der Schöpfungsgeschichte. In ihnen wurde die Geschichte von Generation zu Generation weitererzählt. Sie waren, bis die großen patriarchalischen Religionen – das Christentum und der Islam – kamen, weiblich: Die Welt wurde von Göttinnen erschaffen und von Göttinnen gestaltet. Es ist kein Zufall, daß die großen Schöpfungsmythen an der historischen Schwelle des Übergangs vom Matriarchat zum Patriarchat aufgeschrieben wurden, denn sie erzählen meistens, wie die Götter den Göttinnen ihre Macht weggenommen haben.

»Märchen sind die Fortsetzung der alten Mythen, in denen aus den Göttinnen die Prinzessinnen geworden sind, die erst durch ihre Heirat mit dem Prinzen wieder ›erhöht‹ werden«, analysiert Erwin Kisser.

Sisi und Diana sind als erste Märchenfiguren der Neuzeit aus diesem Muster ausgebrochen. Es hat ihnen nicht genügt, ihr Glück und Unglück von einem Prinzen abhängig zu machen. Sie wollten und konnten die Rollen, die man von ihnen forderte, nicht ausfüllen. Mußte Sisi noch an der Zeit, in der sie lebte, scheitern, hat uns Diana bereits einen Weg in die Selbstverwirklichung vorgezeigt. Ihr Kampf bleibt ein positives Signal für alle Frauen, weil der Tod sie der Beweispflicht enthoben hat, daß ihr Glück aus ihr selbst kommt und nicht vom nächsten Mann gestaltet wird.

»Millionen Frauen waren vom Mythos Diana und Sisi angezogen, konnten fasziniert verfolgen, wie sie ihre Prinzen fanden. Sie haben miterlebt, daß es Märchen gibt, und gleichzeitig befürchtet, daß es verboten ist, so glücklich zu sein, daß das Glück wieder zerstört wird«, meint Julia Onken. »Wir konnten die beiden Frauen beobachten, über sie reden, ihnen durch die ständige Berichterstattung nahe sein. Gleichzeitig fand eine Aussöhnung mit dem eigenen Leben statt. Denn wir gewöhnlichen Frauen erleben kaum solche Höhenflüge wie die Prinzessinnen, aber dafür auch nicht so tiefe Enttäuschungen. Wir spüren, daß in letzter Konsequenz alle Menschen königlicher Abstammung sind, daß wir eine größere und ältere Geschichte haben, als nur die, an die wir uns erinnern.«

Die Ikonen unserer Zeit fordern unser Mitgefühl und müssen selbst mitfühlend und schön sein. Sie brauchen das Leid als ständigen Begleiter, und der Tod mit seiner ganzen Gewalt muß ihr Leben beenden, damit ein Mythos wachsen kann.

Wir wollen nicht, daß die Heldinnen und Helden, die wir verehren, ohne Kratzer und Verletzungen durchs Leben gehen. Wir brauchen ihr Ringen, ihren Schmerz des Scheiterns und ihr Wiederauferstehen, das unseren Respekt verlangt. Wir wollen mit ihnen an das Gute im Menschen glauben und gleichzeitig ihre Schwäche sehen. Und letztendlich wollen wir auch nicht, daß sie ganz gewöhnlich alt werden. Wir möchten ihr Bild in uns so bewahren, wie wir unser eigenes Bild ersehnen: unvergänglich.

Diana und Sisi haben all diese Voraussetzungen erfüllt. Wir können in ihnen unser eigenes Scheitern wiederfinden und unseren Mut, immer wieder neu um unser Glück zu kämpfen. Sie haben uns bewiesen, daß es eine Hoffnung gibt, die nicht einmal der Tod uns nimmt.

Über die Entstehung des Buches

Hier sind sie, Diana und Sisi. Ich habe, mit der Unterstützung vieler Menschen, mein Bestes getan, um sie und ihre Familien zu verstehen, und dennoch bleibt auch dieses Buch eine Annäherung, ein Versuch.
Jeder Mensch bleibt in seiner Einmaligkeit letztendlich ein Geheimnis, das wir nicht ergründen können.
Ich kannte die beiden Frauen nicht. Sisi war mir fremd, weil ich mich mit dem süßen Mädchen aus den Filmen mit Romy Schneider nicht identifizieren konnte, Diana hat mich kurz durch ihren Tod berührt. Mein eigenes Dasein erschien mir für einen Augenblick so kostbar und endlich, daß ich keine Zeit mehr vergeuden wollte. Aber wie alle guten Vorsätze, ging auch dieser im Alltag unter, und die Erschütterung über ihr dramatisches Sterben machte wieder der Geschäftigkeit Platz.
Es war ein ganz gewöhnlicher Tag, Mitte Dezember, ich hatte meinen Kindern versprochen, in diesem Jahr endlich Weihnachtskekse zu backen, als sich mein Leben mit einem Schlag veränderte.
»Kannst du sofort ein Buch über Diana und Sisi schreiben?« fragte mich Herausgeber Kurt Langbein am Telefon. Ich schwieg. Mehrere erstaunte Sekunden lang wußte ich nichts mit diesem Auftrag anzufangen. Was sollte ich mit einer Kaiserin, die längst tot war, und einer Jet-Set-Ikone, die nichts mit mir gemeinsam hatte?
Es dauerte kaum zwei Tage, bis ich vom Schicksal der beiden gefangen war. Hier waren zwei Frauen, die ihr Leben lang um ihre Autonomie kämpfen mußten, die stark und gleichzeitig schwach waren und deren Ringen um Anerkennung und eigene Identität mich berührte.
Es wurden fünf Monate, in denen ich mit Diana und Sisi den Tag verbrachte, mit ihnen einschlief und nachts von ihnen träumte. Ich dachte an nichts anderes, ich sprach von nichts anderem, und meine Familie mußte ertragen, daß es bei uns »ziemlich überfüllt« war, wie Diana über ihre Ehe gesagt hatte, in der es Camilla als dritte gab. An dieser Stelle gebührt mein besonderer Dank meinem Mann Karl und meinen Kindern Anna und Antonio, die meine

ständige geistige Abwesenheit mit Fassung hinnahmen und mich darin unterstützten, so lange ohne einen freien Tag durchzuhalten.
In den ersten beiden Monaten waren meine wichtigsten Ratgeber die Biographen. Ich saß an meinem Schreibtisch, der unter einer Flut von verschiedenen Büchern über Diana und Sisi und deren Familien fast zusammenbrach. Jeder, der das Leben dieser Frauen zu beschreiben versuchte, brachte seine eigene Sichtweise mit. Einmal war Diana eine raffgierige Ziege, die sich den armen Prinzen angelte, dann wieder ein bemitleidenswertes Opfer des kaltschnäuzigen Thronfolgers, der sie aus Kalkül zur Frau nahm. Sisi kam mir als »schlechte Mutter«, »unfähige Kaiserin« und »Versagerin als Ehefrau« entgegen, dann wieder als »Vorreiterin der Emanzipation«, die heute Olympia-Siegerin im Hindernisreiten wäre.
Ich mußte mir eine eigene Meinung bilden und rief meine Freunde, die Psychologen, Psychotherapeuten und Astrologen zu Hilfe. Wie könnten diese Frauen wirklich gewesen sein, und wird ihr Lebensweg nachvollziehbar, wenn man ihre Anlagen und ihre Verletzungen, die das Leben eines jeden Menschen prägen, als Ansatz nimmt?
Es wurde eine bewegte Zeit, in der eine Zuneigung begann, die mich heute ungeduldig werden läßt, wenn jemand über »meine Frauen«, die mir ans Herz gewachsen sind, vorschnell urteilt. Aber auch ihre Männer, die Mütter, die Väter und die Schwiegermütter finden inzwischen mein Mitgefühl.
Ich habe Franz Joseph mit Tränen in den Augen gesehen, weil er so einsam war, Charles bedauert, der unter seiner strengen Erziehung litt, und Queen Elizabeths Trauer über ihre Versäumnisse bei ihren Kindern gespürt. Ich sah Diana und Sisi am Rande ihrer Familien stehen, so einsam und abgeschlossen, daß ihr Tod vor der Zeit nicht verwunderlich erscheint.
Wie kamen diese Bilder zustande?
Ich habe versucht, die Familiensituation der beiden Frauen unter der Anleitung von Familientherapeutin Sigrid Winter mit »echten« Menschen nachzuspielen. Die Rollenspieler meiner Figuren haben mir Gefühle erzählt, die mir nachvollziehbar schienen und die mein Schreiben stark beeinflußt haben. Ich verstand, daß der Tod der Söhne in Sisis und Dianas Herkunftsfamilien einen großen Einfluß auf ihr Leben hatte, daß sie verzweifelt versuchten, sie zu ersetzen. Ich erlebte die Resignation von Ludovika, Sisis Mutter, die sich vor Erschöpfung kaum gerade halten konnte, und spürte die Aggression von Diana und ihren Geschwistern, weil sie von ihrer Mutter verlassen wurden. Ich glaubte den Männern, Franz Joseph und Charles, ihre Einsamkeit, aus der

Katharina Schratt und Camilla Parker Bowles sie retteten. Aber am erschütterndsten war für mich die Einsamkeit der Kaiserin und der Prinzessin. Die Rollenspielerin von Diana sagte: »Ich spüre einen Sog, der so stark ist, daß ich ihm nicht entgehen kann.« Es war fast so, als hätte Dodi ihre Eintrittskarte für den Tod bezahlt. Ich sah Mohamed al-Fayed als liebevollen, aber starken Vater hinter seinem Sohn stehen, der es schwer hatte, erwachsen zu werden. Ich war von Charles nach dem Tod seiner Ex-Frau bewegt, der seine weinenden Söhne im Arm hielt und seine steife königliche Zurückhaltung vergaß.
Sisi stand so fremd und erstarrt auf ihrem Platz, daß ihr Gefühle nicht mehr zugänglich waren. Sie wandte ihrem Mann und ihren Kindern den Rücken zu und hatte sich lange vor ihrem Tod von ihnen verabschiedet. Sie interessierte sich wenig dafür, was in ihrer Familie vor sich ging und lebte hinter einer Glaswand.
Es gab niemanden in dieser Geschichte, dessen Handlungen nicht nachvollziehbar wurden, es gab keinen Menschen, den ich nach diesen »systemischen Aufstellungen«, wie sich die Technik nennt, noch hätte verurteilen können.
Jeder der Rollenspieler wurde auf seltsame Weise auch mit seiner eigenen Geschichte konfrontiert. An dieser Stelle danke ich allen Menschen, die bereit waren, für kurze Zeit in die Gefühle Fremder einzutauchen.
Doris Landauer hat nicht nur die schwierige Rolle der Sisi gespielt, sie hat auch als meine systemische Beraterin in mühsamer Kleinarbeit die Texte auf zusätzliche familiäre Parallelen durchforstet.
Die Astrologin Christl Lieben half mir, den Charakter der beiden Frauen besser zu verstehen, und bestärkte mich in meinem Bild, das immer klarer wurde. Die Möglichkeit eines gewaltsamen Todes war im Horoskop von Diana und Sisi angelegt, manche Menschen neigen dazu, unbewußt diese Lösung zu suchen, wenn ihnen das Leben zu schwierig wird.
Julia Onken, meine Freundin aus der Schweiz, von Beruf Therapeutin und Bestseller-Autorin zu Frauenthemen, hat mich dazu animiert, jeden Satz, der über meine beiden Heldinnen von anderen geschrieben wurde, kritisch zu hinterfragen. Auch sie hat mich darin unterstützt, mein eigenes Bild zu entwickeln und nicht den gängigen Klischees zu folgen. Sie hat mir dabei geholfen, daß auch »unsympathische« Figuren, wie zum Beispiel Sophie, die Mutter von Franz Joseph, zu ihrem Recht kamen und gewürdigt wurden. Durch ihre Augen gelang es mir, noch tiefer in die Seele von Diana und Sisi hineinzuschauen, denn sie hat mich großzügig mit den Hintergründen über seelische Zusammenhänge aus ihrem therapeutischen Wissen versorgt.

Die Ärztin Daniela Russ war meine Ratgeberin für das Kapitel »Die Krankheit Schlankheit« und hat mich dabei unterstützt, Bulimie und Magersucht zu differenzieren.

Und dann kamen meine vielen kritischen Leser.

An dieser Stelle danke ich besonders Kurt Langbein, dem Herausgeber dieses Buches, und Erwin Kisser, dem Filmregisseur von »Diana & Sisi. Die letzten Märchenprinzessinnen«, der die Idee zum Vergleich der beiden Frauen hatte. Sie haben nicht nur mit mir gemeinsam das Konzept entwickelt, sie haben mich in all den Monaten durch ihre kritischen Anmerkungen unterstützt. Speziell, wenn ich in meiner Liebe zu den beiden Frauen ihre Schattenseiten übersah und manchmal die Männer ungerecht behandelte. Sie haben mich aber auch dazu angeregt, die politischen Hintergründe noch ausführlicher zu erzählen. Das Material, das sie mir aus ihrem Film über die beiden Frauen zur Verfügung gestellt haben, war eine wichtige Ergänzung für meine Arbeit.

Christine, Elke, Janice, Shoba und Susanne haben als geduldige Leserinnen alle meine Texte »ausprobiert« und mir wichtige Anregungen gegeben, die mich immer wieder dazu gebracht haben, das parallele Schicksal der beiden noch differenzierter zu beschreiben.

Doch einen der wichtigsten Beiträge hat für mich meine Schwester Monika geleistet. Sie war meine Lektorin und hat mich nicht nur inhaltlich beraten und mit mir die Flut der Fakten und Bilder geordnet, die in diesen Monaten auf mich eingestürzt sind. Sie hat auch geduldig ertragen, daß sich meine Texte bis zum letzten Tag ständig änderten, weil ich immer wieder zu neuen Erkenntnissen gelangte.

Meine Korrektoren Johann Lehner und Irmtraud Weishaupt haben mir ermöglicht, noch in das satzfertige Manuskript Texte »hineinzuhängen«, was für die beiden während der Produktionszeit eine große Belastung war. Christine Reisinger hat in vielen Nachtschichten die Bibliographie erstellt, Astrid Bader und Friederike Rumschöttel vom Deutike-Verlag haben in diesem Chaos immer noch die Ruhe bewahrt und alle Arbeitsvorgänge koordiniert.

An sie und alle anderen Mitarbeiter im Hintergrund – danke.

Es ist nicht einfach, fünf Monate mit so starken Persönlichkeiten Tisch und Bett zu teilen und den Versuch zu unternehmen, ihnen gerecht zu werden. Wir richten unser Auge mit der Lupe auf ein fremdes Leben und bringen dennoch immer unsere eigene Geschichte mit ein.

Wien, im Mai 1998 Renate Daimler

Quellenangaben

Die Reihenfolge der Seitenzahlen in den Quellenangaben entspricht ihrem Vorkommen im Text. Wir haben uns sehr bemüht, sämtliche Zitate anzuführen. Sollte uns dennoch etwas entgangen sein, so bitten wir Sie um Ihr freundliches Verständnis.

1. Sterben für die Ewigkeit

apa-Meldung, 10. 8. 1997 und 31. 8. 1997
Corti, Egon Caesar Conte: Elisabeth von Österreich. Heyne 1996, S. 24
Daimler, Renate (Hg.): „Frei sollen die Frauen sein ..." Brandstätter 1998, S. 50, 51, 25, 75/76
Haslinger, Ingrid: Tafeln mit Sisi. Brandstätter 1998, S. 23
Heyden-Rynsch, Verena von der (Hg.): Elisabeth von Österreich. Tagebuchblätter von Constantin Christomanos. Matthes & Seitz 1983, S. 61
MacLeod, Scott; Sancton, Thomas: Der Tod einer Prinzessin. Droemer 1998, S. 184, 187, 188, 24/25, 25, 29, 41
Spoto, Donald: Diana. Kabel 1997, S. 219, 220, 252, 206, 222, 216
Thiele, Johannes: Elisabeth. List 1996, S. 822, 809, 814, 820

2. Es wäre besser, ein Sohn zu sein

Campbell, Lady Colin: Diana. Knaur 1997, S. 19, 20
Grössing, Sigrid-Maria: Kaiserin Elisabeth und ihre Männer. Ueberreuter 1998, S. 10
Kelley, Kitty: Die Royals. Marion von Schröder 1997, S. 279, 279
Morton, Andrew: Diana. Droemer Knaur 1997, S. 66, 24
Onken, Julia: Zitate aus einem Interview mit dem Filmregisseur Erwin Kisser für den Dokumentarfilm »Diana & Sisi. Die letzten Märchenprinzessinnen«

3. Die Ehe ist ein Seufzen und Klagen

Campbell, Lady Colin: Diana. Knaur 1997, S. 21, 22, 317, 36, 35, 42
Grössing, Sigrid-Maria: Kaiserin Elisabeth und ihre Männer. Ueberreuter 1998, S. 11/12, 16
Fischer, Lisa: Schattenwürfe in die Zukunft. Böhlau 1998, S. 24

4. Risse im Kinderglück

Campbell, Lady Colin: Diana. Knaur 1997, S. 47/48, 59, 67, 63, 76
Corti, Egon Caesar Conte: Elisabeth von Österreich. Heyne 1996, S. 14, 15/16, 24, 26
Hamann, Brigitte: Elisabeth. Kaiserin wider Willen. Amalthea 1997, S. 17, 18
Heyden-Rynsch, Verena von der (Hg.): Elisabeth von Österreich. Tagebuchblätter von Constantin Christomanos. Matthes & Seitz 1983, S. 142
Morton, Andrew: Diana. Droemer Knaur 1997, S. 69, 65, 23, 25, 24, 25/26, 74, 26, 27/28, 81
Onken, Julia: Zitate aus einem Interview mit Renate Daimler
Onken, Julia: Zitate aus einem Interview mit dem Filmregisseur Erwin Kisser für den Dokumentarfilm »Diana & Sisi. Die letzten Märchenprinzessinnen«
Spoto, Donald: Diana. Kabel 1997, S. 49

5. Die Mütter der Männer – Macht und Pflicht statt Liebe

Davies, Nicholas: Queen Elizabeth II. Bettendorf 1994, S. 40, 37, 36, 36, 41, 46, 80, 53, 84, 87, 61, 61, 155, 110, 113, 210, 196, 150, 153
Hamann, Brigitte: Elisabeth. Kaiserin wider Willen. Amalthea 1997, S. 33, 33, 21
Herre, Franz: Kaiser Franz Joseph von Österreich. Bertelsmann, S. 15, 29
Holler, Gerd: Sophie. Amalthea 1993, S. 21, 18, 27, 25, 33, 32, 30, 38, 38, 39, 45, 48, 51, 67, 73, 125, 126, 129, 132, 132, 152, 152, 190, 195
Kelley, Kitty: Die Royals. Marion von Schröder 1997, S. 22, 99, 47, 62, 60, 52, 52, 57, 85, 85, 91, 230, 230, 249
Onken, Julia: Zitate aus einem Interview mit Renate Daimler
Spoto, Donald: Die Windsors. Heyne 1996, S. 15, 460
Weissensteiner, Friedrich: Frauen um Kronprinz Rudolf. Kremayr & Scheriau 1991, S. 110

6. Zum Herrschen erzogen

Corti, Egon Caesar Conte; Sokol, Hans: Franz Joseph. Styria 1990, S. 15, 18, 15
Davies, Nicholas: Queen Elizabeth II. Bettendorf 1994, S. 206, 210, 207
Dimbleby, Jonathan: The Prince of Wales. Warner Books 1994, S. 17, 19, 23, 25, 43
Herre, Franz: Kaiser Franz Joseph von Österreich. Bertelsmann, S. 19, 29, 29, 33, 33, 37, 45, 41, 55, 57, 56, 59, 63, 81
Holler, Gerd: Sophie. Die heimliche Kaiserin. Amalthea 1993, S. 57, 54, 89, 62
Kelley, Kitty: Die Royals. Marion von Schröder 1997, S. 101, 102, 109, 113, 156, 157, 158, 163, 163, 167
Spoto, Donald: Die Windsors. Heyne 1996, S. 423, 424, 397, 440, 442, 444

7. Hoheitliche Brautschau

Campbell, Lady Colin: Diana. Knaur 1997, S. 132, 140/141, 145, 90
Dimbleby, Jonathan: The Prince of Wales. Warner Books 1994, S. 165
Herre, Franz: Kaiser Franz Joseph von Österreich. Bertelsmann, S.112, 107
Kelley, Kitty: Die Royals. Marion von Schröder 1997, S. 239, 261, 237, 237, 238, 268, 499, 499, 269, 498
Spoto, Donald: Diana. Kabel 1997, S. 35, 32
Spoto, Donald: Die Windsors. Heyne 1996, S. 476, 476/477, 475, 463, 14
Thiele, Johannes: Elisabeth. List 1996, S. 71, 71, 72/73, 73/74, 76/77, 76

8. Aschenputtel begegnet dem Prinzen

Campbell, Lady Colin: Diana. Knaur 1997, S. 115, 115, 120, 149, 153, 169, 129, 155, 152
Corti, Egon Caesar Conte: Elisabeth von Österreich. Heyne 1996, S. 29, 33, 34
Dimbleby, Jonathan: The Prince of Wales. Warner Books 1994, S. 339
Hamann, Brigitte: Elisabeth. Amalthea 1997, S. 29/30, 31, 29, 34, 35, 35/36, 36, 34/35
Haslip, Joan: Sissi. Kiepenheuer & Witsch 1994, S. 47
Kelley, Kitty: Die Royals. Marion von Schröder 1997, S. 276, 276
Merkle, Ludwig: Sissi. Bruckmann 1996, S. 26, 28
Morton, Andrew: Diana. Droemer Knaur 1997, S. 30, 96, 94
Onken, Julia: Zitate aus einem Interview mit Renate Daimler
Onken, Julia: Zitate aus einem Interview mit dem Filmregisseur Erwin Kisser für den Dokumentarfilm »Diana & Sisi. Die letzten Märchenprinzessinnen«
Spoto, Donald: Diana. Kabel 1997, S. 57/58, 57, 57, 61/62, 97

9. Das Ende der Ahnungslosigkeit

Campbell, Lady Colin: Diana. Knaur 1997, S. 192, 177
Corti, Egon Caesar Conte: Elisabeth von Österreich. Heyne 1996, S. 36, 35, 38, 37
Hamann, Brigitte: Elisabeth. Amalthea 1997, S. 38, 40, 70
Herre, Franz: Kaiser Franz Joseph von Österreich. Bertelsmann, S. 115
Kelley, Kitty: Die Royals. Marion von Schröder 1997, S. 288, 298, 301
Morton, Andrew: Diana. Droemer Knaur 1997, S. 100, 98, 33, 103, 104, 34, 35, 51, 104, 35, 106, 106
Onken, Julia: Zitate aus einem Interview mit Renate Daimler
Spoto, Donald: Diana. Kabel 1997, S. 63, 64, 59, 66, 66
Thiele, Johannes: Elisabeth. List 1996, S. 103, 75

10. Millionen jubeln, die Braut weint

Corti, Egon Caesar Conte: Elisabeth von Österreich. Heyne 1996, S. 47, 49, 49
Diana, das Lächeln der Welt. Ullstein, S. 57
Hamann, Brigitte: Elisabeth. Amalthea 1997, S. 59, 64, 68, 71
Haslip, Joan: Sissi. Kiepenheuer & Witsch 1994, S. 69, 78
Heyden-Rynsch, Verena von der (Hg.): Elisabeth von Österreich. Tagebuchblätter von Constantin Christomanos. Matthes & Seitz 1983, S. 72
Kelley, Kitty: Die Royals. Marion von Schröder 1997, S. 302, 307, 309, 310, 309, 311, 311
Morton, Andrew: Diana. Droemer Knaur 1997, S. 108, 38, 109, 109, 32, 39, 39, 39, 39
Onken, Julia: Zitate aus einem Interview mit Renate Daimler
Thiele, Johannes: Elisabeth. List 1996, S. 129, 132, 61, 53, 133

11. Keine Zeit für die Liebe

Campbell, Lady Colin: Diana. Knaur 1997, S. 219, 220, 219, 222, 222, 223, 224
Corti, Egon Caesar Conte: Elisabeth von Österreich. Heyne 1996, S. 54, 56
Daimler, Renate (Hg.): „Frei sollen die Frauen sein …" Brandstätter 1998, S. 21
Fischer, Lisa: Schattenwürfe in die Zukunft. Böhlau 1998, S. 32, 31, 31
Hamann, Brigitte: Elisabeth. Amalthea 1997, S. 71, 72, 72, 73, 79
Haslip, Joan: Sissi. Kiepenheuer & Witsch 1994, S. 81, 82, 83
Holler, Gerd: Sophie. Die heimliche Kaiserin. Amalthea 1993, S. 266
Kelley, Kitty: Die Royals. Marion von Schröder 1997, S. 314, 317
Morton, Andrew: Diana. Droemer Knaur 1997, S. 40, 39, 40, 113, 40, 41
Spoto, Donald: Diana. Kabel 1997, S. 36
Thiele, Johannes: Elisabeth. List 1996, S. 145

12. Ich bin erwacht in einem Kerker

Campbell, Lady Colin: Diana. Knaur 1997, S. 201, 248/249, 255
Corti, Egon Caesar Conte: Elisabeth von Österreich. Heyne 1996, S. 55
Daimler, Renate (Hg.): „Frei sollen die Frauen sein …" Brandstätter 1998, S. 36
Davies, Nicholas: Queen Elizabeth II. Bettendorf 1994, S. 375, 373
Hamann, Brigitte: Elisabeth. Amalthea 1997, S. 75, 93, 80, 79/80, 78, 83, 83, 85, 87
Morton, Andrew: Diana. Droemer Knaur 1997, S. 43, 114, 45, 45, 52, 52, 53
Spoto, Donald: Diana. Kabel 1997, S. 105, 105, 105
Thiele, Johannes: Elisabeth. List 1996, S. 171, 169/170

13. Der Kampf um die Kinder

Campbell, Lady Colin: Diana. Knaur 1997, S. 243, 253, 271, 296, 296/297, 392
Corti, Egon Caesar Conte: Elisabeth von Österreich. Heyne 1996, S. 83/84
Diana, das Lächeln der Welt. Ullstein, S. 60
Grössing, Sigrid-Maria: Kaiserin Elisabeth und ihre Männer. Ueberreuter 1998, S. 75
Hamann, Brigitte: Elisabeth. Amalthea 1997, S. 91, 89, 98, 98, 98, 105, 112, 112, 113, 144, 150, 155, 155/156, 174, 175, 266/267, 512, 515, 546
Hamann, Brigitte (Hg.): Kaiserin Elisabeth. Das poetische Tagebuch. Verlag der Österreichischen Akademie der Wissenschaften 1997, S. 336
Hamann, Brigitte: Kronprinz Rudolf. Piper 1997, S. 15/16, 18, 32, 51, 23
Haslip, Joan: Sissi. Kiepenheuer & Witsch 1994, S. 94, 95
Kelley, Kitty: Die Royals. Marion von Schröder 1997, S. 317, 321, 322, 330, 330
Merkle, Ludwig: Sissi. Bruckmann 1996, S. 82, 82
Morton, Andrew: Diana. Droemer Knaur 1997, S. 120, 41/42, 42, 42, 120, 43, 121, 46, 47/48, 48
Praschl-Bichler, Gabriele: Kaiserin Elisabeth. Ueberreuter 1996, S. 177
Spoto, Donald: Diana. Kabel 1997, S. 63, 106, 171, 121, 196/197
Thiele, Johannes: Elisabeth. List 1996, S. 191, 193

14. Das Scheinwerferlicht wirft lange Schatten

Campbell, Lady Colin: Diana. Knaur 1997, S. 242, 284/285
Hamann, Brigitte: Elisabeth. Amalthea 1997, S. 37, 95, 81, 82, 85, 127, 128, 126, 134, 135, 160, 138, 138, 140, 144, 159, 161, 162, 162, 162, 165, 165, 330, 203, 203/204, 258, 268, 283, 312/313, 313, 313, 329, 322, 333
Hamann, Brigitte (Hg.): Kaiserin Elisabeth. Das poetische Tagebuch. Verlag der Österreichischen Akademie der Wissenschaften 1997, S. 159
Kelley, Kitty: Die Royals. Marion von Schröder 1997, S. 335, 336/337, 334/335, 382, 341, 342, 341, 347, 373, 375, 380
Morton, Andrew: Diana. Droemer Knaur 1997, S. 46, 61, 123, 123, 123
Mraz, Gerda; Fischer-Westhauser, Ulla: Elisabeth. Brandstätter 1998, S. 37
Onken, Julia: Zitate aus einem Interview mit Renate Daimler
Spoto, Donald: Diana. Kabel 1997, S. 120, 65, 64, 102, 102
Thiele, Johannes: Elisabeth. List 1996, S. 61/62
Vogel, Juliane: Elisabeth von Österreich. Brandstätter 1992, S. 165

15. Ehe zu dritt

Campbell, Lady Colin: Diana. Knaur 1997, S. 153, 329
Diana, das Lächeln der Welt. Ullstein, S. 63, 96, 95/96
Fischer, Lisa: Schattenwürfe in die Zukunft. Böhlau 1998, S. 134
Hamann, Brigitte: Elisabeth. Amalthea 1997, S. 483, 488, 484, 501, 491, 491, 492, 502, 497, 503, 492, 492, 493, 493, 504, 505, 506, 509, 498, 498, 597, 510, 510, 510, 510
Hamann, Brigitte (Hg.): Kaiserin Elisabeth. Das poetische Tagebuch. Verlag der Österreichischen Akademie der Wissenschaften 1997, S. 78, 116, 207, 65/66
Kelley, Kitty: Die Royals. Marion von Schröder 1997, S. 310, 313, 373, 379, 381, 446, 446, 446, 448, 449, 463, 464, 464, 464, 464, 467, 468, 469, 467, 470, 470, 471, 471, 472, 475, 494, 499, 523
Morton, Andrew: Diana. Droemer Knaur 1997, S. 94, 180, 62, 195, 141, 142, 193, 198, 192, 197, 196, 48, 191, 207
Nenning, Günther: Fast eine Dichterin, fast eine Sozialistin. In: Die Zeit Nr. 11, 5. 3. 1998, S. 80
Onken, Julia: Zitate aus einem Interview mit Renate Daimler
Onken, Julia: Zitate aus einem Interview mit dem Filmregisseur Erwin Kisser für den Dokumentarfilm »Diana & Sisi. Die letzten Märchenprinzessinnen«
Praschl-Bichler, Gabriele: Kaiserin Elisabeth. Ueberreuter 1996, S. 112, 111, 112, 114, 115, 116
Spoto, Donald: Diana. Kabel 1997, S. 60
Tschuppik, Karl: Elisabeth. Epstein 1929, S. 79, 79, 78, 79

16. Liebesgeflüster vor der Weltöffentlichkeit

Campbell, Lady Colin: Diana. Knaur 1997, S. 376
Daimler, Renate (Hg.): „Frei sollen die Frauen sein ..." Brandstätter 1998, S. 10
Fischer, Lisa: Schattenwürfe in die Zukunft. Böhlau 1998, S. 178
Grössing, Sigrid-Maria: Kaiserin Elisabeth und ihre Männer. Ueberreuter 1998, S. 142/143, 156, 168, 176, 184/185, 188, 190, 114, 120
Hamann, Brigitte: Elisabeth. Amalthea 1997, S. 318
Hamann, Brigitte (Hg.): Kaiserin Elisabeth. Das poetische Tagebuch. Verlag der Österreichischen Akademie der Wissenschaften 1997, S. 187, 214, 214, 81, 81, 82, 53, 50, 81
Kelley, Kitty: Die Royals. Marion von Schröder 1997, S. 384, 394, 369, 369/370, 371, 370
Morton, Andrew: Diana. Droemer Knaur 1997, S. 194

Onken, Julia: Zitate aus einem Interview mit dem Filmregisseur Erwin Kisser für den Dokumentarfilm »Diana & Sisi. Die letzten Märchenprinzessinnen«
Pasternak, Anna: Princess in Love. Bloomsbury 1994, S. 12, 13, 19, 26, 28, 28, 51/52, 53, 56, 56, 57, 59, 146, 146, 67, 71, 137, 176,
Spoto, Donald: Diana. Kabel 1997, S. 101
Tschuppik, Karl: Elisabeth. Epstein 1929, S. 88/89, 89, 90, 90, 113

17. Die Krankheit Schlankheit

Daimler, Renate (Hg.): „Frei sollen die Frauen sein …" Brandstätter 1998, S. 42, 52, 15
Davies, Nicholas: Queen Elizabeth II. Bettendorf 1994, S. 378
Diana, das Lächeln der Welt. Ullstein, S. 95
Eßstörungen. Frankfurter Zentrum für Eßstörungen e. V. Falken 1993/94, S. 28
Hamann, Brigitte: Elisabeth. Amalthea 1997, S. 363, 581, 581, 581, 143, 149
Haslinger, Ingrid: Tafeln mit Sisi. Brandstätter 1998, S. 30, 15, 18, 28, 11, 11
Morton, Andrew: Diana. Droemer Knaur 1997, S. 118, 119, 51, 50, 50, 51, 51, 51, 115, 141, 141, 141
Russ, Daniela: Zitate aus einem Interview mit Renate Daimler
Spoto, Donald: Diana. Kabel 1997, S. 125, 175, 175, 175

18. Der Preis der Schönheit

Campbell, Lady Colin: Diana. Knaur 1997, S. 285
Daimler, Renate (Hg.): „Frei sollen die Frauen sein …" Brandstätter 1998, S. 13, 14
Fischer, Lisa: Schattenwürfe in die Zukunft. Böhlau 1998, S. 64, 67, 73
Hamann, Brigitte: Elisabeth. Amalthea 1997, S. 308, 182, 309, 310, 321, 182, 191, 199, 203, 203
Hamann, Brigitte (Hg.): Kaiserin Elisabeth. Das poetische Tagebuch. Verlag der Österreichischen Akademie der Wissenschaften 1997, S. 239, 165
Haslinger, Ingrid: Tafeln mit Sisi. Brandstätter 1998, S. 15, 11
Heyden-Rynsch, Verena von der (Hg.): Elisabeth von Österreich. Tagebuchblätter von Constantin Christomanos. Matthes & Seitz 1983, S. 63
Kelley, Kitty: Die Royals. Marion von Schröder 1997, S. 488/489, 483, 480, 481, 489
Kühn, Dieter: Der wilde Gesang der Kaiserin Elisabeth. Fischer TB 1982, S. 14
Morton, Andrew: Diana. Droemer Knaur 1997, S. 56, 61, 59
Mraz, Gerda; Fischer-Westhauser, Ulla: Elisabeth. Brandstätter 1998, S. 73
Onken, Julia: Zitate aus einem Interview mit dem Filmregisseur Erwin Kisser für den Dokumentarfilm »Diana & Sisi. Die letzten Märchenprinzessinnen«

Spiegel TV: Reportage Nr. 230, 1994
Spiegel TV: Dokumentation »Dianas Rittmeister«
Spiegel TV: Dokumentation »DI Catcher«
Spoto, Donald: Diana. Kabel 1997, S. 71, 76
Thiele, Johannes: Elisabeth. List 1996, S. 500
Vogel, Juliane: Elisabeth von Österreich. Brandstätter 1992, S. 163

19. Die Rebellion

Bankl, Hans: Der Pathologe weiß alles ..., aber zu spät. Kremayr & Scheriau 1997, S. 53/54
Corti, Egon Caesar Conte: Elisabeth von Österreich. Heyne 1996, S. 419
Diana, das Lächeln der Welt. Ullstein, S. 98
Fischer, Lisa: Schattenwürfe in die Zukunft. Böhlau 1998, S. 126, 129/130, 128
Hamann, Brigitte: Elisabeth. Amalthea 1997, S. 145, 143, 144, 306, 305, 311, 400, 400/401, 316, 318/319, 342, 325, 334, 342, 448, 448
Hamann, Brigitte (Hg.): Kaiserin Elisabeth. Das poetische Tagebuch. Verlag der Österreichischen Akademie der Wissenschaften 1997, S. 44, 204, 251, 265
Kelley, Kitty: Die Royals. Marion von Schröder 1997, S. 453, 477, 476
Morton, Andrew: Diana. Droemer Knaur 1997, S. 17, 11, 12, 14, 12, 11, 168, 177, 178, 170, 187, 11

20. Auf der Suche nach dem Glück

apa/dpa-Meldung, 21. 11. 1996
Corti, Egon Caesar Conte: Elisabeth von Österreich. Heyne 1996, S. 288, 424, 436, 429
Daimler, Renate (Hg.): „Frei sollen die Frauen sein ...“ Brandstätter 1998, S. 74
Diana, das Lächeln der Welt. Ullstein, S. 94, 95, 95, 95, 96
Elisabeth. Musical von Michael Kunze und Sylvester Levay. Textbuch. Edition Butterfly 1996, S. 13
Fischer, Lisa: Schattenwürfe in die Zukunft. Böhlau 1998, S. 47, 135, 135
Hamann, Brigitte: Elisabeth. Amalthea 1997, S. 146, 150, 153, 167, 169, 169, 189, 421, 314, 577
Hamann, Brigitte (Hg.): Kaiserin Elisabeth. Das poetische Tagebuch. Verlag der Österreichischen Akademie der Wissenschaften 1997, S. 359, 249, 128
Kelley, Kitty: Die Royals. Marion von Schröder 1997, S. 463, 377, 508, 509, 516
Merkle, Ludwig: Sissi. Bruckmann 1996, S. 79, 79

Morton, Andrew: Diana. Droemer Knaur 1997, S. 201, 181, 187, 204, 205, 213, 218, 222, 145, 59
Schäfer, Martin: Sissi. Heyne 1991, S. 91
Spoto, Donald: Diana. Kabel 1997, S. 89, 89
Thiele, Johannes: Elisabeth. List 1996, S. 502

21. Politik durch die Hintertüre

Campbell, Lady Colin: Diana. Knaur 1997, S. 330
Corti, Egon Caesar Conte: Elisabeth von Österreich. Heyne 1996, S. 68, 161
Hamann, Brigitte: Elisabeth. Amalthea 1997, S. 109, 126/127, 129, 131, 102, 104, 209, 215, 216, 217, 225, 226, 228, 228, 231, 233, 234/235, 235, 237, 253
Hamann, Brigitte (Hg.): Kaiserin Elisabeth. Das poetische Tagebuch. Verlag der Österreichischen Akademie der Wissenschaften 1997, S. 163
Hamann, Brigitte: Kronprinz Rudolf. Piper 1997, S. 458
Kelley, Kitty: Die Royals. Marion von Schröder 1997, S. 251
Spoto, Donald: Diana. Kabel 1997, S. 244, 90/91, 137, 113, 145, 185, 147, 147, 148, 150/151, 188/189, 191, 90

22. Der Mythos

Corti, Egon Caesar Conte: Elisabeth von Österreich. Heyne 1996, S. 460, 463
Daimler, Renate (Hg.): „Frei sollen die Frauen sein …" Brandstätter 1998, S. 74
Diana & Sisi. Die letzten Märchenprinzessinnen. Film
Fischer, Lisa: Schattenwürfe in die Zukunft. Böhlau 1998, S. 183
Fremden-Blatt Nr. 251, 12. 9. 1898, S. 3, 3
Habermas, Rebekka: Diana und Maria, die Geschichte einer Verehrung. In: Frankfurter Rundschau Nr. 32, 7. 2. 1998, S. 7
Ignatieff, Michael: Die symbolische Leere und der Tod. In: Die Zeit Nr. 38, 12. 9. 1997, S. 57
Menasse, Robert: Die letzte Märchenprinzessin, Beiblatt. Suhrkamp 1997
Onken, Julia: Zitate aus einem Interview mit Renate Daimler
Praschl, Peter: Die heiligen zwei Königinnen. In: Amica 98/4, S. 182
Rushdie, Salman: Dianas Crash. In: Die Zeit Nr. 40, 26. 9. 1997, S. 62, 62
Spoto, Donald: Diana. Kabel 1997, S. 239, 185, 254

Register